Stefan Michaeli

Leib Jesu

Stefan Michaeli

Leib Jesu
Die verlorene Theologie der Gemeinde

Hänssler

Autor:

Stefan Michaeli ist Theologe und war Gemeindepastor in mehreren freikirchlichen Gemeinden im südlichen Deutschland. Er ist verheiratet und hat zwei erwachsene Kinder. Er publiziert zum Selbstschutz unter einem Künstlernamen.

Der Autor steht gerne für Predigten, Referate, Schulungen oder Autorenlesungen zur Verfügung. Gerne kann mit dem Autor Kontakt aufgenommen werden unter: *stefan.michaeli@gmx.de* oder über seine Webseite: *www.stefanmichaeli.com*. Über die Webseite können auch weitere Bücher des Autors bestellt werden.

Von Stefan Michaeli liegen bisher vor:
»Erbärmliche Gemeinden« (2005/2020)
»Hundertachtzig Grad verkehrt« (2020)
»Jesus provoziert!« (2021)
»Weihnachten, wie's im Buche steht« (2023)
»Nur die Bibel!« (2023)
»Leib Jesu« (2025)
»Placebo-Glaube« (2025)

ISBN: 978-3-7693-7622-7

2. überarbeitete Auflage 2026

© 2025 Stefan Michaeli / Alle Rechte beim Autor

Verlag: BoD · Books on Demand GmbH, Überseering 33, 22297 Hamburg, bod@bod.de

Druck: Libri Plureos GmbH, Friedensallee 273, 22763 Hamburg

Umschlaggestaltung: Autor / Bildnachweis Cover: pixabay.com

Bibliografische Information der Deutschen Nationalbibliothek: Die Deutsche Nationalbibliothek verzeichnet diese Publikation in der Deutschen Nationalbibliografie; detaillierte bibliografische Daten sind im Internet über dnb.dnb.de abrufbar.

Die automatisierte Analyse des Werkes, um daraus Informationen insbesondere über Muster, Trends und Korrelationen gemäß §44b UrhG („Text und Data Mining") zu gewinnen, ist untersagt.

All denen gewidmet,
die der Bibel noch zutrauen,
die eine oder andere Überraschung zu enthalten.

Inhalt:

1. Bestandsaufnahme

Unser „christliches Abendland" hat ausgedient. Fast überall sonst auf der Welt wachsen die Gemeinden, finden geistliche Aufbrüche statt und manifestiert sich Jesus sichtbar und spürbar - außer bei uns in Europa. Zwar glauben hierzulande immer noch einige, dass wir in Deutschland zumindest theologisch noch tonangebend wären, aber geistlich sind wir nicht nur erfolglos, sondern für den Rest der Welt schlicht bedeutungslos geworden.

Auch wenn wir's nicht wahrhaben wollen.

Die geistlich logische Konsequenz daraus wäre dann die Abwesenheit Gottes. Und tatsächlich überfällt mich in manchen deutschen Kirchgemeinden der Eindruck, dass seine Abwesenheit und damit einhergehend auch die Abwesenheit des Heiligen Geistes fast schon mit Händen greifbar ist.

Aber so etwas darf natürlich nicht laut gesagt werden. Stattdessen proklamieren wir, die „Evangelikalen" und „Bibeltreuen", umso überzeugter den anwesenden, handelnden und segnenden Gott; wir erzählen selbstbewusst von Erlebnissen mit ihm und schildern frohgemut eine Segnung nach der anderen, allesamt durch „den Herrn" höchstpersönlich dargebracht. Irgendein Merkmal seiner Gegenwart, und sei es ein zum „Wunder" hochstilisiertes, aber in Wirklichkeit eher banales Alltagserlebnis, lässt sich immer herbeireden. Unbeirrbar proklamieren wir seine Präsenz und gehen mit der sturen Gewissheit durch den Alltag, dass Gott ganz nahe bei uns sei und Jesus sich Tag für Tag unmittelbar und untrennbar an unserer Seite befinde.

Fakt ist aber: Jesus ist woanders tätig. Nicht bei uns, nicht im „christlichen Abendland", nicht in Deutschland. Um das zu sehen, braucht es keine prophetische Gabe und keinen hochgeistlich geschulten Durchblick. Es ist absolut offensichtlich und problemlos erkennbar. Denn inzwischen sind wir weltweit so gut vernetzt, dass jedermann das ohne viel Aufwand zur Kenntnis nehmen kann.

Falls er das will.

Stört uns das irgendwie? Macht das hierzulande irgendjemanden betroffen oder nachdenklich? Oder haben wir uns einfach damit abgefunden; sich selbstgenügsam und selbstzufrieden um uns selbst drehend?

Oder haben wir vielleicht sogar ein wenig vergessen, um was es beim „Christsein" eigentlich geht, was der eigentliche Kern der Sache wäre?

Ja, worum geht's denn?

Das ist ja nun aber kein Geheimnis. Eigentlich ist es Stoff der allerersten Unterrichtsstunden aus dem Kindergottesdienst. Es geht ganz einfach und simpel darum, dass Menschen für Gott gewonnen werden.

Natürlich als erstes wir selber. Ich persönlich muss erst mal für Gott gewonnen werden. Aber das ist nur der Einstieg zum Eigentlichen. Sobald ich selbst meine Hinwendung zu Gott gemacht habe, kann ich erkennen und verstehen, worum es auf dieser Welt und im Leben wirklich geht; wenn ich selbst für Gott gewonnen bin, verstehe ich sein allem übergeordnetes Ziel: Möglichst viele Menschen sollen für ihn „zurückgewonnen" werden.

Nur ganz am Anfang geht es tatsächlich um mich. Sobald ich aber für Gott gewonnen bin und nun auf seiner Seite stehe, geht es sofort und in oberster Priorität um all die anderen, die auch für Gott gewonnen werden sollen.

Falls wir das versehentlich mal eben aus den Augen verloren haben sollten, nochmal kurz zur Erinnerung: Als „Christen", also als *Nachfolger des Christus*", sollten wir Jesu Werk fortsetzen. Jesus kam bekanntlich in die Welt, um genau das zu ermöglichen, worum es seinem Vater, also Gott, in allerhöchster Dringlichkeit geht: Menschen für sich zu gewinnen, sie also zu „retten", sie in sein Reich einzuladen, sie zurück zu ihm, dem Vater, zu holen. Das war auch seines Sohnes Ziel; Jesu Sendung, Jesu Priorität. Und es war sogar der einzige Grund seines Kommens; nur deswegen kam Jesus überhaupt zu uns auf die Erde.

Seine Nachfolger - also wir, die „Christen", die *„nach seinem Namen* (!) *genannt sind"* - sollen nun genau das fortsetzen. Genauso wie Jesus da war, um Menschen zu retten, sind jetzt wir da, um Menschen zu retten. Genauso wie es Jesus getan hat, nach seinem Vorbild und in seinen Auftrag. Einfach weitermachen, was Jesus zu Erdenzeiten getan hat. Sein Werk fortführen, seine Sendung zu unserer Sendung machen. Das drückt schon die Bezeichnung *„Nachfolger"* aus.

„Wie du mich gesandt hast in die Welt, so habe auch ich sie in die Welt gesandt!" betet Jesus in Johannes 17,18 und bestätigt damit unsere Beauftragung, und zwar keinem Geringeren als Gott höchstpersönlich. Er bestätigt seinem Vater, der ihm den Auftrag gegeben hat, dass er diesen Auftrag hiermit „eins zu eins" weitergibt: Seine Nachfolger sind jetzt genauso wie er *„in die Welt gesandt"*. Deshalb kann er in den Himmel zurückkehren, denn der Auftrag – sein Auftrag, den er von Gott, seinem Vater, höchstpersönlich erhalten hat – wird ja weitergeführt. Der Auftrag, der schlicht und simpel darin besteht: Menschen für Gott zu gewinnen.

Nur darin. Nix anderes.

Und folgerichtig teilt er das dann auch seinen Nachfolgern, also auch uns, mit: *„Wie mich der Vater gesandt hat, sende ich euch!"* (Johannes 20,21). Genauso wie er: dieselbe Sendung, derselbe Auftrag.

Das ist die Basis, die Ausgangsposition für Nachfolger. Darum geht es bei „Nachfolge" und „Jüngerschaft". Das wird oberste Priorität, übergeordneter Lebenssinn und Lebensinhalt ab genau dem Zeitpunkt, wenn jemand Jesus als seinen persönlichen Herrn und Retter erkennt und ihm sein Leben anvertraut. In diesem Augenblick wird dieser ein christlicher *„Nachfolger"*, ein *„Jünger Jesu"*, einer aus seinem Team. Einer also, dessen höchstes und wichtigstes Lebensziel ist, genau das umzusetzen, wofür Jesus sich selbst völlig hingegeben und im wahrsten Sinne des Wortes sogar sein Leben eingesetzt hat: Für die Rettung von Menschen.

***

„Menschenrettung" ist also unser Auftrag als Nachfolger Jesu. Und zwar der vordringlichste, sozusagen der „Generalauftrag". Darum hat sich das Leben eines Jüngers Jesu zu drehen. Stets und ausschließlich.

Man könnte das auch „permanent evangelistischer" oder „konsequent missionarischer" Lebensstil nennen; aber diese Begrifflichkeiten sind inzwischen so oft zitiert, beschworen und zustimmend abgenickt worden, dass sie sich – leider – ziemlich abgegriffen haben. Deswegen gehe ich lieber sparsam mit solch hohlgenutzten Begriffen um. Auch wenn sie zutreffen.

Dieses oberste Ziel, nämlich Menschen zu Gott bringen, bestimmt nun also das Leben eines Christen. Genauso wie es Jesu Leben völlig bestimmt hat. Jeden Tag und in jeder Situation. Genau wie bei ihm bestimmt das also jetzt auch das Leben all seiner „Nachfolger", jederzeit und überall. Übergeordnet und vorrangig. Oberste Priorität eben, genauso wie bei Jesus. Denn der Christ steht ja jetzt in Diensten dieses Jesus, hat ihm sein Leben – und damit auch seinen Lebenssinn, seine Lebensziele und seine Lebensgestaltung – anvertraut, ihm vollständig übergeben. Genau dadurch wurde er eben zum *„Nachfolger"*!

Das meint natürlich nicht, dass ein solcher Nachfolger deshalb völlig lebensfremd werden müsste. Eine „oberste Priorität" im Leben zu haben, bedeutet durchaus nicht, dass es keine anderen wichtigen Aufgaben mehr anzupacken gäbe. Eine „oberste Priorität" impliziert ja automatisch, dass es – allerdings nachgeordnet! – wohl auch noch andere Prioritäten gibt.

Also: Wir Nachfolger haben auch einen Beruf auszuüben; wir leben in und mit einer Familie; wir haben unsere Zeit zu planen, unsere Körperbedürfnisse sinnvoll zu stillen, unsere Umwelt und Kultur zu berücksichtigen, Gesetze einzuhalten und noch vieles mehr. Wir haben in dieser Welt zu leben! Und zwar bewusst und vernünftig.

Denn da, in dieser Welt, haben wir Aufgaben und Pflichten, die ernst zu nehmen sind und ausgeführt werden müssen. Aber diese sind eben nicht die

„oberste Priorität". Sondern: Wir führen alle diese Aufgaben, die uns das Leben und der Alltag stellt, auf dem Hintergrund dieser dringlichsten aller Aufgaben, dieses übergeordneten „Generalauftrags", durch. Ja, wir ordnen sie alle selbstverständlich immer wieder dieser Lebensmaxime unter. Das heißt, wir gestalten unser Leben mit all seinen Herausforderungen und Pflichten immer so, dass der Auftrag Jesu dadurch nicht behindert oder verunmöglicht wird, sondern entweder „gleichzeitig" oder wenigstens „trotzdem", am besten aber „darin impliziert" umgesetzt wird.

Das ist das ganz normale „Christsein". Das war der normale Lebensstil eines Jüngers damals und ist genauso der eines Jüngers heute. Zumindest für alle diejenigen, die sich nach der klaren Berufung Jesu, die jedem seiner Nachfolger gilt, ausrichten. Ausgehend von seinem unmissverständlichen Sendungsbefehl, der uns – wie übrigens bei jedem „Befehl" üblich! – in Pflicht nimmt: *„Gehet hin in alle Welt und predigt das Evangelium aller Kreatur."* (Markus 16,15). Das tun wir natürlich ohne Wenn und Aber, weil wir begriffen haben, dass Jesu resignierter Seufzer *„Was nennt ihr mich aber Herr, Herr, und tut nicht, was ich euch sage?"* (Lukas 6,46) nicht etwa nur den damals anwesenden, sondern mit Sicherheit auch allen später noch nachfolgenden Jüngern (also uns!) gilt, sofern diese seine Prioritäten nicht berücksichtigen sollten. Und spätestens, wenn wir dann noch Jesu *„Ringt darum, dass ihr durch die enge Pforte eingeht"* (Lukas 13,24) und *„Es werden nicht alle, die zu mir sagen: »Herr, Herr!« in das Himmelreich kommen, sondern die den Willen meines Vaters im Himmel tun!"* (Matthäus 7,21) entdeckt haben, geht uns auf, dass es bei der Nachfolge Jesu eben nicht um eine fromme Ausprägung von „Ringelpiez mit Anfassen" geht, sondern um alles! Um nichts weniger als um mein ganzes Leben, sowohl mein „Sein" als auch mein „Tun", und dies nicht nur umfassend, sondern völlig vereinnahmend. Es geht für Jesus-Nachfolger in allem und aus-schließlich um diese oberste Lebens-Priorität: Menschen ermöglichen, zurück zu Gott zu finden. Und dies - nochmals sei's betont - nicht nebenher, sondern als vordringlichste Lebensaufgabe überhaupt!

„Trachtet zuerst nach Gottes Reich!" (Matthäus 6,33) beschreibt Jesus diesen Lebensstil, und mit der Ergänzung *„... alles andere wird euch dann*

zufallen!" markiert er unmissverständlich, dass dies als Prioritätensetzung zu verstehen ist.

Das ist erst mal – kurz zusammengefasst – das Grundlegende, die Basis, das Fundament, auf dem unsere Nachfolge aufbaut. Sofern sie denn ernst gemeint ist und sich an Jesus ausrichtet.

Aber eigentlich wussten wir das doch schon, oder? Ist ja – wie gesagt - ungefähr auf dem Niveau unserer ersten Sonntagschulstunden; das begreift doch jedes Kind, sofern man ihm das Fremdwort „Priorität" erklärt. Und wir begreifen es auch. Natürlich. Selbstverständlich wissen wir das, und falls wir es mal kurzzeitig etwas aus dem Blick verloren haben sollten, wäre es jetzt wieder in unsern Fokus zurückgeholt.

Und da sollte es auch bleiben!

***

In meinem jahrzehntelangen Gemeindedienst hat sich meiner allerdings mehr und mehr der Verdacht bemächtigt, dass sich dieses grundlegende Verständnis von „Nachfolge Jesu" nicht wirklich flächendeckend unter uns westlichen Christen durchgesetzt hat. Und dass es auch nicht einfach nur „mal eben kurz vergessen" wurde und wird.

Fakt scheint mir vielmehr dies zu sein: Auch wenn uns dieses Verständnis von „Jesus als Herrn nachfolgen" augenfällig und selbstverständlich auf fast jeder Seite des Neuen Testaments entgegenspringt, haben selbst wir Evangelikalen, die wir doch in der Regel so stolz darauf sind, die Bibel als unsere „Richtschnur im Leben" zu bezeichnen, das nicht wirklich verinnerlicht! Geschweige denn bemühen wir uns ernsthaft, es nach bestem Wissen und Können umzusetzen.

Man braucht noch nicht mal einen ausgesprochen analytischen Blick, um festzustellen, dass sich die Prioritäten bei manchem wackeren Christen ganz gehörig verschoben haben und dass die oben genannte Priorität Nummer eins zumindest zeitweilig, zumeist jedoch dauerhaft und prägnant nach unten durchgesackt ist. Denn unser real existierender Lebensstil markiert im täglichen Vollzug durchaus, was uns wirklich wichtig ist. Und weil wir beileibe nicht inkognito leben, ist folglich auch beobachtbar, bei wem Jesus - inklusive sein wichtigstes Anliegen, also der „Hauptauftrag" - tatsächlich Vorfahrt hat!

Darf ich es mal unverblümt aussprechen? Prioritätensetzung sieht bei uns ist in der Regel etwa so aus: Nummer eins ist die Familie, Nummer zwei Gesundheit und Wohlergehen und Nummer drei Geldverdienen. Und dann kommt vielleicht tatsächlich Jesus, Glaube und Gemeinde. Wobei das noch optimistisch eingeschätzt sein dürfte, denn dass Jesus und seine Sache gerne auch noch hinter Hobby, Urlaub und Ausschlafen auf Position sieben oder acht abrutscht, ist längst auch schon salonfähig in unseren Gemeinden.

Solche Prioritätensetzung wird unter uns Frommen weitestgehend nicht mehr kritisch hinterfragt. Von wem auch? Ein Lebensstil, bei dem die Jesus-Nachfolge de facto unter „ferner liefen" in den Alltag eingebaut wird, hat sich als allgemein anerkannter „Level" unter uns etabliert und wird ziemlich durchgehend toleriert. Wenn aber alle ihr „Christsein" unisono so leben, wer soll' s dann noch hinterfragen?

Man könnte es auch so formulieren: Den meisten von uns genügt die eigene, persönliche Errettung völlig. *„Hauptsache, ich komme in den Himmel! Und da ich ja „bekehrt" bin, ist dies hiermit gesichert. Ergänzend dazu lasse ich mir ab und zu eine Prise „Heiligung" im Sinne von ethischer und moralischer Gesinnungsveredelung angedeihen, wenn's grad passt. Das dürfte ja bestimmt zur Sicherung meines persönlichen Himmelszutritts auch irgendwie noch dienlich sein. Ansonsten demonstriere ich meine Rechtgläubigkeit mit etwas Gemeindemitarbeit, wie das halt erwartet wird. Aber nur, solange die zu beglückende Gemeinde mir allsonntäglich einen fetten Lobpreis bietet und der Pastor nicht zu langweilig predigt sowie natürlich keinesfalls versucht, dabei persönlich zu werden."*

Eine solche Gesinnung ist klassisches *„Ich-mich-meiner-mir!"*, und darin erschöpft sich Christsein bei viel zu vielen von uns. Allerdings ist das keine „Nachfolge", auch wenn wir uns „Nachfolger" nennen; es ist auch keine Umsetzung des „Sendungsbefehls", auch wenn wir diesen inbrünstig in unseren Bibelstunden (falls denn solche überhaupt noch angeboten werden) durchdiskutieren, und es ist schon gar nicht „*gesandt wie Jesus*“. Denn der hatte nur eins im Sinn: die Rettung der Menschen.

Wir haben auch nur eins im Sinn: unsere eigene Rettung. Darum dreht sich unser „Christsein“. Und eine erdrückende Mehrheit von uns lässt sich satt und selbstzufrieden daran genügen.

Hier liegt der Hase im Pfeffer. Und zwar gründlich, denn es geht ja bei „*gesandt wie Jesus*“ um nichts weniger als um die Grundlage eines jesus-konformen Christseins schlechthin. Also um „Basics“, um das absolut Unverzichtbare! Um echte „Nachfolge“, um konkret gelebte Jüngerschaft eben. Denn nur Nachfolger, die tatsächlich Jesus nachfolgen, sind Nachfolger!

Wenn die Nachfolger nicht mehr nachfolgen, was dann? Dasselbe hat Jesus übrigens wortgleich mit dem Stichwort „*Salz*“ formuliert, nach Lukas 14,33+34 bezeichnenderweise mit direktem Bezug auf konsequent gelebte Jüngerschaft!

***

Was tun? Wen dieser Sachverhalt absolut nicht beschäftigt oder wenigstens etwas nachdenklich stimmt; wer das als selbstverständlich, als „*leider nicht zu ändern*“ und mit Schulterzucken hinnimmt oder sowieso mit seiner „Heiligung“ längst abgeschlossen hat, also zum Vornherein mit seinem aktuellen Stand der Frömmigkeit bereits final zufrieden ist - der braucht hier nicht mehr weiter zu lesen. Ebenso all diejenigen, denen „*verlorene Menschen*“ nur noch als theologischer Terminus bekannt sind und die „*Rettung durch Jesus*“ ausschließlich auf sich selbst beziehen und als Synonym für „*meinen persönlichen Freifahrschein in den Himmel*“ betrachten. Denn: „Mitchristen“ dieser Kategorie ist in aller Regel auch völlig egal, dass – im Gegensatz zum Rest der Welt – hierzulande keine geistlichen Aufbrüche stattfinden, Jesus sich, wenn überhaupt, allenfalls marginal manifestiert und die allermeisten unserer Gemeinden saftlos vor sich hinserbeln.

Wer solch biederer Selbstgenügsamkeit verfallen ist, darf hier getrost abbrechen, denn der Rest dieses Buches wird ihn mit größter Wahrscheinlichkeit durchgehend ärgern. Vermutlich noch stärker als bereits schon die bisherige Einleitung.

Mich allerdings beschäftigt dieses krasse Missverhältnis hierzulande zwischen der Nachfolge Jesu und unserer Bedeutungslosigkeit als dessen Zeugen schon seit langem, und zwar zunehmend und ziemlich existentiell. Fragen wie: *„Woran liegt's?" „Woher kommt dieser katastrophale Level in unserem Lebensvollzug?" „Könnte man daran etwas ändern?" „Was könnte hier helfen?"* und *„Wo ansetzen?"* haben mich in meinen ganzen pastoralen Dienst nie losgelassen.

Inzwischen meine ich, zumindest mal einen Schwachpunkt entdeckt zu haben, dessen Behebung uns hier weiterhelfen könnte und dessen Überwindung uns möglicherweise dienlich wäre, um wieder zu unserer obersten und dringlichsten Lebensaufgabe zurückzufinden, nämlich Menschen zu Gott zu führen. Also unseren Lebensauftrag auszuführen, den wir von Jesus übernommen haben, für den Jesus gestorben ist und für den wir eigentlich leben sollten. Sprich: tatsächlich wieder Jesu „Nachfolger" zu werden. Auch punkto Auftrag und Bestimmung.

Dieser Schwachpunkt verbirgt sich in der logischen Folgefrage, die jeder zu stellen hat, wenn er sein Lebensziel, Menschen zu Gott zu führen, umsetzen will. Es geht um die Frage *„Wie denn umsetzen?"*

Wie sollen wir das tun: *„Menschen retten"*? Nach welchem Prinzip, nach welchen Leitlinien sollen wir dabei vorgehen? Wie sollen wir das praktisch anpacken? Wie kann man das bestmöglich angehen? Gibt uns Jesus, gibt uns die Bibel dazu ein Konzept, eine Handlungsanweisung, eine Strategie?

Selbstverständlich sind dazu etliche - und zumeist auch biblisch belegbare – Antworten unter uns im Umlauf. Um andere Menschen für Gott zu retten, sollten wir beispielsweise *„Zeugen sein"* (statt nur „rumschwätzen"), *„diakonisch leben"* (also unser Christsein auch durch Taten bezeugen), *„jederzeit bereit sein"* (sei es dazu „Zeit oder Unzeit"), und noch einiges mehr. Alles richtig. Alles wahr. Beherzigen wäre sinnvoll. Solches sollten wir tatsächlich – im Rahmen unserer Gaben und Möglichkeiten - umsetzen. Oder uns wenigsten um Umsetzung bemühen ...

Aber es gibt noch einen weiteren biblischen Aspekt, der unabdingbar zu einem evangelistisch relevanten Lebensstil dazugehört. Einen entscheidend wichtigen, wie ich meine. Und den haben wir völlig aus den Augen verloren. Er ist nicht mal mehr ansatzweise in unserem Bewusstsein verankert, obwohl er so grundlegend wäre, dass ich diesen Verlust sogar mehr als nur wie einen vernachlässigten „Schwachpunkt" empfinde, sondern vielmehr wie eine „*verlorene Theologie*".

Diese „*verlorene Theologie*" stand schon immer in der Bibel drin, aber sie wird von uns konsequent nicht zur Kenntnis genommen. Leider etwas typisch für uns, die wir so lautstark behaupten, „*bibeltreu*" zu sein, dass wir ein zentrales Thema des Neuen Testaments einfach unter den Tisch gekehrt, überlesen und vergessen haben.

„*Typisch für uns*" deswegen, weil ein Blick in die Kirchengeschichte – sogar auch nur in die neuere der letzten paar Jahre – deutlich zeigt, dass es natürlich eine Illusion ist, zu glauben, dass wir die Bibel ausgewogen lesen und gleichmäßig berücksichtigen würden. Es ist eben durchaus nicht so, dass wir alle biblischen Aussagen, Aspekte und Impulse angemessen zur Kenntnis nehmen und in unser Christsein integrieren, die Bibel also sozusagen „flächig" und „alles mit einbeziehend" interpretieren würden.

Vielmehr tauchen Begriffe, Sachverhalte und Themen plötzlich auf und rücken neu oder erneut in unser Bewusstsein, anderes dagegen verschwindet unvermittelt wieder aus unserem geistlichen Grundbestand oder verblasst unmerklich nach und nach.

Da taucht dann beispielsweise plötzlich die Lehre von den „Geistesgaben" auf und gewinnt an Gewicht, oder wir entdecken unvermutet den „Lobpreis" als unverzichtbar für unsere Gottesdienste. Aber: War das nicht schon immer Bestandteil der Bibel? Warum wird das über Jahrzehnte, wenn nicht sogar Jahrhunderte, vernachlässigt oder vergessen, um dann plötzlich wieder fröhlich Urständ zu feiern? Dann stürmt unerwartet das „Gebet des Jabez" aus 1. Chronik 4,9+10 für Monate alle geistlichen Hitlisten und verschwindet kurze Zeit danach wieder: Ist das etwa gleichmäßiges, ausgewogenes Bibelverständnis?

Es geht auch umgekehrt: Wann haben wir beispielsweise zum letzten Mal eine Predigt zum Thema „*kämpfen*" gehört? Das Thema wird über dreißig Mal im Neuen Testament thematisiert, und zwar ausdrücklich immer so, dass „*geistliches kämpfen*" ein wesentlicher und unverzichtbarer Bestandteil der Nachfolge sei. Bei uns ist dieses Stichwort aber derzeit völlig out, da nicht kompatibel mit unserem zeitgeistig geprägten Wohlfühl- und Kuschel-Nachfolgeverständnis.

Also, die Mär, dass wir die Bibel immer als Gesamtes angemessen berücksichtigen würden, sollten wir schnellstens begraben. Auch da brauchen wir uns nichts in die Tasche zu lügen. Ist eben nicht so – wir haben kein „flächiges" Bibelverständnis, sondern stattdessen ein exklusiv auswählendes: Manches ist uns gerade wichtig, anderes überlesen wir penetrant. Weder sinnvoll noch geistlich, aber leider Realität. Vielleicht liegt es ja lediglich daran, dass wir eben auch nur Menschen sind, ist aber trotzdem schade und Jesu Sache absolut nicht förderlich.

Auch unser Schwachpunkt, unsere „*verlorene Theologie*", um die es in diesem Buch geht, gehört zur Kategorie „konsequent verdrängt und überlesen", obwohl es sich dabei um eine zentrale neutestamentliche Aussage handelt. Sie wird dutzendfach wiederholt, meist mit akzentuierter Betonung, wie ich gleich noch aufzeigen werde. Wir aber ignorieren sie völlig oder deuten sie unzulässig und unbiblisch um, womit wir uns dann eben ein ziemlich schiefes Bibel- und Gemeindeverständnis mit bedenklich mängelbehafteten Auswirkungen auf unser real gelebtes Christsein einhandeln.

Man muss nämlich davon ausgehen, dass der Verlust dieser „*Theologie*" dem Niedergang der evangelistisch-missionarischen Wirkungskraft in unserem Land starken, wenn nicht sogar entscheidenden Vorschub geleistet hat. Deswegen müssen wir sie endlich wieder neu entdecken. Nicht zuletzt, weil darin auch die Chance liegen würde, längst abgestorbene Bereiche unseres Christseins erneut zum Leben zu erwecken, so dass die von Jesus vorgesehene „oberste Lebens-Priorität" seiner Nachfolger wieder wirkungsvoller bei uns zum Zuge kommen könnte.

Und weil diese „*verlorene Theologie*" ganz zentral unsere Gemeinden betrifft, würde sie auch unsere Gemeinden neu beleben! Denn nicht nur die individuell gelebte Jesus-Nachfolge ist hierzulande inzwischen auf historischem Tiefststand angelangt, sondern in logischer Konsequenz auch die Gemeinschaften, die solche bestimmungsvergessenen beziehungsweise bestimmungsverweigernden „Christen" bilden. Wir nennen diese Gemeinschaften zwar nach biblischem Vorbild „Gemeinden", aber sie sind es nur noch der äußeren Form nach. Substantiell stehen sie in aller Regel vor ihrem geistlichen Kollaps. Denn wenn sich lauter Fromme zusammenschließen, die allesamt vergessen haben, wozu sie „Christen" sind und was ihr Hauptauftrag wäre, dann kann man diese Zusammenschlüsse zwar „Gemeinde" nennen und versuchen, sich wie eine solche zu verhalten. Aber es sind dann keine echten Gemeinden mehr, nicht nach biblischem Vorbild, nicht in Gottes Augen und weder vom Heiligen Geist noch von Jesus unterstützt.

Da helfen dann auch hochglanzpolierte Gottesdienste mit perfekter Bühnenperformance, aufwendigen Licht- und Soundeffekten sowie anschließendes Kirchenbistro mit Gratiskaffee und Häppchen nichts mehr, betreffend ihrer geistlichen Relevanz und Wirksamkeit sind auch solche Vorzeigegemeinden Sterbefälle. Außen hui und innen pfui; uns selbst und gelegentlichen Besuchern können wir damit vielleicht noch etwas vorgaukeln, aber Gott bekanntlich nicht. Er offenbar sich zunehmend nicht nur in unserem Leben, sondern auch in unseren Gemeinden als der Abwesende, auch wenn wir es nicht wahrhaben wollen und seine höchstpersönliche Präsenz allsonntäglich und mit dem Brustton innigster Überzeugung proklamieren.

Nicht nur wir selbst, sondern auch unsere Gemeinden brauchen also dringend die Wiederentdeckung dieser *verlorenen Theologie*, um die's im Folgenden geht. Und es wird sehr zentral um unsere Gemeinden gehen! Denn der Schwachpunkt, um den es in diesem Buch geht, liegt in unserem verloren gegangenen Gemeindeverständnis.

2. Die „verlorene Theologie"

Die vergessene biblische Wahrheit nenne ich die *„Leib-Jesu-Theologie"*. Wir entdecken sie vorzugsweise in den Paulusbriefen, denn Paulus hat sie nicht nur verstanden, sondern propagiert sie immer wieder aufs Neue. Es geht dabei in Kern um das richtige geistliche Gemeinde-Verständnis, das Paulus seinen Lesern permanent ans Herz legt. Diesen Kern, diese Wahrheit haben wir verloren und sollten wir unbedingt wieder zurückgewinnen!

Dass wir als Christen „Gemeinden" bilden sollen, hat sich in unserem Bewusstsein zwar noch gehalten und wird auch umgesetzt. Zu einer (Orts-) Gemeinde zu gehören ist immer noch der Normalfall für Christen; dies ist zweifellos eine biblische Vorgabe und damit auch Bestandteil des Konzepts, also der Strategie, wie unser Lebensstil zu gestalten ist, damit wir Jesu Auftrag umsetzen können.

Dass wir uns also zu Gemeinden zusammenschließen sollen, ist zumindest noch klar. Aber beim Verständnis, was diese Gemeinden denn nun darstellen sollen, welche Funktion diese Gemeinden konzeptuell haben müssten und wozu Gemeinde gut sein sollte: Da hapert's gewaltig! Oder anders gesagt: Unser Gemeindeverständnis ist unterentwickelt, mangelhaft und fehlerbehaftet. Es ist genau betrachtet sogar geradezu unbiblisch und damit einem christlichen Lebensstil seiner Mitglieder zur Umsetzung des Auftrags Jesu nicht nur hinderlich, sondern verunmöglicht diesen weitgehend!

Und genau deshalb brauchen wir unbedingt die Wiederentdeckung der biblischen Lehre vom *„Leib Jesu"*!

***

Jetzt aber konkret. Was ist die „*Leib-Jesu-Theologie*" des neuen Testaments?

Dazu schauen wir genauer in die Bibel und beginnen am besten gleich bei dem Bibeltext, der uns als allererstes zum Thema „*Leib Jesu*" einfällt: beim zwölften Kapitel des 1. Korintherbriefs. Dort entfaltet Paulus bekanntlich ein einprägsames Bild: Er bezeichnet uns als „*Glieder*" am „*Leib Jesu*". Überschrieben ist der Absatz in meiner Luther-Bibel mit „*Viele Glieder – ein Leib*" und beginnt mit diesem Vers: „*Denn wie der Leib einer ist und hat doch viele Glieder, alle Glieder des Leibes aber, obwohl sie viele sind, doch ein Leib sind: so auch Christus!*" (1. Korinther 12,12).

Danach folgt eine Reihe von Beispielen, wie diese Glieder sich gegenseitig ergänzen und benötigen. Dieser Bibelabschnitt ist uns sicher gut bekannt, er wird in aller Regel als Gleichnis oder Vergleich ausgelegt mit dieser Zielrichtung: So wie die einzelnen Glieder eines menschlichen Körpers harmonisch zusammenspielen und sich gegenseitig ergänzen, so sollte auch das Zusammenspiel innerhalb einer Gemeinde funktionieren. Zweifellos ist diese Auslegung korrekt und im paulinischen Sinn. Genau das will uns Paulus in 1. Korinther 12 vermitteln.

Allerdings beinhaltet diese Sichtweise und Interpretation des Textes gleichzeitig auch eine kleine, aber nicht zu unterschätzende Unkorrektheit: Es handelt sich bei genauer Betrachtung in Wirklichkeit bei diesem von Paulus dargestellten „*Leib*" nicht lediglich um ein Gleichnis oder eine Analogie! Zwar legen wir diesen Text fast immer gleichnishaft aus und vergleichen unsere Gemeindeharmonie mit dem Zusammenspiel der Glieder eines menschlichen Körpers. Das ist an sich nicht falsch, aber nur die halbe Wahrheit.

Welches nämlich das tatsächliche Verständnis von Paulus betreffend diesem „*Leib*" in Bezug auf die Gemeinde ist, macht Paulus dann im Vers 27, also ganz am Schluss aller vergleichenden Beispiele, deutlich. Dort erklärt er nämlich: *„Ihr aber seid der Leib Christi und jeder von Euch ein Glied!"* (1. Korinther 12,27).

Überraschung!

Bei diesem Vers hatte ich, zu meiner Schande sei's gesagt, jahrelang etwas überlesen. Da fehlt nämlich ein Wort, das ich – irgendwie wohl unbewusst – immer in mein Verständnis mit hineingemogelt hatte. Es steht aber nicht da. Es fehlt, und es fehlt sehr offensichtlich!

So offensichtlich, dass ich inzwischen davon ausgehe, dass Paulus diesen Vers und diese Formulierung deswegen hier niedergeschrieben hat, um zu überraschen, ja zu provozieren und zu neuem Nachdenken zu verleiten. Er hat das Wort absichtlich und mit vollem Bewusstsein ausgelassen!

Um welches fehlende Wort handelt es sich?

Es ist das kleine Wörtchen *„wie"*!

Denn der Vers müsste doch eigentlich heißen: *„Ihr aber seid <u>wie</u> der Leib Christi und jeder von Euch <u>wie</u> ein Glied"*?

Dieses *„wie"* fehlt aber!

Es muss auch nicht unbedingt ein *„wie"* sein, es könnte auch irgendein anderes Wort eingefügt sein, das einen Vergleich, also ein Gleichnis, eine bildhafte Rede, markieren könnte. Paulus hätte beispielsweise auch formulieren können: *„Ihr aber <u>entsprecht</u> einem Leib"* oder *„es <u>verhält sich</u> mit Euch <u>ähnlich</u> einem Leib"*. Solche Formulierungen werden ja andernorts im Neuen Testament für Gleichnisse oder Vergleiche verwendet. Hier aber steht nichts dergleichen, sondern eindeutig *„ihr seid"*! Punkt und basta. Der griechische Urtext ist eindeutig, und die meisten deutschen Übersetzungen geben das auch richtig wieder.

Womit wir uns also diese Frage stellen müssen: Ist Gemeinde als *„Leib Jesu"* etwa gar keine Metapher, gar kein Gleichnis?

Oder hatte Paulus eventuell gerade mal kein griechisches Wort zur Verfügung, das einen Vergleich anzeigen könnte?

Selbstverständlich nicht. Paulus kennt mehrere Worte, die eindeutig einen Vergleich markieren, zum Beispiel, wenn er in im 1. Thessalonicherbrief doziert „*Dann wird sie das Verderben schnell überfallen <u>wie</u> die Wehen eine schwangere Frau*" (1. Thessalonicher 5, 3). Hier benutzt Paulus das griechische Wort ὥσπερ, das „gleichwie" bedeutet und eindeutig einen Vergleich markiert.

Die Kurzform dieses Vergleichswortes heißt ὡς („wie") und findet sich beispielsweise Römer 13,9: „*Du sollst deinen Nächsten lieben <u>wie</u> dich selbst*".

Des Weiteren hat Paulus auch noch das Wort ὅμοια („gleichartig") in seinem Wortschatz: „*Neid, Saufen, Fressen und <u>Gleichartiges</u>*" (Galater 5,21) sowie die Umschreibung τύπος, also „Typ" oder „Art", was er in Römer 5,14 verwendet: *... wie Adam, welcher ist <u>ein Bild/Abbild</u>* (wörtlich „*Typus*") *dessen, der kommen sollte*".

Paulus hat also genügend Wörter und Redewendungen auf Lager, mit denen er einen Vergleich anzeigen kann. Und Paulus als ausgebildeter Schriftgelehrter ist ja nun wirklich nicht derjenige, der sich nicht klar ausdrücken könnte.

Es scheint also, wie wenn Paulus in 1. Korinther 12 etliche Verse lang sagen wollte, dass es sich mit der Gemeinde „*<u>wie</u> mit einem Leib*" verhalte – also Vergleich -, um dann plötzlich und unerwartet und zum allgemeinen Erstaunen diesen Vers hervorzuzaubern: „*Ihr aber <u>seid</u> der Leib Christi und jeder von Euch ein Glied!*"

Also: „*Überraschung, liebe Korinther! Ihr dachtet wohl, dies hier wäre ein Gleichnis - aber das ist viel zu wenig! Das richtige Verständnis in seiner ganzen Tiefe offenbare ich euch erst zum Schluss: Es ist weit mehr als ein Gleichnis, weit mehr als ein Vergleich! Es ist nämlich: Realität!*"

Es gibt für uns hier nur zwei Möglichkeiten: Entweder wir vermuten, dass sich Paulus hier ausnahmsweise mal etwas unklar ausgedrückt hat - oder Paulus meint tatsächlich, was er schreibt.

Ich entscheide mich für zweiteres. Denn für Paulus ist absolut nicht typisch, dass er eigentlich gar nicht das meinen würde, was er schreibt. Und außerdem wäre dieser ganze Vers schlicht überflüssig, wenn er nochmals auf den Vergleich hinweisen wollte, weil Paulus dann nur wiederholen würde, was er bereits zwölf Verse lang ausführlichst entfaltet hat.

Eigentlich kann es hier nur eine Interpretation und eine Erkenntnis geben: Paulus sieht die Gemeinde nicht wie der Leib Jesu, sondern als der Leib Jesu!

Die Bedeutung dieses Verses kann man sich lauttechnisch dadurch erschließen, dass man beim Lesen das Wort „seid" betont akzentuiert: „Ihr aber seid der Leib Christi ..." Dann nämlich erkennt man plötzlich denn wahren Sinn der Aussage! Wetten, dass Paulus ihn im Sprachgebrauch genau so betonen würde, damit der Höhepunkt seiner Ausführungen auch erkannt wird? Zwölf Verse lang hat er die Gemeinde mit einem Leib verglichen, um dann damit zu verblüffen, dass er unvermittelt erklärt: „Dieser Vergleich ist noch viel zu wenig und bei Weitem zu kurz gegriffen. In Wirklichkeit seid ihr nicht wie ein Leib, sondern ihr seid der Leib Jesu!"

Könnte es vielleicht sogar sein, dass Paulus das Ganze bereits von Anfang an bewusst so geplant hat: Zuerst als Vergleich formulieren und erst zum Schluss die Bombe platzen lassen? Spannungsaufbau mit anschließendem Knalleffekt? Könnte es sein, dass Paulus auf seiner schriftstellerischen Klaviatur vielleicht auch diesen einprägsamen Kniff auf Lager hat, um pädagogische Langzeitwirkung zu erzielen?

Dass das wohl tatsächlich zutrifft, entdecken wir, wenn wir nochmals an den Anfang des Textes zurückgehen. Es erscheinen nun nämlich auch die einleitenden Verse zu diesem Abschnitt über den „Leib Jesu" in einem ganz neuen Licht:

„Denn wie der Leib einer ist und hat doch viele Glieder, alle Glieder des Leibes aber, obwohl sie viele sind, doch ein Leib sind: so auch Christus. Denn wir sind durch einen Geist alle zu einem Leib getauft..." (1. Korinther 12,12+13).

Plötzlich entdecken wir nämlich, wie ungewöhnlich sich dieses „so auch Christus" am Schluss von Vers 12 anfühlt! Die Formulierung ist sogar außerordentlich überraschend, denn logischerweise müsste hier etwas anderes stehen, nämlich: „so auch die Gemeinde". Das würde sich doch weit flüssiger und sinnvoller anhören: *„Denn wie der Leib einer ist und hat doch viele Glieder, alle Glieder des Leibes aber, obwohl sie viele sind, doch ein Leib sind: so auch die Gemeinde."* Das wäre klar, logisch und allgemein verständlich! Diese Formulierung drängt sich doch regelrecht auf, oder? *„Wie ein Leib ... so auch die Gemeinde!"* – so haben wir's doch eigentlich ohnehin schon immer verstanden, oder?

Hat Paulus aber nicht geschrieben! Stattdessen schreibt er *„Wie der Leib ... so auch Christus!",* was eigentlich nur so interpretiert werden kann: Christus ist dieser „Leib mit vielen Gliedern!"

„Wie der Leib ... so auch Christus!" Das steht doch da, oder? Einfach nochmal genau lesen und feststellen: Stimmt! Genau das steht tatsächlich in 1. Korinther 12,12! Und deshalb muss hier mit dem *„Leib"* der „Gemeinde-Leib" gemeint sein, alles andere würde keinen Sinn machen.

Ergo: Es steht eigentlich schon hier, in der Einleitung, nicht erst im Vers 27: Gemeinde <u>ist</u> Leib Jesu! Und damit hat Paulus bereits hier schon ebenfalls nicht als Vergleich formuliert!

Außerdem: Wie fährt Paulus gleich im nächsten Vers weiter? *„Denn <u>wir</u> sind ... zu einem Leib getauft!"* (1. Korinther 12,13). *„Wir"* - also die Gemeinde. Die Gemeinde ist *„zu einem Leib getauft"*! Nicht etwa *„<u>wie</u> zu einem Leib getauft!",* was ja wieder einen Vergleich markieren würde. Nein, steht eben schon wieder nicht so da. Wieder fehlt das *„wie",* wieder fehlt ein Vergleichswort. Also wieder nicht als Metapher!

Ergo: Es steht bei genauer Betrachtung bereits in der Einleitung klar und deutlich und sogar zweifach: Gemeinde <u>ist</u> Leib Jesu. Können wir folglich den Vers 27 ernsthaft noch anders interpretieren? Vielmehr muss man doch sagen: Der ganze Abschnitt mit den vergleichenden Beispielen, wie Glieder innerhalb eines Leibes miteinander harmonieren sollen, ist also einleitend und abschließend von jeweils eindeutigen paulinischen Statements einge-rahmt: *„Bitteschön den »Leib« nicht lediglich nur als Vergleich verstehen, sondern es geht hier um Realität! Wirklichkeit! Tatsache! Fakt!"*

Gemeinde <u>ist</u> Leib Jesu!

***

Der weitere Nachweis, dass Paulus das tatsächlich so meint, ist nun verblüffend einfach zu führen. Er ist erstaunlich deutlich und dermaßen unwiderlegbar, dass man sich als bibelorientierter Christ eigentlich in den Hintern kneifen müsste: Habe ich das wirklich und tatsächlich bisher stets übersehen und kein einziges Mal korrekt erkannt?

Jeder Bibelkenner weiß natürlich, dass der Begriff „*Leib Jesu*" in etlichen Briefen von Paulus vorkommt. Und siehe da: Nirgendwo bei Paulus wird „*Leib Jesu*" als Metapher oder sonstige bildhafte Darstellung für Gemeinde vorgestellt und als Vergleich formuliert!

Nirgendwo, abgesehen von der Ausnahme in 1. Korinther 12!

Hier im Einzelnen: So formuliert er etwa im Römerbrief: „*... so sind wir viele ein Leib in Christus*" (Römer 12,5). Hier könnte auch stehen: „*... so sind wir viele <u>wie</u> ein Leib in Christus*". Müsste sogar dastehen, wenn Paulus von einem Vergleich ausgeht! Steht aber nicht da!

Oder im Epheserbrief: „*Gott ... hat ihn [Jesus] gesetzt der Gemeinde zum Haupt über alles, welche sein Leib ist*" (Epheser 1, 22+23). Auch hier: Die Gemeinde <u>ist</u> sein Leib. Kein Hinweis auf Bildnis, Vergleich oder Analogie. Des Weiteren erklärt er in Epheser 4,16, dass von Christus, dem Haupt aus „*... der ganze Leib zusammengefügt ist*" (und nicht etwa „*... <u>wie</u> ein Leib zusammengefügt ist*") und ein paar Verse später: „*Redet die Wahrheit, ... weil wir untereinander Glieder sind!*" (Epheser 4,25). Auch das ist wiederum Klartext: Wir <u>sind</u> Glieder und nicht „*wie*" Glieder. Und kurz darauf schreibt er erneut: „*... wir sind Glieder seines Leibes*" (Epheser 5,30). Klingt das nach Gleichnis? Sicher nicht! Als Gleichnis formuliert müsst es ja auch hier heißen „*... wir sind <u>wie</u> Glieder seines Leibes*".

Ebenso im Kolosserbrief: „*Er [Jesus] ist das Haupt des Leibes, nämlich der Gemeinde*" (Kolosser 1,18) und dann gleich noch einmal, damit auch wirklich jeder es kapiert: „*... sein Leib, das ist die Gemeinde*" (Kolosser 1,24).

Bei keiner dieser Bibelstellen lässt sich hineininterpretieren, dass Paulus das als Gleichnis verstehen könnte. Jedes Mal sagt er: „*So ist die Wirklich-*

keit! *Gemeinde ist Leib Jesu!"* Da findet sich keinerlei Hinweis auf einen Vergleich, ein Bild und oder eine Analogie.

Wenn er also an sämtlichen (!) Stellen in seinen Briefen, wo er den Ausdruck *„Leib"* in Sinne von *„Gemeinde ist Leib Jesu"* verwendet, kein Vergleichswort einsetzt, dann ist zwingend anzunehmen, dass er auch keinen Vergleich meint! Die Gemeinde ist weder „synonym" noch „entsprechend" dem Leib. Sondern: Sie „*ist*" der Leib!

Der eingangs erwähnte Abschnitt 1. Korinther 12, 15-26 stellt diesbezüglich also eine absolute Ausnahme dar und ist die einzige in allen paulinischen Briefen. Nur dort und ausschließlich dort finden sich Verse zum Thema *„Leib Jesu"*, die als Vergleich oder als Gleichnis angelegt sind (wobei, nur am Rande vermerkt, sogar in diesen gleichnishaften Versen nirgendwo ein Vergleichswort wie *„wie"* oder ähnliches auftaucht!).

An dieser Stelle einen Vergleich zu wagen bietet sich deshalb an, weil Paulus in 1. Korinther 12 über „Geistesgaben" aufklärt, wie dem Anfang dieses Kapitels (Verse 1-11) sowie dem Schluss (Verse 28-31) klar zu entnehmen ist. Eingebettet in dieses Thema macht der Vergleich durchaus Sinn. Damit aber klar bleibt, dass der Vergleich wirklich als Ausnahme anzusehen ist, ist er eben sowohl einleitend (Verse 12 und 13) wie auch zusammenfassend (Vers 27) unzweideutig eingerahmt von der Klarstellung: Die Gemeinde *ist* aber Leib Jesu! Keiner möge auf den Gedanken kommen, „Leib Jesu" sei vielleicht doch nicht mehr als nur ein Vergleich!

Paulus erlaubt sich in diesen Versen die bildhafte Auslegung einer eindeutig feststehenden Tatsache, um einen bestimmten Aspekt dieser Gegebenheit anschaulicher zu machen. Dies wagt er im Vertrauen darauf, dass der geneigte Bibelleser natürlich diesen Vergleich immer auf dem Hintergrund der Verse, die den Vergleich umrahmen, anstellt. Diese Reife und dieses Lesevermögen der Korinther setzt er einfach voraus.

Das ist übrigens nichts anderes als die Grundlage jedes Vergleichs. Ein Vergleich funktioniert doch immer so, dass es ein Fakt gibt und dass diesem Fakt dann ein Vergleich zugesellt wird. Beides muss natürlich immer klar voneinander getrennt werden, was wir normalerweise auch automatisch schaffen.

Wenn ich also beispielsweise erkläre, dass mein Auto „*rot wie eine Tomate*" ist, dann ist das Fakt ein rotes Auto, das mir gehört, und die Tomate ist dann der Vergleich, der das Aussehen meines Wagens anschaulich macht. Aber beides ist klar voneinander unterscheidbar. Fakt ist und bleibt das rote Auto. Das Auto ist rot! Die Tomate hingegen ist kein Fakt, sondern ein Vergleich, der an dieser Stelle Sinn macht, weil er das farbliche Vorstellungsvermögen meines Gesprächspartners aktiviert! Mein Auto ist aber deswegen kein Gemüse, sondern bleibt immer ein Fahrzeug.

So funktionieren Vergleiche und das ist das Prinzip bildhaften Redens. Nichts anderes macht Paulus in 1. Korinther 12, und wir tun gut daran, Fakt und Vergleich auch da klar zu trennen. Man darf natürlich über den Leib Jesu gleichnishaft reden und predigen, so wie Paulus das hier mehrere Verse lang macht. Aber man sollte das stets im Bewusstsein tun, dass das dann lediglich der Teilaspekt des Bildhaften, der Metapher, ist - und nicht etwa die Realität!

Wenn ich nun – wie Paulus in 1. Korinther 12 – den Tomaten-Vergleich mit meinem Auto ausweite, indem ich beispielsweise darüber sinniere, dass Rot eben eine Signalfarbe sei und dass das sinnvoll sei, weil man damit mein Auto im Gewimmel des Straßenverkehrs optisch gut wahrnimmt, genauso wie man die Tomate im Dickicht des Tomatenstauden-Grünzeugs dank der Signalfarbe sofort findet, dann bin ich mit dem letzten Gedanken („*genauso wie* ...") wieder wie Paulus auf der Vergleichsebene. Aber kein Mensch würde dadurch das dahinterstehende Fakt vergessen, dass mein Auto tatsächlich ein Auto ist, und zwar ein rotes – aber keine Tomate. Man unterscheidet völlig selbstverständlich zwischen Vergleich und Realität und ist jederzeit in der Lage, das Fakt parallel zum Vergleich automatisch mitzudenken!

Nur bei Paulus' Ausführungen über den „*Leib*" in 1. Korinther 12 tun wir das nicht! Wer aber bei der Auslegung dieses paulinischen Vergleichs nur das Bild bemüht, aber das Fakt unterschlägt, bewegt sich im Bereich der „fahrlässigen Unterlassung", weil er dem Zuhörer suggeriert, das Bild, die

Metapher, wäre das Eigentliche! Das Auto wäre in Wirklichkeit eben doch nicht mehr als nur eine besondere Tomaten-Gattung!

Geistlich höchst bedenklich!

Weil wir aber lediglich ein einziges Mal, nämlich in 1. Korinther 12, „*Leib Jesu*" vergleichend formuliert finden und sämtliche anderen Bibelstellen bei Paulus zu diesem Thema eindeutig und ausschließlich das Fakt („Gemeinde ist Leib Jesu") als solches benennen, ist es umso verwunderlicher, warum wir nicht längst diesen klaren Sachverhalt in unserer Theologie verinnerlicht haben! Stattdessen verdrängen wir das zwingend dazugehörige Fakt konsequent hinter diesem Vergleich!

Was lesen wir eigentlich, wenn wir die Bibel lesen? „*Leib Jesu*" ist kein Vergleich!

Punkt!

Verstanden?

Dann muss es also etwas Reales sein. Wie aber ist das jetzt zu verstehen?

Nun, ganz einfach: Unsere Gemeinden sind als „*Leib Jesu*" der realpräsente Teil Jesu mitten in unserer Welt. Jesus ist also nicht einfach im Himmel, sondern ein Teil von ihm ist da, ist anwesend: sein Leib. Der Leib Jesu - das ist jede einzelne Gemeinde, in der Jesus verkündigt wird, in der Jesus der Mittelpunkt ist, in der Jesus „lebt". Da ist sein Leib, da ist Realpräsenz Jesu. Sichtbarer, greifbarer, fühlbarer, erlebbarer Jesus. Da ist Jesus!

Das „*Haupt*" dieses Leibes Jesu ist natürlich im Himmel: „*Gott ... hat ihn gesetzt der Gemeinde zum Haupt über alles*" (Epheser 1,22). Sein Leib als solcher hingegen ist hier auf der Erde: die Gemeinde. Und wir sind die Glieder, die diesen Leib bilden, untrennbar verbunden miteinander und mit dem Haupt im Himmel. Alles zusammen, Leib und Haupt, ergibt den „ganzen" Jesus.

Dabei hat jeder von uns als Glied des Leibes eine bestimmte Funktion auszuüben, eine bestimmte Aufgabe zu übernehmen. Nicht alle dieselbe, denn wir sind unterschiedliche Glieder mit unterschiedlichen Möglichkeiten, Begabungen und Fähigkeiten. Darauf weist Paulus nicht nur in

1. Korinther 12 anschaulich hin, sondern beispielsweise auch in Römer 12,4+5: *„Denn wie wir an einem Leib viele Glieder haben, aber nicht alle Glieder dieselben Aufgaben haben, so sind wir viele ein Leib in Christus"*. In all ihrer Unterschiedlichkeit dienen sämtliche Glieder immer dem Leib und gehorchen dem Haupt. Denn dort, beim Haupt, wird geplant, von dort gehen die entsprechenden Befehle an die Glieder aus und von dort aus wird koordiniert. So ergibt das Ganze eine wirkungsvoll handelnde Einheit, eine ganze Person. Logisch, denn so funktioniert doch jeder Körper: Der Kopf gibt die Befehle, die Glieder des dazugehörenden Leibes führen aus. Wir, die Glieder, sind also nichts anderes als die „ausführenden Organe" Jesu.

Das ist doch nicht schwierig zu verstehen, oder?

***

Einige Theologen führen nun an, dass Paulus mit „Leib Jesu" nicht die heute bestehenden Ortsgemeinden bezeichnen würde, sondern dass der „Leib Jesu" sich auf die *„Universalgemeinde"* aller Gläubigen zu allen Zeiten aus allen Orten bezieht, also auf die Gemeinde, die wir einmal im Himmel bei Jesus beziehungsweise bei Gott sein werden. Folglich würde sich der Leib Jesu" erst dann konkret darstellen, wenn wir alle zusammen am Ende der Zeiten mit Jesus vereint werden.

Nun ist zweifellos richtig, dass das Neue Testament mit dem Wort *„Gemeinde"* auch mehrmals diese (noch nicht existierende!) Versammlung aller Gläubigen in der Neuen Welt Gottes bezeichnet. Aber von dieser *„Gemeinde"* spricht Paulus nachweislich nicht im Zusammenhang mit dem Begriff *„Leib Jesu"*. Er meint stattdessen immer die existierenden Gemeinden innerhalb dieser Welt, die sogenannten „Ortsgemeinden". Sonst würden beispielsweise seine Ausführungen *„Wenn ein Glied leidet, so leiden alle Glieder mit"* (1. Korinther 12,26) oder *„... damit im Leibe keine Spaltung sei"* (1. Korinther 12,25) usw. keinen Sinn machen, denn im Himmel, wo sich ja die „Universalgemeinde" erst real konstituieren wird, wird weder *„gelitten"* noch *„gespalten"*! Und wir brauchen dort auch nicht mehr *„in gleicher*

Weise füreinander sorgen", wie Paulus in Vers 25 doziert, denn im Himmel sorgt Gott höchstpersönlich für uns. Wir selber sind dort nicht nur sorgenfrei, sondern auch „fürsorgefrei".

Ein aufmerksames Durchlesen von 1. Korinther 12 lässt also keinen Zweifel daran, dass Paulus mit „Leib Jesu" ausschließlich unsere heute real existierenden Gemeinden gemeint haben kann. Unsere individuellen Gemeinden vor Ort: Diese sind *„Leib Jesu".* Real existierender Jesus in dieser Welt, nicht in der zukünftigen!

Der theologische Fluchtversuch in die „Universalgemeinde" ist bei diesem Thema folglich unzulässig, auch wenn es einen – allerdings nur diesen einzigen! - Vers gibt, bei dem Paulus den Ausdruck „Leib Jesu" eventuell auch auf die „Universalgemeinde" gemünzt haben könnte: *„... dass die Heiden Miterben sind und mit zu seinem Leib gehören ..."* (Epheser 3,6). Dieser Vers kann so verstanden werden, dass Paulus im Sinnzusammenhang von den Heiden allgemein und weltweit redet. Andererseits könnte Paulus hier mit dem bewusst gewählten Terminus *„Leib Jesu"* seine Epheser darauf hinweisen wollen, dass die Miterbenschaft eben auch die Heiden in ihrer Gemeinde vor Ort betrifft. Somit muss also auch dieser Vers durchaus nicht zwingend als Hinweis auf die „Universalgemeinde" gedeutet werden.

Natürlich wäre es für uns einfacher zu verstehen, wenn mit Leib Jesus eben doch die „Universalgemeinde" gemeint wäre, denn dann gäbe es nur ein Haupt mit einem einzigen Leib. *„Einfacher zu verstehen"* darf aber hier kein Argument sein! Umso mehr es, wie bereits anhand der Paulusbriefe betrachtet, offensichtlich und eindeutig ist, dass mit „Leib Jesu" immer die einzelnen Ortsgemeinden bezeichnet werden. *

> *   Wir werden im 8. Kapitel *„Anwendungsversuche"* noch einmal darauf zurückkommen, warum „Leib Jesu" keinesfalls die universelle Versammlung aller Gläubigen bezeichnen kann.

Wir müssen es also zwingend so denken, dass es zwar nur ein Haupt, nämlich Jesus im Himmel, gibt, dieses Haupt aber viele verschiedene Leiber besitzt, die über die ganze Welt verteilt sind.

***

Es gibt noch etliche weitere Belege als nur die bisher genannten, dass Paulus die Gemeinde als *„Leib Jesu"* sieht. Im Kolosserbrief sehen wir, wie konkret er das versteht. Dort sagt Paulus zu unserer Überraschung: *„... sein [Jesu] Leib, das ist die Gemeinde. Ihr Diener bin ich geworden ..."* (Kolosser 1,24+25).

Was? Wie? Entsetzen, oder? Denn das kann doch gar nicht sein!

„Wie kannst Du, Paulus, so platt behaupten, dass Du »Diener der Gemeinde« sein willst? Weißt Du denn nicht, dass unser Herr in der Bergpredigt ausdrücklich geboten hat »Niemand kann zwei Herren dienen!« (Matthäus 6,24)? *Paulus, dienst du nun Jesus - oder dienst du der Gemeinde?"*

Nun, wenn die Gemeinde der Leib Jesu <u>ist</u>, dann dient Paulus folglich nicht zwei Herren, sondern nur einem!

Bingo! Er dient natürlich Jesus, indem er dem Teil Jesu dient, den er vor sich hat: seinem Leib. Also der Gemeinde! Dienst an der Gemeinde und Dienst an Jesus ist eben deckungsgleich! Das weiß Paulus natürlich, denn dass die Gemeinde „Leib Jesu" ist, ist für ihn eine Selbstverständlichkeit, die er in all seinen Ausführungen immer automatisch mitdenkt.

Den Ephesern schreibt Paulus: *„Niemand hat je sein eigenes Fleisch gehasst; sondern er nährt und pflegt es, wie auch Christus die Gemeinde."* (Epheser 5,29). Auch hier wieder: Natürlich pflegt Christus seinen Leib! Und sein Leib ist *„sein Fleisch"*! Wenn Jesus also *„sein eigenes Fleisch nährt und pflegt"*, dann sorgt er ganz einfach für gesundes Wachstum und betreibt Körperpflege an sich selbst, wie das jedermann ganz selbstverständlich tut (oder tun sollte ...)! Und genauso begründet das dann Paulus im darauffolgenden Vers: *„Denn wir sind Glieder seines Leibes"* (Epheser 5,30). Natürlich pflegt Jesus - genauso wie wir alle - *„seinen Leib"*!

Oder was bedeutet bei Paulus eigentlich die Formulierung *„in Jesus"*, wenn er beispielsweise den Philippern schreibt: *„Grüßt alle Heiligen in Christus Jesus"* (Philipper 4,21)?

Da die *„Heiligen"* in Philippi ja allesamt Glieder am Leib Jesu sind, sind sie also *„in"* seinem Leib vereinigt. Die Formulierung *„in Jesus"* macht dank dem Leib-Jesu-Verständnis sofort und völlig zwanglos Sinn! Genauso, wenn er den Philippern beispielsweise schreibt *„Seid so unter euch gesinnt, wie es der Gemeinschaft in Christus Jesus entspricht."* (Philipper 2,5): Die Gemeinschaft ist *„in"* Jesus, denn sein Leib ist eine unzertrennbare Einheit! Sonst müsste es doch *„... wie es der Gemeinschaft mit Christus Jesus entspricht."* heißen!

Auch den Kolossern gegenüber benutzt er die Formulierung *„in ihm* [Jesus]", und nicht etwa *„mit ihm"* oder so ähnlich: *„... und an dieser Fülle habt ihr Teil in ihm, der das Haupt aller Mächte und Gewalten ist."* (Kolosser 2,10).

Darüber hinaus ist an dieser Stelle wieder die Funktion Jesu als unser *„Haupt"* erwähnt und auch noch in einen interessanten Zusammenhang gestellt: Paulus kann selbstverständlich bei den Kolossern davon ausgehen, dass sie sofort das „Leib-Jesu-Verständnis" beim Stichwort *„Jesus, der das Haupt ist"* assoziieren. Er hat ihnen ja bereits im ersten Kapitel seines Briefes (Verse 18 und 24) zweimal deutlich erklärt, sie seien der Leib Jesu!

Und jetzt stellt er das Haupt dieses Leibes, also Jesus, noch zusätzlich in den tröstlichen Zusammenhang, dass dieses Haupt ja die göttliche Souveränität besitzt, über sämtliche Mächte und Gewalten des Universums zu herrschen, denn *„in ihm wohnt die ganze Fülle der Gottheit leibhaftig"*, wie er unmittelbar im Vers davor (Kolosser 2,9) soeben erklärt hat!

Wieso *„leibhaftig"*? Wäre dieses Wort hier nicht eigentlich verzichtbar? Worauf will uns Paulus mit diesem *„leibhaftig"* aufmerksam machen?

Meint er mit *„leibhaftig"* vielleicht tatsächlich einen *„Leib"* – der dann ja nur Jesu *„Leib"*, also die Gemeinde, sein könnte? Denn das griechische Wort für *„leibhaftig"*, das hier steht, hat ja auch tatsächlich denselben Wortstamm wie beispielsweise der *„Leib"* in 1. Korinther 12. Und den irdischen Leib Jesu bis zur Kreuzigung kann er nicht meinen, denn dann hätte er in der Vergangenheit formulieren müssen: *„In ihm wohnte die ganze Fülle ..."*.

Die Antwort gibt Paulus gleich selber, im Vers nach dem soeben zitierten: *„... und an dieser Fülle habt ihr Teil in ihm"* (Kolosser 2,10) - also in Jesus.

In seinem Leib. Und genau das betont der Zusatz „*leibhaftig*" in Vers 9, denn ansonsten wäre „*leibhaftig*" nicht nur überflüssig, sondern auch sinnlos!

Wenn also die absolute Souveränität Gottes über alles, die „*ganze Fülle Gottes*" in Jesus wohnt, wohnt sie nicht nur im „*Haupt*", sondern auch in seinem „Leib" (eben „*leibhaftig*") – also auch in unserer Gemeinde. Deswegen hat die Gemeinde an der Fülle Gottes teil – und zwar „*in ihm*"!

Aber nicht nur den Philippern oder den Kolossern gegenüber verwendet Paulus den Begriff „*in Jesus*" oder „*in Christus*" oder „*in ihm*". Diese interessante Formulierung finden wir in den Paulusbriefen insgesamt mehr als 120 mal (!), und zwar in den Variationen „*in ihm*" (15 mal); „*im Herrn*" (9 mal); „*in dem Herrn*" (34 mal); „*in Christus*" (23 mal); „*in Christus Jesus*" (42 mal) und „*in Jesus*" (1 mal).*

* Eine Auflistung all dieser Bibelstellen findet sich bei meinen Anmerkungen zu Römer 6,11 im Anhang dieses Buches.

Über 120 mal „*in Jesus*"?

Was für eine außerordentlich starke Formulierung! Kann oder darf man das so wörtlich nehmen?

Selbstverständlich. Seit wann sollte man Bibelworte nicht so nehmen, wie sie dastehen? Und wenn wir uns dazu in Erinnerung rufen, dass Paulus immer das meint, was er schreibt (sonst hätte Gott wohl kaum zugelassen, dass das weit über hundert Mal in sein Neues Testament hineinkommt), dann haben wir keine Wahl: „*in Jesus*" meint tatsächlich „*in Jesus*"!

Wie aber kann man diese „*in ihm*"-Formulierung anders erklären als mit der Lehre vom Leib Jesu?

Fakt ist doch auch hier wieder: Wir haben's bisher einfach immer überlesen und uns keinerlei Gedanken über diese Art der Formulierung gemacht. Vermutlich haben wir gedanklich jedes „*in Jesus*" automatisch in „*mit Jesus*" oder „*bei Jesus*" umgewandelt. Wir hatten eben keine andere Interpretationsmöglichkeit, solange wir den „Leib Jesu" nicht berücksichtigten! Aber den hatten wir ja bislang absolut nicht in unserem Bewusstsein …

Mit der „Leib-Jesu-Theologie" ist man auch hier wieder gut beraten, denn damit macht das „*in Jesus*" wirklich Sinn: Glieder sind ja nicht nur untrennbar mit dem Leib verbunden, sondern sie _sind_ der Leib. Man ist also als Glied an Jesus Leib tatsächlich „in Jesus". Genau darum schreibt Paulus das so, ein ums andere Mal. Damit das auch jedem unmissverständlich klar wird und klar bleibt.

Sehr eindrücklich kann man dieses paulinische Denken auch in den ersten drei Kapiteln des Kolosserbriefs mitverfolgen: Zuerst stellt er zweimal klar, dass Gemeinde wirklich Leib Jesu ist: „Er [Jesus] _ist das Haupt des Leibes, nämlich der Gemeinde"_ (Kolosser 1,18), sowie: „Ich [Paulus] _erstatte ... was an den Leiden Christi noch fehlt, für seinen Leib, das ist die Gemeinde"_ (Kolosser 1,24).

Danach, nachdem dies unmissverständlich geklärt ist, benutzt Paulus durchgehend erst mal die Formulierung „in Christus", und zwar in den Versen 1,27; 1,28; 2,5 (im griechischen Urtext wörtlich: „... _euren Glauben in Christus hinein"_); 2,6; 2,7; 2,10 und 2,11.

Dann jedoch, nachdem eindeutig klargestellt ist, dass die Position eines Christen eben „_in ihm"_ (nämlich in seinem Leib) zu sein hat, führt Paulus ab Kolosser 2,12 zusätzlich noch einen anderen Ausdruck ein: In diesem einen Vers formuliert er sowohl „_in ihm"_ („_in ihm auferweckt")_ als auch „mit ihm (_begraben mit ihm)._ Und ab da bleibt er dann bei der Formulierung „_mit ihm",_ nämlich in den Versen 2,13; 2,20; 3,1; 3,3 und 3,4. Und abschließend weist er dann in Kolosser 3,15 nochmals ausdrücklich darauf hin, dass er damit wirklich den „Leib Jesu" meint, indem er der Gemeinde zusichert, dass sie „in einem Leibe berufen" seien!

Wir stellen also fest, dass Paulus nicht nur durch die Formulierung „_in Jesus",_ sondern auch durch „_mit Jesus"_ die Integration in den Leib Jesu beschreibt. Beides bezeichnet bei Paulus denselben Sachverhalt!

***

So, bis hierher haben wir bereits weit mehr als ein Dutzend Bibelstellen gefunden und zusätzlich noch über Hundertzwanzig „in"-Formulierungen plus noch weitere „mit"-Formulierungen, mit denen Paulus ganz klar und eindeutig darauf hinweist, dass Gemeinde „*Leib Jesu*" ist. Sind das nicht genügend Bibelbelege, aufgrund derer wir das tatsächlich ernst nehmen sollten?

Aufgrund dieser Anhäufung von eindeutigen Aussagen müsste „*Gemeinde ist Leib Jesu*" doch längst ein Eckpfeiler unseres Glaubens, unserer Christologie sowie insbesondere unseres Gemeindeverständnisses sein; breit verankert in der evangelischen Christenheit, da wir doch alle dieselbe Bibel lesen und sie als vertrauenswürdige Grundlage unseres Glaubens und unserer gelebten Christusnachfolge erkannt haben.

Falls diese Bibelstellen aber vielleicht doch noch nicht genügen sollten, gibt es von Paulus noch etliche weitere, genauso eindeutige:

- *„... damit die Heiligen zugerüstet werden zum Werk des Dienstes. Dadurch soll der Leib Christi erbaut werden"* (Epheser 4,12);
- *„Lasst uns aber wahrhaftig sein in der Liebe und wachsen in allen Stücken zu dem hin, der das Haupt ist, Christus, von dem aus der ganze Leib zusammengefügt ist und ein Glied am andern hängt durch alle Gelenke, wodurch jedes Glied das andere unterstützt nach dem Maß seiner Kraft und macht, dass der Leib wächst und sich selbst aufbaut in der Liebe"* (Epheser 4,15+16);
- *„... wie auch Christus das Haupt der Gemeinde ist, die er als seinen Leib erlöst hat"* (Epheser 5,23);
- *„... [der] sich nicht hält an das Haupt, von dem her der ganze Leib durch Gelenke und Bänder gestützt und zusammengehalten wird und wächst durch Gottes Wirken"* (Kolosser 2,19);
- *Und der Friede Christi, zu dem ihr auch berufen seid in einem Leibe, regiere in euren Herzen"* (Kolosser 3,15);
- *„Denn ein Brot ist's, so sind wir viele ein Leib"* (1. Korinther 10,17);
- *„... ein Leib und ein Geist, wie ihr auch berufen seid"* (Epheser 4,4).

Auch für diese Bibelstellen gilt: Bei keiner einzigen davon ist „*Leib Christi*" irgendwie vergleichend formuliert, sondern immer als Fakt, als Realität.

Allein die Anzahl an Bibelbelegen dazu ist dermaßen erdrückend, dass wir uns schon längst hätten fragen müssen: Wie konnten wir das laufend übersehen und - fast schon peinlich penetrant - daran vorbeischauen? Es sind so viele Bibelverse, die den „Leib Jesu" eindeutig proklamieren, dass wir das wahrlich nicht als theologisch zweitrangiges Randthema abtun können!

Die Gemeinde ist präsenter Teil Jesu in der Welt, die Gemeinde ist sein „*Leib*"!

Woher hat Paulus das wohl? Wie kommt er zu dieser Erkenntnis? Auf welcher Grundlage traut er sich, dies so zu behaupten?

Es liegt ihm ja offensichtlich sehr viel dran, uns das deutlich zu machen und es uns wärmstens ans Herz zu legen, wenn er derart unaufhörlich darauf herumreitet.

Man wird also davon ausgehen müssen, dass er sich das nicht willkürlich aus den Fingern gesaugt hat und es sich auch nicht mal so eben an einem lauen Sommerabend als originelle persönliche „Variante zum Thema" ausgedacht hat.

3. Die Quelle

Woher hat Paulus sein Gemeinde-Verständnis als *„Leib Jesu"*? Es gibt dazu eine sehr naheliegende Vermutung. So naheliegend, dass sie sich geradezu aufdrängt: Paulus hat diese Sicht der Gemeinde von Jesus!

Aus den Berichten über Jesus, wie sie uns die Evangelien überliefern, ist das ohne Weiteres nachvollziehbar. Wir starten mal mit Jesu gleichnishafter Endzeit-Schilderung in Matthäus 25, als er seinen Jüngern vom *„Weltgericht des Menschensohns"* erzählt. Er erklärt, dass dann die Menschen aller Völker in zwei Gruppen aufgeteilt werden, so wie ein Hirte Schafe und Böcke trennt. Daraufhin wird Jesus als richtender König zu einer der beiden Menschengruppen unter anderem sagen: *„Was ihr getan habt einem von diesen meinen geringsten Brüdern, das habt ihr mir getan!"* (Matthäus 25,40).

Da wir wissen, dass Jesus ausschließlich diejenigen mit *„Brüder"* benennt, die bekehrte und wiedergeborene Nachfolger sind (man vergleiche dazu gerne mal mit der Konkordanz alle Bibelstellen, an denen Jesus Menschen als *„Brüder"* bezeichnet!), wird man geradezu mit der Nase darauf gestoßen, dass Jesus hier offensichtlich in ähnlichen beziehungsweise sogar gleichen Kategorien wie Paulus denkt: Jesus, der König, war offenbar präsent, real, *„leiblich"* (!) anwesend in den *„Brüdern"*, an denen Gutes getan wurde von den Repräsentanten dieser Gruppe!

An dieser Stelle können wir auch gleich das leider weitverbreitete falsche Verständnis dieses „Weltgerichts" in Matthäus 25 klären, dass es Jesus darum ginge, dass grundsätzlich irgendwelchen Menschen, egal wem, Gutes getan werde. Diese prophetische Gerichtsrede Jesu wird ja bekanntlich immer dann als Belegstelle herangezogen, wenn diakonisches Handeln als solches und somit auch „an jedermann" belegt werden soll. Das ist jedoch unbiblisch in dem Sinne, dass es nicht das ist, worüber Jesus in Matthäus 25 spricht; seine eindeutige Formulierung schließt diese Interpretation aus!

Richtig ist: Jesus weist hier darauf hin, dass es um barmherziges Handeln ausschließlich an Christen, also an seinen Nachfolgern, geht, und nicht etwa an jedem Menschen. Sonst hätte er nicht von „Brüdern" gesprochen! Der König – und damit kann nur Jesus gemeint sein - erklärt ja ausdrücklich: „Ich bin hungrig gewesen und ihr habt mir zu essen gegeben. Ich bin durstig gewesen und ihr habt mir zu trinken gegeben. Ich bin ein Fremder gewesen und ihr habt mich aufgenommen. Ich bin nackt gewesen und ihr habt mich gekleidet. Ich bin krank gewesen und ihr habt mich besucht. Ich bin im Gefängnis gewesen und ihr seid zu mir gekommen." (Matthäus 25,35+36). Es wurde also von diesen Gerechten nicht „irgendwem" Gutes angetan, sondern Jesus persönlich. Und Jesus persönlich ist eben nicht in „Jedermann", sondern er ist explizit und ausschließlich in den „Brüdern", denn genau diese und nur diese sind Glieder seines Leibes!

Jesus ist doch keinesfalls in jedem Menschen drin!

Mal angenommen, es wäre Jesus hier wirklich um „tut jedermann Gutes, egal wem" gegangen, hätte dann der König nicht sinnvollerweise etwa so formulieren sollen: „Ihr habt Hungrigen zu essen gegeben, Durstigen zu trinken gegeben, Fremde aufgenommen usw."?

Aber das sagt Jesus ja eben nicht, sondern er wiederholt bei jedem Beispiel ausdrücklich, ja geradezu penetrant, dass man es eben gerade nicht „irgendwem", sondern dem König persönlich („mir") getan habe!

An ihm, dem König, hat man diakonisch gehandelt, und genau das löst ja das Erstaunen der Angesprochenen aus. Diese wissen natürlich sehr wohl, ob sie in ihrem Leben tatsächlich barmherzig gehandelt haben und ob sie dafür zur Recht königliches Lob erwarten dürfen. Was sie aber nicht gewusst haben: Sie haben nicht erkannt, dass sie dem König persönlich Gutes getan haben. Sie erkannten in ihrem Gegenüber den König nicht! Genau dies löst ja ihr Erstaunen aus!

Und warum haben sie ihn nicht erkannt? Weil er in Gestalt seines „Leibes" vor ihnen stand! Sie haben an Gemeinde-Gliedern, also an Jesu Nachfolgern, Gutes getan. Nämlich genau an denjenigen, die Jesus in seiner Erklärung – und zu ihrem Erstaunen! - „Brüder" nennt: „Was ihr getan habt einem von diesen meinen geringsten <u>Brüdern</u>, das habt ihr mir getan." (Matthäus 25,40). Er meint damit: Diese, an denen ihr gehandelt habt, waren „mein Leib", beziehungsweise eben „meine Brüder" (und hier darf natürlich auch „meine Schwestern" ergänzt werden).

Dieses Gleichnis als Begründung für „allgemeines Wohltun an der Menschheit schlechthin" anzuführen ist somit Irrlehre und kann auch nicht mit Floskeln wie „Jesus ist doch trotzdem irgendwie in jedem Menschen" oder „das sind doch alles Gottes geliebte Geschöpfe" begründet werden. Das ist nichts anderes als humanistisches „Gutmenschen"-Gefasel. Jeder gewissenhafte Bibelleser weiß doch, dass als „Bruder des Königs Jesus" nur jemand betitelt werden kann, der sein ernsthafter Nachfolger geworden ist.

Wer dieses prophetische Gleichnis Jesu trotzdem anders auslegt, zeigt dadurch lediglich, dass er zwar des Lesens mächtig, nicht aber des Verstehens fähig ist, so dass er auch hier dem Grundübel aller unbewussten Irrlehrer erliegt: Seine vorgefasste Meinung irgendwelchen Bibelstellen überzustülpen, statt zur Kenntnis zu nehmen, was tatsächlich in der Bibel steht.

Zudem finden wir den allgemeinen Barmherzigkeits-Gedanken in Sinne von „Tut Gutes an jedermann!" ohnehin schon dermaßen häufig im Alten wie auch im Neuen Testament, dass Jesus sich weitere Ausführungen zum selben Thema schlicht und einfach hätte sparen können ...

Könnte es sein, dass die Entstehung dieser irrigen Auslegung vielleicht auch eine Folge davon ist, dass man die „Leib-Jesu-Theologie" nicht berücksichtigt hat?

Wenn man nämlich mit Paulus begriffen hat, dass die Gemeinde real präsenter Leib Jesu ist, versteht man Jesus hier völlig zwanglos: Was man dem „Leib Jesu" antut, tut man eben Jesus selbst an, weil dieser Leib ja durch seine „Brüder" (und Schwestern) gebildet wird.

Wir erkennen hier: Auch für Jesus gibt es, offenbar auch nach seiner Himmelfahrt noch, diesen „präsenten Teil" seiner selbst in der Welt: nämlich seine Brüder, seine Gemeinde, seinen „Leib".

Und wir erkennen bereits schon an diesem ersten Beispiel, wie schnell biblische Erkenntnisse Schlagseite erhalten, wenn uns die „Leib-Jesu-Theologie" nicht geläufig ist und wir sie deshalb nicht automatisch immer in unser Bibelverständnis integrieren.

***

Ein nächstes Beispiel, wie Paulus und Jesus in dieser Sicht der Dinge übereinstimmen: Was hat Jesus eigentlich genau gemeint, als er seinem engsten Jüngerkreis (also sozusagen den „Gemeindeleiter-Azubis") erklärte: *„Wer euch aufnimmt, der nimmt mich auf!"* (Matthäus 10,40)?

Man mag einwenden, dass es zu diesem Zeitpunkt doch noch gar keine Gemeinde gab, die „Leib Jesu" hätte sein können. Dieses Argument lässt sich aber auf die ähnlich lautende Aussage Jesu im Johannesevangelium nicht mehr anwenden: *„Wahrlich, wahrlich, ich sage euch: Wer jemanden aufnimmt, den ich senden werde, der nimmt mich auf!"* (Johannes 13,20). Den hier redet Jesus eindeutig von der Zukunft seiner Jünger, also vom Zeitalter der Ortsgemeinden.

Dass Jesus zu Erdenzeiten und noch vor Pfingsten durchaus eine klare Vorstellung von den zukünftigen Gemeinden hatte und dies auch mit seinen Jüngern durchgesprochen hat, wissen wir unter anderem dank der sogenannten „Gemeindezucht-Bibelstelle" im Matthäusevangelium, in der Jesus bereits von den zukünftigen *„Gemeinden"* spricht: *„Hört er auf diese* [Brüder] *nicht, so sage es der Gemeinde. Hört er auch auf die Gemeinde nicht, so sei er für dich wie ein Heide und Zöllner."* (Matthäus. 18,17).

Dass sich also alle *„Jesus-aufnehmen"*-Bibelstellen hauptsächlich auf das Gemeinde-Zeitalter beziehen, wird zwanglos einsichtig, sobald man kapiert hat, dass die Gemeinde faktisch der Leib Jesu ist. Ohne dieses Verständnis wird die Auslegung wieder wesentlich komplizierter, denn wie kann man

„*Jesus aufnehmen*", wenn er im Himmel ist? Man ist dann gezwungen, das „*aufnehmen*" irgendwie geistig-geistlich zu interpretieren.

Aber warum kompliziert, wenn's auch einfach geht? Wer ein Gemeindeglied aufnimmt, nimmt ein Glied des Leibes Jesu auf. Und damit Jesus selbst, denn Glieder, Leib und Haupt sind unzertrennbar.

Erhellend auch, wenn man im Matthäus-Evangelium nach „*Wer euch aufnimmt, der nimmt mich auf!*" (Matthäus 10,40) noch zwei Verse weiterliest. Da erklärt Jesus dann: „*Und wer einem dieser Kleinen auch nur einen Becher kalten Wassers zu trinken gibt, weil es ein Jünger ist, wahrlich, ich sage euch: Er wird nicht um seinen Lohn kommen!*" (Matthäus 10,42).

Warum wird er belohnt für die diakonische Handlung eines aufmerksamen Trunks? Vor allem deswegen, „*weil es ein Jünger ist*", also ein Glied des Leibes Jesu! Wer dem etwas Gutes tut, der hat es Jesus getan. Da lässt sich Jesus nichts schenken! Und damit das jedem Hörer (und Leser) klar ist, fügt Jesus eben extra noch dieses „*weil es ein Jünger ist*" ein. Denn der Satz würde doch auch ohne diese Ergänzung Sinn machen, oder? Dann könnte jedoch „irgendein" Kleiner gemeint sein, egal ob er zum Leib Jesu gehört oder nicht. Aber genau dieses Verständnis möchte Jesus offensichtlich vermeiden.

Da Jesus offensichtlich genau in dieser Kategorie denkt, muss auch die folgende Aussage Jesu, in der es ebenfalls um das „*Aufnehmen eines Kleinen*" geht, neu bedacht werden: „*Wer ein solches Kind aufnimmt in meinem Namen, der nimmt mich auf!*" (Matthäus 18,5). Zuvor hatte er irgendein Kind, das zufällig gerade in seiner Nähe war, herbeigerufen, mitten unter seine Jünger gestellt und an diesem ein Gleichnis über Demut in der Jüngerschaft demonstriert, das er mit den Worten „*Wer sich nun selbst erniedrigt und wird wie dies Kind, der ist der Größe im Himmelreich!*" abschließt (Matthäus 18,4). Und dann fügt er noch den eben erwähnten Satz über das „*Aufnehmen*" an: „*Wer ein solches Kind aufnimmt in meinem Namen, der nimmt mich auf!*" (Matthäus 18,5).

Das „*solche Kind*" wird landläufig gleichgesetzt mit „irgendeinem" Kind, da ja Jesus soeben auch „irgendein" Kind als Anschauungsobjekt präsentiert. Auslegung wäre dann: Egal, um was für ein Kind es sich handelt. Wenn du es aufnimmst „in Jesu Namen", dann ist das, wie wenn Du Jesus selbst aufgenommen hättest.

Für dieses Verständnis braucht es allerdings ein Vorverständnis, das in der Regel Jesus unbewusst und automatisch untergeschoben wird. Nämlich die Annahme, dass es Jesus bei all seinen „mir getan!" oder „mich aufgenommen!"-Sätzen immer nur auf die gute Tat als solche ankomme, nicht aber auf diejenigen, an denen man das Gute tut.

Bei Jesu Vergleich mit diesem Kind stehen aber plötzlich mehrere Kinder im Raum: Das real anwesende Kind sowie jene „fiktiven" Personen, die Jesus im Gleichnis mit diesem Kind vergleicht. Diese Personen sind ja ebenfalls „wie Kinder", sagt Jesus: „Wenn ihr nicht werdet wie die Kinder ..." (Matthäus 18,3).

Könnte mit „Wer ein solches Kind aufnimmt ..." vielleicht also nicht das real hier im Jüngerkreis als Anschauungsobjekt stehende Kind gemeint sein, sondern vielmehr derjenige, der „sich selbst erniedrigt und wird wie dies Kind?" Das hat doch Jesus soeben proklamiert, und damit dürfte Jesus mit Sicherheit seine Nachfolger, also die „Glieder seines Leibes", gemeint haben. Dann wäre die korrekte Interpretation also: „Wer ein solches meiner Glieder aufnimmt"!

Für beide Auslegungsarten muss man ein Vorverständnis anwenden. Aber nur für eins der beiden möglichen Vorverständnisse gibt es eine ganze Reihe gut belegter Bibelstellen! Nämlich für die Variante, dass Jesus hier tatsächlich von den „Gliedern seines Leibes" spricht. Lesart muss also sein: Wer einen derjenigen aufnimmt, der „sich selbst erniedrigt" hat und dadurch „geworden ist wie dies Kind" – also ein authentischer Nachfolger Jesu geworden ist! – der nimmt mit „einem solchen Kind" Jesus selbst auf!

Wer dieses Verständnis gerne griffig für sich selber formulieren möchte, kann wieder den Trick des lauten Lesens anwenden und dabei das „solches" stärker betonen: „Wer sich nun selbst erniedrigt und wird wie dies Kind, der ist der Größe im Himmelreich! Wer ein solches Kind aufnimmt in meinem Namen, der nimmt mich auf!"

Hier steht ja eben ausdrücklich nicht *„dies"* Kind (also das anwesende), sondern *„ein solches"* Kind! Diese Unterscheidung zwischen *„dies"* und *„ein solches"* macht übrigens auch der griechische Urtext; wer den Urtext der Bibel also ernst nimmt, wird sich auch semantisch für das *„Leib Jesu"*-Auslegungsverständnis entscheiden müssen.

Erwähnt werden muss hierzu auch Lukas 10,16: *„Wer euch hört, der hört mich; und wer euch verachtet, der verachtet mich; wer aber mich verachtet, der verachtet den, der mich gesandt hat."*

Auch hier setzt sich Jesus mit seinen Nachfolgern, die ja seinen Leib bilden, in eins. Völlig folgerichtig und problemlos verständlich.

Natürlich spricht Jesus dies im Zusammenhang mit der Aussendung der zweiundsiebzig Jünger aus, mit der Intension: Wenn ihr als *„Ausgesandte"* predigt, ist es so, wie wenn ich, Jesus, persönlich predige. Aber sollte dieser Vers wirklich nur für diese einmalige Aussendungs-Aktion der Zweiundsiebzig gegolten haben, und für alle nachfolgenden Christen nicht mehr? Obwohl diese ebenfalls einen Sendungsbefehl von Jesus erhalten haben? Kein ernstzunehmender Ausleger kommt auf eine solche Deutung, sondern wir alle wissen: Das ist eine Verheißung auch für uns heutige Nachfolger.

Also für die „Glieder seines Leibes".

***

Selbst eine der vielzitiertesten Aussagen Jesu kriegt plötzlich einen ganz neuen Klang und eine tiefere Bedeutung: *„Wo zwei oder drei versammelt sind in meinem Namen, da bin ich mitten unter ihnen!"* (Matthäus 18,20). Einfach nur logisch, denn jede Gemeinde-Versammlung und sicherlich auch jede Teilversammlung dieser Gemeinde ist natürlich *„Leib Jesu"*!

Sicherlich kann man solche Bibelstellen auch mit dem traditionellen Verständnis interpretieren, wonach eine Zeuge Jesus doch den heiligen Geist und somit einen Teil der Trinität mit sich trage. Darum sei in einem Christen immer auch Jesus persönlich irgendwie anwesend; Jesus und Heiliger Geist lasse sich ja nicht wirklich auseinanderdividieren!

Richtig. Das soll auch nicht bestritten werden. Aber auch diese Bibelstelle ist wesentlich einfacher und ohne irgendwelchen Auslegungsbedarf sofort verständlich für jeden, der die Leib-Jesu-Theologie verstanden hat. Und sie lässt uns erneut vermuten, dass Jesus auch hier wieder der Impulsgeber für die paulinische Erkenntnis des realpräsenten Leibes Jesu ist.

Wenn Jesus sich in Johannes 15,1-8 als „*Weinstock*" und uns als „*Reben*" bezeichnet, ist auch dieses Bild nur eine andere Variante der Leib-Jesu-Theologie. Mehr noch: Der ganze Abschnitt wird mit dem Leib-Jesu-Verständnis viel einsichtiger und leichter verständlich. Jesus spitzt diesen Vergleich zu auf die Aussage „*Ich bin der Weinstock, ihr seid die Reben. Wer in mir bleibt und ich in ihm, der bringt viel Frucht ...*" (Johannes 15,5). Das „*Wer in mir bleibt*" bedeutet dabei, dass man am Leib Jesu zu bleiben hat, denn dort, wo der „Weinstock Jesus" steht, also der Ort, an dem er tatsächlich ist, dort wächst natürlich auch die Frucht! Die feste Verbundenheit des Weinstock-Stammes „Jesus" mit seinen „Reben"-Nachfolgern ist genau dieselbe Verbundenheit eines Hauptes mit seinen Leibesgliedern. Beides kann nur durch dauernde und untrennbare Verbundenheit funktionieren! „*Leib Jesu*" und „*Weinstockreben*" sind zwei Sichtweisen für denselben Sachverhalt!

Dies nur „geistlich" verstehen zu wollen, ist eben nicht nur eine Verkürzung der Aussage, sondern vielmehr eine Verstümmelung. Denn ein „Weinstock" hat immer einen geographisch festgelegten Ort, an dem er eingepflanzt ist. Wenn wir das Weinstock-Reben-Gleichnis nur als geistliches „*Man sollte hat den persönlichen Kontakt mit Jesus halten!*" interpretieren, haben wir nur das halbe Gleichnis! Warum den Ort zwanghaft wegdenken? Ist doch gar nicht nötig: Meine Gemeinde hat – wie ein Rebstock – auch seinen geographischen Ort. Und wenn's nicht ein eigenes Gemeindehaus oder sogar eine Kirche ist, dann halt ein angemieteter Versammlungsraum oder ein Wohnzimmer, in dem man sich regelmäßig trifft. Aber die Gemeinde versammelt sich immer an einem konkreten Ort! Und sowohl die Rebe wie auch das Leibes-Glied hat immer genau da zu sein, wo der Weinstock beziehungsweise eben der „*Leib*" inklusive „*Haupt*" ist. Nur so funktionierts!

***

Das Verständnis des „Leibes Jesu" hilft uns auch, eine weitere Aussage Jesu zu klären, mit der wir uns schon immer etwas schwertaten.

Es geht um die Antwort Jesu auf die Anfrage der Pharisäer: *„Wann kommt das Reich Gottes?"* (Lukas 17,20). Ihnen antwortet Jesus unter anderem: *„Das Reich Gottes ist mitten unter euch!"* (Lukas 17,21). Was genau meint er denn damit?

Es gibt zwei allgemein gebräuchliche Auslegungsvarianten. Die erste knüpft an die Luther-Übersetzung *„Das Reich Gottes ist inwendig in euch"* an und interpretiert dann, dass damit der Heilige Geist, der demnächst in den Jüngern wohnen wird, gemeint sei. Das ist allerdings eine gewagte Auslegung, denn sie passt nur, wenn man diesen Vers völlig aus dem Zusammenhang löst. Eigentlich geht es hier ja um die Frage, ob das Reich Gottes „beobachtbar" kommt, denn Jesu vollständige Antwort lautet: *„Das Reich Gottes kommt nicht mit äußeren Zeichen* [wörtlich: *„mit Beobachtung"*]*; man wird auch nicht sagen:* »*Siehe, hier ist es!*« *oder:* »*Da ist es!*« *Denn siehe, das Reich Gottes ist mitten unter euch!"* (Lukas 17,20+21).

Insofern ist also diese Auslegung mit Heiligem Geist als Erklärung immer etwas suspekt geblieben; man ahnt irgendwie, dass Jesus das vermutlich nicht so gemeint haben kann. Der Heilige Geist tritt bekanntlich nur selten „beobachtbar" auf, auch wenn hier die Pfingstbewegung mitunter gerne etwas anderes proklamieren möchte.

Die zweite Auslegungsvariante vermutet, dass Jesus hier von sich selber spricht. Er ist ja sozusagen das personifizierte „Reich Gottes", das momentan inmitten dieser anfragenden Pharisäer steht, und insofern ist also gerade eben *„das Reich Gottes mitten unter Euch"*.

Aber auch diese Auslegung verursacht Bauchschmerzen. Spricht Jesus hier wirklich von seiner aktuellen Gegenwart, weil er momentan gerade den Fragestellern gegenübersteht?

Zweierlei müsste uns dazu stutzig machen:

Erstens ist der Satzteil „... *man wird auch nicht sagen: Siehe hier ist es! oder: da ist es!*" eindeutig im Futur geschrieben, also als zukünftig zu verstehen! Aber Jesus als solcher wird ja in Bälde nicht mehr persönlich vor ihnen stehen.

Zweitens mutet Jesu Behauptung „*Das Reich Gottes kommt nicht mit äußeren Zeichen!*" aus seinem Mund doch sehr eigentümlich an, wenn er damit die Gegenwart sowie sich selbst meinen sollte. Denn gegenwärtig steht ja in seiner Person der Sohn Gottes, das Reich seines Vaters repräsentierend, mitten im Volk und demonstriert dieses Reich Gottes laufend mit „Zeichen", nämlich durch seine Wundertaten! Sind das etwa keine „*äußeren Zeichen*"?

Auch die andere Übersetzung, die der griechische Urtext zulässt: „*Das Reich Gottes kommt nicht mit Beobachtung!*" macht keinen Sinn, wenn man das auf den gerade anwesenden Jesus münzen will. Denn an diesem Jesus kann man das Reich Gottes sehr wohl „*beobachten*": Bei jedem Wunder, bei jeder Heilung, bei seinem Reden über Gott, bei seiner Ausstrahlung und seinem liebevollen Wesen! Da ist doch Reich Gottes „*beobachtbar*"!

Zwingende Schlussfolgerung: Jesus redet hier von der Zukunft, nicht von der Gegenwart!

Somit sind also beide bisher betrachteten Auslegungen von „*Das Reich Gottes ist mitten unter euch!*" äußerst fragwürdig, sie sind wohl kaum auf den damaligen Jesus unter den Pharisäern und auch nicht auf den Heiligen Geist in den Jünger zu beziehen, sondern vielmehr auf die Gemeinde als „Leib Jesu".

Denn die gesamte Antwort Jesu wird in dem Augenblick zwanglos verständlich, wenn man sie auf den „*Leib Jesu*" bezieht: Im Gemeinde-Zeitalter, also im Zeitalter der Anwesenheit seines „*Leibes*", wird das „Reich Gottes" nicht mehr in dieser Form „*beobachtbar*" sein wie bei der irdischen Anwesenheit Jesu. Die „äußeren Zeichen" werden dann nämlich sehr viel spärlicher stattfinden!

Das ist doch genau unsere heutige Realität: Wir als momentan aktueller „Leib Jesu" können eben nicht mehr so wie damals Jesus sozusagen täglich mit Heilungen und Wundern nur so um uns werfen!

Außerdem wird man im Gemeinde-Zeitalter auch nicht mehr sagen *„Siehe, hier ist es! oder: Da ist es!"*, wie das zu Jesu Zeiten gang und gäbe war, als jedermann sich nach einem „Messias" umschaute. Seine Zuhörer damals hatten nämlich durchgehend eine „Messias-" und „Reich-Gottes-Anbruch"-Erwartung. Unsere Gesellschaft heute bekanntlich nicht mehr.

Sowohl *„nicht beobachtbar"* wie auch *„man wird nicht sagen: Hier oder da ist es!"* passt natürlich perfekt auf das Zeitalter der Gemeinde als Leib Jesu: Jesu Präsenz ist an einer Gemeinde allenfalls für „Eingeweihte" beobachtbar, nicht aber für die breite Volksmasse, und diese wird auf den Anblick in einer Gemeinde auch nicht mit *„Hier ist das Reich Gottes!"* reagieren!

Jesus denkt und redet diesbezüglich also in genau derselben Kategorie wie später Paulus. Er versteht sich als derjenige, der demnächst in den Ortsgemeinden präsent sein wird: *„Die Gemeinde ist mein Leib!"*. Und wir verstehen Jesus nur dann richtig, wenn wir das jeweils bei seinen Aussagen immer mitberücksichtigen.

***

Des Weiteren verdeutlicht uns dies auch das „Hohepriesterliche Gebet" im Johannes-Evangelium, Kapitel 17:

Nachdem er mit *„Nun aber komme ich zu dir ..."* (Johannes 17,13) seinem Vater bestätigt, dass seine Rückkehr zu ihm in den Himmel unmittelbar bevorsteht, formuliert er wenige Verse später völlig überraschend: *„Vater, ich will, dass, wo ich bin, auch die bei mir seien, die du mir gegeben hast, damit sie meine Herrlichkeit sehen, die du mir gegeben hast!"* (Johannes 17,24).

Ja - wie jetzt?

Wenn er wirklich möchte, dass seine Jünger da sind, wo er ist, hätte er sie bei der Entrückung doch mitnehmen müssen! Darüber hinaus formuliert er auch noch *„Vater, ich will..."*, womit er de facto Gott zwingt, entweder die Jünger mit zu entrücken oder aber seinen Willen hier zu missachten!

Nun wissen wir ja – unsere Existenz hier auf Erden beweist es! -, dass die Jünger seit damals durchgehend nicht mitentrückt werden. Hat Gott also den Willen seines Sohnes missachtet? Das wäre eine absolute theologische Katastrophe! Denn dann würde hier Gottes Wille nicht mit dem Willen seines Sohnes übereinstimmen! Dies wiederum würde unser gesamtes trinitarisches Verständnis ins Wanken bringen. Denn dieses ist doch wesentlich von der Grundsatzaussage bestimmt, dass Gott, Jesus und Heiliger Geist immer völlig übereinstimmen! Demzufolge wäre es sozusagen ein trinitarisches „no-go", dass Jesus etwas von Gott will, Gott ihm dies aber nicht gewährt.

Es gibt also nur eine Möglichkeit, dieses *„Vater, ich will..."* in Johannes 17,24 zu verstehen: Jesus sieht in Vers 13 (*„Vater, ich komme zu dir..."*) und Vers 24 (*„... dass, wo ich bin, auch die bei mir seien, die du mir gegeben hast..."*) denselben Ort!

Jesus sieht sich, auch wenn er in den Himmel zurückkehrt, immer noch und gleichzeitig auf der Erde! Und das ist nur möglich und nachvollziehbar, wenn er als *„Haupt"* im Himmel ist und als *„Leib"* auf der Erde. Die ganze Person Jesus ist gleichzeitig sowohl drüben wie auch noch hier! Und genauso sieht sich Jesus: Als „ganze Person" - in beiden Welten!

Weil es also Jesu Wille ist *„dass, wo ich bin, auch die bei mir seien, die du mir gegeben hast!"* (Johannes 17,24), muss folglich der Ort, wo seine Nachfolger sind, auch der Ort sein, an dem Jesus ist. Dieser Ort kann aber wiederum nur die Gemeinde sein, denn wir leben ja noch hier und nicht im Himmel! Und dazu sagt Jesus: *„Das ist genau der Ort, an dem ich bin!"* Der Leib Jesu, also die Gemeinde, ist natürlich auch hier wieder „Realpräsenz Jesu!"

Und Jesus sagt dazu sogar *„.... und ich bin in ihnen verherrlicht."* (Johannes 17,10). Er identifiziert sich also so sehr mit uns, er ist so sehr „real manifestiert" in uns, dass er sich selbst als „*Haupt*" und als „*Leib*" in einem sieht. Das wiederum ist nicht verwunderlich, denn „Haupt" und „Leib" zusammen ergeben natürlich eine und dieselbe Person! Und diese Person sieht Jesus betend mit seinem Vater zusammen; so sieht er sich selbst!

Dieser „*verherrlichte Jesus*" ist also nicht der „Erdenmensch" Jesu, der er vor seiner Auferstehung war, sondern der himmlische Jesus, der als „*Leib*" im Gemeinde-Zeitalter innerweltlich präsent ist und sich auch innerweltlich „*verherrlicht*". Entweder in seinen Gliedern oder durch seine Glieder.

Handkehrum kann Jesus dann wieder in Vers V. 11 beten: „*Und ich bin nicht mehr in der Welt; sie aber sind in der Welt!*" (Johannes 17,11). Hier betrachtet er sich selbst nun nicht mehr in der „Totalen", also als komplette Person, sondern wieder differenziert als „*Haupt*" und als „*Leib*". Das Haupt ist im Himmel, der Leib noch hier unten. Doch das widerspricht deshalb noch lange nicht der einheitlichen Sicht seiner ganzen Person, die er in anderen Versen desselben Gebets offenbart. Aber nur dann nicht, wenn man das „Leib-Jesu"-Verständnis auch diesem Gebet Jesu zugrunde legt.

Wenn er dann in demselben Gebet auch noch feststellt: „*Sie sind nicht von der Welt, wie auch ich nicht von der Welt bin.*" (Johannes 17,14), und dies – wörtlich übereinstimmend (!) – im übernächsten Vers sogar nochmal wiederholt, dann erhebt er uns als seinen Leib regelrecht in eine andere, neue Kategorie: Wir sind eine „Körperschaft mit dem Haupt im Himmel" – etwas noch nie Dagewesenes!

So also sieht Jesus seinen „*Leib*", das ist Jesu Gemeindeverständnis!

***

Offensichtlich hat sich also Paulus sein „Leib-Jesu-Verständnis" nicht aus den Fingern gesogen und auch nicht der Schule des Gamaliel oder sonst irgendwoher entnommen. Sein Gemeindeverständnis ist dermaßen über-einstimmend mit dem Verständnis, wie Jesus sich und seine Nachfolger in eins setzt, dass wir daraus schlussfolgern müssen: Die paulinischen Aussagen zum „*Leib Jesu*" sind völlig von Jesus gedeckt! Sie entsprechen genau der Sicht, die Jesus auch hatte! Sie stammen also offensichtlich genuin von Jesus!

Vermutlich hat Paulus diese Sicht der Gemeinde sogar schon ganz früh gewonnen, nämlich unmittelbar bei seiner Bekehrung!

Da begegnete ihm Jesus bekanntlich auf äußerst eindrückliche Art unmittelbar vor der Stadt Damaskus. Die Apostelgeschichte schildert es so: „*... und er* [Paulus, damals noch Saulus genannt] *fiel auf die Erde und hörte eine Stimme, die sprach zu ihm:* »*Saul, Saul, was verfolgst du mich?*« *Er aber sprach:* »*Herr, wer bist du?*« *Der sprach:* »*Ich bin Jesus, den du verfolgst!*«" (Apostelgeschichte 9,4+5).

Fakt war allerdings, dass Paulus explizit eigentlich nicht Jesus, sondern die Gemeinde verfolgte: „*Saulus suchte die Gemeinde zu zerstören*", berichtet uns Apostelgeschichte 8,3, und er selbst erklärt später auch den Galatern „*wie ich über die Maßen die Gemeinde Gottes verfolgte und sie zu zerstören suchte*" (Galater 1,13).

Statt dass Jesus diesen Saulus nun mit „*Hör auf, meine Gemeinde zu verfolgen!*" oder so ähnlich zu Rede stellt, sagt er sofort und ohne Umschweife: „*Was verfolgst du <u>mich</u>?*" und doppelt gleich nach mit „*Ich bin <u>Jesus</u>, den du verfolgst!*"

Darüber wird Paulus – er ist erfahrener Theologe, der kann das! – mit Sicherheit ausgiebig nachgedacht haben. Umso mehr er ja nach diesem Erlebnis drei Tage lang blind war – also reichlich Zeit hatte zum Reflektieren. Auch Paulus muss, wie jedermann, ein solch eindrückliches Erlebnis irgendwie verarbeiten. Und das geschieht bekanntlich vor allem dadurch, dass man intensiv darüber nachdenkt! Dass Jesus sich bei dieser Erstbegegnung gleich mal mit seinen Jüngern beziehungsweise mit seiner Gemeinde gleichsetzt, ist zweifellos nichts weniger als eine gewaltige Überraschung in seiner Selbstoffenbarung gegenüber Paulus. Darüber <u>muss</u> dieser ganz einfach nachgedacht haben! So intensiv wie vermutlich selten in seinen Leben über ein bestimmtes Thema!

Wie intensiv er das verinnerlicht hat, belegen auch Apostelgeschichte 22,7+8 sowie Apostelgeschichte 26,14+15: Zweimal erzählt Paulus von dieser Jesus-Begegnung, und zwar zweimal genau gleich, wörtlich übereinstimmend! Jesu Ansprache an ihn muss sich Paulus unauslöschlich ins Gedächtnis eingebrannt haben!

Das Ergebnis dieses Reflektierens ist klar ersichtlich: Paulus hat verstanden. Gemeinde ist Leib Jesu! Gemeinde ist in eins zu setzen mit Jesu Leib! Genau so, wie sich Jesus ihm offenbart hat, und zwar auf außerordentlich eindrückliche Art und Weise!

Es kann kein Zweifel daran bestehen, woher Paulus seine „Leib-Jesu-Theologie" hat.

4. Realpräsenz Jesu

Die Gemeinde <u>ist</u> der Leib Jesu! In unseren Gemeinden ist Jesus real anwesend!

Der Gedanke an diese leibhaftige Anwesenheit Jesu, wenn die Gemeinde zusammenkommt, mutet uns im ersten Augenblick vermutlich etwas fremd an. Es fällt uns nicht ganz einfach, sich dies als Fakt vorzustellen.

Das liegt einmal daran, dass jeder von uns ein festgefügtes Bild, eine innere Vorstellung davon hat, was Gemeinde ist. Wir verbinden mit dem Stichwort „Gemeinde" eine ganze Reihe von Vorstellungen und Sichtweisen, vielleicht auch von Bibelversen und theologischen Aussagen darüber. In der Summe hat dann jeder von uns eine bestimmte Sicht verinnerlicht, wie er sich nach seiner Meinung, seiner Erfahrung und gemäß seiner Bibelkenntnis „Gemeinde" vorstellt.

Dasselbe geschieht auch auf emotionaler Ebene. Wir erleben ja Gemeinde, indem wir persönlich einer solchen angehören. Deshalb löst jeder Gedanken an unsere eigene Gemeinde sozusagen automatisch im Hintergrund innere Reaktionen und Gefühle, vielleicht auch Hoffnungen und Sehnsüchte, möglicherweise aber auch Resignation und Frust aus.

Aber eins wird zum Begriff „Gemeinde" bei uns nicht automatisch ausgelöst: Ein Bewusstsein oder eine Vorstellung, dass bei „Gemeinde" Jesus jeweils real anwesend sei. Das ist er allerdings, und zwar eben deshalb, weil Gemeinde eben „Leib Jesu" ist. Dieser Gedanke ist uns jedoch zu fremd und deshalb nicht geläufig - was er korrekterweise allerdings sein müsste!

Das wiederum führt an dieser Stelle meines Buches vermutlich dazu, dass mancher sich mit dieser Sichtweise bisher nicht anfreunden konnte. Unser unterbewusstes Gemeindeverständnis geht immer noch in diese Richtung: *„Aber das kann doch eigentlich so nicht sein! Jesus soll leibhaftig da sein, und das auch noch in meiner Gemeinde? Was für ein fremder Gedanke! »Realpräsenz Jesu«? Nein danke, das ist dann doch etwas zu mystisch! Jesus ist im Himmel, und damit basta. So gehört es sich, so kenne ich das, und damit lebe ich schon seit vielen Jahren ...“*

Eine solche Abwehrreaktion ist einerseits durchaus verständlich. Aber wenn sie nur auf einem „ungewohnten Gedanken" beruht, dann ist sie andererseits auch sehr verwunderlich.

Denn Fakt ist, dass wir die „Realpräsenz Jesu" als solche sehr wohl schon seit Jahrhunderten in unseren Köpfen und Kirchen etabliert haben und dass sie immer wieder aufs Neue proklamiert wird. Allerdings nicht beim Thema „Leib Jesu", sondern beim Thema „Sakrament des Abendmahls"!

Das sollten wir uns an dieser Stelle doch mal etwas genauer anschauen.

Insbesondere die katholische Kirche geht ja beim ihren Eucharistiefeiern davon aus, dass dabei Jesus höchstpersönlich und leiblich, also „realpräsent" in Brot (Hostie) und Wein anwesend ist. Die Lehre davon ist seit dem zweiten Jahrhundert nach Christus im Umlauf und es gab mehrmals heftigen Kirchenstreit deswegen. Unter anderem haben sich auch die beiden Reformatoren Luther und Zwingli vor allem wegen diesem Thema überworfen.

„Realpräsenz Jesu" unter uns ist also absolut kein neuer oder fremder Gedanke. Wir denken ihn längst schon automatisch immer mit – aber eben immer im Zusammenhang mit dem Abendmahl. Nicht nur katholischerseits wird so gedacht, sondern auch im gesamten evangelischen und freikirchlichen Umfeld wird Brot und Wein beim Abendmahl sehr oft mit der Vorstellung einer „Realpräsenz Jesu" verbunden, auch wenn man vielleicht nicht wirklich von einer realen Substanzveränderung der beiden Abendmahlselemente, also der so genannten „Transsubstantiation" von Brot und Wein, überzeugt ist.

Warum aber wurde und wird „Realpräsenz Jesu" immer nur in diesem Kontext postuliert, nie aber beim „*Leib Jesu*"?

Lasst uns auch hier mal genauer hinsehen. Ist das Postulat der Abendmahls-Realpräsenz Jesu eigentlich ebenso biblisch fundiert wie seine Realpräsenz bei seinem Gemeinde-„*Leib*"? Finden sich dazu mindestens ebenso viele klare und sich ergänzende Belegstellen im Neuen Testament dafür, dass Jesus im Abendmahl tatsächlich höchstpersönlich anwesend ist?

Bei weitem nicht! Genau genommen sind es gerade mal fünf Bibelstellen, aus denen man eine reale leibliche Anwesenheit Jesu beim Abendmahl in Form von Brot und Wein ableiten könnte. Von diesen fünf Stellen sind allerdings drei synoptische Paralleltexte, denn Matthäus (in Kapitel 26), Markus (in Kapitel 14) und Lukas (in Kapitel 22) zitieren ziemlich gleichlautend Jesu Einsetzungsworten beim Austeilen des Brotes an seine Jünger mit *"das ist mein Leib"*. Außerdem ist auch die vierte Bibelstelle in 1. Korinther 11 nichts anderes als ein weiterer Paralleltext, denn Paulus zitiert dort ebenfalls Jesu Einsetzungsworte, und zwar mit weitgehend identischem Wortlaut wie die drei Evangelisten. Diese Einsetzungsworte, die bekanntlich als biblischer Hauptbeleg für die Lehre von der Anwesenheit Jesu beim Abendmahl fungieren; sind uns also viermal parallel überliefert.

Aber von welchem Leib spricht Jesus nun dabei? Welchen Leib vergleicht er mit dem Brot? Natürlich seinen, aber wir kennen ja drei unterschiedlichen „*Leibe*" von Jesus:

1. Seinen menschlichen Leib, den er bis zur Grablegung nach seiner Kreuzigung trug;
2. seinen neuen Auferstehungsleib, in dem er sich ab Ostern und bis zu seiner Himmelfahrt zeigte;
3. den „*Leib Jesu*", den bis heute seine Ortsgemeinden darstellen.

Punkt zwei können wir betreffend Abendmahlsverständnis gleich zum Vornherein ausschließen: Seinen „Auferstehungsleib" kann er schwerlich gemeint haben, denn der wurde ja bekanntlich nicht „*(hin-)gegeben*", sondern mit diesem Leib ist Jesus in den Himmel zurückgekehrt.

Punkt drei wäre schon etwas eher denkbar. Seine Proklamation *„das ist mein Leib"* könnte bereits der erste Hinweis Jesu auf seine „Leib-Jesu-Gemeinde" sein. Diese wird sich zwar erst an Pfingsten definitiv konstituieren, in der Gemeinschaft seiner anwesenden Jünger ist jedoch schon der Vorläufer der demnächst entstehenden ersten Gemeinde zugegen. Wenn Jesus jetzt über dem Brot sein *„das ist mein Leib"* spricht, wäre denkbar, dass er gedanklich damit sozusagen „vorlaufend" bei seinem „Gemeinde-Leib" anknüpfen will und damit also den Fokus beim ersten Einsetzungswort gar nicht so sehr auf das Brot, sondern vielmehr auf die anwesende Gemeinschaft seiner Nachfolger richtet.

Allerdings wäre dann beim vollständigen Satz Jesu *„...das ist mein Leib, der für euch gegeben wird!"* der zweite Teil ziemlich interpretierungsbedürftig, denn der „Gemeinde-Leib" wird ja nicht für die Jünger *(„für euch"),* gegeben. Dieser Zusatz wäre somit ein unlogischer Zirkelschluss, denn genau diese Jünger sollen ja dann wiederum diesen Leib bilden!

Am naheliegendsten dürfte also sein, dass Jesus hier nicht in erster Linie den „Gemeinde-Leib" meint, sondern schlicht und einfach seinen menschlichen Leib, also Punkt eins unserer Aufzählung. In diesem menschlichen Leib spricht er ja die Abendmahlsworte, und dieser menschliche Leib wird kurz darauf ans Kreuz geschlagen und für uns geopfert. Für diese Interpretation braucht man keinerlei theologische Auslegung, sie ist einfach deswegen als Einzige naheliegend, weil sie schlicht logisch ist.

Dazu passt ja dann auch der zweite Satzteil perfekt: *„...der für Euch gegeben wird".* Denn *„gegeben"* wird bereits schon am Tag direkt nach dieser Ansage der menschliche Leib Jesu, und die Jünger werden dieses Hingeben am Kreuz live miterleben!

Dieses Erlebnis unter dem Kreuz wird sie mit Sicherheit außerordentlich stark prägen. Daran werden sie sich ihr Lebtag erinnern, und darum passt dann auch die zusätzliche Aufforderung Jesu *„... das tut zu meinem Gedächtnis!",* welche uns Lukas und später auch Paulus nochmals bei der Weitergabe der Einsetzungsworte an die Korinthergemeinde überliefern, bestens. Jedes Mal, wenn diese elf Jünger später mit ihren Gemeinden das Abendmahl feiern werden, werden sie sich bestimmt lebhaft an Jesu Leib am Kreuz erinnern! Wobei sie dabei natürlich den irdischen Jesus-Leib vor Augen haben werden!

Und da dieses Abendmahl inklusive der Einsetzungsworte Jesu gleich mehrfach für uns in der Bibel überliefert wird, werden selbstverständlich auch wir heute uns bei jeder Abendmahlsfeier an seinen geopferten Leib am Kreuz erinnern lassen, damit es in unserem Gedächtnis haften bleibt; denn auch wir feiern das Abendmahl ja gemäß Jesu Aufforderung immer *„zu seinem Gedächtnis!"*.

Bei diesem Verständnis der Einsetzungsworte Jesu ist allerdings eine „Realpräsenz-Proklamation" beim Abendmahl als sakramentale und reichlich mystisch anmutende Umwandlung von Brot/Hostie und Wein in tatsächliches „Fleisch und Blut Jesu", womöglich noch durch einen „Trans-substantiations-Akt", vorerst mal überflüssig. Wenn Jesus sowieso immer unter uns ist, wo *„zwei oder drei sich in seinem Namen versammeln"* (Matthäus 18,20) und der *„Leib Jesu"*, der da feiert, ohnehin schon seine Präsenz darstellt – warum sollte er dann zusätzlich gleich nochmals in Form von Brot und Wein erneut „anwesend" gemacht werden?

Sie ist übrigens auch überflüssig, wenn man eine weitere, durchaus auch mögliche Deutungsvariante der Abendmahlsworte bedenkt: Hat Jesus mit den beiden prägnanten Sätzen *„Das ist mein Leib!"* und *„Das ist mein Blut!"* vielleicht weniger eine mystifizierte Gleichsetzung des Brotes und des Weines mit seinem Leib und seinem Blut manifestieren wollen, sondern vielmehr auf die Übertragung der bisherigen Praxis der alttestamentlichen Tieropfer zur Sündenvergebung auf sein neues menschliches Opfer, dass er jetzt einsetzen wird, hinweisen wollen?

Dafür spräche auch Jesus Hinweis auf den „Neuen Bund": *„Das ist mein Bund des Blutes"* sagt er nach Matthäus und Markus und *„Dieser Kelch ist der neue Bund in meinem Blut"* nach Lukas. Somit wäre dann der Wein das Symbol des neuen Bundes beziehungsweise der neuen Möglichkeit der Sündenvergebung durch Jesu Opfer, das Brot aber das Symbol für den alten, auslaufenden Bundesschluss inklusive der alten Vergebungsmethode durch Tieropfer.

Dabei sollte nicht außer Acht gelassen werden, dass Jesus mit seinen Jüngern ja gerade das Passamahl, eines der bedeutendsten jüdischen Feste, feierte, an dem man nicht nur der Befreiung aus Ägypten gedachte, sondern insbesondere an das sogenannte *„Passa-Lamm"*, das in der Nacht des Auszugs geschlachtet wurde und dessen Blut an die Türpfosten jedes israelitischen Hauses gestrichen wurde, wodurch der Todesengel dieses Haus dann von der „zehnten Plage", der Tötung aller Erstgeburt, verschonte (vgl. 2. Mose 12). Die Opferung dieses Passa-Lamms und insbesondere sein Blut steht also für Verschonung von Strafe und Gericht: Ein Tier wurde geopfert, damit Menschen straflos die Freiheit erlangen konnten.

An dieses Opfer-Bewusstsein, das gerade an diesem speziellen Abend der Passa-Gedenkfeier im Vordergrund stand, knüpfte Jesus an: Statt Tieropfer für den Menschen nun sein eigenes Opfer; <u>sein</u> Leib und <u>sein</u> Blut statt den Leib und das Blut eines Passalamms oder sonstigen Opfertieres.

Genau diese Übertragung des Passalamm-Opfers auf Jesus greift dann auch Paulus wieder auf: *„Denn auch wir haben ein Passalamm, das ist Christus, der geopfert ist"* (1. Korinther 5,7).

Auch bei dieser Interpretation der Einsetzungsworte ist eine sakramental-mystische „Jesus-Präsenz" in Brot und Wein weder nötig noch sinnvoll.

Sehr hilfreich ist auch, die beiden Proklamationssätze Jesu einmal mit einer anderen Betonung, als wir sie von Kindsbeinen an gewohnt sind, zu lesen. Nämlich so: *„Das ist <u>mein</u> Leib!"* und *„Das ist <u>mein</u> Blut!"* - und schon beginnt man zu ahnen, dass Jesus das durchaus auch so gemeint haben könnte: Ab sofort zählt nicht mehr das Blut von Tieren, sondern <u>mein</u> Blut. Und ab sofort ist nicht mehr ein Tierleib zu opfern, sondern <u>mein</u> Opfer, dargebracht durch <u>meinen</u> menschlichen Leib, zählt ab jetzt!

Auch bei dieser Auslegungsmöglichkeit würde Jesus nicht seine Realpräsenz in Wein und Brot, sondern vielmehr die Wirksamkeit seines Opfers in den Mittelpunkt stellen: *„Durch <u>mein</u> Blut und <u>mein</u> Opfer werdet ihr ab jetzt rein von euren Sünden, genauso wie ihr bisher durch Tieropfer gereinigt wurdet; und genauso wie euch das Passalamm ohne Strafe aus der ägyptischen Sklaverei befreite, so erhaltet ihr nun <u>durch mich</u> eure*

(Straf-)Freiheit!" Er betont also die Gültigkeit seiner persönlichen Opferung; Jesus proklamiert mit diesen einprägsamen Formulierungen die Übertragung der alttestamentlichen Opfer auf sich persönlich, auf <u>sein</u> Blut und <u>seinen</u> Menschenleib!

Und noch eine weitere Beobachtung spricht dafür, dass Jesu Einsetzungsworte keinesfalls eine Realpräsenz Jesu proklamieren, schon gar nicht „in" seinem Blut:

Sowohl nach Jesus in Lukas 22,20 wie auch nach Paulus in 1. Korinther 10,16 und 1. Korinther 11,25 steht nicht das „Blut" im Vordergrund, sondern der „Kelch": *„Dieser Kelch ist der neue Bund in meinem Blut..."* beziehungsweise *„Der gesegnete Kelch, den wir segnen, ist er nicht die Gemeinschaft des Blutes Christi?"*

Bei Paulus in 1. Korinther 11,25-28 wird die Betonung des Kelchs sogar noch vertieft: Nachdem er bereits durch die zitierten Einsetzungsworte den Kelch in den Mittelpunkt stellt, warnt er anschließend seine Leser vor dem unwürdigen Umgang mit dem *„Kelch"* – und nicht etwa mit dem *„Blut"*.

Überraschung! Müsste nicht selbstverständlich und durchgehend immer das *„Blut"* im Zentrum stehen und vorrangig verkündigt werden?

Offenbar nicht. Das Blut ist also doch nicht, wie wir bisher immer zu glauben angehalten wurden, das Zentrale des Abendmahls. Die Freiheit, den Akzent beim Abendmahl durchaus stattdessen auf den Kelch legen zu können (die ja gemäß Lukas 22,20 sogar von Jesus ausgeht!), widerspricht damit unserer eingeübten Praxis der Erhebung des „Blutes" in einen künstlichen Heiligkeits-Status durch Sakramentalisierung oder sogar durch Transsubstantiation!

Dadurch wird einmal mehr deutlich, dass eben das „Blut" schon im Alten Testament „nur" das Synonym zum Leben bzw. zum Sterben darstellt. Es geht bei aller biblischen Opfertheologie nie um das Blut also solches, sondern es geht immer um das Blut als „Träger des Lebens". Schon bei den alttestamentlichen Opfern war nicht das Blut der Tiere das eigentliche und Sühne bewirkende Opfer, sondern die Hingabe des Lebens dieser Tiere, durch „fließendes Blut" symbolisiert.

Genauso auch beim Opfertod Jesu: Trotz der Formulierung „*der neue Bund in meinem Blut*" (Lukas 22,20, von Paulus in 1. Korinther 11,25 wörtlich zitiert) legt Jesus nicht etwa den Schwerpunkt auf das Blut, sondern auf das Opfern seines Lebens im Sinne von: „*Es gilt jetzt meine Lebenshingabe und nicht mehr die Hingabe von tierischem Leben, folglich muss also nicht mehr Tierblut fließen, sondern mein (menschliches) Blut!*"

Deshalb ist es absolut zulässig und theologisch unproblematisch, beim Abendmahl anstelle des „Bluts" auch mal den „Kelch" zu thematisieren. Auch der Kelch, sozusagen der „*Träger des Blutes*", verweist vollwertig auf die Lebenshingabe Jesu!

Unterm Strich bleibt für uns die Erkenntnis, dass man also aufgrund der Einsetzungsworte Jesu absolut nicht auf seine Realpräsenz in Brot und Wein schließen muss. Bei sämtlichen Auslegungsmöglichkeiten ist ein mystisch anmutendes „Sakrament", das sich durch eine Anwesenheitsproklamation, die sich womöglich noch in Form einer wundersamen Umwandlung der Abendmahlselemente profiliert, schlicht überflüssig!

Zwar haben wir es bei diesem „Sakrament" mit einer über Jahrhunderte hinweg tradierten kirchlichen Überlieferung zu tun, diese hat aber keinen echten Anhaltspunkt bei Jesus, Paulus oder der Bibel. Wie alles Mystische lenkt es sogar eher vom Eigentlichen ab; selbst unsere Betitelung als „Einsetzungsworte", die sich unausrottbar eingebürgert hat, obwohl dieser Begriff in der Bibel gar nicht vorkommt, ist im Grunde schon ziemlich irreführend.

Was genau soll denn da „*eingesetzt*" worden sein?

***

Aber da gibt es ja noch eine weitere Bibelstelle, welche die Realpräsenz Jesu beim Abendmahl darstellen könnte. Es handelt sich um die sogenannte „Brotrede" Jesu im 6. Kapitel des Johannesevangeliums. Da sagt Jesus in der Tat „*Ich bin das Brot des Lebens*" (Johannes 6,48) und in den weiteren Ausführungen fallen dann weitere markante Sätze, aus denen man ein Realpräsenz Jesu ableiten könnte, wie etwa diese: *„Wer von diesem Brot isst, der wird leben in Ewigkeit. Und das Brot, das ich geben werde, ist mein Fleisch"* (Johannes 6, 51) oder: *„Wer mein Fleisch isst und trinkt mein Blut, der bleibt in mir und ich in ihm."* (Johannes 6, 56).

Hier muss allerdings gleichzeitig mitbedacht werden, dass sich Jesus gemäß Johannes öfters mit *„Ich bin"*-Sätzen selbst dargestellt hat; beispielsweise, wenn er sagt *„Ich bin das Licht der Welt" (Johannes 8,12)* oder *„Ich bin die Tür zu den Schafen"* (Johannes 10,7) oder *„Ich bin der wahre Weinstock"* (Johannes 15,1). Alle diese *„Ich bin"*-Aussagen Jesu sind allerdings metaphorisch, also bildlich, zu verstehen, auch wenn sie nicht wie ein Bild oder ein Vergleich (*„ich bin wie ...."*) formuliert sind. Kein Mensch würde doch behaupten, dass bei der Anwesenheit eines Lichts, einer Stalltür oder eines Weinstocks Jesus „realpräsent" darin anwesend sei! Es muss folglich davon ausgegangen werden, dass sich Jesus bei seinen *„Ich bin das Brot"*-Worten in Johannes 6 ebenfalls metaphorisch ausgedrückt hat. Somit ist es auch aufgrund dieser Proklamation Jesu nicht sehr naheliegend, aus dem Vorhandensein von Brot seine grundsätzliche Anwesenheit bei der Einnahme der beiden Abendmahlselemente Brot und Wein abzuleiten.

Es bleiben als biblische Belege zur Realpräsenz Jesu beim Sakrament „Abendmahl" also lediglich diese zwei Hinweise übrig: Die sogenannten „Einsetzungsworte" Jesu, mehrfach überliefert, und seine „Brotrede". Aus beiden ist die Ableitung einer „Realpräsenz Jesu" allerdings, wie wir soeben erkannt haben, ein ziemlich abenteuerliches und weit hergeholtes Gedankenkonstrukt. Belege dazu sind de facto lediglich in unserer abendländischen Kirchenhistorie und den theologischen Proklamationen unserer Kirchenväter begründet.

Biblischen Belege hingegen fallen reichlich mager, um nicht zu sagen „äußerst dürftig" aus!

***

Trotzdem ist aber die Anwesenheit Christi, seine Realpräsenz, beim Abendmahl sehr wohl gegeben! Aber diese Anwesenheit ist nicht in der Brot-Hostie und auch nicht durch den Wein begründet, sondern durch den anwesenden Leib Jesu! Denn wir finden eben in der Bibel betreffend Realpräsenz Jesu in seinem „Gemeinde-Leib" über ein Dutzend eindeutige und nicht anderes interpretierbare Bibelbelege von Paulus und zusätzlich noch eine ganze Reihe von unterstützenden Aussagen Jesu!

Dessen ungeachtet wird jedoch seit dem zweiten Jahrhundert nach Christus immer nur seine reale Anwesenheit beim Abendmahl in unseren Kirchen thematisiert, eine Lehre, die auf äußerst wackeligen Füßen steht! Gleichzeitig bleibt jedoch die biblisch klar belegte Anwesenheit Jesu in Form seines Leibes, der Gemeinde, draußen vor. Genau verkehrt herum, und dies ununterbrochen seit tausendachthundert Jahren!

Eigentlich schier unglaublich, oder?

Aber wir haben uns eben an dieses Abendmahlsverständnis gewöhnt. Von Kindsbeinen an wurden wir nicht anders gelehrt, als dass sich beim Abendmahl irgendetwas Geheimnisvolles, nicht real Erklärbares und Sichtbares, etwas Mystisch-Heiliges mit dem Oblatenbrot und dem Wein vollzieht und uns jedes Mal ein heiliger Schauer sakramentalen Ausmaßes über den Rücken zu kriechen hat: *„Da steckt jetzt irgendwie die ganz besonders reale Anwesenheit Jesu drin!"*

Das haben wir aber nur deshalb derart unausrottbar verinnerlicht, weil es uns immer und immer wieder genauso präsentiert wurde und dies sogar in fast allen Kirchen und christlichen Kongregationen, so dass wir hier gar nicht anders zu denken wagen! Von Generation zu Generation geben wir dies immer unreflektiert genauso weiter; es zu hinterfragen käme uns wie ein geistlicher Frevel an existentiell entscheidender Stelle vor; wie wenn wir an einer der „Basics" christlichen Glaubens schlechthin rütteln würden! Dabei ist es nichts anderes als „Gewöhnung". Und genau besehen sogar Gewöhnung an eine Irrlehre!

Es könnte sich durchaus lohnen, hier mal einen Schritt zurück zu treten und es zu wagen, sich das Ganze einmal nicht wie gewohnt als „direkt

Betroffener" von innen anzuschauen, sondern mit etwas Distanz, sozusagen „von außen", zu betrachten: Warum sollte es Sinn machen, einen Leib, den es nachweislich nicht mehr gibt (nämlich den menschlichen Leib Jesu, der am Kreuz zum Leichnam wurde, ab da also „tot" war und von Jesus auch nicht mehr weiter benutzt wurde), durch eine geheimnisvolle „Substanzveränderung" eines Lebensmittels und eines Getränks wieder in unsere Zeit hinein zu erwecken?

Man könnte sich aufgrund dieser Beobachtungen sogar auch einmal grundsätzliche Gedanken über unseren Umgang mit der Bibel machen. Zum Beispiel dahin gehend, dass wir vielleicht gar nicht so sehr ernsthafte „Bibel-Entdecker" sind, sondern vielmehr öfters eher „geistliche Wiederkäuer", weil wir viel zu gutgläubig einfach das theologische Erbe unserer Vorväter und Kirchenlehrer übernehmen – nicht nur das evangelikal-pietistische, sondern, wie im vorliegenden Fall, sogar noch ein genuin Urkirchenkatholisches! - und darüber das unabhängige Selberdenken beim Bibelstudium ziemlich vernachlässigen.

Wollten nicht eigentlich wir vom freikirchlichen und pietistischen Lager ausdrücklich eine „biblisch fundierte" Theologie lehren und leben?

5. Jesus besser verstehen

Selbstverständlich darf erwartet werden, dass sich unser neutestamentliches Bibelverständnis wesentlich erweitert, sobald wir unser Gemeindeverständnis mit der biblischen Leib-Jesu-Lehre verknüpfen. Viele Bibelstellen, sowohl von Jesus wie auch von den Aposteln, erschließen sich mit einer neuen, tieferen Aussage, und manche, die wir bisher nur schwer interpretieren konnten, erhalten einen überraschend verständlichen Sinn; etliches wird plötzlich logisch und einleuchtend, wenn man verstanden hat, dass Gemeinde wirklich „Leib Jesu" ist und dass wir tatsächlich und buchstäblich „Glieder seines Leibes" sind.

Bekanntlich stellt Jesu Lebensstil auf der Erde auch ein Vorbild für seine Nachfolger dar; wir sollen also jederzeit und in all unserem Tun und Reden Maß an ihm nehmen. Wenn Jesus beispielsweise seinen Jüngern sagt: *„Ein Beispiel habe ich Euch gegeben, damit ihr tut, wie ich euch getan habe!"* (Johannes 13,15) oder *„Wenn er* [der Jünger] *vollkommen ist, so ist er wie der Meister!"* (Lukas 6,40), dann ist genau diese Vorbildfunktion gemeint.

Nun gehen aber etliche Bibelstellen des neuen Testaments weit darüber hinaus. Es geht nicht nur darum, Jesus zum Vorbild zu nehmen, sondern wir sollen sogar sein wie Jesus!

Hier eine Auswahl solcher biblischen Aussagen dazu:

- *„... bis Christus in euch Gestalt gewinne"* (Galater 4,19);
- *„Denn wie er ist, so sind auch wir in dieser Welt"* (1. Johannes 4,17);

- „... *damit sie* [die Nachfolger] *gleich sein sollten dem Bild seines Sohnes*" (Römer 8,29);
- „*Wir werden verklärt in sein Bild*" (2. Korinther 3,18);
- „... *sondern wie der, der euch berufen hat, heilig ist, sollt auch ihr heilig sein in eurem ganzen Wandel*" (1. Petrus 1,15);
- „... *der für uns gestorben ist, damit ... wir zugleich mit ihm leben*" (1. Thessalonicher 5,10);
- „*Wer an mich glaubt, der wird die Werke auch tun, die ich tue*" (Johannes 14,12);
- „*Denn wir sind sein Werk, geschaffen in Christus Jesus*" (Epheser 2,10).

Solche Bibelstellen drücken doch weit mehr aus als nur ein „*Jesus ist unser Vorbild*"! Sie meinen wesentlich mehr als nur „*Jesus ähnlicher werden*"!

Es ist offensichtlich, dass diese Stellen erstaunlich exakt mit dem Grundgedanken harmonieren, dass wir als Nachfolger „*Glieder seines Leibes*" sind. Man gehe doch bitte die eben genannten Bibelstellen nochmals durch, indem man gleichzeitig das Jesu-Leib-Verständnis mitdenkt.

Ergebnis: Es passt jedes Mal haargenau!

Logisch, denn wenn wir „*Glieder des Leibes Jesu*" sind, dann können wir selbstverständlich nicht anders sein wie Jesus! Deshalb ist der Grundgedanke „*wir sollen sein wie Jesus*" absolut kompatibel mit dem Leib-Jesu-Verständnis. Mehr noch: Dieses Verständnis macht die soeben genannten Bibelstellen wesentlich relevanter, wesentlich „griffiger"!

Genau denselben Effekt erzielen wir bei der im neuen Testament immer wiederkehrenden Aufforderung, dass wir als Nachfolger doch „*in Jesus bleiben*" sollen:

- „*Und nun, Kinder, bleibt in ihm*" (1. Johannes 2,28);
- „*Wer in ihm bleibt, der sündigt nicht*" (1. Johannes 3,6).
- „*Lebt Gott in Christus Jesus*" (Römer 6,11);

Auch dieser Zusammenhang ist nicht nur logisch, sondern wieder absolut zwingend: Jesu Glieder können nur Glieder sein, wenn sie „*in Jesus*" bleiben! Wenn wir also diese Aufforderungen, in Jesus zu bleiben, mit dem Leib-Jesu-Verständnis zusammenführen, erweitert beziehungsweise vertieft sich sofort unser Verständnis. *

＊ vergleiche dazu auch meine Anmerkungen zu Römer 6,11 im Anhang.

Kein Effekt, der uns überraschen muss. Denn die „Leib-Jesu-Theologie" ist eben neutestamentlich; sie wurde von den Aposteln immer automatisch und selbstverständlich mitgedacht! Wir können also nur gewinnen, wenn wir sie ab sofort auch stets mitdenken!

***

Und jetzt wollen wir mal genauer hinschauen, wie es sich denn Jesus selbst vorstellt, dass seine Jünger ab sofort „sein Leib" sein sollen. Wie können sie das umsetzen? Wie sollen sie das jetzt praktisch leben?

Im Johannesevangelium formuliert Jesus folgendes dazu: „Wahrlich, wahrlich, ich sage euch: Wer an mich glaubt, der wird die Werke auch tun, die ich tue, und wird größere als diese tun; denn ich gehe zum Vater." (Johannes 14,12).

Die Jünger sollen also übernehmen, indem sie seine „Werke" fortsetzen. Jesus beauftragt sie nicht nur, sondern er bevollmächtig sie auch dazu. Sie werden in der Lage sein, ebenso zu handeln wie Jesus während seiner Erdenzeit. Jesus verheißt ihnen hier die Kraft und die Mittel dazu.

Das entspricht genau der Vorstellung von „ausführenden Organen", was ja auch die Funktionsweise von Gliedern eines Leibes ist. „Werke tun" ist synonym mit „ausführen": Wer Werke tut, führt aus. Das ist genau die Aufgabe von Gliedern an einem Körper.

Nun verstärkt Jesus in den zwei unmittelbar nachfolgenden Versen diese Ankündigung, indem er zweimal fast gleichlautend dieselbe Verheißung hinterherschiebt: „Und was ihr bitten werdet in meinem Namen, das will ich tun, auf dass der Vater verherrlicht werde im Sohn. Was ihr mich bitten werdet in meinem Namen, das will ich tun." (Johannes 14,13+14).

Jesus wird also Gebetserhörung schenken. Er wird auf die Bitten der Jünger mit Taten antworten. Jesus höchstpersönlich will ausführen, denn zweimal betont er: *„das will ich tun!"*

Wer genau „tut" nun die Gebetserhörungen?

Nun, wir sind gewohnt, auf solche Bitten unsererseits entweder ein Wunder, also „senkrechtes Handeln direkt aus dem Himmel", wo Jesus ja derzeit ist, zu erwarten; oder aber die „zufällige" Herbeiführung von Umständen, die genau zu unserer Gebetsbitte passen und deshalb eben nicht „zufällig" sind, sondern als *„eindeutig von Jesus kommend"* erlebt werden, weil ja unser Gebet damit erhört wurde. Das erscheint uns logisch, denn Jesus höchstpersönlich soll ja der Handelnde sein. So lautet doch seine Verheißung, oder?

Nun, es mag uns zwar logisch erscheinen, aber in Wirklichkeit ist es nichts anderes als „Schriftvergessenheit". Denn wir haben damit den Vers 12, der doch soeben Jesu Gedankengang eingeleitet hat, bereits wieder erfolgreich verdrängt! Denn eben noch hat Jesus doch klar und deutlich gesagt, wer genau „tun" wird!

Nochmal zur Wiederholung: *Wer an mich glaubt, der wird die Werke auch tun, die ich tue, und wird größere als diese tun; denn ich gehe zum Vater"* (Johannes 14,12).

Wer tut? Nachdem Jesus *„zum Vater gegangen"* ist, tut *„der an mich [Jesus] Glaubende"*! Also ein Nachfolger, ein Jünger Jesu! Einer, der real in der Welt lebt!

Also kein Wunder und auch keine „zufällig" eintretenden Umstände *„tun es"*, sondern ein „ausführendes Organ" tut es! Jesu Leib tut es! Ein Glied an Jesu Gemeindeleib (vielleicht auch mehrere) wird von Jesus beauftragt und bevollmächtigt *„zu tun"*!

Das ist schriftgemäß – und das erscheint mir logisch! Denn warum sollte Jesus senkrecht von oben irgendwas „zusammenwundern", wenn er doch vor Ort seine Leibesglieder hat? Warum sollte Jesus „Übernatürliches" inszenieren, wenn er doch innerweltlich einfach seine „ausführenden Organe" losschicken kann, die ja genau dazu bereitgestellt sind und genau dafür in seinen Diensten stehen? Sie sollten doch ohnehin sein Werk fortführen!

Damit schlägt er auch noch gleich drei Fliegen mit einer Klappe: Erstens wird das Gebet erhört, was den/die Betenden erfreut, zweitens wird das ausführende Glied geehrt, weil es seine Fähigkeiten und seine Berufung leben kann (und dabei sogar noch den geliebten Geschwistern zur Gebetserhörung dienen darf!), und drittens wird die Gemeinschaft innerhalb des Leibes gestärkt. Anlass also zur Freude für den/die Betenden genauso wie für den Ausführenden - und auch gleich noch für die gesamte Gemeinde!

Ja, aber ist diese Gebetserhörung dann noch ein „... das *werde ich tun!*", wie Jesus in Johannes 14,13+14 zweimal ankündigt? Tut sie dann Jesus?

Zweifellos. Denn Jesu Leib ist eben Jesus, und das Glied an diesem Leib, der ausführen darf, ist somit ein Teil Jesu. Wenn aber der Leib Jesu etwas tut, dann hat es Jesus getan!

Mehr noch: Außerdem wird dadurch auch Gott als Vater auf eine ideale Art und Weise verherrlicht, was ja die Zielsetzung von Gebetserhörungen gemäß Vers 13 sein soll: „... *auf dass der Vater verherrlicht werde im Sohn!*" (Johannes 14,13).

Das ist natürlich nichts Neues, denn genauso wie Jesus Werke immer den Vater verherrlicht haben, sollen die Werke seiner Nachfolger, der „ausführenden Organe", Gott genauso verherrlichen.

Und Gott, der Vater, wird so – völlig logisch - tatsächlich *„im Sohn"* verherrlicht. Denn es ist ja Jesu Leib aktiv! Sichtbar und mitten in der Welt verherrlicht sich Gott! Zeugnishaft für jeden, der hinsieht! Genauso wie damals, als Jesus leibhaftig auf der Erde war! Damals: sichtbare Verherrlichung Gottes. Heute: sichtbare Verherrlichung Gottes! Es geht genauso weiter.

Aber das ist ja auch die Absicht Jesu: Genau die Werke, die er auch getan hat, sollen weiterhin getan werden, und zwar durch an ihn glaubende Jünger: *Wer an mich glaubt, der wird die Werke auch tun, die ich tue ...*" (Johannes 14,12), und zwar in der Art und Weise, „... *dass der Vater verherrlicht werde im Sohn!*" (Johannes 14,13).

Damit sind's jetzt schon mindestens „vier Fliegen mit einer Klappe"...

Interessant an dieser Textstelle ist übrigens auch noch die Beobachtung, dass Jesus von der Einzahl (Singular) in Vers 12 *„Wer an mich glaubt, der wird ..."* zur Mehrzahl (Plural) in Vers 13 *(„was ihr bitten werdet...")* wechselt. Warum eigentlich fährt er nicht im Singular weiter, etwa so:

„Und was <u>einer dieser Glaubenden bitten wird</u> in meinem Namen, das will ich tun, auf dass der Vater verherrlicht werde im Sohn...". Das wäre doch naheliegend und eigentlich zu erwarten, oder?

Könnte es sein, dass Jesus darauf aufmerksam machen möchte, dass es ihm hier weniger um Einzelinteressen geht als vielmehr um das Kollektiv? Könnte es sein, dass Jesus viel stärker und grundsätzlicher in der „Leib-Jesu-Kategorie" denkt als wir, dass er viel stärker das Gemeinsame des Leibes vor Augen hat als den einzelnen Nachfolger, dass er selbstverständlich davon ausgeht, dass sein Leib zur Verherrlichung des Vaters dienen soll, und dass Gebetsanliegen und erst recht Gebetserhörungen natürlich vorwiegend dort angesiedelt sein sollten?

Mal Hand aufs Herz: Der Wechsel von Singular zum Plural in den Versen 12-14 haben wir doch bisher de facto kaum zur Kenntnis genommen, sondern den Singular von Vers 12 immer automatisch in die nachfolgenden Verse hineingelesen und somit die Verheißung einfach auf uns persönlich und unsere persönlichen Gebetsbitten umgemünzt im Sinne von: *„Was <u>ich</u> bitten werde in seinen Namen, das wird er tun...".*

Hier einfach nur dagegen zu halten, dass Jesus ja zu mehreren Jüngern gleichzeitig gesprochen hat und deshalb den Plural wählt, ist mir zu billig. Denn dann hätte er bereits in Vers 12 im Plural formuliert: *„Wenn <u>ihr</u> aber an mich glaubt, werdet <u>ihr</u> ...".*

Tut Jesus aber nicht. Der Wechsel von Einzahl zu Mehrzahl ist Fakt und muss zur Kenntnis genommen werden. Am einfachsten ist dieser Tempuswechsel so zu erklären, dass die Verheißung der Gebetserhörungen der ganzen Gemeinde, also dem „Leib" zugedacht sind (V. 13+14) – darum Plural; das *„tun"*, also die Ausführung der (Erhörungs-)Taten aber durch einzelne Glieder erfolgen wird – darum Singular. Was wiederum einleuchtend nachvollziehbar ist: Ein Glied am Körper reicht oftmals aus, um etwas Bestimmtes zu tun, es braucht nicht immer alle Glieder mit ihren unterschiedlichen Fähigkeiten. Zum Zupacken reicht eine Hand, zum Zuhören ein Ohr und zum Aussprechen ein Mund, um es mal im Bild auszudrücken.

Das Verständnis vom „Leib Jesu" verhilft uns hier sehr gut, Jesus richtig zu verstehen!

***

Bleiben wir bei Johannes 14. Direkt anschließend an die eben betrachteten Verse kommt Jesus auf die baldige Ankunft des Heiligen Geistes zu sprechen:

„Er [Gott] *wird euch einen anderen Tröster geben, dass er bei Euch sei in Ewigkeit!"* (Johannes 14,16).

Und er identifiziert sich auch gleich selbst mit diesem Heiligen Geist, indem er erklärt: *„Ich will Euch nicht als Waisen zurücklassen, ich komme zu Euch!"* (Johannes 14,18).

Das ist verständlich, denn der Heilige Geist ist bekanntlich trinitarisch und ist deshalb mit Jesus gleichsetzbar. Wenn der Heilige Geist kommt, kommt damit auch Jesus.

So die gängige Auslegung. Und diese ist zweifellos theologisch korrekt.

Aber es gibt Grund zur Annahme, dass diese Aussage Jesu *„Ich komme zu euch!"* hier doppeldeutig auslegbar ist. Er sprich nämlich nicht nur von der baldigen persönlichen Anwesenheit „im Heiligen Geist", sondern gleichzeitig von seiner baldigen persönlichen Anwesenheit „in seinem Leib", also in der Ortsgemeinde.

Die unmittelbar folgenden Verse entfalten nämlich genau dieses Verständnis! Und wir werden erneut die Entdeckung machen: Mit dem „Leib-Jesu-Verständnis" werden wir auch hier die Aussagen Jesu wesentlich präziser verstehen!

Jesus fährt nämlich fort: *„Es ist noch eine kleine Zeit, dann sieht die Welt mich nicht mehr. Ihr aber seht mich, denn ich lebe, und ihr sollt auch leben. An jenem Tage werdet ihr erkennen, dass ich in meinem Vater bin und ihr in mir und ich in euch"* (Johannes 14,19+20).

Wann ist *„jener Tag"*? Spricht Jesus hier von Ostern, von seiner Auferstehung?

Nein. Diese beiden Verse beschreiben nicht die Zeitspanne zwischen seiner Auferstehung und Himmelfahrt, sondern die Zeitspanne ab Pfingsten: *„An jenem Tage"* (Vers 20) bezeichnet hier zweifellos die Ausgießung des Heiligen Geistes (denn das ist momentan das Thema Jesu, siehe Verse 16-18) sowie den damit eingeleiteten, neuen heilsgeschichtlichen Zeitabschnitt: das Zeitalter der Gemeinde, das Zeitalter des präsenten „Leibes Jesu".

„An jenem Tage" kann auch deshalb nicht den Auferstehungstag meinen, weil ja die Jünger *„An jenem Tage ... erkennen, dass ich bei meinem Vater bin",* und das werden sie schwerlich ab Ostern erkennen, denn da ist Jesus noch nicht „beim Vater", sondern bis Himmelfahrt noch in Gestalt seines Auferstehungsleibes mitten unter ihnen.

Auch das *„Ihr in mir und ich in euch"* (Vers 20) macht keinen Sinn vor Himmelfahrt, und ebenso würde auch Vers 19 keinen Sinn ergeben: *„... dann sieht die Welt mich nicht mehr. Ihr aber seht mich ...",* denn ab Ostern war Jesus ja durchaus nochmals für ein paar Wochen „weltlich" sichtbar. Erst ab Himmelfahrt wird er für die Welt unsichtbar und ist *„beim Vater".*

Kommt noch dazu, dass Jesu *„Ihr aber sollt auch leben!"* (Vers 19) zwischen Ostern und Himmelfahrt ebenfalls unsinnig wäre, denn die Frage nach dem Sterben ist für die Jünger angesichts des soeben auferstandenen Herrn in diesen Tagen bestimmt kein Thema gewesen! Nach Himmelfahrt dann schon eher, und sei es nur deshalb, weil sich für die Jünger hiermit eine neue Frage stellt: Werden wir irgendwann mal eines natürlichen Todes sterben oder vielleicht auch direkt in den Himmel aufgenommen werden - so wie gerade eben unser Herr?

Und hier gibt ihnen Jesus gewissermaßen bereits vorab eine erste Antwort auf genau diese Frage: *„Ich lebe, und ihr sollt auch leben!"* (Johannes 14, 19).

Diese Aussage darf also <u>nicht</u> auf den auferstandenen Jesus interpretiert werden! Auch wenn uns das vorgeschaltete *„Ihr aber seht mich!"* dazu verleiten möchte: Diese Auslegung ist unsinnig! Wie wir ja eben zweifellos festgestellt haben, redet Jesus hier vom Zeitabschnitt ab Ausgießung des Heiligen Geistes, also von einer Zeit nach seiner Himmelfahrt!

Wie ist dann aber das *„Ihr aber seht mich!"* zu verstehen? Thema war ja eben noch der Heilige Geist, aber den kann er wohl kaum damit meinen; den Heiligen Geist kann man bekanntlich nicht sehen, weil er ja eben *„Geist"* ist!

Was gibt es denn dann zu sehen?

Es passt nur eine Antwort: den „Leib Jesu"! Den kann man bekanntlich sehen, denn er ist ja „innerweltlich" und existentiell vorhanden! Allerdings sehen diesen nur die Jünger, also diejenigen Nachfolger, die „seinen Leib" verstanden haben. Der Rest der Welt sieht in der Gemeinde einen religiösen Verein oder eine Gruppe Gleichgesinnter, aber nicht Jesus! Deswegen also *„Ihr aber seht mich!"*

Und das wird noch verdeutlicht durch den direkt nachfolgenden Vers: *„An jenem Tage werdet ihr erkennen, dass ich in meinem Vater bin und ihr in mir und ich in euch"* (Johannes 14, 20). Was meint denn Jesus mit *„ihr in mir und ich in euch"*? Redet er wieder vom Heiligen Geist? Natürlich auch hier nicht, denn dazu würde zwar das *„ich in euch"* passen, das vorausgehende *„ihr in mir"* hingegen gar nicht! *„Ihr in mir und ich in euch"* spricht also ebenfalls eindeutig vom Leib Jesu! Denn nur bei diesem Verständnis passen beide Formulierungen!

Fazit: Ohne „Leib-Jesu" ist Johannes 14,19 +20 gar nicht oder zumindest nicht sinnvoll oder schlüssig auslegbar! Legt man aber dieses Verständnis zugrunde, dann kann man sich auch hier sämtliche theologische Winkelzüge und Verständnisanpassungskapriolen schenken.

Schauen wir uns gleich auch noch den nächsten Vers an: *„Wer meine Gebote hat und hält sie, der ist's, der mich liebt. Wer mich aber liebt, der wird von meinem Vater geliebt werden, und ich werde ihn lieben und mich ihm offenbaren."* (Johannes 14,21)

Es geht hier ums *„Gebote halten"*.

Von welchen Geboten spricht Jesus? Welches sind *„seine"* Gebote?

Wenn Jesus von „Geboten" gesprochen hat, dann hat er immer diejenigen seines Vaters aus dem Alten Testament gemeint oder zitiert. Es gibt allerdings eine Ausnahme; diese hingegen kann mit Fug und Recht *„sein"* Gebot genannt werden. Dieses Gebot Jesu hat uns ausschließlich Johannes in seinem Evangelium überliefert und es steht kurz vor unserem Text, im vorangehenden Kapitel: *„Ein neues Gebot gebe ich euch, dass ihr euch untereinander liebt, wie ich euch geliebt habe, damit auch ihr einander lieb habt. Daran wird jedermann erkennen, dass ihr meine Jünger seid, wenn ihr Liebe untereinander habt."* (Johannes 13,34+35).

Vor allem dieses Gebot dürften die Jünger also aktuell vor Augen gehabt haben, denn Jesus hat es ihnen ja soeben, im selben Gespräch am Abendmahlstisch, ans Herz gelegt.

Dieses Gebot ist aber ausschließlich in der Gemeinde, also innerhalb seines „Leibes", ausführbar! Denn die Jünger sollen ja nicht einfach generell „liebevoll" sein, sondern explizit Liebe *„untereinander"* leben. Gleich dreimal wiederholt Jesus das in den beiden Versen, damit das auch wirklich jedem klar ist!

Wer also dieses Gebot gegenüber dem „Leib Jesu" hält, *„der ist's, der mich liebt"* (Johannes 14,21)! Man liebt also Jesu, indem man seinen Leib, also seine Glieder, liebt. So liebt man Jesus in der Praxis!

Und damit wird auch klar, warum Jesus dies als *„neues"* Gebot bezeichnet: Die Liebe innerhalb seines Leibes, also der Glieder untereinander, ist natürlich eine neue Dimension der ohnehin gebotenen christlichen Nächstenliebe zu allen Mitmenschen. Und es kann auch deswegen kein „bisheriges" oder „altes" Gebot sein, weil es ja den „Leib Jesu" im Alten Testament noch gar nicht gab.

Dass nun seine Leibes-Glieder diese Liebe untereinander verwirklichen, ist übrigens nicht nur ein Wunsch von Jesus, sondern ist sein Gebot! Also eine unbedingt einzuhaltende direktive Anweisung unseres Herrn! *„Wenn ihr meine Gebote haltet, bleibt ihr in meiner Liebe ...",* sagt Jesus in Johannes 15,10. Ob wir liebevoll mit unseren Geschwistern in der Gemeinde umgehen, ist durchaus nicht in unser Belieben gestellt, sondern ist von Jesus ausdrücklich und mehrfach geboten und damit unerlässlich.

Nun, das wussten wir eigentlich schon immer, oder? Steht ja unmissverständlich da.

Jetzt aber verstehen wir darüber hinaus auch noch, warum Jesus da so viel Wert darauf legt, dass er es gleich zum *„Gebot"* erhebt: Weil wir ja Jesus selbst, also ihn höchstpersönlich, lieben, wenn wir seinen Leib lieben! Liebe innerhalb der Gemeinde ist immer Liebe zu Jesus und deshalb schlicht unverzichtbar!

Dazu wird später noch mehr zu sagen sein, aber hier haben wir schon einmal eine deutliche biblische Belegstelle, warum wir die Gemeinde als „Leib Jesu" zu lieben haben!

***

Nochmals zurück zum „Hohepriesterlichen Gebet" im Johannes 17, in dem Jesus gegenüber seinem Vater im Himmel sehr deutlich seine Identifizierung mit seinem Gemeinde-Leib zum Ausdruck bringt. Insbesondere wollen wir in diesem Gebet jetzt seine Aussage *„... und ich bin in ihnen verherrlicht!"* (Johannes 17,10) betrachten.

Was meint Jesus mit dieser *„Verherrlichung"* in uns? Und inwiefern hat diese Verherrlichung mit dem Leib Jesu zu tun?

Bekanntlich beginnt Jesus sein Gebet mit genau diesem Thema. Gleich fünfmal kommt das griechische Wort *„doxa",* das wir mit „Herrlichkeit" oder „Verherrlichung" übersetzen und das als „Doxologie" auch in unsere liturgische Fachsprache Eingang gefunden hat, in den ersten Versen vor: *„Jesus ... hob seine Augen auf zum Himmel und sprach: Vater, die Stunde ist gekommen: Verherrliche deinen Sohn, auf dass der Sohn dich verherrliche."* (Johannes 17,1); und weiter: *„Ich habe dich verherrlicht auf Erden und das Werk vollendet, das du mir gegeben hast, damit ich es tue. Und nun, Vater, verherrliche du mich bei dir mit der Herrlichkeit, die ich bei dir hatte, ehe die Welt war."* (Johannes 17,4+5).

Das zentrale Thema seines Gebets ist also erst mal die Verherrlichung. Jesus sagt, dass er die himmlische Herrlichkeit Gottes mitten in die Welt bringt und durch Kreuz und Auferstehung sichtbar macht. Außerdem stellen diese Verse klar, dass Jesus jederzeit die himmlische Herrlichkeit an sich trug: er war „doxa"–Träger, als er noch bei Gott im Himmel war, er war „doxa"-Träger, als er unter uns in der Welt war, und wenn er jetzt wieder zum Vater zurückkehrt, ist er immer noch und weiterhin „doxa"-Träger. Also ununterbrochen. Und zwar nicht nur als Repräsentant, sondern als Träger, das heißt als persönlicher Inhaber dieser göttlichen Herrlichkeit.

Das stellt Jesus gleich zu Beginn des Hohepriesterlichen Gebets klar. Und kommt dann, übergangslos in demselben Gebet, auf seinen Leib (also auf unsere Gemeinden!) zu sprechen, und zwar mit diesen fast unglaublichen „Gleichstellungsformulierungen": *„dass sie eins seien wie wir"* (Vers 11), *„wie du, Vater, in mir bist und ich in dir, so sollen auch sie in uns sein"* (Vers 21) sowie *„ich in ihnen und du in mir, auf dass sie vollkommen eins seien"* (Vers 23).

Ist in diesem *„Einssein"* mit Gott, dem Vater, und mit Jesus, auch die himmlische „doxa"-Herrlichkeit mit einbezogen?

Selbstverständlich, sagt Jesus: *„Alles, was mein ist, das ist dein, und was dein ist, das ist mein; und ich bin in ihnen verherrlicht!"* (Vers 10) und dann nochmals: *„... und ich habe ihnen die Herrlichkeit gegeben, die du mir gegeben hast!"* (Vers 22).

Ergo: Die Jesus durchgehend und jederzeit innewohnende „Herrlichkeit Gottes" ist selbstverständlich auch Bestandteil seines Leibes, sie wohnt auch in diesem! Folglich ist der Leib Jesu also nicht nur „Repräsentant" der himmlischen Herrlichkeit, sondern „Träger" und „Inhaber" dieser Herrlichkeit!

Das ist Jesus Sicht, die er hier betend mit seinem Vater teilt! So sieht das Jesus.

Haben wird das verstanden? Haben wir das in unser Gemeindeverständnis mit einbezogen? Sehen wir das auch so?

Schier unglaublich, oder?

Mal ehrlich: Wir haben doch diese *„uns innewohnende Herrlichkeit"*, die Jesus in Johannes 17 konstatiert, bisher immer nur auf uns persönlich und mit der Hilfskonstruktion des Heiligen Geistes interpretiert. Etwa so: *„Weil ja der Heilige Geist ab Bekehrung in mir wohnt, wohnt also auch ein Teil Gottes in mir, und bei Gott ist ja immer auch „Herrlichkeit". Jeder „Teil Gottes" und damit auch der Heilige Geist ist ja irgendwie mit „Herrlichkeit Gottes" behaftet, die „doxa" lässt sich doch keinesfalls von ihnen abtrennen. Somit gelangt sie also irgendwie durch den Heiligen Geist auch in mich hinein. Inwiefern die „doxa" sich dann auch noch in mir auswirkt oder von mir ausstrahlt, wäre dann allerdings wieder ein ganz anderes Thema ..."*

Warum haben wir eigentlich diese in uns wohnende Herrlichkeit bisher immer auf uns persönlich gemünzt, obwohl es Jesus in diesem Gebet doch eindeutig nicht um uns als Einzelpersonen, sondern um uns als Gemeinschaft geht, wenn er immer wieder unsere Einheit untereinander betont: *„dass sie eins seien wie wir"* (Vers 11), *„damit sie alle eins seien"* (Vers 21). *„damit sie eins seien, wie wir eins sind"* (Vers 22), *„ich in ihnen und du in mir, damit sie vollkommen eins seien"* (Vers 23)?

Es ist schlicht unlogisch, Jesus zu unterschieben, dass er im selben Gebet uns als Gemeinschaft meint, wenn er von der Einigkeit spricht, aber uns als Einzelpersonen im Auge hat, wenn es um das Thema Herrlichkeit geht. Und es ist auch völlig unnötig, denn wir haben (hoffentlich) die neue Erkenntnis gewonnen, dass Jesus in seinem Gebet durchgehend seinen Leib, und damit die Gemeinschaft, die seine Nachfolger bilden (sollten), im Blick hat. Er betet in Johannes 17 durchgehend für seine Gemeinde!

Folglich sind alle uns betreffenden Aussagen von Jesus in diesem Gebet auch in erster Linie auf die Gemeindesicht Jesu zu beziehen. Jesus redet und betet für seinen Leib! Und genauso wie die erwünschte Einigkeit verortet er auch die „Herrlichkeit Gottes" genau da!

Einerseits entlastet uns das ja persönlich. Denn wer von uns könnte schon im Brustton ernsthafter Überzeugung von sich behaupten, dass er Inhaber der originalen „Herrlichkeit Gottes" sei? Da möchte sich wohl keiner die Rückfrage einhandeln, wie sich dies denn im normalen Alltag äußere oder wo das in seinem Leben konkret sichtbar sei ...

Andererseits ergibt das aber zwangsläufig eine ganz neue Sicht auf unsere Gemeinden! Nicht etwa, wie sie sind (die sind halt momentan so, wie sie gerade sind ...), sondern vielmehr darauf, wie sie eigentlich sein sollten! Wozu sie in Jesu Augen eigentlich bestimmt wären, was ihr Sinn und Zweck wäre!

„Trägerin und Inhaberin der göttlichen Doxologie"? Diesem Anspruch werden unsere Gemeinden momentan wohl eher nicht gerecht. Vermutlich nur schon deswegen nicht, weil wir eben noch weit entfernt sind von einer solchen Sicht von Gemeinde! Wenn wir aber nicht dieses Verständnis (das Verständnis Jesu! Das biblische Verständnis!) von Gemeinde haben, dann können und werden sich unsere Gemeinden sicherlich auch nie in diese Richtung entwickeln ...

Und noch etwas ist an dieser Stelle erwähnenswert: Wenn also Jesus in diesem Gebet für „Einheit" bittet und damit, wie wir soeben nachgewiesen haben, die Einheit innerhalb seines Leibes, also innerhalb einer Orts-gemeinde, meint, dann ist ziemlich fragwürdig, ob wir diesen Einheits-wunsch Jesu so ohne weiteres auch auf die „Universalgemeinde" übertragen können. Das tun wir nämlich laufend, denn in den allermeisten Fällen wird der Einheitswunsch aus diesem Gebet Jesu zitiert, um beispielsweise die Einheit zwischen unterschiedlichen Gemeindeverbänden, bei überregiona-len Treffen oder bei Allianzveranstaltungen zu begründen oder sogar kon-gregationsübergreifend beziehungsweise „ökumenisch" einzufordern.

Auch hier gilt: Zwar sind wir uns das von Kindsbeinen an gewöhnt und können inzwischen bei diesen Versen fast gar nicht anders, als die von Jesus gewünschte „Einheit" immer sofort gleich auf die gesamte weltweite Christenheit zu interpretieren. Obwohl diese natürlich auch wünschenswert wäre, kommen wir dem, was Jesus hier eigentlich meint, jedoch wesentlich näher, wenn wir sie auf die Ortsgemeinde, also den „Leib Jesu", beziehen. Damit würde dann auch der mehrfach geäußerte Wunsch Jesu, dass seine Nachfolger nicht zum Selbstzweck *„eins sein sollen"*, sondern vor allem deswegen, damit *„die Welt erkenne, dass Du mich gesandt hast"* (z.B. Vers 23) hervorragend mit dem „neuen Gebot" Jesu korrespondieren, dass jedermann seine echten Nachfolger daran erkennen könne, *„wenn sie Liebe untereinander haben"* (Johannes 13,35). Und dies wird natürlich am besten bei einer Ortsgemeinde, also einem realen „Leib Jesu", sichtbar dargestellt, wie wir bereits festgestellt haben.

Es passt also einmal mehr wieder alles nahtlos zusammen, wenn man den Leib Jesu verstanden hat.

***

Eine weitere Überraschung ist, dass auch Jesu „Tempelreinigung" durch das Bewusstsein des „Leibes Jesu" eine tiefere Bedeutung erhält: *„Und Jesus ging in den Tempel und fing an, die Händler hinauszutreiben, und sprach zu ihnen: Es steht geschrieben: »Mein Haus wird ein Bethaus sein«; ihr aber habt es zur Räuberhöhle gemacht!"* (Lukas 19, 45+46).

Vielleicht haben Sie sich auch schon mal gefragt, was denn Jesus so wild und aggressiv machte! Laut dem Johannes-Evangelium soll er dabei sogar eine Geißel benutzt, Tische umgestoßen und Wechselgeld ausgeschüttet haben! Also völlig untypisch für ihn, der der doch ansonsten stets Frieden, Liebe und Vergebung predigt und den Menschen ausschließlich Gutes zukommen lässt. Liebt denn Jesus nicht alle Menschen und insbesondere auch die großen Sünder? Beraubt er hier nicht höchstwahrscheinlich auch noch Familienväter ihres dringend benötigten Einkommens?

Dass er ihnen vorwirft, sie hätten den Tempel zu einer „*Räuberhöhle*" gemacht, kann man allerdings durchaus nachvollziehen. Gut vorstellbar, dass es dort nicht immer mit rechten Dingen zuging und manche Tempelbesucher über den Tisch gezogen wurden. Aber andererseits ist der Tempel doch zu diesem Zeitpunkt bereits eine Art „Auslaufmodell", denn in wenigen Tagen wird Jesus auferstehen! Ab Ostern wird der Tempel dann nicht mehr wie bisher derart relevant und zentral sein, weil Jesus die dortigen Opfer durch seine eigene Opferung ablösen wird und es spätestens ab Ausgießung des Heiligen Geistes auch keinen bestimmten Ort mehr braucht, an dem man Gott anbeten dürfte.

Das weiß Jesus natürlich. Hätte also eine Ermahnung an die Händler nicht auch gereicht? Was macht ihn so zornig?

Naheliegendste Antwort: Jesus wird da scharf, wo das „Heilige", also das, was für seinen Vater ausgesondert ist, angetastet, missachtet und missbraucht wird. Und der Tempel ist zu diesem Zeitpunkt immer noch „heiliger Bezirk", also für Gott reserviert und der irdische Wohnort Gottes.

Das haben die Geschäftemacher ignoriert und geringgeschätzt. Und da wird Jesus dann deutlich; nicht nur in Worten, sondern auch in der Tat!

Also: Wer sich am „Heiligen" vergreift, wer das „Heilige" missachtet und geringschätzt, der kriegt es mit Jesu Zorn zu tun!

Was ist nun heute, im Zeitalter nach dem Tempel, „heilig"? Gibt es auch heute noch irgendetwas „Heiliges" in der Welt?

Ja, sagt Paulus. Bekehrte Menschen, also die Nachfolger Jesu, die Christen: die sind „*Heilige*". In jeder seiner Briefanreden spricht Paulus die Adressaten gleich zum vornherein als „*Heilige*" an; im Epheserbrief erklärt er, dass Jesus seine Gemeinde liebt und sich für sie hingibt, „*um sie zu heiligen*" (Eph. 5,26); der Hebräerbrief spricht seine christlichen Leser als „*heilige Brüder*" an (Hebräer 3,1) und Petrus nennt die Gemeinschaft der Nachfolger „*ein heiliges Volk, ein Volk zum Eigentum*" (1. Petrus 2,9).

Die Gemeinschaft der Heiligen, also die Gemeinde, ist somit „heiliges Territorium", für Gott reservierter und ausgesonderter Bereich!

Wundert uns das? Nein, absolut nicht, denn warum sollte der Leib Jesu nicht „heilig" sein? Er ist ja Jesus, und Jesus ist doch „der Heilige" in Person!

Vom Heiligkeitsgedanken herkommend, könnte man sogar sagen: Der Leib Jesu ist nun der neue beziehungsweise der neutestamentliche Tempel!

Ein ungewohnter Gedanke?

Hoffentlich nicht. Denn das ist original Jesus! Als er seine jüdischen Zuhörer in Erstaunen setzte mit der Aussage, er wolle den Tempel „*in drei Tagen*" wieder neu aufrichten, erläutert Johannes: „*Er (Jesus) aber redete von dem Tempel seines Leibes*" (Johannes 2,21).

Jesus selbst hat seinen Leib also als „*Tempel*" bezeichnet. Welchen Leib hat er damit gemeint? Sicher nicht seinen irdischen Leib vor dem Kreuz, denn dieser wurde ja nicht „*neu aufgerichtet*".

Hat er vielleicht seinen „Auferstehungsleib" zwischen Ostern und Himmelfahrt gemeint? Aber das würde bedeuten, dass genau 40 Tage nach der Auferstehung dieser „*Tempel*" plötzlich wieder weggenommen wird! Also kein „*Tempel*" mehr da, oder wie jetzt?

Das wäre theologisch fatal, denn Jesus hat den Juden ja bei seinem Rätselwort „*in drei Tagen neu aufrichten*" eben gerade nicht gesagt, dass der Tempel in Zukunft nicht mehr relevant sein soll. Stattdessen hat er den Tempel auf sich selber übertragen: Sein „*Leib*" sei jetzt der Tempel. Und der Tempel ist ja – wie jeder alttestamentlich Kundige weiß – seit jeher der Ort der realen Präsenz Gottes. Auch und gerade im Verständnis der damaligen jüdischen Zuhörer Jesu. Und jetzt sollte also dieser „*Leib*", der nach Jesu eigener Ansage der Tempel, also die Präsenz Gottes, darstellt, schon am Auffahrtstag in den Himmel entschwinden?

Nein, der Auferstehungsleib Jesu kann offensichtlich auch nicht gemeint sein. Bleibt also nur noch ein einziger möglicher Leib übrig: Jesu „Gemeinde-Leib" ab Pfingsten! Diesen seinen Leib hat Jesus offensichtlich mit dem „*neu aufgerichteten Tempel*" gemeint!

Die Jünger haben sich übrigens auch erst mal gewundert über diesen rätselhaften Spruch ihres Meisters. Aber das Rätsel hat sich für sie dann bald gelöst: „*Als er nun auferstanden war von den Toten, dachten seine*

Jünger daran, dass er dies gesagt hatte, und glaubten der Schrift und dem Wort, das Jesus gesagt hatte" (Johannes 2,22).

Und spätestens ab Pfingsten dürften auch sie dann die Analogie zwischen „Leib" und „Tempel" vollständig verstanden haben: Der Leib Jesu ist ab jetzt der neue, „heilige" Tempel. Entsprechend formuliert Paulus das genau so in 1. Korinther 3,16: *„Wisst ihr nicht, dass ihr Gottes Tempel seid?"*

Wenn der Leib Jesu aber jetzt der neue „Tempel" ist, dann heißt das auch, dass Gott jetzt <u>da</u> wohnt und wirkt, dass <u>das</u> also ab sofort der heilige Bereich Gottes innerhalb der Welt oder der Wohnsitz Gottes unter den Menschen ist. Logisch, oder? Dass Gott in Jesus „wohnt" und „in ihm präsent" ist, ist für Bibelkenner ja erstmal ohnehin keine neue Erkenntnis. Wir müssen lediglich wieder begreifen, dass das natürlich für den <u>ganzen</u> Jesus gilt – einschließlich seines Leibes!

Natürlich ist mir dabei bewusst, dass dieses paulinische: *„Wisst ihr nicht, dass ihr Gottes Tempel seid?"* in 1. Korinther 3,16 in der Regel von 1. Korinther 6,19 herkommend ausgelegt wird*: „Wisst ihr nicht, dass euer Leib ein Tempel des Heiligen Geistes ist?"*. Dort ist mit dem Tempel als *„Leib"* tatsächlich der Einzelkörper eines Nachfolgers gemeint. Aber ist es wirklich zwingend, dies auch auf die Aussage drei Kapitel zuvor anzuwenden? Man beachte den Zusammenhang, in dem 1. Korinther 3,16 steht, und da scheint mir bei dieser Bibelstelle die Interpretation als *„Leib Jesu"* wesentlich naheliegender! Immerhin steht ja der direkt darauffolgende Vers wieder einmal in der Mehrzahl: *„Der Tempel Gottes ist heilig, der seid ihr!"* (1. Korinther 3,17), also ist hier wieder das Kollektiv, die Gemeinde, angesprochen. Paulus hat eben hier nicht geschrieben *„Wisst ihr nicht, dass ein jeder von Euch ein Tempel Gottes ist?"*!

Analog zu Paulus bezeichnet übrigens Petrus die Gemeinde ebenfalls als Tempel, allerdings nennt er sie nicht „Tempel", sondern *„Haus Gottes"*: *„Denn die Zeit ist da, dass das Gericht beginnt bei dem Hause Gottes. Wenn aber zuerst bei uns, was wird es für ein Ende nehmen mit denen, die dem Evangelium Gottes nicht glauben?"* (1. Petrus 4,17).

Dass sich hier das „*Haus Gottes*" auf die Gemeinde beziehen muss, ergibt der Satzzusammenhang. Ohnehin ist im jüdischen Sprachgebrauch mit „*Haus Gottes*" seit jeher der Tempel gemeint; außerdem bezeichnet dieser Begriff auch in seiner wörtlichen Bedeutung einen „heiligen" Bereich, in dem Gott persönlich wohnt und also präsent ist. Und das ist nun mal ab Pfingsten die Gemeinde!

Wenn wir diese Erkenntnis, dass der Leib Jesu auch der „neue Tempel" ist, noch etwas weiterdenken, dann wird klar, dass dies Konsequenzen nach sich zieht. Gerade wenn man auf diesem Hintergrund die „Tempelreinigung" nochmals überdenkt! Wenn Jesus seither derselbe geblieben ist, dann dürfte ihm auch heute noch viel daran liegen, dass der heilige Bereich seines Vaters geachtet wird! Er könnte also durchaus erneut scharf und unmissverständlich reagieren, wenn Menschen heutzutage diesen heiligen Bereich – also seinen Leib, die Gemeinde! - geringschätzen und missbrauchen wie damals die Kaufleute im Tempel.

Sehr empfehlenswert ist in diesem Zusammenhang die Lektüre von Maleachi 1,6-14, um nachzuempfinden, wie Gott darüber denkt, wenn man sein „Heiliges" nicht entsprechend würdevoll behandelt. Durch Maleachi legt Gott sehr anschaulich seine Sicht der Dinge dar, beispielsweise wenn man glaubt, ihn und seine Heiligkeit mit minderwertigen Opfern abspeisen zu können. „*Entheiligung*" nennt Maleachi diese Form der Verachtung Gottes, und die Täter werden als „*Betrüger*" gebrandmarkt, ja sogar verflucht (!), weil so etwas Gottes Zorn entfacht!

Ist es vielleicht derselbe Zorn, mit dem Jesus der Entheiligung des Jerusalemer Tempels durch die Kaufleute entgegentritt?

Wie hat Jesus nochmal bei seiner Schilderung der endzeitlichen Gerichtssituation in Matthäus 25 formuliert? „*Was ihr getan habt einem von diesen meinen geringsten Brüdern, das habt ihr mir getan!*" (Matthäus 25,40), aber im Gegenzug eben auch: „*Was ihr nicht getan habt einem von diesen Geringen, das habt ihr mir auch nicht getan!*" (Matthäus 25,45). Damit macht er unmissverständlich klar, dass das, was den „*Brüdern*" (also dem „Leib Jesu") angetan wird, entweder Belohnung oder aber Gericht (!) nach sich ziehen wird!

Jawohl, auch Gericht! *"Geht weg von mir, ihr Verfluchten, in das ewige Feuer!"* (Matthäus 25, 41) und: *„Sie werden hingehen zur ewigen Strafe!"* (Matthäus 25,46). Das lässt an Deutlichkeit nichts zu wünschen übrig und gilt offenbar also denjenigen, die sich mit dem „Leib Jesu" anlegen. Weil man sich damit direkt mit dem „heiligen Bereich Gottes" anlegt!

Die Tempelreinigungsgeschichte verdeutlicht uns also, wie Jesus über den Umgang mit seinem Leib denkt. Und dass sowohl er wie auch sein Vater durchaus willens sind, einzugreifen. Auch mit harten und drastischen Mitteln!

Und nicht zuletzt wird jetzt, auf diesem Hintergrund, die Geschichte von Hananias und Saphira in Apostelgeschichte 5, auf die wir später noch etwas ausführlicher zu sprechen kommen, plötzlich sehr nachvollziehbar.

Wie man mit dem Leib Jesu umgeht, ist offenbar durchaus nicht in unser Belieben gestellt!

***

Eine weitere sehr interessante Aussage Jesu, die sein Verständnis von Gemeinde als „seinem Leib" erhellt, ist die bereits erwähnte „Gemeinde-zucht-Bibelstelle" in Matthäus 18. Da sagt Jesus:

„Sündigt aber dein Bruder, so geh hin und weise ihn zurecht zwischen dir und ihm allein. Hört er auf dich, so hast du deinen Bruder gewonnen. Hört er nicht auf dich, so nimm noch einen oder zwei zu dir, damit jede Sache durch zweier oder dreier Zeugen Mund bestätigt werde. Hört er auf die nicht, so sage es der Gemeinde. Hört er auch auf die Gemeinde nicht, so sei er für dich wie ein Heide und Zöllner" (Matthäus 18,15-17).

Die Anweisung im letzten Vers *„… so sei er für dich wie ein Heide und Zöllner"* wird bei uns bekanntlich meist so interpretiert, dass der Betreffende aus der Gemeinde ausgeschlossen werden sollte. Warum ist ein solcher Ausschluss so schlimm?

Weil er bedeutet, dass dieser Sünder ab sofort nicht mehr zum Leib Jesu gehört, also getrennt wird vom anwesenden Jesus. An ihm wird die Trennung von Jesus also nicht etwa nur symbolisch dargestellt, sondern es ist reales Geschehen! Er ist ab sofort nicht mehr Teil von Jesus! Getrennt von Jesus!

Das ist somit weit mehr als nur eine Zeichenhandlung, die ihn zum Nachdenken bewegen sollte. Die Gemeinde trennt ihn tatsächlich von Jesus.

Darf sie das? Hat sie dazu ein Recht?

Ja, sagt Jesus im unmittelbar darauffolgenden Vers: *„Wahrlich, ich sage euch: Alles, was ihr auf Erden binden werdet, soll auch im Himmel gebunden sein, und alles, was ihr auf Erden lösen werdet, soll auch im Himmel gelöst sein"* (Matthäus 18,18).

Die Gemeinde, also „sein Leib", ist ausführendes Organ. Sie macht das nicht „stellvertretend" für Jesus, sondern „als" Jesus. Sie trennt sich von diesem Glied, also trennt Jesus sich von diesem Glied. Reales Geschehen! Was Jesu Leib *„auf Erden binden"* oder eben *„lösen"* wird, das gilt auch bei Jesu Haupt *„im Himmel"*! Denn: Leib und Haupt agieren (selbstverständlich!) als Einheit.

Daran ändert auch die Tatsache nichts, dass sich ein davon Betroffener heutzutage oftmals einfach einer anderen Gemeinde anschließt. Was die ursprüngliche Gemeinde (hoffentlich nicht leichtfertig, sondern betend um ihn ringend, aber leider vergeblich), vollziehen musste, nämlich die Loslösung dieses Gliedes vom Leib Jesu, ist eben *„auch im Himmel gelöst"*. So sieht das Jesus, das Haupt des Leibes, und so sieht das folglich auch Gott. Das ist also geschehen, das ist Fakt und damit jetzt sein Status im Himmel. Sich jetzt einfach einer anderen Gemeinde anzuschließen, ändert diesen Status im Himmel nicht und dürfte folglich von Gott auch nicht gesegnet werden!

Man beachte übrigens den Wechsel vom Singular zum Plural bei dieser Bibelstelle: Die Verse 15-17 sind an den einzelnen Jünger gerichtet: *„Sündigt dein Bruder an Dir ..."*. In Vers 18 wechselt Jesus dann aber in die Mehrzahl: *„Alles, was ihr auf Erden binden werdet..."*; ein deutlicher Hinweis darauf, dass Jesus in diesem Vers wieder in der Kategorie „mein Leib" denkt. Die Gemeinschaft der Jünger, die Gemeinde, ist jetzt angesprochen, denn die hat er ja gemäß Vers 17 (*„sage es der Gemeinde"*) ausdrücklich im Blick.

„Binden" und „lösen" in Vers 18 gilt also durchaus nicht dem Einzelnen, sondern dem Leib Jesu. Nicht der Einzelne, auch nicht als einzelnes Glied am Leib, hat diese Vollmacht und auch keinen Auftrag dazu, sondern ausschließlich Jesus selbst in Form seines Leibes.

Wie sehr das „Binden" und „lösen" im Zusammenhang mit Schuld und Vergebung zu den Kompetenzen des Leibes Jesu gehört, zeigt noch deutlicher die ähnlich lautende Aussage Jesu im Johannes-Evangelium: *„Welchen ihr die Sünden erlasst, denen sind sie erlassen; welchen ihr sie behaltet, denen sind sie behalten"* (Johannes 20,23).

Das ist doch jetzt kaum zu fassen, oder? Ist das nicht eine unglaubliche Verantwortung, die er seinem Leib zugesteht? Kann und darf der Leib Jesu wirklich Sünden vergeben? Sündenvergebung ist doch ausschließlich Jesus vorbehalten! Nur er kann und darf das, oder?

Inwiefern sind wir als Leib Jesu denn nun auch „Jesus selbst"? Auch punkto Sündenvergebung? Sind wir auch da seine „ausführenden Organe"?

Ein Gedankengang, bei dem wir unwillkürlich zusammenzucken! Aber Jesus selber bringt ihn ja mit dieser Zusprechung ins Spiel! Wie weit darf man das wörtlich nehmen?

Wenn das so gemeint ist, wie Jesus das sagt, wäre das doch wesentlich mehr als unsere heutige Praxis, bei der wir uns maximal als zuständig für einen „Zuspruch der Sündenvergebung" betrachten. Aber gleich Sündenvergebung als solche?

Es lohnt sich, diese ungeheure Aussage Jesu im Zusammenhang zu betrachten. Jesus hat das nämlich nicht irgendwann und irgendwo mal gesagt, sondern unmittelbar nach seiner Auferstehung. Und zwar am Abend des Ostersonntags, als er sich völlig überraschend den versammelten Jüngern als der Auferstandene präsentierte:

„Am Abend aber dieses ersten Tages der Woche, als die Jünger versammelt und die Türen verschlossen waren aus Furcht vor den Juden, kam Jesus und trat mitten unter sie" (Johannes 20,19).

Überraschung! Die Jünger sind völlig überrumpelt, sprachlos, konsterniert! Die Atmosphäre knistert, denn die Überraschung ist perfekt: Jetzt ist ihr Herr und Meister plötzlich wieder da, steht wahrhaftig und leibhaftig vor ihnen! Er lebt also tatsächlich!

Atemlose Spannung: Was kommt jetzt? Was hat er aktuell vor? Was hat er jetzt, in dieser völlig neuen Situation, nach dieser überraschenden Wendung der Dinge, in dieser neuen Ausgangslage, am Beginn eines neuen Zeitalters mit ganz anderen Vorzeichen, zu sagen? Was wird er als Nächstes tun?

Natürlich ahnen, ja wissen die Jünger: Was jetzt kommt, was er jetzt sagt und tut, das wird bestimmt Entscheidendes sein!

Aber Jesus beruhigt sie erst mal. *„Friede sei mit Euch!"* ist sein Gruß, und der ist hier vermutlich mehr als nur eine Begrüßungsformel: Sie sollen erst mal zum Frieden, zur Ruhe, zur inneren Gelassenheit kommen. Deshalb wiederholt Jesus diesen Friedensgruß kurz darauf noch einmal und unterstützt ihn dadurch, dass er sie in Ruhe die Kreuzigungs-Wundmale in seiner Seite und an den Händen betrachten lässt; so können sie sich vergewissern, dass er es wirklich ist. Und die Jünger fassen sich wieder: *„Da wurden die Jünger froh, dass sie den Herrn sahen"* (Johannes 20,20).

Und nun kann Jesus ihnen mitteilen, was jetzt dran ist und wie es weiter gehen wird. Und er geht gleich aufs Ganze! Es folgen drei fast unglaubliche Aussagen, die eine völlig neue Dimension für die Jünger eröffnen:

1. *„Wie mich der Vater gesandt hat, so sende ich euch!"* (Johannes 20,21).

   Die Jünger werden beauftragt: *„Jetzt seid ihr dran! Genauso wie ich begonnen habe, macht ihr weiter! Ihr übernehmt!"*. Was für eine unglaubliche Berufung! Wie soll das zu schaffen sein? Können Menschen das überhaupt?

2. *„Und als er das gesagt hatte, blies er sie an und spricht zu ihnen: Nehmt hin den Heiligen Geist!"* (Johannes 20,22).

Die Jünger erhalten umgehend die dazu notwendige Ausrüstung. Und was für eine! Es wird quasi „übermenschlich", denn das, wozu sie berufen werden und was sie ausführen sollen, ist mit menschlichen Mitteln und Möglichkeiten niemals zu schaffen. Das geht nur mit direkter himmlischer Unterstützung, das geht nur in Zusammenarbeit mit Gottes Geist!

Und sofort darauf macht Jesus auch noch klar, in welcher Dimension, auf welchem „Level" sich diese neue Berufung abspielen wird:

3. *„Welchen ihr die Sünden erlasst, denen sind sie erlassen; welchen ihr sie behaltet, denen sind sie behalten!"* (Johannes 20,23).

Bis zu dieser Vollmacht, Sünden zu vergeben, ist seine Sendung zu verstehen! Auch das beinhaltet Jesu *„Ihr übernehmt jetzt!"*, so weit geht die neue Berufung!

Die Vollmacht der Sündenvergebung ist also Bestandteil des Sendungsauftrags für die Jünger und Jesus so wichtig, dass er das sofort nach seiner Auferstehung den Jüngern ans Herz legt. Sie gehört zu den allerersten Anweisungen, wie die Jünger mit der neuen Situation nach seiner Auferstehung umgehen sollen, beziehungsweise wie die neue heilsgeschichtliche Epoche, die mit dem Auferstandenen angebrochen ist, durch den Leib Jesu umzusetzen sei.

Was für eine unglaubliche Verantwortung!

Hat Paulus das vielleicht auch im Blick gehabt, als er den Kolossern schrieb: *„Und alles, was ihr tut mit Worten oder mit Werken, das tut alles im Namen des Herrn Jesus"* (Kolosser 3,17). Geht *„tun im Namen des Herrn Jesu"* wirklich so weit?

Man beachte, dass sowohl Paulus wie auch Jesus bei solchen Aussagen immer in der Mehrzahl sprechen: Es ist eine Anweisung an die Gemeinschaft der Nachfolger, also an die Gemeinde, und nicht etwa an Einzelne!

Was bin ich Jesus dafür dankbar! Denn wenn diese Beauftragung *„Sünden zu erlassen oder zu behalten"* nicht dem Leib Jesu gelten würde, sondern mir als Einzelperson: Ich würde zerbrechen an dieser Verantwortung! Wer könnte sie alleine tragen? Das Verständnis des Leibes Jesu entlastet mich hier ganz enorm!

Können und dürfen wir also als Gemeinde die „Vollmacht der Sündenvergebung" tatsächlich ausführen?

Ich stelle fest, dass das in der ersten Gemeinde offenbar umgesetzt wurde, beispielweise bei der Betrügerei der beiden Gemeindeglieder Ananias und Saphira in Apostelgeschichte 5,1-11 (wir werden im nächsten Kapitel erneut auf die beiden zu sprechen kommen). Die Gemeinde als „Leib Jesu" war hier offensichtlich „ausführendes Organ", und zwar explizit betreffend Sündenvergebung, indem durch sofortige Ausführung des Todesurteils demonstrativ veranschaulicht wurde, dass Sünde den Tod zur Folge hat. Natürlich, die Gemeindeglieder haben nicht etwa selbst Hand angelegt und die beiden getötet. Das hat Gott selbst übernommen, aber er hat es innerhalb des Leibes seines Sohnes vollzogen!

Allerdings war diese Gemeinschaft des Leibes Jesu damals auch extrem gut geschult und ausgebildet. Sie bestand ja im Kern aus einer Gruppe von Jüngern, die sehr intensiv und über mehrere Jahre hinweg mit und bei Jesus gelebt und gelernt hatte. Diese Jünger kamen aus einer direkten und persönlichen Jesus-Beziehung heraus; sie haben Jesus existentiell erlebt und standen ihm unmittelbar nahe. Diesen Jüngern, diesem seinem „Leib" konnte Jesus den Sendungsauftrag auf diesem Niveau anvertrauen: *„Wie mich der Vater gesandt hat, so sende ich euch"* (Johannes 20,21). Diese Jünger waren dank ihrer intensiven Jesus-Beziehung in der Lage, diese Sendungsübernahme tatsächlich fast auf dem Niveau „eins zu eins - wie Jesus" zu vollziehen. Auch punkto Sündenvergebung!

Es ist hier durchaus zu fragen, inwiefern auch wir heute aus einer so intensiven Jesus-Beziehung heraus leben und durch jahrelange Ausbildung „unmittelbar bei Jesus" diesen Reifegrad in unseren Gemeinden vorfinden.

Diesem „Leib Jesu" damals konnte Jesus das anvertrauen. Unserem heutigen hingegen ...

Punkto „Ausbildung unmittelbar bei Jesus" wäre bei uns sicherlich noch viel Land einzunehmen!

***

Nochmal zurück zum Thema „Gemeindezucht". Dazu äußerte sich Jesus nicht nur in Matthäus 18, sondern auch noch an einer anderen Stelle, an der man es vielleicht gar nicht erwarten würde: in der Bergpredigt. Da finden wir nämlich folgende Aussagen von ihm:

„Ich aber sage euch: Wer eine Frau ansieht, sie zu begehren, der hat schon mit ihr die Ehe gebrochen in seinem Herzen. Wenn dich aber dein rechtes Auge verführt, so reiß es aus und wirf's von dir. Es ist besser für dich, dass eins deiner Glieder verderbe und nicht der ganze Leib in die Hölle geworfen werde. Wenn dich deine rechte Hand verführt, so hau sie ab und wirf sie von dir. Es ist besser für dich, dass eins deiner Glieder verderbe und nicht der ganze Leib in die Hölle fahre." (Matthäus 5, 28-30)

Traditionellerweise werden diese Verse so ausgelegt, dass die Handlungsaufforderungen *„Auge ausreißen"* und *„Hand abhauen"* von Jesus hier nicht etwa wörtlich gemeint und somit tatsächlich auszuführen wären, sondern als stark überhöhte „Übertreibungen" anzusehen seien, wobei uns diese Überhöhungen Wichtigkeit signalisieren sollen.

Aber warum eigentlich? Nirgendwo sonst in der Bergpredigt übertreibt Jesus. Sämtliche Handlungsanweisungen, die er uns darin ans Herz legt – und das sind etliche! –, sollen genauso wie von ihm geschildert auch umgesetzt werden. Einzige mögliche Ausnahme könnte allenfalls der Vergleich mit dem *„Splitter"* beziehungsweise *„Balken im Auge"* (Matthäus 7,3-5) sein, aber diese „Übertreibung" ist sofort als Gleichnis erkennbar, außerdem besteht die Handlungsanweisung hier ja sinngemäß aus *„ziehen, egal was im Auge ist"* - und das wiederum wäre durchaus ausführbar!

Die Ansicht jedoch, dass Jesus die Handlungsanweisungen betreffend *„Auge ausreißen"* und *„Hand abhauen"* ebenso nicht wörtlich meine, sondern lediglich bildhaft, verbietet sich auch deswegen, weil Jesus seine Gleichnisse so gut wie immer einleitend als solche kennzeichnet, beispielsweise mit Redewendungen wie *„... verhält es sich wie ..."* oder *„... gleicht einem ..."* oder dementsprechenden Formulierungen. Das fehlt hier.

„Auge ausreißen" und *„Hand abhauen"* machen aber genau dann Sinn, wenn Jesus hier nicht von den Gliedern einer Einzelperson, sondern von der Gemeinde, also von seinem „Leib", spricht. Dass das nicht weit hergeholt ist, zeigt schon die Tatsache, dass *„Leib"* und *„Glieder"* in beiden Versen ja ausdrücklich genannt werden!

Folglich redet Jesus also hier von „Gemeindezucht" und meint damit:

- Mein Leib soll bitteschön reingehalten werden!
- Ehebrecher haben darin nichts zu suchen!
- Sie müssen unbedingt entfernt werden, auch wenn es weh tut *(„aus-reißen!", „abhauen!")* und auch wenn diese Glieder anschließend dem Leib fehlen werden!

Somit wäre dann also auch diese „Handlungsanweisung" exakt so wie geschildert durchführbar, oder?

Dass Jesus hier von der Gemeinde spricht, legt außerdem auch die eigentümliche Formulierung, dass er von <u>einem</u> Auge und <u>einer</u> Hand spricht, nahe.

Müsste er sonst nicht eigentlich von „den Augen" sprechen, denn wer sieht schon eine Frau nur mit <u>einem</u> Auge begehrlich an? Ebenso soll nur <u>eine</u> Hand abgehauen werden – ist das nicht ebenso unlogisch? Es wird aber logisch, wenn er die Gemeinde vor Augen hat. In einer Gemeinde haben vielleicht mehrere die Funktion von „Augen" oder „Händen" inne. Aber natürlich sollen nur das „ehebrecherische Auge" und die „ehebrechende Hand" entfernt werden!

Zu beachten ist auch, dass Jesus die Bergpredigt bekanntlich ausschließlich an seine Jünger richtet – im Unterschied etwa zu seiner „Feldrede" in Lukas 6,20-49, die bekanntlich über weite Strecken sehr ähnlich lautet wie die Bergpredigt. Dort allerdings, in der „Feldrede", die an alle Menschen gerichtet ist, fehlt eine vergleichbare Passage über das *„Auge ausreißen"* und *„Hand abhauen"*!

Warum wohl?

Weil diese Aufforderungen natürlich nicht etwa für „jedermann" gelten, sondern ausschließlich für seine Nachfolger! Also für diejenigen, die sich schon in Bälde in Gemeinden organisieren werden und diese als Apostel zu leiten haben. Es soll also ausschließlich in der Gemeinde, am „Leib Jesu", „ausgerissen" beziehungsweise „abgehauen" werden!

Das bestätigt außerdem auch die Beobachtung, dass genau dieselbe Zuhörerschaft, nämlich exklusiv seine Jünger, anwesend waren, als Jesus dieselbe Ausdruckweise nochmals gebrauchte: in Matthäus 19,8+9 sowie in der Parallelstelle Markus 9,43-48. Auch an diesen beiden Stellen spricht er erneut zu ihnen vom „Hand oder Fuß abhauen" und vom „Auge ausreißen" beziehungsweise „fortwerfen". Hier allerdings stellt Jesus diese Aufforderungen in den Zusammenhang mit der Verführung von sogenannten „Kleinen, die an ihn glauben". Wer diese Kleinen zum „Abfall" verführe, an dem möge so gehandelt werden.

Von Vers 7 herkommend, in dem Jesus von „externen" Verführern warnt, spricht Jesus in Matthäus 19 (genauso wie in der Parallelstelle bei Markus 9) von „internen" Verführern, also Verführern innerhalb des Leibes Jesu. Wörtlich verstanden können diese Anweisungen Jesu nur schon deswegen nicht an einem einzelnen Menschen umgesetzt werden, weil man sich damit an der Ebenbildlichkeit Gottes, die jeder Mensch nach 1. Mose 1,26 darstellt, vergreifen würde. Auch deshalb können hier mit „Hand", „Fuß" und „Auge" nur Glieder des Leibes Jesu gemeint sein. Ausschließlich das macht Sinn!

Wenn also bei diesen beiden Bibelstellen eindeutig ganze Menschen mit „Hand", „Fuß" oder „Auge" gemeint sein müssen (denn „abgehauen" oder „ausgerissen/fortgeworfen" sollten ja eben diejenigen werden, die „Kleine zum Abfall verführen"), handelt es sich auch bei diesen Jesusworten eindeutig um Gemeindeanweisungen, die innerhalb des „Leibes Jesu" ausgeführt werden soll. Denn unzweifelhaft spricht Jesus hier über das Christsein innerhalb einer Gemeinde und nicht etwa über das allgemeine Menschsein innerhalb einer Gesellschaft – er hat durchaus nicht die Menschheit als solche im Fokus!

Nun könnte man noch einwenden, dass dann aber Jesus diese Sätze doch in der Mehrzahl hätte formulieren müssen, wenn er dabei den Gemeinde-

Leib in Hinterkopf hat: *Wenn Euch aber euer rechtes Auge verführt, so reißt es aus und werft es von euch...*" usw. Aber mal abgesehen davon, dass dann der ganze Abschnitt etwas eigenartig klingen würde, bietet sich die „Du-Form" vor allem deswegen an, weil die Vorgabe aus den „Zehn Geboten", auf die sich Jesus in der Bergpredigt bezieht, ebenfalls in „Du-Form" formuliert ist: *„Du sollst nicht ehebrechen!"* (2. Mose 20,14). An diese Singular-Form knüpft Jesus offensichtlich an, umso mehr ja das Alte Testament seinen Jüngern natürlich geläufig war.

Nachdenkenswert ist ferner, dass Jesus bei jeder dieser Aussagen sich gleich noch genötigt sieht, darauf hinzuweisen, dass der ganze Leib *„in die Hölle"* beziehungsweise *„ins höllische Feuer geworfen"* geworfen werden wird, wenn der Fuß oder die Hand nicht entfernt werden. Das bedeutet folglich, dass eine Ortsgemeinde durchaus als gesamter Organismus von Jesus verworfen werden kann, wenn diese Anweisungen nicht ernst genommen und umgesetzt werden. Genauso verdeutlicht das dann später ja auch der Apostel Johannes in seinen Sendschreiben an die sieben Gemeinden in Kapitel 2 und 3 seiner Offenbarung.

Zu derart drastischen Formulierungen wie *„Auge ausreißen"* und *„Hand abhauen"* sieht sich Jesus also offenbar deswegen genötigt, weil durch die Duldung von solch unmoralisch ehebrecherischem Handeln beziehungsweise von Glaubensverlust provozierendem Umgang untereinander ganze Gemeinden extrem gefährdet sind!

Diese anschaulich zugespitzten Formulierungen Jesu sind also Ausdruck extremer Dringlichkeit und Wichtigkeit!

***

Auch eines der meistzitierten Jesus-Trostworte gewinnt durch das „Leib-Jesu-Verständnis" plötzlich eine neue Deutlichkeit:

„Kommt her zu mir, alle, die ihr mühselig und beladen seid; ich will euch erquicken!" (Matthäus 11,28).

Auch hier ist wieder klar: Dieser Vers ist für die damaligen Jünger an Jesu Seite sofort verständlich und direkt umsetzbar gewesen. Jesus steht ja unmittelbar vor ihnen, „herkommen zu ihm" bedarf also sozusagen nur eines einzigen simplen Schrittes ...

Aber da gibt es doch auch noch die zweite Verständnis-Ebene: Was bedeutet dieser Vers dann nach Himmelfahrt? Denn wenn ein Ausspruch Jesus den Weg in das Neue Testament der Bibel gefunden hat, dann ist immer davon auszugehen, dass er auch für uns heute noch Relevanz besitzt.

Wenn dem so ist, müsste man dieser Einladung Jesu aber auf der Stelle und in aller Deutlichkeit entgegenhalten: „Wie unfair von Dir, Jesus! Da sprichst Du eine solche verheißungsvolle Einladung aus und verschwindest kurze Zeit später in den Himmel? Du weißt doch genau, dass Du umgeben bist von lauter Menschen, die genau das bedrückt: Sie sind tatsächlich täglich voller Mühsal und mit Sorgen beladen unterwegs. Du versprichst all denen vollmundig Erquickung, wenn sie zu Dir kommen, verschwindest aber kurz darauf? Wohin sollen denn jetzt diese Leidenden kommen, wenn Du ferne und unerreichbar im Himmel thronst? Ja, wir alle sehnen uns nach Deiner Erquickung und benötigen sie existentiell, Du aber stellst dein Versprechen unter die Vorbedingung »Kommt her zu mir!«; die Erquickung wird also nur in Deiner unmittelbaren Gegenwart gewährt. Wie zynisch, dann in den Himmel abzuhauen! Ist das etwa seelsorgerlich? Willst du uns allen Ernstes weiterhin verkaufen, Du seist der Repräsentant eines liebevollen Vaters im Himmel, der sich seiner notleidenden Kinder erbarmt?"

Nein, selbstverständlich werden wir Jesus so nicht antworten. Und ich kenne auch die pietistisch-fromme Auslegung dieser Einladung: Wir sollten natürlich „im Gebet", „geistlich" und „im Herzen" zu Jesus kommen und dank dem Heiligen Geist sei ja die direkte Verbindung zum himmlischen Jesus hergestellt - oder so ähnlich. Und das will ich auch gar nicht etwa lächerlich machen oder ironisch verstanden wissen. Das ist durchaus in Ordnung so.

Aber trotzdem erscheint mir diese Auslegung so etwas wie eine Hilfskonstruktion zu sein, weil es natürlich viel naheliegender wäre, das „kommt *her zu mir!"* einfach wörtlich zu nehmen und es auf den derzeit real existierenden Jesus in dieser Welt zu münzen – also auf unsere Gemeinde. Hätten wir das „Leib-Jesu-Verständnis" nämlich verinnerlicht, würden wir vermutlich gar nicht erst den Auslegungsumweg über *„Heiliger-Geist-verbindet-uns-mit-Jesus-im-Himmel-und-darum-bin-ich-also-trotzdem-irgendwie-bei-ihm"* konstruieren, sondern einfach vom Naheliegendsten ausgehen: *„Kommt her zu mir!"* bedeutet schlicht und ergreifend: *Komm zum „Leib Jesu!"* Genau da will Jesus nämlich handeln: Wo er und seine „ausführenden Organe" sind. Und da darf dann Erquickung erwartet werden!

Habe ich das *„naheliegendst"* genannt? Ja, das ist es selbstverständlich, denn dieses Verständnis, ganz ohne Hilfskonstruktion, ist ja eben im Neuen Testament dutzendfach belegt. Das müsste der Christenheit also längst schon *„naheliegendst"* sein!

***

Dasselbe Verständnis sollten wir dann logischerweise auch bei allen anderen *„Kommt her zu mir!"*- Aussagen Jesu anwenden, sofern diese ebenfalls auf das Zeitalter nach Himmelfahrt gerichtet sind. Beispielsweise bei dieser hier:

„Jesus aber sprach zu ihnen: Ich bin das Brot des Lebens. Wer zu mir kommt, den wird nicht hungern; und wer an mich glaubt, den wird nimmermehr dürsten." (Johannes 6,35)

Auch hier ist davon auszugehen, dass Jesus nicht nur für die damaligen Zuhörer das *„Brot des Lebens"* sein möchte. Sein dazugehörendes *„Wer zu mir kommt ..."* ist also unmittelbar auch in unser heutiges Zeitalter zu übertragen. Und es ist wieder genau dasselbe: Wir brauchen keine Hilfskonstruktion, weil unser Jesus ja leider, leider fernab im Himmel weilt und deshalb ein *„zu ihm kommen"* ausschließlich geistlich, verinnerlicht oder via Gebet interpretiert werden muss. Das kann man zwar so verstehen und dann auch so ausführen, aber es ist nicht das, was eigentlich gemeint ist. Denn Jesus ist ja da! Er ist anwesend!

95

Wer also von Gottes Sohn ein *„Kommt her zu mir!"* zu hören glaubt und nicht zu seinem aktuell anwesenden Leib, also zu ihm persönlich geht, dem ist erst mal wohl nicht zu helfen. Denn das wäre biblisch; es ist das Angebot Gottes, sein Konzept und seine Sicht der Dinge. Und so steht's im Neuen Testament; Paulus weist dutzendfach darauf hin. Man täte also – um seiner selbst und seines Seelenheils willen – gut daran, Bibelstellen einfach biblisch zu nehmen und so zu befolgen, wie sie eben gemeint und aufgeschrieben wurden.

Und eine weitere kleine Randbemerkung dazu sei an dieser Stelle noch erlaubt: Wenn dann also die *„Hungernden"* und *„Dürstenden"* sich beim Leib Jesu einfinden, also in unsere Gemeinde kommen, dann würde das folglich bedeuten, dass wir ihnen den Hunger und den Durst auch stillen müssten!

Schrecksekunde bei diesem Gedanken?

Bingo. Selbstverständlich müssten wir das, ihr lieben „ausführenden Organe"! Oder hat jemand gedacht, dass er zwar als Glied am Leib Jesu rumhängen kann, aber keine Funktion wahrzunehmen hätte?

Oder lasst es mich, wie Paulus in 1. Korinther 12, bildlich übertragen formulieren: *„Hast Du, lieber Arm, wirklich gedacht, Du könntest ewig an der Achsel rumbaumeln ohne jemals einen Muskel zucken zu lassen?"*

Selbstverständlich sollten die „ausführenden Organe" sich „ausführend" benehmen. Also vielleicht tatsächlich beispielsweise im Ausschank tätig sein, da wo Hunger und Durst gestillt werden sollte. Selbstverständlich geht Jesus, Paulus und das ganze Neue Testament davon aus, dass „Nachfolger" aktiv sind!

Das aber nur als kleine Randbemerkung zur Auffrischung. Selbstverständlich habe wir alle das längst verinnerlicht und es ist uns zur gelebten Selbstverständlichkeit geworden, da im gesamten Neuen Testament nirgendwo die Existenz irgendeiner Art von „passivem Christsein" auch nur angedeutet ist.

Selbstverständlich, oder?

***

Weiter zur nächsten *„kommt-zum-mir!"*-Einladung Jesu im Johannes-Evangelium. Auch diese ist wieder - genauso wie alle anderen - als auf den Leib Jesu bezogen zu interpretieren: *„Wen da dürstet, der komme zu mir und trinke!"* (Johannes 7,37).

Hier kommt ergänzend dazu, dass Jesus bei diesem Spruch ausdrücklich nicht die damaligen Zuhörer, sondern uns im Blick hat. Denn im übernächsten Vers fügt er erklären hinzu: *„Das sagte er aber von dem Geist, den die empfangen sollten, die an ihn glaubten; denn der Geist war noch nicht da; denn Jesus war noch nicht verherrlicht"* (Johannes 7,39).

Jesus redet hier also ausdrücklich vom Gemeinde-Zeitalter. Er spricht ja von dem Geist, der erst nach seiner „Verherrlichung" - gemeint ist hier: Auferstehung und Himmelfahrt - verliehen wird. Wen also in dieser Zeit, nach Jesus Erhöhung in den Himmel, *„dürstet"*, der möge sich bei ihm einfinden! Wo *„bei ihm"*? Im Himmel??? Natürlich nicht, sondern eben da, wo er in der Welt präsent ist. Und wir wissen ja jetzt, wo dieser Ort ist.

Jesus weist also extra noch darauf hin, dass das bitte genau so zu verstehen sei! So einfach und real funktioniert „Christsein"!

Aber damit nicht genug: Jetzt nehmen wir auch noch den Vers zur Kenntnis, der zwischen den beiden eben zitierten Versen liegt: *„Wer an mich glaubt, von dessen Leib werden, wie die Schrift sagt, Ströme lebendigen Wassers fließen"* (Johannes 7,38).

Da schau her! Großes Erstaunen! Da spricht Jesus von einem *„Leib"*! Ja, von welchem denn wohl?

Soeben haben wir festgestellt, dass sowohl der Vers davor wie auch der Vers danach eindeutig mit dem Leib Jesu zusammenhängen, weil sie explizit auf das Zeitalter der Gemeinde gemünzt sind und sonst eben keinen Sinn machen würden.

Also ist davon auszugehen, dass mit dem "Leib" in Vers 38 ebenfalls Jesu Leib, also die Gemeinde, gemeint sein dürfte. Und wer darin ein Problem sieht, dass sich der „Leib" hier auf eine Einzelperson bezieht (*„... von dessen*

Leib …"), der möge statt Leib einfach mal „*Gemeinde*" einsetzen: Der Vers macht natürlich auch so Sinn! Er klingt zwar etwas ungewohnt, aber „ungewohnt" entzündet sich bekanntlich an unserer „Gewöhnung": Wir sind diesen Vers lediglich anders gewohnt.

Außerdem sei hier noch eine kleine Randbemerkung für alle Theologen unter uns erlaubt: Die Beobachtung, dass hier im griechischen Urtext nicht dasselbe Wort für „*Leib*" verwendet wird wie bei allen anderen „Leib-Jesu"-Stellen, nämlich „*κοιλία*" („koilia") statt „*σῶμα*" („sooma"), ist kein zwingendes Indiz dafür, dass deshalb nicht der „Leib Jesu" gemeint sein könne. Denn „*κοιλία*" („koilia") bedeutet nicht nur „*Bauch*" im Sinne von „Verdauungsorgan", sondern kann auch für „*Mutterleib*" und sogar für „*das Innerste*" stehen. Und gerade die beiden letzteren Bedeutungen machen hier, im Zusammenhang mit einem „Quelle-Gedanken", durchaus Sinn!

Also: mit dem „*Leib, von dem Ströme lebendigen Wassers fließen werden*", dürfte tatsächlich auch wieder Jesu Gemeinde-Leib gemeint sein!

Was mich, ehrlich gesagt, erneut irgendwie entlastet. Denn in meinem persönlichen Leben hatte ich eigentlich nie das Gefühl, geschweige denn das Erlebnis, dass tatsächlich „*Ströme lebendigen Wassers*" von mir persönlich geflossen wären. Und ich bin immerhin schon jahrzehntelang Pastor und predige fast jeden Sonntag! Falls also dabei irgendwann mal „*Ströme*" von meiner Person aus geflossen sein sollten, habe ich es zumindest nicht bemerkt! Und auch keine der von mir bepredigten Gemeinden hat mir jemals etwas in dieser Art zurückgemeldet!

Also: Ab sofort persönliche Entlastung bei diesem Vers! Durchatmen, denn die „*Ströme lebendigen Wassers*" müssen gar nicht von meinem Körper aus gehen, sondern von Jesu Körper. Sprich: von seinem Leib, der Gemeinde.

Übrigens: Da steht auch noch der kleine Zusatz „*wie die Schrift sagt*"! Schon bemerkt? Sicher ist mit „*Schrift*" erst mal das Alte Testament gemeint – aber eben nicht nur. Ab Jesus gilt das nämlich jetzt gesamtbiblisch, weil „*lebendiges Wasser*" nun von Jesus persönlich ausgeht. Und wir kennen den genauen Ort, wo diese Quelle sprudelt: Jesu Leib.

Das ist haargenau „*wie die Schrift sagt*"!

***

Hier noch ein weiterer „*Kommt-her-zu-mir*"-Vers aus dem Johannes-Evangelium:

Alles, was mir der Vater gibt, das kommt zu mir; und wer zu mir kommt, den werde ich nicht hinausstoßen!" (Johannes 6,37).

Die Bedeutung dieses Verses auf dem Hintergrund der Leib-Jesu-Erkenntnis kann also nur sein, dass alle, die aus Gottes Sicht zu seinem Sohn gehören - also echte Nachfolger sind - selbstverständlich nicht nur zu ihm gehören, sondern auch zu ihm kommen. Wohin kommen sie also? Natürlich zu seinem Leib.

Folglich sagt hier Jesus ein Dreifaches:

1.) Er erklärt den Jüngern das zu Grunde liegende Schema:

„Gott, mein Vater, hat euch alle, die ihr meine Nachfolger seid, angenommen. Ihr gehört jetzt zu ihm, und er wünscht sich von Euch, dass ihr ab sofort immer und jederzeit meine Nähe sucht und bei mir - also beim meinen Leib - zu finden seid. Das sei euer Merkmal; so dass auch daran jedermann erkennen kann, dass ihr meine echten Nachfolger seid."

2.) Er lädt die neu Gewonnenen ein:

„Bei meinen Gemeindegliedern, die ja ausführende Organe meines Willens sind, bist Du, der Du vom Vater gerufen wurdest, absolut sicher und gut aufgehoben. Da wird keiner ausgeschlossen oder abgewimmelt, denn diese kennen meinen Willen und tun ihn bedingungslos!"

3.) Er appelliert an seine Nachfolger:

„Für euch, liebe Gemeindeglieder, gilt der klare Auftrag, den ich hiermit nochmals deutlich offenbare, dass ihr bitteschön keinen von diesen göttlich Berufenen, die zu meinem Leib kommen, hinauswerft, denn es gilt: »Wer zu mir kommt, den werde ich nicht hinausstoßen!« Ihr nehmt

diese also genauso in eure Gemeinschaft auf, wie ich sie zu Erdenzeiten auch immer in meine Gemeinschaft und Nachfolge aufgenommen habe!"

***

Und wie lange darf Jesus eigentlich das *„Licht der Welt"* sein? Wenn er in Johannes 9,5 sagt: *„Solange ich in der Welt bin, bin ich das Licht der Welt"*, was ist dann ab dem Zeitpunkt, nachdem Jesu in den Himmel gefahren ist? Wo ist dann das *„Licht der Welt"?*

Licht ist ja nur so lange, wie er da ist; das sagt er klar und deutlich!

Damit gibt es folglich nur noch zwei Möglichkeiten: Entweder herrscht seit zweitausend Jahren – nämlich seit seiner Rückkehr in den Himmel – erneut absolute Finsternis, oder aber er ist immer noch da.

Zweiteres ist natürlich richtig. Und das hat uns Jesus ja auch deutlich mitgegeben:

„Ihr seid das Licht der Welt!" (Matthäus 5,14). Damit hat er klargestellt, dass sein *„Ich bin das Licht"* mit *„Ihr seid das Licht"* gleichgestellt ist, beziehungsweise dass das Licht auf uns übergegangen ist! Wir sind also nach Himmelfahrt - „lichttechnisch" betrachtet – ebenfalls Jesus! Denn mit *„ihr seid"* ist natürlich der Leib Jesu gemeint, denn da ist Jesus ja präsent. Der Körper von Jesus hat weiterhin die Eigenschaften von Jesus! Die Gemeinde hat seine Eigenschaft, Licht zu sein, übernommen, ist als sein Leib also das Licht, das von Jesus ausgeht!

So ist das gemeint mit *„Wie mich der Vater gesandt hat, sende ich euch!"* (Johannes 20,21). Wir führen Jesu Werk eins zu eins weiter; wir haben übernommen, und zwar auch bezüglich des Lichts. Deshalb ist es nicht zappenduster geworden seit Himmelfahrt. Leib Jesu sei Dank!

Ach ja, ich weiß: Auch das kann man natürlich individuell verstehen: *„Jeder von uns sei eine selbständige kleine Leuchte!".* So wird es doch landauf, landab immer gepredigt. Allerdings frage ich mich, warum dann Jesus nicht formuliert hat: *„Ihr seid die Lichter der Welt!"*?

Kann sich Jesus vielleicht nicht korrekt ausdrücken oder seine Aussagen nicht allgemein verständlich formulieren? Wohl kaum.

***

Und wie verstehen wir die Aufforderung Jesu in Johannes 12,26: *„Wer mir dienen will, der folge mir nach; und wo ich bin, da soll mein Diener auch sein!"*?

Traditionelle Auslegung ist, dass das *„wo ich bin"* auch wieder im übertragenen Sinn zu verstehen sei, denn innerhalb des Textzusammenhangs rede Jesus hier ja von seinem Leiden am Kreuz und meine darum mit dieser Aussage, dass ein ernsthafter Nachfolger sich nicht scheuen solle, wie Jesus auch dorthin zu gehen, „wo es wehtut". Damit ist aber auch hier wieder erhöhter Interpretationsbedarf vonnöten, um Jesus irgendwie verstehen zu können.

In der Tat redet Jesus sowohl vor diesem Vers wie auch danach von seinem Leidensweg. Aber muss man deshalb diese Aussage nur sinnbildlich und auf sein Leiden bezogen interpretieren? Könnte es nicht sein, dass Jesus das vielleicht nicht im übertragenen Sinn verstanden haben will, sondern einfach genau so, wie er es sagt? Könnte es nicht sein, dass er also auch das wieder wörtlich meint?

Kann man es denn so verstehen? Macht der Vers auch wörtlich verstanden einen Sinn?

Ich bin davon überzeugt, dass man ihn sogar so verstehen muss. Es macht nicht nur Sinn, sondern er erschließt sich uns erst richtig, weil er von Jesus eben gerade nicht „übertragen" gemeint war.

Dieses *„Wo ich bin, da soll mein Diener auch sein!"* weist doch erneut auf einen real existierenden Ort hin, nämlich den Ort, an dem sich Jesus befindet. Die damaligen Zuhörer werden es so verstanden haben: Nachfolge und „*ihm dienen*" heißt, jetzt augenblicklich sein Bündel zu schultern und Jesus hinterherzugehen. Das war bekanntlich in der vorgegebenen Situation wortwörtlich und sofort umsetzbar. Jesus, der „Wanderprediger", stand ja vor ihnen, und etliche Nachfolger machten es bereits vor: Mit Jesus mitwandern und damit als Diener immer genau dort sein, wo Jesus auch ist. Also am selben Ort.

Allerdings lesen wir in den Evangelien, dass Jesus seine Jünger schon während seinen Lebzeiten phasenweise ausgesandt hat. Da wird's also schon etwas schwieriger, denn da waren dann die Nachfolger zumindest temporär mal geographisch nicht genau dort, wo Jesus war.

Aber es kommt ja noch krasser. Als Jesus die Erde verließ, nahm er bekanntlich seine Jünger nicht mit. Und nicht nur das. Er gab ihnen sogar noch den sogenannten „Sendungsbefehl" (z.B. in Matthäus 28, 19+20), ein „*Gehet hin!*". Also genau das Gegenteil von „*Wo ich bin, da soll mein Diener auch sein*".

Hat dieser Vers uns heute also nichts mehr zu sagen? War er nur damals verständlich und anwendbar? Ist er mit der Himmelfahrt Jesu final abgeschlossen und nicht mehr relevant für uns?

Oder dürfen wir diesen Vers tatsächlich nur sinnbildlich interpretieren, also so, dass Jesus mit dem „Ort, an dem er ist" irgendeinen Platz oder eine Situation meint, wo wir ebenso zu leiden hätten wir er damals am Kreuz?

Das scheint mir reichlich unkonkret und läuft mir zu sehr in die Richtung „*Der Ort, am dem Jesus ist, ist immer dort, wo gelitten wird!*" Jeder Ort des Leidens wäre dann ein „Jesus-Ort" – aber macht das Sinn?

Sehr schwammig, ein solches Verständnis.

Würden wir stattdessen aber diese Aufforderung Jesu einfach so nehmen, wie sie dasteht, dann bedeutet sie schlicht und einfach, dass Jesus mit dieser Aufforderung dazu einlädt, sich beim Leib Jesu einzufinden. Denn wo Jesus ist, soll der Diener auch sein. Genau dort. Ortsverständnis, nicht übertragenes Verständnis. Und der Leib Jesu ist ja genau der Ort, wo Jesus heutzutage ist.

Und das hat, wenn man den Kontext trotzdem mitberücksichtigen will, mit Leiden insofern zu tun, dass der Leib Jesu - also echte „Jesus-Gemeinden" - weltgeschichtlich gesehen immer wieder ins Leiden gezwungen wurde. Es ist ja nicht so, dass jeweils nur einzelne Christen zu leiden hätten, sondern der Leib Jesu wurde und wird doch immer wieder angegriffen, geschmäht, verfolgt, vertrieben und gemeuchelt – wie damals.

Damit beinhaltet dieses „*Wo ich bin, da soll mein Diener auch sein!*" aber auch, dass unser Herr und Meister sich hier ausdrücklich verwehrt gegen Einzelkämpfer-Christen ohne verbindlichen Gemeindeanschluss; sogenannte „Kanzelschwalben", die sich bei jedem angesagten frommen Anlass einfinden und trotzdem nirgendwo zu finden sind. Jesus macht klar: Wer nicht beim Leib Jesu zu finden ist – also konkret bei ihm, nämlich in einer Ortsgemeinde, und zwar als festes Glied am Ortsgemeinde-Leib –, der ist nicht dort, wo er sein soll. Denn „*Wo ich bin, da soll mein Diener auch sein!*" ist wohl nicht verhandelbar, sondern klare Anweisung unseres Herrn.

Das also ist der ganze Sinn, der umfassende Gehalt dieser Aussage Jesu. „*Wo ich bin, da soll mein Diener auch sein*" hat mit Sicherheit einen realen Ort und sollte nicht etwa einfach nur geistlich übertragen und interpretiert werden. Wer diesen Vers nur sinnbildlich verstehen will, greift wesentlich zu kurz. Und es ist auch unnötig, denn der Vers erschließt sich völlig logisch und einleuchtend, wenn man begriffen hat, dass Gemeinde „Leib Jesu" ist. Einmal mehr ist wieder keinerlei denkakrobatische Hilfskonstruktion vonnöten.

***

Interessant ist auch die Aussage Jesu in Matthäus 17,20, wo er doch tatsächlich behauptet: „*Euch wird nichts unmöglich sein*"! Was für eine Verheißung! Theologisch betrachtet allerdings eindeutig zu verwerfen, denn „*nichts unmöglich*" ist schlicht Gott vorbehalten; dies kann darum ausschließlich von Gott beziehungsweise dann auch von seinem Sohn gesagt werden, niemals aber von Menschen! Auch nicht von noch so geistbegabten

Nachfolgern, denn auch diese sind trotzdem immer noch Menschen! Das dürfte unbestritten sein und darf als absolut gesetzt gelten.

Was aber hat Jesus dann gemeint, wenn es etwas verheißt, was für uns schlicht nicht möglich ist?

Bibelkenner wissen natürlich, in welchem Zusammenhang Jesus diese „unglaubliche" Verheißung ausgesprochen hat. Hier der ganze Vers, Matthäus 17,20: *„Wahrlich, ich sage euch: Wenn ihr Glauben habt wie ein Senfkorn, so könnt ihr sagen zu diesem Berge: Heb dich dorthin!, so wird er sich heben; und euch wird nichts unmöglich sein."*

Da Jesus also hier keinen Menschen gemeint haben kann, kann er nur sich selber oder Gott gemeint haben. Ersteres trifft zu: Er meint damit sich selber. Ihm, Gottes Sohn, ist natürlich nichts unmöglich.

Wenn er diese „Unmöglichkeit" nun doch auf seine Jünger überträgt, dann kann er logischerweise nur sich selbst in Form seines Leibes gemeint haben. Und genau so ist es zu verstehen!

Dieser (fast schon legendäre) *„Senfkornglaube"* wird also nicht uns als Einzelpersonen anbefohlen, sondern der Gemeinschaft seines Leibes! Dazu passt auch wieder, dass Jesus in der Mehrzahl formuliert: *„euch wird nichts unmöglich sein"*, und nicht etwa *„demjenigen wird nichts unmöglich sein"*.

Auch hier wieder: Dies entlastet mich sehr, denn nicht ich als Einzelperson sollte mich also anstrengen, endlich diesen bergeverrückenden *„Senfkornglauben"*, dem *„nichts unmöglich"* ist, zu erlangen, sondern die Gemeinschaft der Glieder meiner Ortsgemeinde ist von Jesus eingeladen, diesen überaus vertrauensvollen Glauben an das Haupt zu entwickeln!

Was habe ich mich jedes Mal, wenn man mir diesen Vers ausgelegt hat, postwendend kleingeschämt, weil ich natürlich bisher nie einen Berg versetzt habe* und zugeben musste, dass ich noch nicht mal den Glauben aufbringe, dass ich es jemals können werde. Der jeweilige Ausleger hat es noch jedes Mal geschafft, mir mit diesem Vers die Freude am Christsein und die Hoffnung auf authentische gelebte Jüngerschaft zu vergällen.

---

* Vergleiche zum Stichwort „Berge versetzen" auch meine Ausführungen im Anhang unter Matthäus 21,21.

Alles Nonsens! Absolut überflüssig! Denn: Es geht gar nicht um mich, sondern um meine Gemeinde!

Dem Verständnis des Leibes Jesu sei Dank!

Anderseits aber: Verstehen wir, welche Kraft, Dynamik und Wirksamkeit Jesus mit dieser Verheißung einer Ortsgemeinde zutraut? Oder besser: „eigentlich zutrauen würde", wie man leider korrekterweise beim Blick auf unsere derzeitigen Gemeinden formulieren müsste ...

Fakt ist: Jesus würde es uns verheißen. Unsere fromme Christenheit müsste sich allerdings endlich aufrappeln und beginnen, sich zu den Gemeinden zu entwickeln, die Jesus sich vorstellt und auf die er sein Konzept ausgerichtet hat.

Zu „Leib-Jesu-Gemeinden" eben ...

***

Mit dem biblischen „Leib-Jesu"-Verständnis erscheint nun auch Jesu Zusage *„Siehe, ich bin bei Euch alle Tage bis an der Welt Ende"* in Matthäus 28,20, mit der er den sogenannten „Sendungsbefehl" ergänzt, in einem klareren Licht.

Bisher war die gängige Auslegung, dass dies eine tröstliche Zusage mit Mutmacherfunktion für die allein gelassenen Jünger darstellt, die dann mit der Ausgießung des Heiligen Geistes sozusagen trinitarisch erfüllt wurde: *„Ist der Heilige Geist in uns, ist doch auch Jesus irgendwie »bei uns alle Tage«!"* oder so ähnlich.

Ist ja durchaus nicht falsch so. Aber naheliegender wäre eben auch an dieser Stelle wieder: Wenn der Leib Jesu die Anwesenheit, die Präsenz Jesu innerhalb dieser Welt ist, dann ist er doch da! Er ist als „Leib" da! Und wenn die Gemeinden, die ja bekanntlich nach Matthäus 16,18 auch die *„Pforten der Hölle"* nicht überwältigen können, durchgehend bis zum *„Ende der Zeiten"* bestehen, dann ist Jesus doch buchstäblich *„bei uns alle Tage bis an* *der Welt Ende*"! Wir in ihm und er in uns! Das ist doch haargenau „Leib Jesu"!

Natürlich können die *„Pforten der Hölle"* die Gemeinde nicht überwältigen. Das wäre ja ein Überwältigen von Jesus – und das hat der Teufel nie geschafft und wird er auch bei seinem Leib nicht schaffen! Da dieser Leib Jesu Leib ist, hat der Teufel keinen finalen Zugriff darauf. Er wird ihn zwar immer wieder angreifen und in Versuchung führen (das hat er zu Jesu Lebzeiten auch schon getan, siehe beispielsweise Matthäus 4,1-11), aber er kann ihn nicht *„überwältigen"*. Jesus lässt sich nicht und niemals vom Teufel überwältigen! Auch nicht leiblich!

Erstaunlich, wie viele Aussagen Jesu durch ein geklärtes „Leib-Jesu-Verständnis" plötzlich erhellt werden und sich leicht verständlich erschließen!

***

Und nicht zuletzt erhält auch die Geschichte von Jesu Salbung in Bethanien plötzlich eine tiefere Bedeutung durch das Verständnis des Leibes Jesu:

„Als nun Jesus in Betanien war im Hause Simons des Aussätzigen, trat zu ihm eine Frau, die hatte ein Alabastergefäß mit kostbarem Salböl und goss es auf sein Haupt, als er zu Tisch saß. Da das die Jünger sahen, wurden sie unwillig und sprachen: Wozu diese Vergeudung? Es hätte teuer verkauft und das Geld den Armen gegeben werden können. Als Jesus das merkte, sprach er zu ihnen: Was bekümmert ihr die Frau? Sie hat ein gutes Werk an mir getan. Denn ihr habt allezeit Arme bei euch, mich aber habt ihr nicht allezeit. Dass sie dies Öl auf meinen Leib gegossen hat, hat sie getan, dass sie mich für das Begräbnis vorbereite. Wahrlich, ich sage euch: Wo dies Evangelium gepredigt wird in der ganzen Welt, da wird man auch sagen zu ihrem Gedächtnis, was sie getan hat." (Matthäus 26,6-13).

Diese wundervolle Geschichte, in der eine Frau unseren Herrn Jesus so eindrücklich mit einer konkreten Liebestat verwöhnt, lieben wir. Und nicken zustimmend, wenn die Jünger, die das am liebsten verhindert hätten, von Jesus zurechtgewiesen werden. Denn wir, die wir Jesus auch lieben, finden uns in dieser Frau irgendwie wieder: *„Wie schön, seine Gefühle für Jesus so direkt ausdrücken zu können!"*

Aber ich frage mich, mit welcher Absicht Jesus diesen abschließenden Satz angefügt hat: *Wahrlich, ich sage euch: Wo dies Evangelium gepredigt wird in der ganzen Welt, da wird man auch sagen zu ihrem Gedächtnis, was sie getan hat."* Was würden wir vermissen, wenn dieser Nachsatz fehlen würde? Doch eigentlich nichts: Die liebevolle Tat dieser Frau würde uns genauso zu Herzen gehen, und mit der Reaktion der Jünger wären wir genauso nicht einverstanden.

Warum also dieser Nachschlag, der dieser Begebenheit plötzlich ein so starkes Gewicht gibt? Warum scheint es Jesus überaus wichtig zu sein, dass diese nach unserem Verständnis zwar nette, aber doch eigentlich eher nebensächliche Story ohne allzu großes theologisches Gewicht unbedingt weitergegeben werden soll? Wieso ist diese Begebenheit *„in der ganzen Welt, wo dieses Evangelium gepredigt wird"*, unverzichtbar?

Wohl deshalb, weil sie eben doch eine wichtige theologische Botschaft enthält! Denn was hat diese Frau getan? Sie hat Gutes getan am Leib Jesu. Wortwörtlich! Und was ist postwendend geschehen? Sie hat sofort Ärger gekriegt. Und zwar von den Frommen, nämlich von den Jüngern!

Also: Da tut jemand Gutes am „Leib Jesu", sogar überdurchschnittlich viel Gutes, und kriegt dadurch sofort Ärger, erntet Unverständnis und löst Diskussionen aus. Könnte das auch etwas mit uns heute zu tun haben?

Was würde denn heute *„überdurchschnittlich viel Gutes am Leib Jesu tun"* bedeuten? Beispielsweise dies: Wenn jemand viel Geld und Einsatz für Jesus (den real präsenten, also für seinen „Leib") investiert, immer möglichst nahe bei ihm sein möchte (sich also oft in der Gemeinde aufhält) und dieser Gemeinde – also Jesus – überdurchschnittlich viel Liebe, Aufmerksamkeit und Zeit widmet: Wäre vorstellbar, dass so einer dafür Ärger und Unverständnis erntet?

Und wenn „ja": Vom wem wohl? Wohl nicht vom Bürgermeister, von der Polizei oder vom Dorfverein, auch nicht von Nachbarn und Arbeitskollegen. Denen wäre dies völlig egal. Er würde aber sicher Ärger kriegen von seinen „Glaubengenossen"! Diese würden ihm bestimmt unmissverständlich klar machen, dass das völlig übertrieben sei und ihn fragen, was er damit eigentlich sich selbst und außerdem dem Rest der Gemeinde beweisen wolle!

Und vermutlich würde er auch noch Ärger kriegen mit seiner Familie, die ihm vorhalten wird, dass alle anderen in der Gemeinde das auch übertrieben fänden. Zwar würde seine Familie genauso motzen, wenn er zu viel in seinem Lieblingsverein oder an seinem Stammtisch wäre. Aber mit dem kleinen Unterschied, dass sein Verein und die Stammtischkollegen lediglich grinsen würden, wenn er sich laufend bei ihnen blicken lässt und sich ehrenamtlich überdurchschnittlich engagiert. Die Gemeindegeschwister hingegen grinsen nicht, sondern machen ihm stattdessen „die Hölle heiß".

Könnte es also sein, dass diese Geschichte für Jesus deshalb so wichtig ist, weil sie symptomatisch folgendes darstellt: *„Macht euch bloß keine Illusionen! Ihr werdet von Euren Geschwistern kaum Anerkennung und Verständnis dafür ernten, wenn ihr Euch überdurchschnittlich für meinen Leib einsetzt! Genauso wie diese Frau, die den Mut hatte, nicht nur über Liebesgefühle mir gegenüber zu faseln, sondern es einfach mal zur Tat werden lässt und meinen Leib verwöhnt, wird es Euch auch ergehen, wenn ihr Euch traut, Eure Liebe zu mir tatsächlich zu leben, indem ihr ebenso meinem »Leib« Gutes tut!"*

Die Geschichte hat also durchaus etwas mit uns heute zu tun. Sie kann sich genauso wiederholen; genau das, was dieser Frau passierte, kann sich erneut unter uns ereignen. Und das hat Jesus wohl schon damals gewusst.

Und wir verstehen es jetzt – dank dem Leib-Jesu-Verständnis.

Der Einwand übrigens, dass die Aussage Jesu *„mich aber habt ihr nicht allezeit"* doch darauf hindeute, dass damit nicht der „Leib Jesu" gemeint sein könne, denn diesen Leib hätten seien Jünger ja in Gemeindeform durchaus *„allezeit"* vor sich, greift hier nicht. Denn Jesus verdeutlicht mit dem Hinweis, dass diese Frau ihn *„für das Begräbnis"* gesalbt habe, dass sie dies explizit seinem irdischen Leib getan hat, was bekanntlich so nicht mehr wiederholbar ist! Denn dieser Leib ist ab Karfreitag Geschichte, er steht danach nicht mehr zur Verfügung. Wohl aber sein „Gemeinde-Leib"!

Hingegen wird bei dieser Geschichte allerdings auch noch anschaulich dargestellt, dass Jesu Leib Körperpflege durchaus liebt! Ein schmuckes Gemeindehaus, sauber renovierte und gepflegte Räume, keine Sperrmüll-möbel als Inneneinrichtung und davor Blumenrabatten ohne Unkraut: Ein gepflegtes und seriöses Äußeres lässt eine Gemeinde aussehen wie eine frisch geschmückte Braut!

Entsprechend formuliert das ja auch Paulus: *„Denn ich eifere um euch mit göttlichem Eifer ... damit ich Christus eine reine Jungfrau zuführte"* (2. Korinther 11,2). Die Gemeinde soll aussehen wie die schönste jungfräu-liche Braut, und dafür engagiert sich Paulus auch überdurchschnittlich, genauso wie die Frau mit dem Salböl. Er *„eifert"* regelrecht dafür!

So einfach und logisch ist das halt: „Schönes Aussehen eines Leibes" lässt sich am besten darstellen, indem mal den Leib, insbesondere das, was Äußerlich unmittelbar sichtbar ist, eben schön herrichtet! Und die Men-schen sehen nun mal zuerst unser Gemeindehaus, lange bevor sie die Chance erhalten, unsere „innere Schönheit", sprich unsere edle Gesinnung und unsere innige Vertrautheit mit Jesus, zu entdecken und zu erleben!

Das Beste für die Gemeinde – auch äußerlich! – ist gut angelegt. Die Frau bei Jesus hat ja auch kostbares (!) Salböl verwendet und kein Billigangebot auf Aldi-Niveau!

***

Dann finden wir noch eine weitere interessante Aussage von Jesus im Lukas-Evangelium: *„Zuvor aber muss er* [der Menschensohn] *viel leiden und verworfen werden von diesem Geschlecht."* (Lukas 17,25).

Bei diesem Vers würde man auf den ersten Blick kaum vermuten, dass er etwas mit der „Leib-Jesu-Theologie" zu tun haben könnte. Ist doch sonnenklar, dass Jesus hier von seiner Passion, also seinem schweren Gang ans Kreuz, spricht, oder? „Zuvor" meint doch sicherlich „vor dem Kreuz", oder?

Wenn man aber das „Leib-Jesu-Verständnis" verinnerlicht hat, eröffnet sich plötzlich ein neuer Blickwinkel. Es fällt bei genauerer Betrachtung nämlich auf, dass der Vers ja völlig aus dem Kontext fällt! In den Versen davor und auch danach geht es um etwas ganz anderes: Um die sogenannte „Parusie", also um Jesu zweites Kommen auf die Erde. 15 Verse lang ist das Jesu Thema. Und mittendrin völlig unvermittelt dieser Vers über sein Leiden und seine Verwerfung. Zusammenhanglos? Dieser Vers passt zeitlich überhaupt nicht zum Rest der Rede, wenn Jesus mit ihm den Zeitabschnitt zwischen seiner Gefangennahme und dem Tod am Kreuz meinen sollte!

Das „Zuvor" bezieht sich deshalb eindeutig auf sein zweites Wiederkommen. Es zeitlich vors Kreuz zu verlegen, ist angesichts dieses Kontextes ziemlich unangemessen! Stattdessen sollten wir besser unserem natürlichen Sprachgefühl folgen, was uns im Zusammenhang der ganzen Rede eindeutig dahinführt, dass Jesus sicher auch bei diesem Vers über die Zeit unmittelbar vor seinem zweiten Kommen spricht.

Was meint er dann aber damit? Inwiefern wird er denn direkt von seinem zweiten Kommen „viel leiden und verworfen werden von diesem Geschlecht"? Könnte es sein, dass Jesus hier von der Verfolgung der Gemeinde spricht? Dass er verdeutlichen will, dass sein Leib vor seinem zweiten Wiederkommen „leiden" und „verworfen werden" wird?

Wir erleben derzeit die größte Christenverfolgung aller Zeiten. Nicht hier in Deutschland und nicht in der westlichen Welt, aber global gesehen standen die Christen noch nie so stark unter Druck wie derzeit.

„Open Doors" schätzt, dass derzeit (2026) rund 390 Millionen Christen verfolgt oder diskriminiert werden, weil sie sich zu Jesus Christus bekennen. Der Leib des Menschensohnes hat momentan wahrlich viel zu leiden!

„Wenn euch die Welt hasst, so wisst, dass sie mich vor euch gehasst hat!" und „Haben sie mich verfolgt, so werden sie auch euch verfolgen!" prophezeit Jesus in Johannes 15, 18+20.

Es wederholt sich am Leib Jesu nochmals die Passion Jesu. Darauf wollte Jesus also hinweisen mit seiner Prophezeiung: *Zuvor aber muss er* [der Menschensohn] *viel leiden und verworfen werden von diesem Geschlecht"* (Lukas 17,25).

Dazu sagt Paulus in Römer 8,17, wir seien *„Miterben Christi, da wir ja mit ihm leiden, damit wir auch mit ihm zur Herrlichkeit erhoben werden"*. Das Leiden Jesu wie auch seine anschließende Erhöhung wiederholt sich also an seinem Leib. Und weil wir als „Leib Jesu" seine jetzige Präsenz in der Welt sind, ist die aktuelle Christenverfolgung also das *„Leiden und Verworfenwerden des Menschensohns"*!

Die beiden direkt anschließend angeführten Beispiele von Noah und Lot (Lukas 17,26-30) stellten in ihrer jeweiligen Zeit ja ebenfalls in persona die Präsenz Gottes dar. Sie sind also Sinnbilder für die heutige Präsenz Gottes, und die findet momentan im „Leib" seines Sohnes statt! Hätte man damals, in der Urzeit, dem real anwesenden Noah oder dem real anwesenden Lot geglaubt und sich ihnen angeschlossen, wäre man mit ihnen zusammen gerettet worden. Genauso heute: Würde man dem real anwesenden „Leib Jesu" glauben und sich ihm anschließen, würde man gerettet! Das ist der innere Zusammenhang und der Vergleichspunkt mit Noah und Lot, und deshalb kommt Jesus genau hier auf diese beiden zu sprechen.

Auch hier wieder: Wer verstanden hat, dass Jesus die Gemeinde als „seinen Leib" betrachtet und behandelt, kapiert seine Aussagen völlig zwanglos und ist nicht auf auslegerische Winkelzüge angewiesen. Das Leib-Jesu-Verständnis ist die Basis vieler Jesus-Aussagen, die nur dank diesem Verständnis richtig interpretiert werden können.

***

Noch ein letztes Beispiel, nochmal zum Thema „Licht": Im Lukas-Evangelium sagt Jesus unmittelbar im Anschluss an einige Aussagen über die Notwendigkeit von Umkehr und Buße: *„Niemand zündet ein Licht an und setzt es in einen Winkel, auch nicht unter einen Scheffel, sondern auf* den Leuchter, damit, wer hineingeht, das Licht sehe. Dein Auge ist das Licht des Leibes. Wenn dein Auge lauter ist, so ist dein ganzer Leib licht; wenn es aber böse ist, so ist auch dein Leib finster. So schaue darauf, dass nicht das Licht in dir Finsternis sei. Wenn nun dein ganzer Leib licht ist und kein Teil an ihm finster, dann wird er ganz licht sein, wie wenn dich das Licht erleuchtet mit hellem Schein"* (Lukas 11,33-36).

Dadurch, dass Jesus hier einleitend vom *„Licht sein"* spricht, werden wir nochmals an die Parallelstelle in Johannes 8,12 erinnert: *„Ich bin das Licht der Welt!"* sowie an seine Worte an die Jünger: *„Ihr seid das Licht der Welt!"* (Matthäus 5, 14). Diese beiden Aussagen zu harmonisieren fällt uns inzwischen hoffentlich nicht mehr schwer: In der ersten Belegstelle redet Jesus von seiner aktuellen Präsenz in der Welt *(„ich bin ...")*, und in der zweiten redet er genauso von seiner aktuellen Präsenz in der Welt, lediglich mit dem Unterschied, dass er da eben von seiner Präsenz als „Leib Jesu", also als Gemeinde, spricht *(„ihr seid ...")*.

Das Thema von Lukas 11,33 dürfte also ebenfalls „Gemeinde" beziehungsweise „Leib Jesu" sein, denn diese ist das Licht, das *„auf den Leuchter gesetzt"* werden sollte.

Und nun kommt Jesus in den nachfolgenden Versen 34-36, die immer noch das Thema *„Licht"* behandeln, auf das Stichwort *„Leib"* zu sprechen. Ist es zu weit hergeholt, wenn wir davon ausgehen, dass er beim Thema bleibt und also weiterhin von seinem Leib, der Gemeinde, spricht? Sicher nicht. Vielmehr ist es fast schon zwingend, die Verse 34-36 ebenfalls auf die Gemeinde, und nicht etwa auf den individuellen „Leib" eines Gemeindeglieds, zu interpretieren.

Wenn also „Leib" die Gemeinde meint, dann wäre also mit dem „Auge" in Vers 34 dasjenige (Gemeinde-)Glied gemeint, dass dem Rest des Leibes die „Sicht nach Außen" beziehungsweise die „Sicht auf Gott" vermitteln sollte (*„Dein Auge ist das Licht des Leibes."*). Das ist doch seine Funktion als *„Auge"* und damit auch sein Auftrag! Und dieses Glied wird nun von Jesus daran erinnert, dass diese Vermittlung der Sichtweise Gottes sehr verantwortungsvoll gehandhabt werden muss, weil es Auswirkungen auf den ganzen Leib, also die gesamte Gemeinde, hat: *„Wenn es aber böse ist,* *so ist auch dein Leib finster!"*. Umgekehrt hat auch die Gemeinde darauf zu achten, dass die Vermittler der Außensicht (also die „*Augen*") auf das göttliche Licht, sozusagen die göttliche „Erleuchtung", ausgereichtet sein müssen: *„Schaue darauf, dass nicht das Licht in dir Finsternis sei!"* (Vers 35), so dass der Leib Jesu, also die Gemeinde als ganze Körperschaft, das Licht Jesu wiedergibt: *„Dann wird er* [der Leib] *ganz licht sein!"* (Vers 36*)*. Somit kann der Leib die Präsenz Jesu genauso „*erleuchtend*" darstellen wie Jesus zu seinen Lebzeiten, was ja genau dem Auftrag des „Leibes Jesu" entspricht.

Wäre das nicht auch eine mögliche Auslegung dieses Abschnitts? Könnte Jesus vielleicht das gemeint haben mit diesen (bislang doch relativ schwer zu interpretierenden) Aussagen über den Zusammenhang von „*Auge*", „*Licht*" und „*Leib*"? Würde doch Sinn machen, oder?

Absolut! Diese Auslegung ergibt sich auch hier wieder völlig zwanglos, und haben dadurch einer bislang etwas rätselhaften Aussage Jesu einen ziemlich einleuchtenden Sinn geben können, ohne allzu viel hineininterpretieren zu müssen.

So lassen sich viele Aussagen Jesu dank dem „Leib-Jesu-Verständnis" nicht nur neu, sondern in der Regel wesentlich einfacher und klarer verstehen. Dies wiederum sollte uns nicht erstaunen. Denn die „Leib-Jesu-Theologie" stammt eben von Jesus. Folglich ist es nur logisch, dass er sie immer mitbedacht hat und sie deshalb laufend in seine Aussagen mit einfließt.

6. Die Apostel besser verstehen

Von Paulus haben wir bereits viele Bibelstellen betrachtet, in denen der Leib Jesu konkret geschildert und erläutert wird. Außerdem entwickelt sich auch darüber hinaus bei anderen paulinischen Texten ein tieferes Verständnis, wenn man weiß, dass er diese „Theologie" immer mitdenkt und automatisch bei allen seinen Ausführungen berücksichtigt. Dasselbe gilt natürlich auch für Petrus und die anderen Apostel, von denen uns biblische Schriften erhalten geblieben sind, denn sie alle sind ausgewiesene Kenner des irdischen Jesus und haben sich mit Sicherheit dessen Sicht der zukünftigen Gemeinde als „seinen Leib" genauso angeeignet.

In diesem Kapitel möchte ich anhand einer ganzen Reihe von Aussagen der Apostel veranschaulichen, wie auch bei ihnen – genauso wie im letzten Kapitel bei Jesus – nicht nur das „Leib-Jesu-Verständnis" überall nachweisbar ist, sondern uns immer wieder zu einem neuen und gleichzeitig einfacheren sowie schlüssigeren Bibelverständnis verhilft.

***

Wir beginnen bei Paulus: Im zweiten Kapitel des Kolosserbriefs formuliert er im Zusammenhang mit menschengemachter Gesetzlichkeit folgendermaßen: *„Das alles ist nur ein Schatten des Zukünftigen; der Leib aber ist Christus eigen"* (Kolosser 2,17).

Mal ehrlich: Verstehen wir diesen Zusatz *„der Leib aber ist Christus eigen"* auf Anhieb? Wozu steht er eigentlich da? Irgendwie rätselhaft, oder? Dass Paulus Speise- oder Festtagsgesetze, um die es in den Versen zuvor geht, als *„Schatten des Zukünftigen"* bezeichnet, lässt sich einordnen, aber was soll dieser Zusatz *„der Leib aber ist Christus eigen"*?

Selbst wenn wir diesen kurzen Ausspruch erst mal nicht ganz verstehen, so ist doch eines sicher: Dieser *„Leib"* ist weder ein *„Schatten"* noch ist er *„zukünftig"*, denn durch das *„aber"* wird genau dieser Unterschied angezeigt. Folglich muss dieser Leib also etwas Gegenteiliges von *„Schatten"* sowie etwas derzeit Reales, Vorhandenes sein. Was also kann Paulus hier gemeint haben? Logisch ist allerdings: Mit diesem *„Leib"*, der *„Jesu eigen"* ist, kann wohl kaum sein irdischer, gekreuzigter Körper gemeint sein. Es ist also auch hier wieder an die Gemeinde zu denken. Deren *„Leib"* ist kein Schatten und nichts Zukünftiges, sondern aktuell realer Jesus in Gestalt der Ortsgemeinde.

Das „Leib-Jesu-Verständnis" ebnet uns also auch hier sofort den Weg: Paulus redet von der Ortsgemeinde in Kolossä, und dann versteht sich dieser Zusatz vermutlich so: Ihr Kolosser als „ausführenden Organe", die ihr den Willen des „Hauptes" Jesus umsetzt, steht für richtiges Leben und Handeln, nicht irgendwelche frommen Gesetzlichkeiten und Vorschriften, die euch von außen aufgedrängt werden! Diese haben lediglich eine *„schattenhafte"* Bedeutung - im Gegensatz zum realen Fakt des „Leibes Christi"!

Dieses Verständnis bestätigt sich dann im nachfolgenden Vers 19, wo Paulus explizit vom *„Haupt, von dem her der ganze Leib ... zusammengehalten wird und wächst ..."* (Kolosser 2,19) spricht und damit die Kolosser Gemeinde nochmals darauf hinweist, dass sie sich als „Leib Jesu" zu verstehen haben.

***

Wenn wir gerade beim Kolosserbrief sind, ist auch folgende paulinische Aussage nachdenkenswert: *„Mit Jesus seid ihr begraben worden in der Taufe; mit ihm seid ihr auch auferweckt!"* (Kolosser 2,12).

Warum steht hier eigentlich nicht *„mit ihm* werdet *ihr auferweckt?"*, also im Futur formuliert?

So wäre der Vers doch sofort und problemlos verständlich. Ungefähr so: *„begraben"* ist unser „Alter Adam" (hoffentlich zumindest), aber die *„Auferweckung"* oder *„Auferstehung"* – das griechische Wort im Urtext lässt beide Übersetzungen zu - steht uns noch bevor, und zwar genau dann, wenn wir entweder sterben oder wenn Jesus zuvor wiederkommt. Dann werden wir bekanntlich unsere Auferweckung beziehungsweise Auferstehung erleben.

Hand auf's Herz: Haben wir den Vers nicht stets genau so interpretiert?

Eigenartig ist aber, dass Paulus hier die Auferstehung als etwas Gegenwärtiges, ja mehr noch: als etwas bereits Geschehenes formuliert: *„mit ihm* seid *ihr auch auferweckt!"* Ist die Auferstehung etwa schon passiert? Oder seine Formulierung vielleicht unkorrekt?

Keinesfalls. Wir sind jetzt schon *„auferweckt"*, weil wir als Glieder am Leib Jesu natürlich Glieder an seinem „Auferstehungs-Leib" sind. Der Leib Jesu lebt ja; wir sind der momentan aktuelle und reale Leib Jesu. Folglich sind alle Glieder dieses Leibes ein Teil seiner Auferstehung, und darum kann Paulus auch im Kapitel darauf weiterfahren mit *„Seid ihr nun mit Christus auferweckt, so ..."* (Kolosser 3,1).

Die Auferweckung beziehungsweise Auferstehung ist bei Paulus die Beschreibung unseres „Jetzt-Zustandes", nicht etwas Zukünftiges! Und das wird genau dann logisch, wenn man - wie er - in der Kategorie „Leib Jesu" denkt.

***

Nochmals Kolosserbrief: *„Da ist nicht mehr Grieche oder Jude, Beschnittener oder Unbeschnittener, Nichtgrieche, Skythe, Sklave, Freier, sondern (das) alles und in allen Christus."* (Kolosser 3,11).

Dieser Vers wird leider meistens nur dann zitiert, wenn es um das Thema „Gleichberechtigung" zwischen den Geschlechtern geht, ergänzend zu Galater 3,28, dem Hauptargument aller Gleichberechtigungsfanatiker („Fanatiker" deshalb, weil sich Galater 3,28 eigentlich ausdrücklich gegen Gleichberechtigung ausspricht, wenn man den Vers genau lesen würde, statt ihn lediglich als Rundumschlagskeule zu benutzen *).

* Ausführlicher habe ich diese auf krasse Verdrehung eines Bibelverses basierende Irrlehre im ersten Kapitel meines Buchs „Hundertachtzig Grad verkehrt" entlarvt.

Schade nur, dass die automatisch und unvermeidbar immer einsetzende „Gleichberechtigungsfrage" bei Kolosser 3,11 uns davon ablenkt, dass hier ein ganz deutliches Votum von Paulus für den Leib Jesu vorliegt, nämlich durch seine Formulierung „alles und in allen Christus"! Das ist nicht etwa eine Übertreibung von Paulus oder eine stilistische Überhöhung, um Wichtigkeit zu markieren, sondern das ist wortwörtlich so der Fall bei Jesu Leib und seinen Gliedern: Da ist tatsächlich „alles und in allen Christus"!

Und weil wir gerade Galater 3,28 erwähnt haben: Auch in diesem Vers findet sich nicht lediglich Potenzial zur Gleichberechtigungsdiskussion, sondern erneut auch ein klarer Hinweis auf den Leib Jesu: „Hier ist nicht Jude noch Grieche, hier ist nicht Sklave noch Freier, hier ist nicht Mann noch Frau; denn ihr seid allesamt einer in Christus Jesus."

Die Schlussbemerkung „einer sein in Christus Jesus" ist für jemand wie Paulus, der automatisch in Leib-Jesu-Kategorien denkt, völlig selbstverständlich und folgerichtig. Klammert man aber den Leib Jesu aus, so wird's schwierig, denn wie soll man dann diese Aussage interpretieren? Wieso beispielsweise sollten „wir in Jesus sein" und nicht umgekehrt „Jesus in uns'", etwa durch den Heiligen Geist? Und warum behauptet Paulus, dass wir „allesamt einer _seien_"? Müsste er das – realistischerweise - nicht vielmehr als Wunsch oder Aufforderung formulieren: Dass wir „allesamt einer _sein sollten_" oder so ähnlich?

Nein, so wie Paulus das formuliert, ist man zwangsläufig darauf angewiesen, das Verständnis des Leibes Jesus vorauszusetzen. Nur dann machen Kolosser 3,11 und Galater 3,28 wirklich Sinn.

Auch im Epheserbrief finden wir Texte, in denen sich sehr gut entdecken lässt, wie bei Paulus die Lehre vom „Leib Jesu" immer automatisch mit einfließt.

In Epheser 1,15 lobt Paulus die Gemeinde für das, was sie bereits hat, nämlich Glaube an Jesus sowie Liebe untereinander: *„Darum, nachdem auch ich gehört habe von dem Glauben bei euch an den Herrn Jesus und von eurer Liebe zu allen Heiligen, höre ich nicht auf zu danken für euch ..."*

... um dann in den Versen 18 und 19 damit fortzufahren, was ihnen noch fehlt beziehungsweise wo sie noch zulegen sollten, nämlich an mehrfacher Erkenntnis. Zuerst an Erkenntnis der Hoffnung: *„damit ihr erkennt, zu welcher Hoffnung ihr von ihm berufen seid"*, dann auch an Erkenntnis des Erbes: *„... wie reich die Herrlichkeit seines Erbes für die Heiligen ist"* und auch noch an Erkenntnis der wirkenden Kraft: *„... und wie überschwänglich groß seine Kraft an uns ist"*.

Und für dieses dreifache Erkenntnis-Wachstum sagt Paulus den Ephesern seine persönliche Gebetsunterstützung zu. Die Epheser sind also noch alles andere als perfekt. Betreffend Erkenntnis müssen sie in mehreren Bereichen noch wachsen!

Interessante Reihenfolge: Erkenntnis fehlt noch weitgehend, aber Glauben und Liebe untereinander haben sie schon! Deren Glaube und Liebe lobt Paulus und dankt dafür, sieht sich aber gleichzeitig genötigt, fürbittend für Erkenntnis einzutreten!

Dass der Glaube an Jesus grundlegend ist für alle Erkenntnis, leuchtet sofort ein. Aber dass trotz fehlender Erkenntnis offensichtlich bei den Ephesern die Liebe zueinander und untereinander bereits „funktioniert", ist doch etwas überraschend. Offensichtlich generiert die Liebe zu Jesus automatisch auch die Liebe zueinander, wesentlich automatischer als irgendwelche Erkenntnis.

Nein, eigentlich nicht überraschend, sondern vielmehr logisch. Denn die Liebe untereinander ist ja die Liebe zum Leib Jesu! Und das scheint bei den

Ephesern funktioniert zu haben: Liebe zu Jesus heißt natürlich, dass man auch seinen Leib liebt. Sozusagen „deckungsgleich". Jesus kann man nur als Haupt und Leib gleichzeitig lieben; getrennt geht nicht, denn er will als ganze Person geliebt werden. Entweder man liebt Jesus oder man liebt ihn nicht, dazwischen gibt es nichts.

Für Paulus ist das selbstverständlich und darum eben alles andere als überraschend. Das entspricht genau seiner Logik: Paulus weiß, dass die Gemeinde der Leib Jesu ist und dass jeder Gläubige gleich von Anfang an die Gemeindeglieder lieben wird, sobald er Jesus zu lieben beginnt. Das ist für Paulus untrennbar: Liebe zu Jesus ist eben immer Liebe zu Jesus! Warum sollte Jesu Leib davon ausgeklammert werden?

Und weil Paulus immer in dieser Kategorie denkt, schließt er diesen Gedankengang an die Epheser dann auch wieder ab mit dem ausdrücklichen Hinweis auf Jesu Leib: *„Und alles hat er* [Gott] *unter seine Füße getan und hat ihn gesetzt der Gemeinde zum Haupt über alles, welche sein Leib ist, nämlich die Fülle dessen, der alles in allem erfüllt."* (Epheser 1,22+23).

Also: Bei den Ephesern ist das eine Selbstverständlichkeit, dass die Liebe zum Leib Jesu sofort einsetzt und zu den primären Grundwerten des Christseins überhaupt gehört. Einfach deswegen, weil „Jesus lieben" ein zentraler, wenn nicht sogar der entscheidende Grundwert ist! Danach kann dann punkto Erkenntnis immer noch weiter dazugelernt werden.

Mit Sicherheit hat Paulus die Epheser genau dies gleich von Anfang an gelehrt: *„Wenn ihr Neubekehrten jetzt eine Gemeinde bildet, dann ist diese nichts weniger als der Leib Jesu und damit genauso zu lieben wie Jesus, denn das ist Jesus!"*

Und die Epheser haben offensichtlich kapiert.

Wir auch? Mir scheint, dass bei uns die Schwerpunkte anders gesetzt werden: Glaube und Liebe zu Jesus ist natürlich auch grundlegend, wird aber erst mal völlig individuell verstanden, deshalb isoliert betrachtet und völlig von der Gemeinde losgelöst. Und passend zu unserer Grundtendenz, alles geistliche Geschehen zumeist von der Gemeinde losgelöst zu interpretieren, tun wir das auch beim Stichwort „Erkenntnisse": Wir legen den

Fokus sofort auf intellektuellen eigenen Erkenntnisgewinn durch Bibelstudium, Lehre, Predigt usw., sowie auch – falls wir „charismatisch" geprägt sind - durch emotionale Erfahrungen, Wunder und persönliche Erlebnisse. Und als ein Aspekt der vermittelten Erkenntnis-Lehren wird dann unter anderem auch irgendwann mal noch erörtert, wozu Gemeinde sinnvoll sei und warum man sich zu ihr halten sollte, im Idealfall sie sogar auch noch lieben könnte.

Reihenfolge bei uns also: Glauben an Jesus ist die Grundlage, und darauf aufbauend möglichst viele persönliche Erkenntnisse; Liebe zu Jesus ebenfalls vorwiegend auf der individuellen geistlichen Ebene jedes einzelnen; die Liebe zu seinem Leib hingegen lediglich als ein Aspekt der zu gewinnenden Erkenntnisse – wenn das überhaupt in unserer Lehre noch auftaucht.

Das ist alles andere als paulinisch. Paulus setzt das Leib-Jesu-Verständnis als Basis aller Theologie christlichen Lebens und der Gemeinde voraus. Und damit ist Glaube an Jesus und Liebe zu Jesus untrennbar eins, und zwar primär und grundlegend ab Beginn der Nachfolge und sofort am Leib Jesu konkret anzuwenden. Genauso haben es die Epheser auch verstanden und wir täten gut daran, es auch zu verstehen! Hier sollten wir unbedingt „paulinischer" werden!

***

Auch das „*große Geheimnis*", das Paulus den Ephesern im 5. Kapitel anvertraut, lässt sich jetzt schlüssig und ohne theologische Kunstgriffe enträtseln:

„»*Darum wird ein Mann Vater und Mutter verlassen und an seiner Frau hängen, und die zwei werden ein Fleisch sein*« (ein Zitat aus 1. Mose 2,24). *Dies Geheimnis ist groß; ich deute es aber auf Christus und die Gemeinde!*" (Epheser 5,31+32).

Paulus stellt also einen Vergleich her zwischen der Verbindung eines Ehepaars und der Verbindung zwischen Jesus und seiner Gemeinde. Überraschend ist dabei, dass er diesen Vergleich so aufbaut, dass die Ehe ein

Vorbild für Jesus und die Gemeinde darstelle, und nicht etwa umgekehrt, wie man es eher erwarten würde: Dass der Umgang Jesu mit seiner Gemeinde Vorbild sein soll für den Umgang der Ehepartner untereinander.

Aus Liebe zu seiner Braut verlässt ein Mann sein Elternhaus, genauso wie auch Jesus sein Vaterhaus aus Liebe zu uns Menschen verlassen hat. Und dann werden die beiden „ein Fleisch", das heißt, sie vereinigen sich zu einer einzigen Einheit, und zwar insbesondere auch leiblich: bei Mann und Frau durch den Vollzug des Geschlechtsakts, bei Jesus und der Gemeinde durch die Verschmelzung von Haupt und Leib.

Das „große Geheimnis" bedeutet demzufolge, dass sowohl Mann und Frau wie auch Christus und Gemeinde eine völlige Einheit werden: Hier „Ehepaar", dort „Leib Jesu". Gleichzeitig sind sie aber immer noch individuell unterscheidbar: Hier Mann und Frau, dort "Haupt im Himmel" und „Leib auf Erden". Man kann sie also jeweils sowohl als Einheit betrachten und behandeln wie auch als zwei einzelne Individuen. Allerdings kann man die jeweils einzelnen Individuen nicht mehr isoliert oder losgelöst von ihrem Partner sehen. Der Mann ist als Ehemann immer und untrennbar verbunden mit seiner Frau, selbst wenn diese persönlich mal nicht anwesend sein sollte oder sie geographisch getrennt sind. Er ist und bleibt trotzdem verheiratet, immer und überall. Genauso kann Kopf und Glieder des „Leibes Jesu" nicht mehr voneinander getrennt oder isoliert gesehen und gedacht werden. Sie sind und bleiben ebenso immer und überall eine Einheit.

Das meint Paulus mit „ein Fleisch sein". Nicht nur bei Ehepartnern, sondern auch bei Jesus und seiner Gemeinde: Sie sind „ein Fleisch" geworden.

Dieses aufeinander bezogen sein, diese untrennbare Zusammengehörigkeit nennt Paulus „ein großes Geheimnis". Diese Einheit ist also nicht jedermann ersichtlich, sie kann nur mit geistlich geschultem Auge wahrgenommen werden. Dass das „Geheimnis" natürlich nicht in der Beziehung Mann-Frau besteht, ist dabei offensichtlich: Eine eheliche Beziehung ist alles andere als ein Geheimnis! Das Geheimnis besteht also darin, dass auch Christus und die Gemeinde so sehr aufeinander bezogen sind „wie ein Fleisch".

Haben wir dieses Geheimnis gelüftet - oder ist es uns in unserer jahrelangen Jesus-Nachfolge bisher stets verborgen geblieben?

An dieser Stelle lohnt es sich übrigens, auch die vorhergehenden Verse 21-29 einmal genauer und unter Berücksichtigung des Leibes Jesu unter die Lupe zu nehmen. Denn in diesem ganzen Textabschnitt entfaltet Paulus mehrfach die Einheits-Analogie zwischen Mann/Frau und Jesus/Gemeinde.

Dies ist also wieder typisch paulinisches Denkraster. Aber wir haben ja inzwischen verstanden, dass Paulus das Leib-Jesu-Verständnis immer grundsätzlich in seinen Gedanken mitdenkt – genau das sollten auch wir tun!

***

Nochmals Epheserbrief. Im einleitenden Lobpreis formuliert Paulus unter anderem: *„In ihm* [Jesus] *sind wir auch zu Erben eingesetzt worden, ... damit wir zum Lob seiner Herrlichkeit leben."* (Epheser 1,11+12).

Wir sind als Erben eingesetzt. Eigentlich glaubten wir, das verstanden zu haben. Aber warum formuliert Paulus das in der Vergangenheitsform statt im Futur? Warum nicht so, dass die Epheser – und in deren Gefolge auch wir – irgendwann mal, wenn wir nach unserem Ableben im Himmel ankommen, das *„Erbe"* antreten dürfen und dann den (ewigen) Rest des Lebens *„zum Lob seiner Herrlichkeit"* dienen?

So haben wir es doch bisher verstanden, oder?

Nun, wir haben es natürlich trotzdem geschafft, die Aussage auch in die Vergangenheit zu erweitern, indem wir jeweils an der Stelle einfügen: *„Antreten werden wir das Erbe zwar erst in Zukunft, aber „geerbt" haben wir bereits jetzt schon! Wir sind nämlich als Erben bereits nominiert, das Erbe ist uns bloß noch nicht übertragen und anvertraut worden. Das kommt aber dann noch!"*

So wird diese paulinische Aussage doch immer gepredigt, oder? Und somit hätten wir dann – gottlob - die Zeitform der Vergangenheit, in der Paulus formuliert, doch noch irgendwie passend hingebogen.

Aber wäre es nicht auch hier denkbar, dass Paulus tatsächlich das meint, was er schreibt? Hier schreibt er in Vergangenheit: Wir haben das Erbe bereits angetreten. Und wir haben ja tatsächlich schon etwas angetreten, schon etwas „geerbt" von Jesus: nämlich seinen Leib!

Und deshalb sollen wir - als „Gemeinde-Leib" - bereits jetzt und heute zum „Lob seiner Herrlichkeit" leben! Das wäre laut Paulus bereits jetzt unsere Aufgabe, unsere Berufung - und unser „Erbe"! Spricht irgendetwas dagegen? Sollten wir nicht sowieso schon längst so leben, dass es „zum Lob seiner Herrlichkeit" dient? Macht es irgendeinen Sinn, dies in die ferne Zukunft und in himmlische Sphären zu verlegen? Was ist so ungewöhnlich daran, dass der Leib von Jesus selbstverständlich zum „Lob der Herrlichkeit Gottes" lebt, dass wir uns gegen diesen Gedanken sträuben müssten? Wäre das nicht pure Selbstverständlichkeit? Das hat der Leib Jesu doch schon immer gemacht, seit er auf der Erde ist – egal in welcher Form, oder?

Auf unseren schrägen Ast kommt man auch hier nur dann, wenn man beim „zum Erbe eingesetzt" Paulus unterschiebt, dass er da eigentlich die Zukunft meint, obwohl er es in der Vergangenheitsform schreibt.

Ist aber völlig unnötig, denn wir haben den Leib Jesu bereits „geerbt" und übrigens nicht nur das, sondern gleich auch noch seinen Auftrag, also seine Sendung, wie wir bereits im letzten Kapitel gesehen haben: „Wie mich der Vater gesandt hat, so sende ich euch!" (Johannes 20,21).

Dass wir das gleich „mitgeerbt" haben, passt natürlich schlüssig zusammen, denn als sein Leib agieren wir (hoffentlich) auch wie Jesus und setzen seinen Auftrag fort. Wie Jesus seinen Auftrag „leibhaftig" umgesetzt hat, so auch wir als seine Erben. Das Erbe ist angetreten! Ebenfalls „leibhaftig"! Und es äußert sich – hoffentlich – auch darin, dass der Leib Jesu nach wie vor „zum Lob seiner [Gottes] Herrlichkeit" lebt, sowohl in seiner alten, weltlichen Form zwischen Geburt und Kreuz wie auch in seiner neuen Form als Gemeinde-Leib.

Dazu passt dann auch wieder, dass wir explizit „*in ihm*" zu Erben eingesetzt worden sind, wir sind eben momentan sein Leib!

Auch hier wieder: Man muss auch diese paulinische Aussage nicht mit dem auslegerischen Winkelzug „*Eigentlich meint Paulus betreffend Vollzug die Zukunft, aber nominiert dafür wären wir ja irgendwie doch schon jetzt!*" zurechtbiegen, sondern man kann die Aussage einfach eins zu eins übernehmen. Paulus schreibt in Vergangenheitsform und meint es auch so! Eigentlich ganz einfach und gleichzeitig auch noch der einprägsamen Luther-Mahnung „*Das Wort sie sollen lassen stahn!*" Rechnung tragend ...

***

Wie bereits erwähnt, finden wir bei Paulus sehr oft, nämlich über hundertzwanzigmal, den Begriff „*in Jesus*" oder „*in Christus*". *

> * Eine Auflistung all dieser Stellen findet sich im Anhang unter Römer 6,11.

Das sollten wir unbedingt zur Kenntnis nehmen, denn diese Sprachformulierung zeigt eindeutig, dass Paulus ein „integratives" Christusverständnis pflegt. Also ein Christusverständnis, das genau dem Leib-Jesu-Verständnis entspricht: Als Glied an seinem präsenten Leib ist ein Nachfolger selbstverständlich unmittelbar und direkt mit Christus verbunden, ja mehr noch: in ihn integriert! Also „*in*" Jesus.

Das ist alles andere als eine Selbstverständlichkeit, wie wir an uns selbst unschwer feststellen können. Wir Christen betrachten heutzutage nämlich all unsere frommen Lebensbereiche in Bezug auf Jesus nie als „in Jesus", sondern projizieren sie strickt auf Jesus als unser „Gegenüber":

- wir erhalten Vergebung durch Jesus,

- wir leben mit Jesus oder an Jesu Seite,

- wir wollen möglichst nahe bei Jesus bleiben,

- wir freuen uns, dass wir gerettet und geliebt werden von Jesus,

- sind bereit, uns zu verschenken an Jesus,

- usw.

Offensichtlich empfinden wir uns also nicht als „integrativer" Bestandteil Jesu, wie es dem „Glied an Jesu Leib sein" entsprechen würde. Bekenntnis- und Glaubenssätze wie die eben genannten werden von uns so gut wie nie mit „in Christus" oder „in Jesus" ausformuliert, weder spontan beim Reden noch in wohlüberlegter schriftlicher Form. Auf solche Formulierungen kommen wir erst gar nicht, sie fehlen völlig in unserem frommen Sprachschatz.

Woher kommt's? Doch sicherlich daher, dass wir diese integrative Sicht der engsten Verbundenheit mit Jesus weder verspüren noch theologisch reflektiert haben. Es entspricht weder unserem Denken noch unserem empirischen Empfinden!

Hätten wir die Tatsache des Leibes Jesu jedoch wie Paulus verstanden und verinnerlicht, würde dies zu einer Umkehr unseres Denkansatzes führen: Statt stets unsere Verbindung zu Jesus als *„Jesus in mir!"* zu deklarieren, würden wir lernen, auch in der Kategorie *„Ich in Jesus!"* zu denken! Zwangsläufig, denn das entspräche eben dem Leib Jesu!

Momentan jedoch wir haben es sogar dermaßen nicht begriffen, dass wir selbst dann, wenn wir jemandem eine biblische *„in Jesus"*- oder *„in Christus"*-Bibelstelle erklären wollen *(„was heißt denn eigentlich in Jesus?")*, automatisch in *„durch Jesus"*-, *„bei Jesus"*- oder *„mit-Jesus"*-Erklärungen verfallen. Aus dem einfachen Grund, weil in unserem Denken Jesus automatisch und stets als Gegenüber gespeichert ist und eben nicht integrativ verstanden wird.

Vielleicht verspüren wir zwar noch ein leichtes Unbehagen dabei und ahnen, dass wir das paulinische *„in Jesus"* damit nicht wirklich adäquat verstanden haben, begründen das dann aber womöglich noch mit der pseudoberuhigenden Floskel, dass *„in Jesus"* beziehungsweise *„in Christus"* eben damalige „Churchy-Sprache" gewesen sei: *„So habe man halt damals, zu Paulus Zeiten, gesprochen und Luther hätte es halt auch wörtlich übersetzt!"* oder so ähnlich …

Fakt ist jedoch: Diese Sprachformulierung mit *„in"* benutzt Paulus laufend und wir überhaupt nicht. Und ich behaupte, dass das eigentlich nur daran liegen kann, dass wir unterschiedliche Vorstellungen unserer Jesusbeziehung haben. Allerdings ist auch hier wieder nur eine dieser beiden Vorstellungen „biblisch": Entweder unsere oder die von Paulus...

Auch an dieser Stelle würde uns ein verinnerlichtes Verständnis des Leibes Jesu ziemlich zwangsläufig zur korrekten Interpretation unseres Verhältnisses zu Jesus (und in dessen Gefolge dann auch zu bibelaffinen Formulierungen, beispielsweise also auch diejenigen mit „*in*") verhelfen.

Der Denkfehler erlebt übrigens immer dort seine vollendete Perversion, wo Mystiker oder Charismatikern sich bemühen, sich „*in Christus zu versenken*", dies aber strikt allein, als privater und persönlich verinnerlichter Akt - und somit also außerhalb des Leibes – verwirklichen wollen.

Nonsens!

***

Hier muss jetzt auch noch etwas ausführlicher auf das Abendmahlsverständnis bei Paulus eingegangen werden, welches wir bereits im 3. Kapitel im Zusammenhang mit der „Realpräsenz Jesu" betrachtet haben.

Sein Abendmahlsverständnis erschließt sich am besten, wenn man zuerst einmal über seine Einsetzungsworte, die wir regelmäßig bei unseren Abendmahlsfeiern gemeinsam bezeugen, nachdenken: „*Das Brot, das wir brechen, ist das nicht die Gemeinschaft des Leibes Christi?*" (1. Korinther 10,16). Ein absolut klares Statement, insbesondere dann, wenn man verstanden hat, was Paulus unter „*Leib Christi*" versteht!

„*Ein Brot ist's, so sind wir viele ein Leib*" (1. Korinther 10,17), doppelt Paulus dann gleich nach, und wir entdecken, dass die Abendmahlsfeier viel weiter greift als nur nach unserer je individuellen Jesusbeziehung. Die „*Gemeinschaft des Leibes Christi*" (Vers 16) hat sehr viel und unverzichtbar etwas mit meinem Nachbarn links und rechts in der Kirchenbank zu tun! Das gemeinsame Einnehmen des Abendmahls stellt uns untrennbar zusammen, und es ist eine narzisstische Verkürzung des biblischen und jesusgemäßen Inhalts, wenn wir unsere Abendmahlsfeier ausschließlich auf die jeweils persönliche Jesusbeziehung des einzelnen Teilnehmers reduzieren.

Das könnte uns nur schon deswegen einleuchten, weil bei jedem menschlichen Körper das Nahrungsmittel - hier zum Beispiel Brot - beim Essen immer dem ganzen Leib zugeführt wird und nicht individuell einzelnen Gliedmaßen. Ernährt wird bekannterweise immer der Körper als Ganzes.

Und wenn wir schon beim Thema Essen sind: Jeder Körper, egal ob Mensch oder Tier, nimmt sein Essen immer durch das Haupt zu sich; von dort aus gelangt es dann in den Leib. Diese Nahrungsaufnahme stärkt den Körper, ist absolut überlebensnotwendig und muss regelmäßig erfolgen!

Aufgefallen, dass das haargenau auf das Abendmahl und den Leib Jesu zutrifft? Auch da kommt die lebensnotwendige „Nahrung" vom Kopf her in den Körper, stärkt diesen und sollte regelmäßig erfolgen!

Auch in anderen Belangen ergibt sich grundsätzlich ein erweitertes Abendmahlsverständnis durch die Erkenntnis des Leibes Jesu. So kennen wir alle die bekannte Bibelstelle im Korintherbrief, in der Paulus vor unwürdiger Teilnahme am Abendmahl warnt: *„Denn wer so isst und trinkt, dass er den Leib des Herrn nicht achtet, der isst und trinkt sich selbst zum Gericht."* (1. Korinther 11,29).

Was ist denn nun gemeint mit dem *„Leib des Herrn"*? Und was genau meint hier *„nicht achten"*? Ist damit vielleicht das Abendmahls-Brot gemeint, welches in den Einsetzungsworten kurz davor mit *„Dies ist mein Leib!"* (1. Korinther 11,24) charakterisiert wurde?

Wohl kaum. Denn im Gesamtzusammenhang dieses Abschnitts ist nicht so sehr das Abendmahl als solches Paulus' Thema, und schon gar nicht die Elemente Wein oder Brot, sondern vielmehr das unwürdige Benehmen der Korinther Geschwister, das sich im Speziellen bei ihren Abendmahlsfeiern offenbart. Die Gemeinde benimmt sich nicht so, wie es sich für eine Gemeinschaft von Nachfolgern Jesu gehört. Von Spaltungen, Egoismus und Sauferei ist die Rede. Das ist allerdings unwürdig, gerade und vor allem im Rahmen einer Abendmahlsfeier.

Schon zwei Verse zuvor hat Paulus das unwürdige Abendmahlsverhalten der Korinther angeprangert: *„Wer also unwürdig von dem Brot isst oder von dem Kelch des Herrn trinkt, der wird schuldig sein am Leib und Blut* *des Herrn*" (1. Korinther 11,27). Die Korinther versündigen sich also am Leib! Auch hier ist nicht etwa der vor zweitausend Jahren am Kreuz für uns geopferte „menschliche" Leib Jesu gemeint, sondern viel mehr der heutige „Leib Jesu", also die momentane Gemeinde! Der Begriff *„unwürdig"* bezieht sich dabei auf die individuelle persönliche Beziehung zum anwesenden Jesus. So war das beim „Ur-Abendmahl" und so ist es auch beim Gemeinde-Abendmahl, wenn der „anwesende Jesus" sein Leib ist. *„Unwürdig"* ist man also in Bezug auf das Verhältnis zur Gemeinde als Leib Jesu, was ja Paulus in den vorangegangenen Versen 20-22 soeben angeprangert hatte.

Der Doppelbegriff *„Leib und Blut"* in Vers 27 ist übrigens keine Doppelung derselben Sache; es ist also nicht der damalige „blutige Leib" Jesu gemeint, sondern es geht hier vielmehr um eine zweifache Bedeutung: Paulus weist darauf hin, dass man sich mit unwürdigem Abendmahlsgehabe gleich zweimal versündigt: Einmal an der aktuell versammelten Gemeinde, also an Jesu *„Leib"*, und gleich noch einmal am gekreuzigten Jesus (Stichwort *„Blut"*), der damals unter anderem wegen solcher *„Unwürdigkeiten"* (welche natürlich auch Sünden darstellen!) sterben musste. Das bestätigen dann auch die Verse 29: *„.... den Leib des Herrn nicht achten"* und 30: *„Darum sind auch viele Schwache und Kranke unter euch ..."*. Diese Verse beziehen sich ebenfalls eindeutig auf den aktuellen Leib Jesu, die Gemeinde!

Zum korrekten Verständnis müsste man beim Lesen von Vers 27 das Wort "*und*" explizit betonen. So erhält der Vers nämlich seine eigentliche Bedeutung im Sinne von *„... der wird schuldig sein* <u>sowohl</u> *am Leib* <u>wie auch</u> *am Blut des Herrn."* Es geht also um doppelte Schuld, denn das unwürdige Einnehmen des Abendmahls verachtet eben nicht nur das Kreuzesopfer Christi, sondern schadet gleichzeitig auch der aktuell anwesenden Gemeinde – dem Leib Christi! Und diese zweite Versündigung hat Paulus ja in den Versen davor gerade eben ausdrücklich thematisiert!

Umso mehr drängt es sich folglich auf, auch beim *„nicht achten des Leibes des Herrn"* in Vers 29 an die Gemeinde zu denken! Es ist also gemeint: Unwürdiges Verhalten gegenüber der Gemeinde und innerhalb der Gemeinde ist unwürdiges Verhalten gegenüber Jesus! Wer sich so in der Gemeinde verhält, wer Jesu Leib, also seine gemeindlichen Brüder und

Schwestern, dermaßen unwürdig behandelt wie eben im vorliegenden Fall manche Korinther, „*der isst und trinkt sich selbst zum Gericht.*" (1. Korinther 11,29). Weil Gott sich das gegenüber dem Leib seines Sohnes nicht bieten lässt! So kann man mit Jesus nicht umgehen!

Ananias und Saphira lassen erneut grüßen!

Wie? So haben wir die Geschichte von Ananias und Saphira (Apostelgeschichte 5,1-11) und ihrem unwürdigen Umgang mit Jesus (beziehungsweise seinem Leib, also der Gemeinde) noch gar nie betrachtet? Geht uns vielleicht gerade ein Licht auf, warum Gott exemplarisch zu Beginn des Gemeinde-Zeitalters diese beiden überaus hart und vor aller Augen bestraft? Verstehen wir jetzt plötzlich, dass dieses Ehepaar sich mit Jesus höchstpersönlich angelegt hat, und dass sein Vater, also Gott, sich so etwas nicht bieten lässt? Dass es ihm jetzt reicht, weil sein Sohn erst kürzlich schon mal gekreuzigt wurde, und dass Gott einfach keine Lust mehr hat, ihn jetzt gleich schon wieder der Lächerlichkeit, der Missachtung seiner guten Absichten und der egoistischen Ignoranz Einzelner ausgesetzt zu sehen?

Auch dies wieder eine typische Bibelstelle, über die mancher aufrichtige Bibelleser seit langem rätselt und insbesondere die darin liegende drastische Konsequenz Gottes bisher kaum einordnen konnte. Dank des biblischen Verständnisses des Leibes Jesu entdecken wir auch an diesem harten Gottesurteil wieder einen klaren und nachvollziehbaren Sinn, und es sollte uns nicht wundern, wenn uns das ab jetzt immer wieder beim Bibellesen gelingen wird, wenn wir jetzt diese wichtige neutestamentliche Grundaussage neu in unser Bibelverständnis integriert haben!

***

Die nächste interessante Formulierung von Paulus finden wir im Römerbrief: „*Denn die er* [Gott] *ausersehen hat, die hat er auch vorherbestimmt, dass sie gleich sein sollten dem Bild seines Sohnes.*" (Römer 8,29).

Was ist hier mit „*Bild*" gemeint? Inwiefern sollen die „*Vorherbestimmten*" dem „*Bild Jesu gleich*" sein? Die griechische Bedeutung des Wortes, das hier für „*Bild*" steht, bedeutet „Aussehen" oder „Gestalt". Man kann das Wort allerdings auch im übertragenen Sinn als „Abbild" oder „Ebenbild" einsetzen, Jesus tut das beispielsweise in Matthäus 22,20, wo er vom Bild des Kaisers auf einer Münze spricht.

Aber wenn Paulus hier einen „Vergleich" hätte anstellen wollen, warum hat er dann nicht „*... dass wir <u>ähnlich</u> sein sollten ...*" statt „*... dass wir <u>gleich</u> sein sollten ...*" formuliert?

Naheliegender dürfte also sein, dass Paulus auch den Römern hier nicht ein „Vergleichsbild" vorstellen möchte, sondern dass Gott aus seinem Blickwinkel das reale Aussehen seines Sohnes sieht, wenn er die „*Ausersehenen*" betrachtet – er sieht nämlich den Leib seines Sohnes, den sie bilden!

Diese Aussage von Paulus bedeutet also, dass unsere Bestimmung die ist, dass wir auch das Aussehen, die Gestalt, die Ausstrahlung, die Erscheinung seines Sohnes annehmen. Wir sollen ihm „*gleich sein*". Als „Leib Jesu" natürlich!

Vermutlich hat Paulus auch genau dasselbe Aussehens- beziehungsweise Gestalt-Verständnis vor Augen, wenn er den Korinthern ebenfalls vom diesem „*Bild*" schreibt: "*Wir werden verklärt* [oder „*umgewandelt*"] *in Jesu Bild ...*" (2. Korinther 3,18). Da Paulus auch hier - der Zusammenhang macht es deutlich - nicht von der Zukunft redet, sondern von der Gegenwart, ist folglich das Verständnis, dass er den Leib Jesu damit meint, naheliegend. Denn am ehesten da, also an uns, an der Gemeinde, könnte doch schon jetzt eine „*Verklärung/Umwandlung in Jesu Gestalt*" sichtbar sein, oder?

Dass diese „*Verklärung in Jesu Bild*" in 2. Korinther 3,18 ohnehin nicht individuell, also Einzelpersonen geltend, ausgelegt werden sollte, wird auch daran klar, dass es in diesem Vers inhaltlich vor allem um die Herrlichkeit Gottes geht: „*Wir alle aber spiegeln mit aufgedecktem Angesicht die Herrlichkeit des Herrn wider, und wir werden verwandelt in sein Bild von einer Herrlichkeit zur andern von dem Herrn, der der Geist ist*". Wenn sich schon die „*Verklärung in Jesu Bild*" auf die Gemeinschaft des Leibes bezieht, dann gilt das natürlich genauso für die „*Herrlichkeit des Herrn*", die widerspiegelt wird. Diese wird also keineswegs etwa an mir als Einzelperson, sondern vielmehr an der Gemeinde, dem Leib Jesu, sichtbar! Das bestätigt auch die Betonung von *„Wir alle ..."* am Anfang des Verses.

Diese Sichtbarwerdung der göttlichen Herrlichkeit am Leib Jesu beschreibt genauso 2. Korinther 4,4: *„... dass sie* [die Heiden] *nicht sehen das helle Licht des Evangeliums von der Herrlichkeit Christi".* Wo genau könnten denn Heiden die *„Herrlichkeit Christi"* sehen? Natürlich an der Gemeinde, seinem Leib! Aber das klappt eben bei Menschen, die nicht vom Heiligen Geist erfüllt sind und denen „geistliches sehen" deshalb verwehrt ist, nicht.

In ähnlichem Sinne erläutert das nochmals 2. Korinther 4,6: *„[Gott] hat einen hellen Schein in unsre Herzen gegeben, dass durch uns entstünde die Erleuchtung zur Erkenntnis der Herrlichkeit Gottes in dem Angesicht Jesu Christi."* Durch *„unsre Herzen"* (Mehrzahl!) soll die *„Erleuchtung"* zur *„Erkenntnis der Herrlichkeit Gottes"* entstehen, und zwar *„im Angesicht Christi",* was bedeutet, dass dies dort passiert, wo Menschen direkt vor Jesu Leib, seinem momentanen *„Angesicht",* stehen.

Auch diese Erkenntnis, dass die Verantwortlichkeit, die Herrlichkeit Gottes zu widerspiegeln, nicht an mir als Einzelchrist hängen bleibt, sondern der Gemeinde obliegt, halte ich – einmal mehr - für sehr entkrampfend in meinem real gelebten Alltagschristentum!

* * *

Vielleicht sollten wir hier mal klären, warum Paulus den Korinthern trotz allem im 12. Kapitel seines ersten Briefes den Leib Jesu als Vergleich ausgelegt hat, wenn es doch eben gar kein Vergleich sein soll. Hätte er nicht besser zum vornherein auf diese analogische Auslegung verzichten sollen, selbst wenn es irgendwie reizvoll wäre, es „auch mal" als Vergleich darzustellen? Wäre es nicht trotzdem weiser gewesen, es gar nicht erst und schon gar nicht in dieser Ausführlichkeit als Gleichnis darzustellen, wenn es uns als Leser anschließend dergestalt aufs Glatteis führt, dass wir vor lauter Vergleichen das Fakt des Leibes nicht mehr erkennen, und das gleich über

131

Jahrhunderte und über alle theologischen Bemühungen und Bibel-Erkenntnisse hinweg?

Vielleicht hilft es uns, das zu verstehen, wenn wir uns die damaligen Zustände in der Korinthergemeinde kurz vor Augen führen. Die Gemeinde war nämlich alles andere als vorbildlich. Vielmehr war sie geprägt durch krasse Missstände und es mangelte in ihr ganz erheblich an ernsthafter „Heiligung". So gab es innerhalb der Gemeinde Gruppierungen, die sich bekämpften; es wurde offen Hurerei und Unzucht getrieben; Rechtsstreitereien wurden ausgefochten und es herrschte ein Richtgeist. Das Abendmahl wurde geringgeschätzt und Geistesgaben wurden dazu missbraucht, sich persönlich damit in den Vordergrund zu stellen. Kurz: Es ging drunter und drüber, die Gemeinde war geistlich abgewirtschaftet und am Ende.

So kann man Jesus natürlich nicht repräsentieren oder darstellen, diese Gemeinde war weit davon entfernt, „Leib Jesu" zu sein. In dieser Gemeinde begegnete man Jesus nicht!

Das war Paulus wohl auch klar. Was soll er dagegen unternehmen?

Natürlich weiß Paulus während dem Verfassen des 1. Korintherbriefs, dass Leib Jesu als Vergleich viel zu kurz greift ist. Wie alle anderen Gemeinden soll natürlich auch die Korinthergemeinde nicht einfach nur funktionieren „wie" ein Leib. Auch für sie gilt die Bestimmung, ein Leib zu sein und nicht bloß wie einer zu agieren.

Also will Paulus das korinthische Verständnis von Gemeinde als „Leib Jesu" erneuern. Und dazu muss er ganz von vorne beginnen. Er geht also zurück auf die Stufe des Vergleichs, um den Korinthern eine Einstiegshilfe anzubieten, mit der sie wieder aufstehen können nach ihrem tiefen Fall. Denn die Gemeinde ist ja aktuell alles andere als „realer Jesus", sie ist bestenfalls eine Karikatur dessen, was sie sein soll. Und deswegen muss Paulus den Leib Jesu herunterbrechen auf ein Vergleichsniveau, also weg von der eigentlichen Bestimmung („*Leib sein*") zum innewohnenden Vergleich („*wie ein Leib benehmen*"). Die gleichnishafte Darstellung dient so als eine Art „Anschubhilfe" für eine tote Gemeinde; ein Wiederbelebungsversuch; ein erster Schritt hin zur eigentlichen Bestimmung.

Deshalb ist es im vorliegenden Fall durchaus sinnvoll, den Leib Jesu ausnahmsweise als Metapher darzustellen. Aber fairerweise hat Paulus das dann sowohl einleitend wie auch abschließend deutlich zurechtgerückt, wie wir ja schon betrachtet haben: *„Die Gemeinde ist der Leib Jesu! Und das ist eben nicht (nur) als Vergleich gemeint, ihr lieben Korinther und ihr lieben Korintherbrief-Leser!"*

Leib Jesu als Analogie, als Gleichnis darzustellen, ist selbstverständlich zulässig. Notfalls auch für heutige Gemeinden. Aber es ist nicht das eigentliche, sondern nur eine Einstiegshilfe. Das eigentliche ist: Leib Jesu sein. Deshalb setzt Paulus diese Variante des Vergleichs auch nur ein einziges Mal ein: Bei einer faktisch bereits ziemlich toten Gemeinde.

Vielleicht ist es darum sogar redlich, wenn in manchen unserer Gemeinden der „Leib Jesu" ebenfalls als Vergleich gepredigt wird. Das „Eigentliche" wäre auch bei uns wohl des Öfteren eine Überforderung.

Leider.

***

Eine biblische Sicht des „Leibes Jesu" hilft uns auch beim Verständnis der Petrusbriefe. Selbstverständlich hat auch Petrus als engster Vertrauter Jesu während seines Erdendaseins Jesu Gemeindesicht als „sein Leib" verinnerlicht. Ein Beispiel dazu: In 1. Petrus 4,7-11 zählt Petrus auf, wie ein Christ zu leben habe: Er fordert auf zu Besonnenheit und nüchternem Gebet, zu beständiger Liebe, Gastfreiheit untereinander und zum Ausüben individueller Dienste wie etwa dem Predigen oder dem Dienen, entsprechend der aus Gnade empfangenen Gaben.

Diese Aufzählung betrifft ausschließlich Dienste, die innerhalb der Gemeinde ausgeführt werden sollen, denn gleich dreimal betont Petrus, dass dies *„untereinander"* beziehungsweise *„einander"* geschehen soll. Es geht Petrus also um den praktischen Vollzug des Gemeindelebens.

Als Abschluss dieser Aufzählung nennt Petrus dann noch den Grund, warum die Gemeindeglieder so miteinander umgehen sollen: *„... damit in allen Dingen Gott gepriesen werde durch Jesus Christus."* (1. Petrus 4,11).

Interessant, oder? Hätten wir das erwartet?

Nun, den ersten Teil schon: Dass durch ein solches Verhalten in der Gemeinde *„Gott gepriesen wird"*, ist nachvollziehbar. Nur schon deswegen, weil ein gegenteiliges Verhalten eine Schande für Gottes Volk wäre.

Aber was soll der Zusatz *„durch Jesus Christus"*? Braucht's diesen Zusatz? Wozu? Der Satz würde doch auch ohne dieses Anhängsel Sinn machen, indem er - zu unserer Motivation - das übergeordnete Ziel unseres Wohlverhaltens in der Gemeinde nochmals hervorhebt: Gott dadurch zu *„preisen"*; dem Schöpfer im Himmel also durch diesen Umgang untereinander Ehre zu geben.

Aber Petrus hält die Ergänzung, dass das *„durch Jesus Christus"* geschieht, offensichtlich für sinnvoll und notwendig.

Und die Bedeutung wird uns auch hier wieder sofort klar dank unserem neu gewonnenen Leib-Jesu-Verständnis: Das Verhalten in der Gemeinde, also das Verhalten des Leibes Jesu, macht Jesus *„anschaulich"*. Wenn die Gemeinde durch ihren Umgang miteinander *„So ist Jesus!"* vorlebt, preist das Gott!

Deswegen formuliert Petrus völlig korrekt und genau den Sachverhalt schildernd, dass dies *„durch"* Jesus geschieht: *„durch Jesus"* ist *„durch seine Glieder"*, also *„durch seinen Leib"* – das ist wieder deckungsgleich und für Petrus derselbe Blickwinkel. Er sieht das alles *„in eins"*! Selbstverständlich, denn auch Petrus kennt, wie gesagt, das Gemeindeverständnis seines Herrn, und das ist das Leib-Jesu-Verständnis.

Petrus bestätigt hiermit übrigens auch gleich nochmals unsere vorhin gewonnene Erkenntnis, warum Paulus den Korinthern ausnahmsweise den Leib Jesu als Vergleich vorlegt: Weil die Gemeinde durch ihren Umgang miteinander unbedingt der restlichen Welt *„So ist Jesus!"* vorleben soll! Wenn's schon da hapert, dann ist eben *„real präsenter Jesus"* durch die Gemeinde nicht mehr gegeben.

Wie wichtig solches Verhalten untereinander ist, betont Petrus noch ausdrücklich mit der Einleitung *„Vor allen Dingen ..."* (1. Petrus 4,8). Wie die Glieder miteinander umgehen, ist entscheidend für Wirkung und Wirksamkeit des Leibes. Je harmonischer der Leib, desto eher kann sich Jesus entfalten. Deshalb *„Vor allen Dingen"* – das hat Vorrang!

So lässt sich auch bei dieser Petrus-Stelle sehr schön aufzeigen, dass Glieder selbstverständlich „jesusgemäß" miteinander umzugehen haben. Und darum ist nachvollziehbar, dass Paulus sogar das Risiko eines Missverständnisses auf sich nimmt, wenn er den Korinthern „Leib Jesu" ausnahmsweise einmal als Vergleich darstellt. Es geht ihm halt um nichts weniger als um die Rettung einer Gemeinde, eines realen „Leibes Jesu"!

***

Auch der von den Aposteln Petrus, Jakobus und Johannes mehrfach benutzte Vergleich einer *„Wiedergeburt"* dürfte durchaus auf den Leib Jesu hinweisen. Einem „geboren werden" liegt bekanntlich immer ein Leib-Verständnis zu Grunde, denn was da geboren wird, ist in jedem Fall immer ein Leib! Man kann deshalb das Thema *„Geburt"* gar nicht anders verhandeln, als dass unser geistiges Auge automatisch einen Körper, einen Leib, damit verbindet!

Wenn also beispielsweise Petrus in 1. Petrus 1,3 schreibt: *„Gelobt sei Gott, der Vater unseres Herrn Jesus Christus, der uns nach seiner großen Barmherzigkeit wiedergeboren hat zu einer lebendigen Hoffnung ...",* hat er dann nicht vielleicht auch einen Leib vor Augen? Was spricht dagegen, dass er hier unter anderem an den Leib Jesu denkt?

Natürlich, wir interpretieren automatisch, dass Petrus doch bestimmt die individuelle Wiedergeburt meint, dass also Einzelpersonen gemeint sind, die *„neu geboren"* werden. Das sind wir einfach so gewohnt, und zwar immer, wenn wir im Neuen Testament auf *„neu geboren"* treffen. Denn wir erinnern uns sofort und ganz automatisch an das Gespräch zwischen Jesus und Nikodemus im 3. Kapitel des Johannesbriefs, wo ja das Thema der

135

„Neugeburt" beziehungsweise „Wiedergeburt" erstmalig auf den Tisch kommt. Jesus höchstpersönlich hat diesen Vergleich eingeführt. Und sein Gesprächspartner Nikodemus hat das bekanntlich auf sich persönlich bezogen, also individuell gedeutet.

Aber es macht schon etwas nachdenklich, wenn Jesus in diesem Gespräch dann unvermittelt in den Plural verfällt, indem er zu Nikodemus sagt: „*Wundere dich nicht, dass ich dir gesagt habe: Ihr müsst von Neuem geboren werden*". (Johannes 3,7). Warum formuliert er hier „*ihr müsst ...*" und nicht das eigentlich logisch zu erwartende „*Du musst ...*"? Im ganzen Gespräch zuvor hat Jesus ja über das „*neu geboren werden*" im Singular mit Nikodemus gesprochen. Warum plötzlich dieses Umschwenken? Was hat Jesus dazu bewogen, unvermittelt in der Mehrzahl zu formulieren?

Natürlich kann man hier argumentieren, dass Jesus in Nikodemus eben einen Vertreter der Schriftgelehrten-Gilde sieht und mit den Plural-Formulierungen nun dessen Kollegen mit einbezieht. Auch sie will er dadurch ins Boot holen.

Aber es wäre durchaus auch denkbar, dass bei Jesus hier wieder das Leib-Jesu-Verständnis durchbricht. Könnte es nicht sogar sein, dass er hier bewusst so formuliert – nämlich für uns, die nachfolgenden Leser dieses johanneischen Gesprächsprotokolls? Etwa im Sinne von: „*Ich rede jetzt zwar über deine persönliche Wiedergeburt, Nikodemus, weil dich das interessiert und du dir das nur so vorstellen kannst. Du kennst ja mein Gemeinde-Konzept noch nicht! Aber eigentlich wäre die »Wiedergeburts-Lehre« im Bereich der Gemeinde anzusiedeln: Mehrere Christen zusammen werden nämlich diesen neuen, »wiedergeborenen« Körper bilden! Als zwar als »meinen Leib«!*"

So wäre verständlich, dass Jesus hier in die Mehrzahl verfällt: „*Ihr müsst von Neuem geboren werden*".

Übrigens: Als Petrus in seinem ersten Brief ein weiteres Mal das Thema „*Wiedergeburt*" aufgreift, formuliert er genauso in der Mehrzahl: „*Denn ihr seid wiedergeboren nicht aus vergänglichem, sondern aus unvergänglichem Samen*" (1. Petrus 1,23). Er hätte doch auch „*Denn jeder von Euch ist wiedergeboren ...*" schreiben können, oder? Tut er aber nicht, und dass er hier eben den Leib Jesu im Blick hat, legt auch die Beobachtung nahe, dass es im Textzusammenhang um die „Liebe untereinander" geht, also um das konkrete Zusammenleben in einer Gemeinde. Da ist es nur folgerichtig, dass er die Gemeindeglieder in ihrem Status als Glieder des Jesus-Leibes auf ihr „Wiedergeborensein" hinweist.

Passt also hier auch wieder, und ebenso im 1. Johannesbrief, in dem der Apostel mehrfach vom *„geboren werden"* im Sinne von *„neu geboren werden"* spricht (z.B. 3,9; 4,7 oder 5,1). Er vergleicht dies mit der Geburt Jesu durch den Vater: Wir sind genauso von Gott geboren wie auch Jesus von Gott geboren wurde. Und wie wurde Jesus von Gott geboren? Leiblich! Was auch hier nichts anderes als logisch ist. Geboren wird bekanntlich immer ein Leib!

***

Selbst die von Johannes in prophetischer Sicht vorhergesagte *„Hochzeit des Lammes"* passt im Grunde genommen ebenfalls perfekt zum Verständnis des Leibes Jesu.

In seinem Offenbarungsbuch schildert Johannes bekanntlich diese Vision mit folgenden triumphierenden Worten: *„Der Herr, unser Gott, der Allmächtige, hat seine Herrschaft angetreten! Lasst uns freuen und fröhlich sein und ihm die Ehre geben; denn die Hochzeit des Lammes ist gekommen, und seine Frau hat sich bereitet. Und es wurde ihr gegeben, sich zu kleiden in Seide, glänzend und rein. Die Seide aber ist das gerechte Tun der Heiligen. Und er sprach zu mir: »Schreibe: Selig sind, die zum Hochzeitsmahl des Lammes berufen sind«."* (Offenbarung 19,6-9).

Hier wird nichts anderes als die Vereinigung von Jesus mit seiner Gemeinde, den *„Heiligen"*, geschildert - mit wunderbaren Worten und diesem einprägsamen Bild einer „Hochzeit", was bekanntlich durch alle Zeiten hindurch immer ein Synonym für große und bedeutende Feierlichkeiten inklusive ausgelassener Stimmung und Freude für alle darstellt, aber auch als höchster Ausdruck der Liebe und Zuneigung sowie der vollkommenen und uneingeschränkten Vereinigung des Brautpaars gilt.

Das, sagt Johannes mit prophetischer Autorität, wird zwischen Jesus und seiner Gemeinde am Ende der Weltzeit Realität werden. Und das wiederum passt perfekt zur Vereinigung von Haupt und Leib Jesu! Denn genau das wird an der „Hochzeit" geschehen: Jegliche Trennung wird aufgehoben; Haupt und Leib sind dann wieder ein komplettes Ganzes ohne irgendwelche Einschränkungen, weil ja dann die Präsenz Jesu in zwei unterschiedlichen Welten, der irdischen und der himmlischen, hinfällig wird!

Wenn das geschieht und wenn dann die umfassende Liebe des „Bräutigams" Jesu zu seiner Gemeinde-„Braut" uneingeschränkt sicht- und spürbar wird, unter anderem dadurch, dass endlich nur noch ein Leib, und zwar ein kompletter einziger statt der vielen „Ortsgemeinde-Leiber" *, zu sehen sein wird: Was wird das für ein Festtag sein! Ein Festtag wie eine perfekte Hochzeit; so perfekt, dass alles, was wir jemals an Hochzeit erlebt haben und zu feiern imstande waren, bei weitem getoppt wird!

* Auf das Konzept und den Sinn mehrerer „Ortsgemeinde-Leiber" werde ich im 9. Kapitel „Was nun?" nochmals zurückkommen.

Irgendwie logisch, dass die Komplett-Vereinigung von Haupt und Leib (beziehungsweise seinen Leibern) so gefeiert wird, oder? Wenn die Glieder und ihr Haupt wieder total eins werden, ohne die momentan noch etwas lästige Trennung durch die beiden unterschiedlichen Welten, die auch noch über 2000 Jahre andauern musste: Das muss doch gebührend gefeiert werden, oder?

Ebenfalls in der Offenbarung des Johannes finden wir übrigen auch diese Ankündigung: „Wer überwindet, der wird dies ererben, und ich werde sein Gott sein und er wird mein Sohn sein" (Offenbarung 21,7).

Diese Prophezeiung macht ohne das Verständnis des Leibes Jesu absolut keinen Sinn! „Er wird mein Sohn sein"??? Das ist theologisch schlicht undenkbar, weil Gott bekanntlich nur einen einzigen Sohn hat! Es sei denn, Gott sieht bei „mein Sohn" das Haupt und die Glieder endlich komplett und in eins vereint – was sie im Himmel ja tatsächlich auch sein werden.

***

Aber nochmal zurück zum Thema „Braut und Hochzeit": Die Schönheit der Braut, die am Hochzeitstag unverzichtbar im Mittelpunkt stehen muss, erinnert uns nochmals an die Schönheit des Leibes Jesu, an den gepflegten und festlich geschmückten Gemeinde-Leib, wie wir es der dazustellenden Präsenz Jesu natürlich schuldig sein sollten.

Dazu lohnt es sich, nochmal einen Text von Paulus anzuschauen, in dem er genau das, nämlich das angemessene Schmücken dieses Leibes, thematisiert. Er schreibt den Kolossern dazu: *„So zieht nun an als die Auserwählten Gottes, als die Heiligen und Geliebten, herzliches Erbarmen, Freundlichkeit, Demut, Sanftmut, Geduld; und ertrage einer den andern und vergebt euch untereinander, wenn jemand Klage hat gegen den andern; wie der Herr euch vergeben hat, so vergebt auch ihr! Über alles aber zieht an die Liebe, die da ist das Band der Vollkommenheit. Und der Friede Christi, zu dem ihr berufen seid in einem Leibe, regiere in euren Herzen; und seid dankbar"* (Kolosser 3,12-15).

Wenn die Gemeinde also Jesu Leib ist – und das ist hier der Grundgedanke, Paulus erwähnt das ja ausdrücklich (*„zu dem ihr berufen seid in einem Leibe"*) -, dann ist es doch durchaus reizvoll, sich mal zu überlegen, wie sich dieser Leib denn nun kleiden soll! Wie sich als Leib schmücken; wodurch sich als Leib reizvoll und lieblich präsentieren wie beispielsweise eine Braut?

Sehr schön führt Paulus diesen Gedanken hier aus, indem er zuerst eine ganze Reihe von Tugenden aufzählt, die diesen Leib vorzüglich kleiden, und das dann noch mit *„Liebe"*, *„Frieden"* und *„Dankbarkeit"* ergänzt.

Schmückt so was den „Gemeinde-Leib"? Ganz bestimmt! Solcherart ausgestattet ist der Leib dann wirklich „anziehend" anzusehen!

Ein wunderschöner Gedankengang von Paulus, den man jetzt dank dem Verständnis des Leibes Jesu so richtig genießen kann, oder?

Auch ganz allgemein wäre für unser Bibellesen ein gesundes Bewusstsein des Leibes Jesu von großer Bedeutung. Dies würde uns nämlich helfen, gegen eine weitverbreitete Einseitigkeit in unserer Bibellektüre und Text-interpretation anzugehen: Unserer Ich-Bezogenheit bei der Auslegung des Wortes Gottes.

Es ist eine typische Schwäche unserer Zeit, dass wir weitgehend verlernt haben, in Gemeinschafts-Kategorien zu denken. *„Ich–mich–meiner–mir!"* ist die Grundprägung all unseres Denkens und Handelns; wir haben Nar-zissmus und Egoismus zu einer gepflegten Kulturform entwickelt, wodurch uns allerdings ein angemessenes Gemeinschaftsdenken weitgehend verlo-ren gegangen ist. *„Was bringt's mir?"* ist die Gretchenfrage all unseres Engagements; sämtliche sozialen Errungenschaften und Gesellschafts-systeme werden hemmungslos zur persönlichen Bereicherung ausgebeutet.

Kehrseite: Familien zerbrechen, wir vereinsamen in Single-Haushalten und Vereine finden kaum noch ehrenamtliche Mitarbeiter.

Das ist natürlich kein spezifisch christliches Problem, sondern das ist unsere aktuelle westliche Kultur! Aber diese (Un-)Kultur macht bekanntlich auch nicht vor uns Frommen halt. Und beeinflusst folgerichtig auch unsere Bibellese. Auch wir filtern das Wort Gottes ganz automatisch durch die *„Ich–mich–meiner–mir!"*-Brille und stellen immer als erstes – und meist auch als einziges - die *„Was bringts mir?"*-Frage an den Bibeltext.

Wenn ich mich jetzt aber nicht immer nur ausschließlich als individueller Jesus-Nachfolger erkenne, sondern verstehe, dass ich ein Glied am Leib Jesu bin und dass diese Zugehörigkeit zum Leib Jesu sogar die grund-sätzliche Lebensform eines echten Jüngers sein muss, weil Gott sich aus-drücklich durch diesen „Leib seines Sohnes" der Welt offenbaren will; dass also die Gemeinschaft dieses Leibes der Ort ist, wo Jesus tatsächlich anwe-send ist, wo er der Welt begegnet und von wo aus sein Segen und sein Heil ausgehen, dann muss ich folglich auch die Bibel mit „Gemeinschafts-Augen" lesen!

Mehr noch: Wenn die Apostel in ihrem Denken den „Leib Jesu" ver-innerlicht haben (was wir ja inzwischen hoffentlich begriffen haben), dann floss dieses Bewusstsein natürlich schon damals in all ihr Schreiben mit ein! Den Aposteln war „Gemeinschaftsdenken" nur schon deshalb nicht fremd, weil eben nur so die Tatsache des „Leibes Jesu" berücksichtigt werden konnte.

Folglich haben wir ihre Texte ebenfalls mit dem „Leib-Jesu-Verständnis" und der daraus zwingend folgenden Gemeinschaftsbezogenheit zu lesen und zu interpretieren. Nur so können wir das Denken der Apostel nachvoll-ziehen, nur so können wir verstehen, was sie tatsächlich gemeint haben und ausdrücken wollten, nur so kann der Sinn ihrer biblischen Texte korrekt und umfassend erschlossen werden.

Dasselbe gilt adäquat für Jesus und seine Aussagen. Weil selbstver-ständlich auch Jesus das Konzept seines Vaters kannte und schon zu Erden-zeiten wusste, dass nach seiner Himmelfahrt und mit Hilfe des Heiligen Geistes sein „Leib" als göttliches Konzept der Offenbarung Gottes für jede einzelne Gemeinde in Kraft treten wird, hat er dies mit Sicherheit in all seinen Äußerungen bereits schon mitbedacht!

Schlussfolgerung: Das Verständnis des Leibes Jesu, das dem gesamten Neuen Testament zu Grunde liegt, hilft uns also, unser ich-bezogenes Textverständnis zu überwinden und endlich wieder den Gemeinschafts-Aspekt der biblischen Aussagen zur Kenntnis zu nehmen. Nur so können weite und entscheidende Teile des Neuen Testaments richtig verstanden werden, denn nur damit erfassen wir den ganzen Sinn und Gehalt der apostolischen Gedanken sowie der Aussagen Jesu, welche uns momentan durch unsere „individuelle Brille" verborgen bleiben!

Ein Beispiel: Wenn Petrus uns ermahnt: *„Führt ein rechtschaffenes Leben unter den Völkern, damit die, die euch als Übeltäter verleumden, eure guten Werke sehen und Gott preisen am Tag der Heimsuchung"* (1. Petrus 2,12), dann haben wir das bisher natürlich durchaus verstanden, aber eben vorwiegend „ich-bezogen", also dergestalt, dass ich mein Leben entsprechend *"rechtschaffen"* gestalten soll, damit meine Umwelt, die mich möglicherweise aufgrund meines Frommseins ablehnt, an mir eigentlich nichts rumzumäkeln hat und schlussendlich doch <u>meine</u> guten Taten – zur Ehre Gottes – zur Kenntnis nehmen muss.

Aber: Geht es Petrus hier wirklich nur um mein persönliches, individuelles Christsein?

Abgesehen davon, dass eben auch Petrus den „Leib Jesu" immer automatisch mitdenkt, gibt es noch weitere Hinweise, dass er diesen hier ausdrücklich im Blick hat. Beispielsweise die simple Beobachtung, dass er wieder mal in Mehrzahl formuliert. Er schreibt eben nicht *„<u>Ein jeglicher von Euch</u> führe ein rechtschaffenes Leben, damit <u>diejenigen</u>, die als Übeltäter verleumdet werden, <u>ihre</u> guten Werke vorweisen können, so dass die Verleumder dann doch Gott preisen müssen am Tag der Heimsuchung."*

Das steht hier eben nicht – obwohl wir den Vers eigentlich immer ziemlich genau so interpretiert haben, oder?

Ein weiterer Hinweis, dass Petrus im „Wir-Modus" des Leibes Jesu denkt: Nur drei Verse zuvor spricht er seine Leser ausdrücklich als Gemeinschaft an, wenn er ihnen zusagt: *„Ihr aber seid ein auserwähltes Geschlecht, ein königliches Priestertum, ein heiliges Volk, ein Volk zum Eigentum, dass ihr verkündigen sollt ..."* (1.Petrus 2,9). Ist dieser Vers nicht an sich schon eine wunderbare Interpretation der Gemeinde als Leib Jesu, basierend auf alttestamentlichen Idiomen?

Einige Verse vorher hat er bereits schon so formuliert: *„Habt ihr eure Seelen gereinigt im Gehorsam der Wahrheit zu ungeheuchelter Bruderliebe, so habt euch untereinander beständig lieb aus reinem Herzen. Denn ihr seid wiedergeboren ..."* (1. Petrus 1,22+23). Auch hier wieder: Petrus spricht die Christen als Gemeinschaft an, auch hier ist erneut der „Leib Jesu" fast schon zum Greifen konkret formuliert!

Es ist also sicher nicht weit hergeholt, wenn wir Petrus unterstellen, dass er auch unseren Vers 12 als „Gemeinschaftsvers" verstanden haben möchte: *„Führt ein rechtschaffenes Leben unter den Völkern, damit die, die euch als Übeltäter verleumden, eure guten Werke sehen und Gott preisen am Tag der Heimsuchung."*

Und indem wir diesen Vers nun tatsächlich auf den Leib Jesu interpretieren, erhält er eine ganz neue Wirkung und Aussage: Das rechtschaffene Leben der Gemeinde ist das Zeugnis, das tatsächlich ganze Volksgruppen zur Verleumdung verleitet. Aber gleichzeitig ist die Gemeinde eben auch der Ort, wo die *„guten Werke"* Gottes sichtbar werden können, denn sie ist ja – als Leib Jesu – die reale Gottespräsenz in Gestalt von Jesus innerhalb dieser Welt beziehungsweise eben *„unter den Völkern"*.

Es passt auch dahingehend, dass *„die Völker"* in der Regel weniger Einzelperson wahrnehmen, sondern eher ganze Gemeinden als Körperschaften. Und wenn wir nach heutigem Sprachgebrauch statt *„die Völker"* mal *„die Bevölkerung"* in diesen Vers einsetzen, dann wird's noch griffiger: Die Bevölkerung ist es, die eine rechtschaffene Gemeinde möglicherweise *„verleumdet"*. Ist nicht genau dies oftmals unsere Realität?

Faszinierend, wie dieser Vers eine neue Bedeutung erhält, oder? So kann uns das Verständnis des Leibes Jesu verhelfen, die Bibel in einer ganz neuen Tiefe zu verstehen, in dem wir uns von der Einseitigkeit unserer ichbezogenen Auslegungsmacke befreien!

Das geschieht allerdings nicht automatisch. Es bedarf, wie ich an mir selbst feststelle, langjähriger Übung, um die Bibel wieder im Gemeinschaftsmodus zu lesen. Unser gängige und langjährig eingeübte ich-zentrierte Auslegungsform ist uns dermaßen in Fleisch und Blut übergegangen, dass sie sich wie automatisch immer wieder vordrängt. Gewohnheit siegt auch hier über Wissen! Außer: Man geht ganz bewusst dagegen an und übt das Bibellesen neu ein.

Warum nicht gleich damit beginnen? Man könnte beispielsweise den soeben genannten Vers mal zum Anlass nehmen, gleich den ganzen 1. Petrusbrief im „Gemeinschaftsmodus" durchzulesen.

Wie macht man das? Ganz einfach: Man stellt sich vor, der jeweilige Apostel schreibt nicht an einzelne Christen, sondern an die ganze Gemeinde als Leib Jesu. Vielleicht sogar so, wie wenn er leibhaftig auf der Kanzel meiner Gemeinde stehen würde und beim Verlesen seines Briefes seinen Blick demonstrativ über die gesamte Gemeinde als Gemeinschaft wandern ließe, damit die geneigten Zuhörer nicht vergessen, dass er sie als Kollektiv anspricht. Und dann prüfen wir beim Lesen insbesondere bei allen Aufforderungen und Zurechtweisungen, allen Zusagen und Ermutigungen, allen Tipps und Verhaltenshinweisen automatisch mit, ob diese sich möglicherweise auf die gesamte Gemeinde als eine Körperschaft, als einen „Leib", beziehen.

Man wird staunen, wie oft das nicht nur passt, sondern sich ein ganz neues Verständnis erschließt! Ganze Abschnitte der Bibel kann man so völlig neu verstehen! Die Texte erschließen sich in einem viel weiterem Zusammenhang, und das Beste dabei ist: Diese Leseart ist biblisch! Weit biblischer als unser bisheriges egozentrisch verengtes Bibelverständnis!

Wer daran Gefallen findet und merkt, welchen Gewinn man plötzlich wieder aus etlichen Bibelstellen, die man eigentlich längst verstanden zu haben glaubte, schöpfen kann, dem sei auch der Anhang dieses Buches empfohlen!

**

Abschließend zu diesem Kapitel möchte ich noch auf zwei Bibelverse hinweisen, bei denen es besonders spannend ist, sie mal mit solcherart neuen Augen zu betrachten. Denn die folgenden Aussagen von Jesus beziehungsweise Paulus könnten möglicherweise eine Doppelbedeutung haben: Kann man sie vielleicht sowohl individuell verstehen wie auch gleichzeitig auf den Leib Jesu interpretieren?

Die erste Aussage stammt von Jesus:

„Fürchtet euch nicht vor denen, die den Leib töten, doch die Seele nicht töten können; fürchtet viel mehr den, der Leib und Seele verderben kann in der Hölle". (Matthäus 10,28)

Würde es hier nicht (auch) Sinn machen, den hier gleich zweimal genannten *„Leib"* mal als *„Leib Jesu"* zu lesen? Das ergäbe doch auch einen Sinn, und sogar einen verblüffend neuen, oder?

Zugegeben, die individuelle Auslegung ist hier wohl naheliegender. Vermutlich deswegen, weil Jesus auch die *„Seele"* in Einzahl formuliert. Aber schließt das aus, diesen Vers auch mal mit „Leib Jesu-Augen" zu betrachten?

Und: Wenn mit „Seele" hier vielleicht sogar die Seele der Gemeinde – also Jesu Seele, weil Gemeinde ja Leib Jesu ist – gemeint wäre? Könnte das eventuell nicht auch Sinn machen?

Oder wie ist das bei diesem Paulus-Zitat:

„Wir tragen allezeit das Sterben Jesu an unserm Leibe, auf dass auch das Leben Jesu an unserm Leibe offenbar werde." (2. Korinther 4,10)

Ergibt es nicht auch hier einen aufregend neuen Sinn, wenn wir dabei mal an den „Gemeinde-Leib" denken? Umso mehr der zweite Satzteil eigentlich ziemlich auf so ein Verständnis hinweist ...

Solchen Versen eine mögliche Doppelbedeutung beizumessen, ist durchaus legitim. Und weil wir sowohl Jesus wie auch Paulus sicherlich zutrauen können, dass sie in der Lage sind, auch einmal dergestalt zu formulieren, dass gleichzeitig mehrere Verständnisebenen abgedeckt werden, ist es sogar nicht nur legitim, sondern vielmehr hilfreich und angebracht.

Und wir haben den Gewinn, tiefer ins Wort Gottes hinein blicken zu können.

7. Konsequenzen

Was bedeutet es also, wenn wir jetzt verstehen, dass wir tatsächlich Leib Jesu sind? Wie kann uns diese Erkenntnis helfen, gegen unseren mangelhaften Level im Vollzug unseres Lebensstils und gegen unsere geistliche und evangelistische Wirkungslosigkeit im „Abendland" angehen zu können?

Zuallererst einfach mal dies: Dass diese Sichtweise diejenige von Paulus und allen anderen Aposteln ist und von Jesus höchstpersönlich stammt, sollten wir ernsthaft zur Kenntnis nehmen. Aber *„zur Kenntnis nehmen"* allein genügt natürlich nicht! Erst recht nicht, wenn uns allmählich dämmert, dass dies ja dann auch die Sichtweise Gottes betreffend der Gemeinde sein müsste! Nun: Es <u>ist</u> tatsächlich die Sichtweise Gottes! Denn wir wollen doch nicht davon ausgehen, dass eine solch erdrückende Anzahl von biblischen Belegen zu einer derart wesentlichen Aussage nicht Gottes Sicht der Dinge darstellt, oder?

Darum ist hier festzuhalten: Gott sieht unsere Gemeinden nicht als Interessenvereine, nicht als Zweckgruppierungen und auch nicht als funktionale Arbeitstrupps. Sondern: Er sieht Jesus, wenn er unsere Gemeinden ansieht! Er sieht den Leib seines Sohnes!

Und was sehe ich?

Bitte hier kurz innehalten und diesen Gedanken wirklich verstehen: Gott sieht in meiner Gemeinde den Leib seines Sohnes! Was hingegen sehe ich? Was sehen wir?

Sehen wir dasselbe wie Gott, unser Vater?

Und dann konkreter: Wie behandeln wir die Gemeinde?

Es geht natürlich nicht einfach nur darum, wie wir sie betrachten und einschätzen, sondern zwingend und sofort auch um die Frage: Wie gehen wir mit der Gemeinde folglich um? Nicht nur gedanklich, sondern auch mit Worten, Taten und Verhalten!

Gott behandelt die Gemeinde entsprechend seiner Sichtweise von ihr. Er behandelt sie also als den Leib seines Sohnes. Und wir?

Wenn hier eine Differenz besteht, also Gott meine Gemeinde anders sieht als ich – dann muss ich umdenken. Denn dann sehe ich die Gemeinde falsch!

Wenn Gott meine Gemeinde als Leib Jesu behandelt, und ich nicht, dann muss ich ebenfalls umdenken. Denn dann behandle ich sie falsch! Nämlich nicht so, wie Gott will, dass man mit dem Leib seines Sohnes- also mit Jesus höchstpersönlich! - umgeht!

Denn: Die Gemeinde ist tatsächlich Leib Jesu! Realpräsenter Jesus in dieser Welt. Und genau das ist Gottes Sicht.

An dieser Stelle sei verraten, was eine meiner ersten Konsequenzen aus dieser Erkenntnis war: Ich glaube seither keinem mehr, der mir versichert, dass er Jesus liebt. Ich brauche es ihm auch gar nicht zu „glauben". Stattdessen beobachte ich ihn einfach. Und sehe dann ganz schnell, ob seine Behauptung stimmt oder eben nicht.

Dabei schaue ich nicht in erster Linie darauf, wie inbrünstig er beten kann. Ich schaue auch nicht auf seine ausgiebige und täglich eingehaltene „Stille Zeit". Ich schaue nicht auf seine verklärte Körperhaltung beim Anbetungsgottesdienst, nicht auf seine fundierte theologische Ausbildung und nicht auf seine tiefschürfenden geistlichen Beiträge beim Bibelgespräch.

Nein, ich schaue einfach darauf, wie er mit Jesus – den er zu lieben behauptet! – umgeht. Und zwar nicht mit dem Teil von Jesus, der im Himmel ist und für ihn daher nicht greifbar, sondern wie er mit dem Teil Jesu umgeht, den er vor sich hat: Mit seinem Leib!

Und sie können sicher sein: Es gibt erstaunlich viele Christen, die verklärten Blickes ihre wunderbare, innige Liebe zu Jesus vorschwärmen, mir jedoch gleichzeitig innerhalb kürzester Zeit beweisen, dass diese Behauptung nichts als reine Gefühlsduselei ist, mit der sie sich penetrant selbst belügen. Dass sie offensichtlich diese Selbsttäuschung bisher nicht erkannt haben, macht die Sachlage leider auch nicht geistlicher.

Glauben Sie, dass ich diesbezüglich ein unbequemer Pastor bin? Zu meiner Verteidigung muss ich allerdings anfügen, dass ich meinen Mitarbeitern diese Sichtweise der Dinge erkläre. Ich bemühe mich, enttarnten „Jesus-Liebhabern", die in Wirklichkeit keine sind, ihren Selbstbetrug umgehend zu erklären. Ich möchte ja nicht im Geheimen über andere richten!

Ja, darf man das denn? Darf man als Pastor seine Gemeindeglieder auf „Liebe zum Leib Jesu", also auf Liebe zu seiner Gemeinde insgesamt sowie im Einzelnen zu seinen Geschwistern, den Gliedern dieses Leibes, prüfen?

Ich stelle fest, dass Paulus seine Korinther auch auf ihre Liebe prüft, und zwar ebenfalls sehr konkret und handfest! Wenn er in 2. Korinther 8,7+8 seinen *„Gebt auch reichlich!"*-Spendenaufruf für die Jerusalemer Gemeinde ergänzt mit *„Ich prüfe* [damit] *auch eure Liebe, ob sie rechter Art sei!"*, dann prüft er also deren Liebe sogar ausgerechnet im Bereich der Finanzen! Also genau da, wo es nun wirklich unangenehm konkret wird!

So etwas wage ich ja gar nicht! Nicht in unseren Breitengraden, wo es sich ziemlich flächendeckend eingebürgert hat, dass wir Frommen für Jesu Sache ausschließlich aus unserem Wohlstandsüberfluss noch ein Restchen übrig haben. Die Spendenfreudigkeit seiner Schäfchen auf den Prüfstand ihrer Liebe zu Jesus zu stellen, wie Paulus das bei den Korinthern gemacht hat, dürfte hierzulande ziemlich jedem Pastor die Stelle kosten. Da traue ich mich natürlich nicht ran. So mutig wie Paulus bin ich nicht!

Ich erlaube mir stattdessen lediglich, meine Schäfchen nur „im ganz Grundsätzlichen" auf Liebe hin zu beurteilen. Also auf ihre grundsätzliche Liebe zu Jesus, und zwar zum real anwesenden Jesus. Also auf ihr Liebe zur Ortsgemeinde.

Damit bin ich aber trotzdem noch ein recht unbequemer Pastor, weil ich damit natürlich nicht dem allgemeingültigen Level entspreche! Es ist beileibe (darf hier wörtlich genommen werden!) nicht üblich in unseren

Breitengraden, die Liebe zu Jesus daran zu messen, wie mit seinem Leib umgegangen wird.

Aber genau daran wäre die Liebe doch zu messen! Oder beurteilt sich die Liebe zu unserem Ehepartner etwa nicht auch daran, wie wir real und praktisch, also „faktisch", mit ihm umgehen? Ist der Maßstab unserer Liebe ausschließlich unsere Gefühlslage ihm beziehungsweise ihr gegenüber? Findet die Intensität unserer Liebe zu unserem Partner ausschließlich gedanklich oder emotional verinnerlicht ihren Ausdruck?

Wenn wir Menschen begegnen, die genau das machen, nämlich behaupten, ihren Partner zu lieben, während sie ihn gleichzeitig wie ein Stück Dreck behandeln, dann schütteln wir doch den Kopf und murmeln in Stillen: *„Wie kann er nur!"* und *„So was von unglaubwürdig, der lügt sich doch selber in die Tasche ..."*!

Zu Recht.

Aber genau das machen wir dann mit Jesus und seinem Leib.

Wir wissen selbstverständlich ganz genau: Jeder kann ungestraft behaupten, jemanden zu lieben; die Behauptung als solche ist erst mal nicht überprüfbar. Aber sie wird äußerst unglaubwürdig, wenn diesem Statement nicht Taten folgen. Wenn nun also Jesus in seinem Leib tatsächlich „anwesend" ist, dann ist die behauptete Liebe zu ihm überprüfbar. Weil sie dann genau dort konkret, zur Tat werden müsste.

Also: Die Liebe zu Jesus ist selbstverständlich nicht lediglich daran zu messen, was ich für ihn fühle, sondern im Wesentlichen daran, wie ich mit ihm umgehe. Diese Betrachtensweise hingegen ist leider unter uns allermeist nicht üblich. Aber es wäre biblisch! Es ist die Sicht Gottes!

Was glauben Sie, für welche Sicht der Dinge ich mich entscheide?

Auch wenn es seinen Preis kostet. Denn es könnte dem einen oder anderen durchaus etwas unangenehm aufstoßen, wenn sein Pastor, sein Gemeindevorsteher oder sein Hauskreisleiter diesen Maßstab tatsächlich anzulegen wagen sollte ...

Also: Wie gehen wir üblicherweise mit unseren Gemeinden um? Was könnte geschehen, wenn alle Mitarbeiter, alle Leiter und selbst die regelmäßigen Besucher unserer kirchlichen Veranstaltungen so in die Gemeinde kämen, wie wenn sie zu Jesus höchstpersönlich kämen? Wenn alle Gemeindedienste, egal ob im Hintergrund oder vorne auf dem Podium, egal ob mit Putzlappen, Handy oder Bibel in der Hand so getan würden, wie wenn der Betreffende gerade vor Jesus stünde und es ihm persönlich täte?

Und was würde es für dem Umgang miteinander in der Gemeinde bedeuten, wenn wir in unseren Brüdern und Schwestern immer, sofort und gleichzeitig einen Teil des Leibes Jesu erkennen und sie uneingeschränkt so behandeln würden? Wie wenn in ihnen Jesus in Person vor uns stünde, weil das Gemeindeglied ja ein Glied seines Leibes ist?

Genau das hat doch Jesus gemeint mit *„Was ihr getan habt einem von diesen meinen geringsten Brüdern, das habt ihr mir getan!"* (Matthäus 25,40); und wenn Paulus die Epheser auffordert: *„Darum legt die Lüge ab und redet die Wahrheit, ein jeder mit seinem Nächsten, weil wir untereinander Glieder sind"* (Epheser 4,25), dann begründet er unser ethisches Verhalten innerhalb der Gemeinde eben ausdrücklich mit dem Leib-Jesu-Verständnis. Wir sind Glieder des Leibes Jesu, und die können sich beispielsweise untereinander doch unmöglich anlügen!

Also, was wäre, wenn wir tatsächlich miteinander und mit unseren Diensten innerhalb der Gemeinde immer so umgehen würden, wie wenn wir es mit Jesus höchstpersönlich zu tun hätten?

Nun: Das wäre lediglich gelebte Wirklichkeit! Für Gott <u>ist</u> es nämlich die Wirklichkeit: Wir tun es Jesus persönlich an! Ob wir uns dessen bewusst sind oder nicht, das beeinflusst die Sichtweise Gottes doch in keiner Art und Weise! Er sieht in der Gemeinde <u>immer</u> den Leib seines Sohnes! Selbst wenn es also nicht unser Bewusstsein ist und wir das nicht so sehen, dass unser Dienst an der Gemeinde oder in der Gemeinde Dienst an Jesus persönlich ist: Gott sieht es aber so! Und davon wird er sich nicht abbringen lassen, schon gar nicht dadurch, dass wir diesbezüglich einfach nicht kapieren wollen oder können.

Stichprobe: Wie reden wir eigentlich im trauten Kreis der Familie am Mittagstisch über Jesus - beispielsweise sonntags nach dem Gottesdienst?

Ich will das jetzt nicht breit ausschmücken, aber möglicherweise gibt es einen für Gott fast unerträglichen Bruch zwischen unserem hingebungsvollen Tischgebet und unserem unmittelbar daran anschließenden Reden über den Leib seines Sohnes. Eben noch haben wir das Haupt im Himmel angebetet, und schon zerreißen wir seinen Leib.

Prost Mahlzeit!

***

Da gibt es in unserem Land ganz viele evangelistisch gesinnte Christen, die ihre Freunde, Arbeitskollegen oder Nachbarn nicht in die Gemeinde mitbringen. Sie täten das zwar gerne, aber sie ahnen schon im Voraus: *„Du meine Güte, wenn die in unsere Gemeinde kämen! Nur das nicht! Sie würden bestimmt nicht sehr begeistert sein, sich eher abgeschreckt statt eingeladen fühlen! Zumindest würden sie keine Lust auf Glauben, Nachfolge oder Kirche kriegen. In meiner Gemeinde ist das Risiko eines missionarischen Rohrkrepierers einfach viel zu groß!"* Logische Konsequenz für diejenigen, die sich dennoch evangelistisch betätigen wollen: Sie versuchen, ihren Mitmenschen außerhalb der Gemeinde Lust auf Jesus zu wecken, sie also zu „missionieren", aber gleichzeitig erst mal fern von der Gemeinde zu halten.

Wenn ich so etwas mit dem „Leib-Jesu-Verständnis" von Gemeinde, also dem biblischen und damit göttlichen Verständnis, betrachte, dann könnte ich glatt verzweifeln! Was für ein Murks, was für eine Verdrehung der Verkündigungsstrategie Jesu!

Das bedeutet doch nichts anderes, als dass wir tatsächlich versuchen, Menschen für Jesus zu gewinnen, indem wir sie möglichst fernhalten von Jesus! Indem wir den Teil Jesu, der tatsächlich hier ist, den sie erleben, sehen, kennenlernen könnten, ihnen vorenthalten! Wir beschwören sie mit *„Komm doch zu Jesus"* und bemühen uns gleichzeitig nach Kräften, dass sie Jesus nur ja nicht begegnen!

Noch verdrehter und unsinniger können wir es eigentlich gar nicht angehen. Diese Art von Evangelisation wird schwerlich gelingen! Was ja übrigens auch unsere Erfolgsrate diesbezüglich durchgehend bestätigt ...

Natürlich verweisen wir hier darauf, dass unsere kirchliche Gemeinschaft und unsere Zusammenkünfte <u>wirklich</u> alles andere als anziehend sind und wir <u>tatsächlich</u> niemanden mitbringen können. Aber genau das ist doch der Punkt! Da beißt sich doch die Katze in den Schwanz!

Zirkelschluss, meine Damen und Herren Geschwister!

Wären denn unsere Gemeinschaften und Anlässe wirklich so abstoßend (wie sie leider tatsächlich manchmal sind!), wenn alle Beteiligten ihre Gemeinde endlich mal wie Jesus persönlich behandeln würden? Und zwar nicht einfach deswegen, damit endlich mal die Gemeinde etwas netter und einladender würde, sondern: Weil sie tatsächlich Jesus <u>ist</u> und weil wir das endlich begriffen haben!

O doch, wir bemühen uns durchaus immer mal wieder um einen ansehnlicheren und freundlicheren Auftritt unserer Gemeinde. Aber unsere Motivation dazu ist stets zweckorientiert statt erkenntnisbasiert. Wir optimieren die Performance, den Auftritt, die Erscheinung unserer Gemeinden, *„um ..."* und nicht *„weil ..."*! Wir sehen durchaus die Notwendigkeit ein, dass unsere Gemeinde sich verbessern sollte, haben aber nicht wirklich verstanden, weshalb. Wir denken, Gemeinde müsste anziehend und toll sein, damit wir (evangelistischen) Erfolg haben und uns gleichzeitig selber darin so wohl fühlen, dass keiner seinen Austritt erklärt. Also strikt und ausschließlich zweckorientiert!

Das ist marktwirtschaftliches Denken. Aber leider keine geistliche Strategie. Und deshalb auch nicht das, was Jesus an seinem Leib segnen wird.

Nein, unser Antrieb, unsere Gemeinde schöner, besser und einladender zu gestalten, muss unser Erkennen sein, wen ich als „Gemeinde" vor mir habe: Jesus! Seinen Leib!

Die Motivation zu unserer Gemeinde-Liebe muss darin liegen, dass wir gar nicht anders können, sofern wir ernsthaft behaupten, Jesus zu lieben! Weil „Liebe zu Jesus" nur dann Sinn macht, wenn wir Jesus <u>tatsächlich</u>, also mit der „*Tat*" und „*sächlich*", lieben! Und die positive, unwiderstehliche (und somit automatisch evangelistische!) Anziehung, die dann von unserer Gemeinde ausgeht, wird darin begründet sein, dass sich keiner, der sich in unsere Gemeinde verirrt, der hingebungsvollen Liebe entziehen kann, die alle Gemeindeglieder unisono dem anwesenden Jesus, seinem Leib, entgegenbringen.

Mehr noch: Nicht so sehr wir als Gemeinde wären dann „anziehend" oder „erfolgreich" sondern eben Jesus selbst! Genauso, wie es eigentlich ohnehin sein sollte!

Eine „erfolgreiche" Gemeinde definiert sich dadurch, dass deren Glieder Jesus lieben, und zwar insbesondere den Teil Jesu, der anwesend ist. Wenn wir das umsetzen, leben wir exakt unsere Bestimmung. Dazu sind Nachfolger nämlich vorgesehen! Unsere gelebte „Jesus-Liebe" wird dann sichtbar, spürbar, nachvollziehbar. Wir werden genau dadurch, durch diesen Umgang mit dem „realen" Jesus, diesen Jesus vorleben, diesen Jesus demonstrieren, diesen Jesus darstellen, diesen Jesus repräsentieren. Denn wir <u>sind</u> dann Jesus – nämlich in der Ausprägung, der Form seines Leibes. Und zwar als solcher jederzeit erkennbar, beispielweise durch unsere Liebe untereinander: *„Daran wird jedermann erkennen, dass ihr meine Jünger seid, wenn ihr Liebe untereinander habt"* (Johannes 13,35). Oder durch unsere barmherzigen Taten: *„Darum, an ihren Früchten sollt ihr sie erkennen"* (Matthäus 7,20). Oder durch unsere gelebte Einheit: *„.... dass sie alle eins seien. Wie du, Vater, in mir bist und ich in dir, so sollen auch sie in uns sein, auf dass die Welt glaube, dass du mich gesandt hast"* (Johannes 17,21).

Das ist doch sichtbare und erlebbare Darstellung Jesu! Das ist „Jesus zum Anfassen", das ist „anwesender Jesus"! Und dazu sind Nachfolger berufen!

Glauben wir, dass wir auch zu einer solchen Gemeinde unsere Freunde nicht mitbringen könnten? O doch, und es würde etwas ganz Wunderbares geschehen: Sie würden dort wahrhaftig Jesus begegnen! Und zwar noch nicht mal im übernatürlichen Bereich, sondern einfach dadurch, dass sie uns, seinen „*Gliedern*", begegnen! Also dem Leib Jesu!

Wäre das etwas „Wunderbares"?

Quatsch! Nach den Vorstellungen Jesu wäre dies das absolut Normale, das, wofür die Gemeinde ohnehin da ist. Simpler, durchschnittlicher Gemeindealltag, geistliches „business as usual". Nicht mehr.

Weil es genau die Strategie ist, mit der Jesus die Welt erreichen möchte: Indem Menschen ihm persönlich begegnen, wenn sie uns – dem Leib Jesu - begegnen.

***

Jesus persönlich begegnen. In unseren Gemeinden, weil sie „Leib Jesu" sind. Weil Jesus da ist, präsent ist. Darum geht es.

Kurzer Rückblick dazu: Wie war das denn damals, direkt nach der Auferstehung Jesu?

Damals, am Ostersonntag, wurde den Jüngern mehrfach die Auferstehung Jesu verkündigt. Mehrere Zeugen seiner Auferstehung kamen zu den Aposteln, und alle versicherten mit tiefster Überzeugung, dass Jesus wirklich lebe und dass sie ihm persönlich begegnet seien.

Der erste Zeuge war eine Frau, berichtet uns Markus: „*Er, Jesus, erschien zuerst Maria Magdalena, von der er sieben Dämonen ausgetrieben hatte. Und sie ging hin und verkündete es denen, die mit ihm gewesen waren*" (Markus 16,9+10). Maria bezeugt ihnen also den auferstandenen Jesus, aber leider vergeblich: „*Und als diese hörten, dass er lebe und ihr erschienen sei, glaubten sie nicht.*" (Markus 16,11).

Dieses Zeugnis bewirkte also nichts.

Als nächstes kommen die beiden „Emmaus-Jünger", denen Jesus unterwegs begegnet ist, und erzählen den Jünger-Kollegen ebenfalls von ihrer persönlichen Begegnung mit dem Auferstandenen.

Auch diese Zeugen bewirken offensichtlich nichts. Markus vermerkt dazu lapidar: *„Aber auch denen glaubten sie nicht.“* (Markus 16,13).

Aber dann kommt Jesus selber. Und jetzt, wo Jesus persönlich vor ihnen steht, da plötzlich erkennen die Jünger, dass Jesus tatsächlich lebendige Realität ist! Aber erst jetzt! Erst in dem Augenblick, wo ihnen Jesus persönlich begegnet!

Genau dasselbe hat ja bereits Maria von Magdala, die als erste am Ostermorgen das leere Grab entdeckte, durchlaufen. Ihr und ihren Freundinnen begegneten Engel und verkündigten ihr den auferstandenen Jesus. Ergebnis laut Markus 16,8: *„Sie sagten niemandem etwas, denn sie fürchteten sich.“* Selbst Engel haben es also nicht vermocht, in Maria Glauben zu wecken! Als es aber dann zum persönlichen Treffen von Maria mit dem auferstandenen Jesus kommt (Johannes 20,14-17), da erkennt und glaubt Maria.

Könnte das eine geistliche Grundregel sein? Nämlich die Grundregel, die da lautet: *„Man muss Jesus schon persönlich begegnen, um ihn wirklich zu erkennen“*?

Schon damals, am Ostersonntag, reichte es offensichtlich nicht, nur von Jesus zu hören; noch nicht mal, wenn Engel dies bezeugen. Und es reichte auch nicht, wenn der Zeuge ganz persönlich von sich selbst berichten kann, dass er ihm tatsächlich begegnet sei. Und auch nicht, wenn der Zeuge ein guter Bekannter, ein Freund, einer der ihren ist – sowohl Maria Magdalena wie auch die beiden Emmaus-Wanderer gehörten ja zum Jüngerkreis! Und es reicht auch dann nicht, wenn zwei dieser Zeugen übereinstimmend dasselbe proklamieren und fundiert biblisch nachweisen können, dass Jesus selbstverständlich aufgrund der biblischen Prophezeiungen auferstehen müsse. Denn genau so haben natürlich die beiden Emmaus-Jünger gemäß Lukas im Jüngerkreis argumentiert, weil ihnen ja soeben Jesus höchstpersönlich und brühwarm aus dem Alten Testament schlüssig nachgewiesen hat, dass er diesen (Passions-)Weg gehen musste und dass seine Auferstehung längst schon und mehrfach vorhergesagt wurde (vgl. Lukas 24,27). Das haben sie mit Sicherheit den Geschwistern nicht vorenthalten. Sie dürften „argumentiert haben wie die Weltmeister“!

Ergebnis? Negativ. Auch das hat die restlichen Jünger nicht überzeugt, hat keinen „Glauben an den Auferstandenen" geweckt.

Und das, obwohl jeder einzelne dieser Jüngerschar, denen jetzt derart massiv und mehrfach die Lebendigkeit von Jesus bezeugt wurde, bereits sehr viel über Jesus wusste! Sie alle kannten ihn bestens und schon seit Jahren – aber sie fanden trotzdem nicht zum Glauben!

Erst als sie Jesus persönlich begegneten – erst da hat's gefunkt! Bezeugen durch beste Freunde, ja selbst durch Engel wie bei Maria, war zu wenig, theologisieren war zu wenig, bereits schon viel über Jesus wissen war zu wenig. Nur die persönliche Begegnung mit der Auferstandenen selbst erzeugte endlich den echten Jesus-Glauben!

Bei den Emmaus-Jüngern hat's ja übrigens am gleichen Tag bereits schon einmal nicht funktioniert mit „theologisch fundiertem Bezeugen" des Auferstandenen. Kein Geringerer als Jesus höchstpersönlich hat den beiden erklärt, warum der Auferstandene zwingendes Fakt sein muss. Und ich gehe davon aus, dass Jesus es ihnen sehr gut und sehr schlüssig darlegen konnte. Immerhin war es ja Jesus höchstpersönlich, der's ihnen erklärte, und wenn einer bei diesem Thema weiß, wovon er spricht, dann doch Jesus! Und was hat's gebracht? Erst mal gar nichts! Es hat – buchstäblich - keine „Umkehr" bei den beiden Jüngern bewirkt: Sie fühlten sich deswegen durchaus nicht bemüßigt, sich wieder zurück an den Ort des Geschehens, nach Jerusalem, zu begeben.

Als sie dann aber plötzlich erkannten, dass Jesus tatsächlich in Persona vor ihnen stand, als die Begegnung auch für sie reale Wirklichkeit wurde: Da hat's geklickt! Die persönliche Begegnung hat sie überzeugt!

In diesem Zusammenhang wäre natürlich auch noch der Zweifler Thomas aus dem Johannes-Evangelium, Kapitel 20, anzuführen. Auch bei ihm genau dasselbe Muster: Erst die persönliche Begegnung mit Jesus überzeugt ihn! Alles andere war zu wenig! Aber eben nicht nur bei Thomas, sondern durchgehend. Bei sämtlichen Jüngern.

Warum sollte das heute anders sein?

Und es lohnt sich, noch genauer hinschauen, wie Jesus den Jüngern als Auferstandener begegnet. Lukas schildert uns dazu sehr aufschlussreiche Details:

„Da trat er selbst, Jesus, mitten unter sie und sprach zu ihnen: »Friede sei mit euch!« Sie erschraken aber und fürchteten sich und meinten, sie sähen einen Geist." (Lukas 24, 36+37).

Ist ja interessant. Da ist Jesus zwar da, steht leibhaftig vor ihnen – aber sie sehen etwas „geisthaftes" statt etwas „personelles". Kein Vorwurf natürlich an dieser Stelle – sie erleben ja grad eben eine sensationelle und noch nie dagewesene Weltpremiere - aber irgendwie doch symptomatisch, oder? Jedenfalls reicht es momentan noch nicht für den richtigen Glauben, obwohl Jesus körperlich anwesend ist. Jesus als Geist? Ja, aber eben (noch) nicht als jemand Reales.

Was macht Jesus also? Er weist sie auf seine Körperlichkeit hin: *„Seht meine Hände und meine Füße, ich bin's selber. Fasst mich an und seht; denn ein Geist hat nicht Fleisch und Knochen, wie ihr seht, dass ich sie habe. Und als er das gesagt hatte, zeigte er ihnen seine Hände und Füße."* (Lukas 24, 39+40).

Es ist ihm ganz wichtig, dass seine Jünger in körperlich real erleben! Natürlich, seine Füße und Hände sollen sie sehen, ja sogar anfassen (*„Fasst mich an!"*), denn da sind seine Wundmale vom Kreuz! Sie müssen sich versichern: Das ist tatsächlich der Körper von Jesus. *„Sehen und anfassen, bitte!"*

Fast sind sie überzeugt, aber auch das reicht noch nicht ganz. Lukas schildert als spontane Reaktion der Jünger, dass sie es *„... aber noch nicht glauben konnten vor Freude und sich verwunderten."* (Lukas 24,41).

Deshalb setzt Jesus noch einen drauf:

„Da sprach Jesus zu ihnen: Habt ihr hier etwas zu essen? Und sie legten ihm ein Stück gebratenen Fisch vor. Und er nahm's und aß vor ihnen." (Lukas 24, 41-43).

Jesus demonstriert ihnen also noch mehr als nur seinen „Leidenskörper vom Kreuz", indem er ihnen eine ganz profane, alltägliche Leibes-Tätigkeit vordemonstriert: Er isst etwas!

Das hat's gebraucht, damit die Jünger tatsächlich an den Auferstandenen glauben können: Nicht nur den Auferstandenen im seinem „Kreuzigungsleib" live vor sich zu sehen, sondern den real lebenden Jesus in einen real lebenden Leib zu erleben! Ein Leib, der beispielsweise Fisch isst wie jeder von ihnen und wie jeder beliebige andere Leib das auch kann!

Das war Jesus offenbar ganz wichtig: sich wahrhaftig „leiblich" zu präsentieren und nicht etwa „geistlich"!

Und was machen wir heute? Könnte es sein, dass wir genauso wie die Jünger damals ebenfalls zum ausschließlich „geistlichen" Jesus tendieren, wenn wir beispielweise deklarieren: *„Jesus ist zwar im Himmel, aber er lebt auch in unseren Herzen!"*?

Das war Jesus damals sichtlich zu wenig, und das ist es wohl auch noch heute! Er will kein „geistlich" lebender Jesus sein, sondern ein „real" lebender Jesus! Wer meint, er sähe in Jesus einen „Geist" - wie die Jünger damals -, dem beliebt Jesus zu sagen *„Fasse mich an!"* und fragt ihn *„Hast Du mir etwas zu essen?"* <u>Das</u> überzeugt!

Erst das. Damals und heute.

Die Menschen müssen Hände und Füße, also Glieder seines Leibes, sehen, ja sogar berühren können! Und dann geht's noch gemeinsam an den Esstisch mit Jesus!

Jesus sehen, erleben, berühren, essen mit ihm: Das weckt Glauben an den Auferstandenen!

Umso mehr wir doch heute genau dieselbe Erfahrung machen: Wir können noch so überzeugend predigen und persönlich bezeugen, dass Jesus tatsächlich lebe und er uns längst begegnet sei – es erzeugt keinen Glauben bei unseren Zuhörern! Wie damals, als Maria Magdalena die Jünger überzeugen wollte. Und wir können noch so fundiert argumentieren und biblisch nachweisen, dass Jesus tatsächlich der Auferstandene ist – es ist vergeblich.

Wie damals, als die beiden Emmaus-Jüngern auch theologisch schlüssig argumentierten.

Wie sollte es auch? Selbst bei wahren Jesus-Kennern und unter Freunden hat es damals nicht funktioniert, und selbst Engel sind gescheitert – wundert uns, dass es auch heutzutage nicht umgehend zu Bekehrungen führt, wenn wir wildfremde Menschen, die vermutlich ein völlig verdrehtes oder gleich gar kein Jesus-Verständnis mitbringen, anpredigen und ihnen Jesus verbal bezeugen?

Da können wir noch so fundiert argumentieren und persönlich bezeugen und uns den Mund fusselig reden – es zeitigt immer wieder dasselbe Ergebnis, nämlich keins. Da können wir noch so überzeugt sein, dass die Auferstehung Jesu Tatsache ist und diese Wahrheit noch so begeistert vertreten – es hilft nichts. Die Zeugen von damals, denen Jesus im Verlauf des Ostersonntags höchstpersönlich begegnet ist, haben ja noch viel sicherer als wir heute gewusst, dass der Auferstandene tatsächlich Realität ist – und auch das hat nicht gereicht! Auch deren Zeugnis hatte immer noch zu wenig Durchschlagskraft!

Was war der Schlüssel damals? Der Schlüssel war: Jesus persönlich begegnen! Ihm leibhaftig begegnen!

Und genau dieser Schlüssel soll weiterhin angewendet werden. Auch heute noch. Jesus hat doch nirgendwo angedeutet, dass diesbezüglich eine Systemumstellung geplant sei! Es geht auch nach seiner Himmelfahrt um genau dasselbe: Menschen sollen Jesus persönlich begegnen! Das ist der Plan, das ist die Taktik, das ist das „System" von Jesus.

Jesus persönlich begegnen, darum geht's. Ihm leiblich begegnen, ihn leiblich erleben. Da sein, wo man seine Glieder sehen und berühren kann, wo man mit Jesus essen kann. Man muss seinem Leib begegnen. Persönlich.

Und das kann man genau dann, wenn Jesus tatsächlich da ist, und genau dort, wo sich Jesus gerade leibhaftig aufhält. Also da, wo sein Leib ist. Da ist er, und genau da können Menschen ihm persönlich begegnen, und genau da geschieht dann die Revolution ihres Lebens, genau da erkennen sie den wahren Jesus, genau da erfolgt der Start echter Jesus-Nachfolge.

Genauso wie damals, nach der Auferstehung: Da, wo Jesus ist, da begegnet man ihm.

Was für eine simple Wahrheit: *„Da, wo Jesus ist, da begegnet man ihm!"* Das ist doch absolut nichts Neues, oder? Das wussten wir doch eigentlich schon immer, oder? Und es ist sogar auch irgendwie logisch, oder?

Und *„Jesus persönlich begegnen"* galt uns doch schon immer als unverzichtbar für eine Bekehrung. Aber warum – um Himmels willen (!) - haben wir das lediglich auf geistliches, verinnerlichtes Geschehen reduziert?

Deswegen: Gemeinde muss „Leib Jesu" sein, also der Ort, an dem man Jesus begegnen kann. Weil er da ist. Real, leiblich. Das ist die Vorstellung Jesu, das ist das Konzept Gottes mit seinem Sohn, das sollte unser ganz normales Gemeindebusiness sein und genau dort – aber eben nur dort! - wird dann wieder dasselbe geschehen wie damals bei der „Urgemeinde" in Jerusalem, die Jesu Leib vorbildlich gelebt hat: *„Der Herr fügte täglich zur Gemeinde hinzu, die gerettet wurden."* (Apostelgeschichte 2,47). Weil Jesus präsent war! Diese Gemeinde war tatsächlich „Leib Jesu"!

***

Mehr noch: Nicht nur unsere Besucher würden begeistert sein von einer echten „Leib-Jesu-Gemeinde" und sich schon nach wenigen Besuchen nach dem Aufnahmeformular zur Mitgliedschaft erkundigen, weil sie so Unwiderstehliches erleben wie die Menschen damals bei Jesus. Nicht nur die Besucher wären völlig begeistert, sondern auch du und ich und selbstverständlich auch alle anderen, unsere ganz normalen Gemeindeglieder.

Wir selbst wären ebenso begeistert, und ich würde freiwillig und gerne zur Gemeinde gehen! Ich wäre traurig über jeden Gemeindeanlass, den ich nicht besuchen könnte; mir würde Wesentliches fehlen, wenn ich einige Tage abwesend wäre, und ich hätte erstzunehmende Mangelerscheinungen, wenn ich über länger Zeit fernbleiben müsste!

Diese Gemeinde wäre so toll, dass ich völlig begeistert von ihr wäre, und zwar dauerhaft statt nur so lange, wie dort „meine" Lobpreismusik gespielt wird und Pastors Predigten mich „irgendwie ansprechen".

Ich wäre begeistert von der Gemeinde, weil es „Jesus konkret" ist! Ich wäre genauso begeistert wie die Handvoll Jünger, die sich am Ostersonntag um den auferstandenen Jesus scharen, und genauso begeistert wie dieselben Jünger – und noch ein paar Tausend mehr – die nach Jesu Himmelfahrt mit der Jerusalemer Gemeinde genau so leben, wie wenn sie den „Leib Jesu" verstanden hätten. Haben sie nämlich! Mit Sicherheit! Eben deshalb *fügte der Herr täglich hinzu, die gerettet wurden"* (Apostelgeschichte 2,47). Weil man sich hier um Jesus schart – genauso wie schon zu seinen Lebzeiten. Jesus im Mittelpunkt, anwesend und anschaulich dargestellt und vorgelebt.

Jesus live und anwesend erleben – darum geht's!

Gemeinde als „Leib Jesu"? Das würde uns selber richtig Spaß machen und unser Leben unglaublich bereichern, was ja auch das Versprechen Jesu wäre: *„Ich will euch erquicken"* (Matthäus 11,28), oder *„... damit ihr das Leben und volle Genüge habt"* (Johannes 10,10). Und gleichzeitig wären wir auch noch unglaublich evangelistisch! Ohne laufend vielversprechende Konzepte irgendeiner amerikanischen Mega-Gemeinde zu testen und mangels Erfolg wieder verwerfen zu müssen! Einfach nur, weil wir sind, was wir sein sollten! Nämlich: realer und anwesender Jesus! Wie von Gott vorgesehen, von Jesus übermittelt und von Paulus erklärt. Also rundum biblisch!

Was würde das mir selbst (!) für einen Spaß machen, hier dabei zu sein! Und wie doof muss ich sein, nicht unbedingt auf eine solche Gemeinde hinarbeiten zu wollen, nicht alles einzusetzen, dass auch meine Gemeinde sich in diese Richtung entwickelt?

Oder anders gesagt: Wir würden uns ja selbst den größten Gefallen tun, wenn wir Gemeinde so leben würden! Es wäre zu allererst zu unserem eigenen Besten, es wäre unsere Lebensqualität, unsere Freude, unsere Begeisterung und unsere eigenen tollen geistlichen Erlebnisse! Wir selbst würden unglaublich von dieser Gemeinde profitieren! Es wäre Leben, wie von Jesus verheißen und vorgesehen, außerdem biblisch und in Gottes Augen wohlgefällig. Es wäre „echtes" Leben…

Wow!

Stattdessen aber bestrafen wir uns selbst, und zwar hochgradig, weil wir uns noch nicht mal auf den Weg dahin machen! Warum sind wir eigentlich nicht hier endlich mal – im positiven Sinne – „egoistisch" und bestehen darauf, uns das Beste für uns selber abzugreifen! Fällt uns doch sonst auch nicht so schwer, oder? Hier dürften wir endlich mal unsere ichbezogene *„Nur das Beste für mich!"*-Gesinnung voll ausleben!

Womit geben wir uns eigentlich zufrieden? Jesus hätte doch so viel mehr im Angebot!

***

Ach ja, und eins nicht zu vergessen: Ich wäre außerdem und nicht zuletzt auch deshalb begeistert von der Gemeinde, weil das ja der Job des Heiligen Geistes ist: Nämlich zu be-"*geist*"-ern. Und das tut er vermutlich am liebsten direkt bei Jesus; also an dem Ort, an dem ich Jesus liebe, Jesus ehre und Jesus diene. Wieso sollte ausgerechnet dort nicht die größte *„Begeisterung"* herrschen?

Der Heilige Geist wird uns ja auch von Jesus höchstpersönlich verliehen, und es spricht nichts dagegen, dass die Übergabe oder Übertragung dieses Geistes auf Jesu Nachfolger am wahrscheinlichsten nach dem System des „kürzesten Weges" stattfindet. Wie damals: *„Als er das gesagt hatte, blies er sie an und spricht zu ihnen: Nehmt hin den Heiligen Geist!"* (Johannes 20,22). Da stand die Jüngerschar auch unmittelbar vor Jesus!

Selbst wenn Jesus in Johannes 15,26 vom *„Tröster, den ich euch senden werde"* spricht, wäre gut denkbar, dass sein Zustellsystem dort am besten funktioniert, wo Sender und Empfänger nahe beieinander sind. *„Lasst Euch vom Geist erfüllen!"* (Epheser 5,18) wird vermutlich ebenfalls am besten in der unmittelbaren Gegenwart Jesu gelingen, und *„das Bad der Wiedergeburt und Erneuerung im Heiligen Geist"* nach Titus 3,5 ist eingerahmt vom *„Erscheinen unseres Heilands"* (Titus 3,4) und dem *„Ausgießen durch Jesus Christus"* (Titus 3,6), also ziemlich deutlichen Hinweisen auf eine reale Nähe und Anwesenheit von Jesus. Und diese wäre in unserem Zeitalter, nach Himmelfahrt und Pfingsten, eben beim Leib Jesu gegeben! Denn - nochmals sei's betont -: Jesus ist uns genau da am Nächsten, wo er tatsächlich ist!

Und abgesehen davon ist der Weg vom Kopf zum Leib – also ein Weg innerhalb des Leibes – ohnehin immer der Kürzeste!

Gibt es vielleicht sogar einen noch direkteren Zusammenhang zwischen dem Leib Jesu und der Verleihung des Heiligen Geistes? Dass eine solche Vermutung mehr ist als nur ein Hirngespinst, entdecken wir, wenn wir etwas genauer in die Apostelgeschichte hineinschauen.

Wir betrachten deshalb nochmals die Ausgießung des Heiligen Geistes an Pfingsten in Apostelgeschichte, Kapitel 2. Warum betont der griechische Urtext so akzentuiert, dass sie *„alle an einem Ort beieinander"* waren (Apostelgeschichte 2,1), als der Geist kam? Ist es womöglich kein Zufall, dass der Leib Jesu offensichtlich gerade komplett anwesend war? War es wegen dem Leib Jesu wichtig, dass alle da waren?

Erstmal scheint es mir einfach logisch, dass Jesus den Geist in seinem eigenen Leib „implantiert", wenn dieser vollständig anwesend ist. Es geht hier offensichtlich um eine notwendige Ausrüstung des Leibes Jesu, er soll „geistdurchdrungen" ausgestattet werden. Er wird damit ebenfalls ein Teil der göttlichen Trinität, denn es ist eigentlich undenkbar, dass das Haupt „geistdurchdrungen" sein sollte, der dazugehörige Leib jedoch nicht.

Und nun lesen wir kurz darauf die Schilderung, wie in Samaria der Heilige Geist über die dortigen Gläubigen kam: *„Als aber die Apostel in Jerusalem hörten, dass Samarien das Wort Gottes angenommen hatte, sandten sie zu ihnen Petrus und Johannes. Die kamen hinab und beteten für sie, dass sie den Heiligen Geist empfingen. Denn er war noch auf keinen von ihnen gefallen, sondern sie waren allein getauft auf den Namen des Herrn Jesus. Da legten sie die Hände auf sie und sie empfingen den Heiligen Geist."* (Apostelgeschichte 8,14-17).

Warum kommt hier der Heilige Geist erst auf Initiative von Petrus und Johannes auf die Gläubigen in Samaria und nicht - wie doch eigentlich zu erwarten - jeweils während der Bekehrung oder der Taufe des einzelnen Gläubigen? Haben wir hier womöglich dasselbe Phänomen: Der Heilige Geist kommt erneut bei der Installation eines neuen Leibes, der sich soeben in Samaria als zweite Ortsgemeinde nach Jerusalem konstituiert? Das wäre dann das zweite Mal, dass der Heilige Geist zur Einsetzung eines neuen Leibes Jesu kommt.

Und es bleibt nicht bei diesen zwei Belegstellen. Ziemlich genau dasselbe geschieht nämlich kurze Zeit später im pisidischen Antiochia bei der dort entstehenden Gemeinde erneut! Apostelgeschichte 13,52 berichtet uns: *„Die Jünger aber wurden erfüllt von Freude und heiligem Geist"*, obwohl sich die ersten Gläubigen in Antiochia ebenfalls schon einige Zeit zuvor bekehrt hatten, denn vier Verse zuvor, in Vers 48, wird ja berichtet *„... und alle wurden gläubig"*! Der Heilige Geist kam also auch hier nicht zeitgleich und automatisch bei der Bekehrung jedes Einzelnen auf den jeweils neuen Gläubigen, sondern erst etwas später und dann bei allen gemeinsam – offensichtlich also auch hier zu Einsetzung des nächsten Leibes Jesu, diesmal in Antiochia.

Und einige Kapitel später wird uns noch ein viertes Mal diese Art der Geistausgießung geschildert, nämlich in Apostelgeschichte 19,1-6, bei der Initialisierung des Gemeinde-Leibes in Ephesus, diesmal wieder in Verbindung mit Handauflegung durch einen Apostel.

Viermal in der Apostelgeschichte kommt also der Heilige Geist nicht auf einzelne Gläubige während ihrer Bekehrung, sondern zur Neugründung einer Ortsgemeinde, was der Initialisierung eines weiteren Leibes Jesu entspricht. Das kann kein Zufall sein!

Erwähnenswert ist in diesem Zusammenhang auch die Geistausgießung beim Hauptmann Kornelius in Cäsarea, dem Petrus als erstem Heiden das Evangelium bezeugt. Nach Apostelgeschichte 10,44 fällt der Heilige Geist während der Predigt von Petrus *„auf alle, die ihm zuhörten"*. Aufgrund der Anzahl der Zuhörer kann hier ebenfalls davon ausgegangen werden, dass damit in Cäsarea eine weitere Ortsgemeinde, ein weiterer Leib Jesu entstand – und auch zu dieser Neugründung wurde der Heilige Geist verliehen. Damit haben wir schon fünf Schilderungen dieser Art von Geistausgießung.

Eine weitere interessante Beobachtung dazu machen wir in Apostelgeschichte 6 bei der Geschichte vom „Kämmerer aus dem Mohrenland": Auf den Kämmerer kommt trotz Bekehrung der Heilige Geist nicht, obwohl es sehr gut in die Schilderung dieser Bekehrung mit sofortiger Taufe in Apostelgeschichte 6,36-38 hineingepasst hätte! Warum nicht?

Wegen dem Leib Jesu! Denn der Kämmerer konnte sich in Äthiopien vorerst noch keiner Ortsgemeinde und damit keinem Leib Jesu anschließen! Pikant dabei: Der Heilige Geist war durchaus anwesend, denn im Anschluss an diese Taufe durch Philippus wird in Apostelgeschichte 6,39 geschildert: *„Als sie aber aus dem Wasser emporstiegen, entrückte der Heilige Geist den Philippus ...".*

Kleine Randbemerkung dazu: Eine interessierte Leserin meinte an dieser Stelle: *„Aber dann wäre dieser Kämmerer ja gar kein richtiger Christ, wenn er keinen Heiligen Geist hat!"* Dieser Gedanke ist nachvollziehbar, aber trotzdem zu kurz gedacht, denn erstens verleiht Gott selbstverständlich auch den Heiligen Geist souverän und genau dann und dort, wo er es für richtig hält, und zweitens kann Gott an und mit uns alles, was wir wirklich brauchen, auch ohne Heiligen Geist in uns bewirken: Er kann uns trösten, uns leiten, uns korrigieren, uns segnen, uns ermahnen, uns befähigen usw. Oder auch möglich: Er verleiht uns den Heiligen Geist wie zur Zeit des Alten Testaments punktuell und zu besonderen Anlässen oder Aufgaben, wie das beispielsweise in Apostelgeschichte 4,31 (*„sie wurden alle vom Heiligen Geist erfüllt"*) geschildert wird, als die Jerusalemer Gemeinde in einer Ausnahmesituation sozusagen eine „Extraportion" Heiliger Geist benötigte, obwohl natürlich alle den Heiligen Geist grundsätzlich schon hatten; oder auch in Apostelgeschichte 9,17, wo Saulus für seine Aufgaben als zukünftiger Paulus den Heiligen Geist nochmal speziell durch Handauflegung erhält.

Aber solche Rückfragen wie diejenige dieser Leserin zeigen, wie sehr wir in unserem Denkmuster gefangen sind: Der Heilige Geist kommt nach unserem Verständnis immer und unfehlbar bei Bekehrung. Punkt und Ende der Diskussion. Als Beleg dafür zitieren wir dann Paulus in Epheser 1,13: *„In*

Jesus seid auch ihr, als ihr gläubig wurdet, versiegelt worden mit dem Heiligen Geist, der verheißen ist".

Aber steht hier wirklich, dass der Heilige Geist immer genau deckungsgleich mit dem Zeitpunkt der individuellen Bekehrung auf den Einzelnen kommt? Oder beschreibt Paulus hier nur das Grundprinzip: Die Gläubigen kriegen alle den Heiligen Geist - aber ohne verbindliche Festlegung des genauen Zeitpunkts? Die paulinische Zeitpunktformulierung *„als ihr gläubig wurdet"* ist nämlich weit genug gefasst, damit sie auch auf alle soeben betrachten fünf Stellen der Apostelgeschichte passt, bei denen der Heilige Geist erst bei der Gemeindegründung auf die Gläubigen kam.

Besonders pikant an diesem Zitat aus dem Epheserbrief ist außerdem, dass Paulus das ausgerechnet den Ephesern schreibt! Denn in Ephesus ist ja – wie soeben in Apostelgeschichte 19 betrachtet - genau dies geschehen: Den Ephesern wurde der Heilige Geist bei Gemeindegründung, zur Konstitution des Leibes Jesu in Ephesus, verliehen, und nicht den Einzelnen zum Zeitpunkt ihrer Bekehrung! Und genau denen schreibt Paulus nun einige Jahre später dieses *„als ihr gläubig wurdet"*! Logische Schlussfolgerung: Paulus kann das hier nicht als „persönliche Einzelverleihung des Heiligen Geistes bei jeweiliger Bekehrung" verstanden haben!

Wir finden also in der Apostelgeschichte fünf Belege, dass der Heilige Geist nicht zu Einzelbekehrungen kam, sondern einer ganzen Gruppe von Bekehrten gleichzeitig und teilweise erst einige Zeit nach deren Bekehrung verliehen wird. Die schlecht belegte Einzelbekehrungs-Hypothese hat theologisch schon des Öfteren für erhebliches Kopfzerbrechen gesorgt und zu Erklärungsversuchen verleitete, die ziemlich an den Haaren herbeigezogen anmuten. Alles völlig unnötig! Denn mit dem Verständnis des Leibes Jesu ist dies problemlos zu verstehen. Man muss allerdings bereit sein, die in unseren Köpfen festbetoniert Lehre vom automatischen Geistempfang unmittelbar bei Bekehrung tatsächlich zu hinterfragen. Allerdings haben wir eigentlich soeben bewiesen, dass diese Lehrmeinung eben nicht biblisch fundiert ist; fünf anderslautende Belegstellen in der Apostelgeschichte zwingen uns dazu!

Vielmehr ist folgendes zu erkennen und darf auch als biblisch abgesicherte Lehrmeinung gelten: Der Heilige Geist kam in der Zeit der ersten Gemeinden schwerpunktmäßig erst mal nicht auf einzelne Gläubige, sondern auf die Glieder des Leibes Jesu, sobald sich diese als Leib konstituierten. Danach, wenn ein solcher Leib, also eine Ortsgemeinde, vorhanden ist, kommt der Heilige Geist auch zu Einzelnen und zwar in Verbindung mit deren Bekehrung, als individuelle persönliche Ausstattung des neuen Gläubigen, mit der er dann ebenfalls in den Leib Jesu buchstäblich „eingegliedert" wird und somit lückenlos zu denen passt, die den Heiligen Geist bereits schon haben.

Das heißt aber auch: Durch die Art der Geistverleihung in der Apostelgeschichte wird deutlich, welch hohen Wert die Zugehörigkeit eines Gläubigen zur Gemeinde hat! Heiliger Geist wird im Zusammenhang mit dem Leib Jesu verliehen! Und das ist als theologischer Grundsatz nicht nur vertretbar, sondern die klare und zwingende Erkenntnis, die sich aus unserer Betrachtung zu den unterschiedlichen Arten der Geistausgießung in der Apostelgeschichte ergibt! Mit diesem Verständnis kommt man theologisch bestens klar, ohne dass man mit „zweiten Geisttaufen" oder ähnlichen untauglichen Hilfskrücken die unterschiedlichen Ausgießungsarten des Geistes im Neuen Testament zu harmonisieren versuchen muss.

Die Leib-Jesu-Theologie hat also durchaus auch Relevanz für das Thema „Heiliger Geist", vielleicht sogar eine erhebliche. Es deutet alles darauf hin, dass der Heilige Geist vorrangig eine Gabe für den Leib darstellt, innerhalb dessen die einzelnen Glieder gleichermaßen mit ihm ausgestattet werden. Unsachlich ist hingegen, die Geistverleihung vorrangig als strikt personenbezogene und individuelle Ausrüstung für einzelne Nachfolger anzusehen, wie wir das mit typisch egozentrischer Schlagseite bisher immer auf dem Schirm hatten. Die Bibel lehrt uns auch hier etwas anderes.

***

Es lohnt sich, dazu auch das Thema Wunder, insbesondere die Heilungs-wunder, nochmal neu zu überbedenken. Solche Wundertaten hat Jesus zu seinen irdischen Lebzeiten ja viele getan. Die göttlichen Heilungs- und Wunderkräfte sind damals sozusagen *„durch ihn hindurch"* geflossen. Warum nicht auch heute noch - durch den Leib Jesu?

Das müssen ja jetzt nicht gleich die ausgesprochen spektakulären Heilungen auf dem Niveau von Totenerweckungen oder zumindest knapp drunter sein. Aber es könnten vielleicht Heilungswunder sein wie beispiels-weise das bei Zachäus (Lukas 19,1-10), nämlich dessen „wunderbare" Heilung von Habgier und Raffsucht!

Was hat denn diesen Zachäus damals geheilt? Die Bibelstelle selbst sagt dazu nichts Eindeutiges. Der Auslöser könnte eventuell eine direkte An-sprache von Jesus im Sinne von *„Zachäus, hier liegt dein Problem und das solltest du jetzt tun!"* gewesen sein, aber dazu schweigt die Bibel.

Irgendwie wahrscheinlicher scheint mir jedoch, dass Jesus gar nichts Derartiges zu sagen brauchte. Vielleicht war es ganz einfach die Ausstrah-lung, die Art, der Charakter Jesu und die Atmosphäre von Liebe, Offenheit und Annahme, die von Jesus ausging. Womöglich hat das diesen Zachäus „geöffnet", ihm den Mut gegeben, endlich mal reinen Tisch zu machen. Denn mit Sicherheit wusste Zachäus längst selber, dass er eigentlich ein raff-gieriger Stinkstiefel war. Das musste ihm Jesus bestimmt nicht sagen, weil ihm das die Gesellschaft längst schon zurückgespiegelt hatte!

Was ihn überzeugt, ja überwältigt hat, war also höchstwahrscheinlich diese Atmosphäre, die Ausstrahlung, die erlebte Präsenz Jesu. Die hat ihm den Mut gegeben, jetzt und in Jesu Gegenwart sein Leben zu ordnen. Oder in Luther-Deutsch: *„Buße zu tun"*!

Die Gegenwart, die Anwesenheit Jesu hat ihn geheilt. Warum nicht auch heute genauso bei der Anwesenheit Jesu, die durch seinen Leib gegeben ist?

Wir gehen heutzutage bevorzugt davon aus, dass Heilungswunder immer sozusagen „senkrecht vom Himmel" runterzufallen haben. Wie wäre es mal mit einer „waagrechten" Heilung durch den Leib Jesu?

Vielleicht so: Da kommt ein penetranter Geizkragen mit der Gemeinde in Kontakt. Und erkennt dort, am Umgang der einzelnen Glieder miteinander und mit ihrem Geld, dass Schenken tatsächlich Freude macht, dass Großzügigkeit innerlich befreit und dass es unglaublich befriedigt, sein Geld für etwas Sinnvolles statt für seinen Narzissmus einzusetzen. Er wird überwältigt von der Jesus-gemäßen Ausstrahlung der Gemeinde und dadurch geheilt von seiner Krankheit namens *„Geiz"*! Er erlebt Gemeinde als Leib Jesu, und Jesus war und ist nicht geizig! Und es ist die Begegnung mit dem anwesenden Jesus, die ihn heilt!

Oder der notorische Fremdgeher, der seinen Sextrieb nicht im Griff hat. Plötzlich lernt er treue Ehepaare kennen, freundet sich mit jungen Christen an, die enthaltsam und trotzdem fröhlich mit Sex bis zur Ehe warten und trifft sich mit Alleinstehenden, die nicht nur ihre eigene Würde, sondern auch die Würde anderer dadurch respektieren, dass sie niemanden als bloßes Sexualobjekt missbrauchen. Kurz: Er erlebt Vorbilder, die verantwortlich mit ihrer Sexualität umgehen oder enthaltsam und trotzdem ausgeglichen und erfüllt durch den Alltag gehen. Vorbilder, die einen kontrollierten Umgang mit ihren Trieben so unbeschwert vorleben, dass er sie für sich selbst zum Vorbild nehmen kann. Und es geschieht erneut Heilung, weil er überwältigt wird von der jesusgemäßen Ausstrahlung dieser Gemeinde! Gemeinde als Leib Jesu! Heil werden bei der Begegnung mit dem anwesenden Jesus!

Oder dann der ewige Nörgler, der an allen und allem etwas auszusetzen hat. Und der sich in der Gemeinde plötzlich unter lauter Menschen wiederfindet, deren größte Freude es ist, sich gegenseitig zu loben, zu ermutigen, zu stärken und zu trösten. Und die durchs Band weg nicht heuchlerisch und zweckoptimistisch Fröhlichkeit und Zuversicht aus sich herauspressen, sondern die einfach von Herzen optimistisch und zuversichtlich leben und auch noch Grund dazu haben. Die sind halt so! Weil deren Freude aus erlebter Erlösung entspringt und deren Zuversicht in der Gewissheit wurzelt, mit Gott im Reinen zu sein! Und plötzlich fällt dem Nörgler einfach keinen Grund mehr zum Weiternörgeln und Unzufriedenheit verbreiten ein, und sei es nur darum, weil er merkt: *„Das passt hier einfach nicht rein, hier kann* *ich das doch nicht – und eigentlich will ich das auch nicht! Nicht mehr!"* Und erneut geschieht Heilung, weil er überwältigt wird von der Jesus-Ausstrahlung dieser Gemeinde! Gemeinde als Leib Jesu! Heil werden in der Gegenwart Jesu!

Nicht nur Knochenbrüche, Krebs oder ungleich lange Beine benötigen Heilung! Wenn ich Jesus richtig verstehe, geht es ihm sogar im Wesentlichen vor allem um Heilung von seelischen und psychischen Krankheiten! Und das Leben zeigt uns schonungslos, wieviele Menschen diesbezüglich schwerstkrankt und oft fast unheilbar sind.

Sind solche Heilungen durch den Leib Jesu Utopie? Oder könnte das wirklich geschehen in unseren Gemeinden?

Falls es keine Utopie sein sollte: Solche Heilungen werden sich aber vermutlich erst dann einstellen, wenn wir begriffen haben, dass Gemeinde wirklich Leib Jesu ist und sogar damit beginnen, diese Erkenntnis auch zu leben! Nur in solchen Gemeinden könnte das Realität werden.

Diese Realität wäre dann allerdings wiederum nichts anderes als das „ganz Normale". Nämlich Heilungen durch Jesus. Genauso wie damals, so auch heute: Wo Jesus ist, werden Menschen heil. Keine Veränderung im göttlichen Konzept. Auch weiterhin ist es Jesus, der heilt. Und real anwesend ist er halt da, wo Gemeinde sein Leib ist.

Zur Bildung genau solcher Gemeinden sind wir berufen. Das sollten wir in Gottes Augen übrigens längst schon sein. Gemeinden, in denen Zachäus und Konsorten heil werden. „Waagrecht" sozusagen. Einfach weil sie Jesu Leib begegnen. In meiner Gemeinde, bei der ich selbst ein Glied dieses Leibes bin. Und dadurch auch einen Beitrag zu solchen Heilungen leisten kann, sei er klein oder groß. Oder zumindest live dabei sein kann bei Heilungswundern. Die passieren dann unmittelbar bei mir, weil ich ja Teil des Leibes bin.

Das würde dann so richtig Freude machen und mich meines Glaubens versichern. Wetten dass?

***

Und weiter: Ist uns eigentlich klar, dass wir nicht bis zu unserem seligen Ableben warten müssen, um im Himmel endlich mal Jesus zu umarmen, zu beschenken, mit ihm zu feiern, mit ihm zu lachen, zu weinen usw.?

Sofern wir jetzt nicht auf der anderen Seite vom Pferd runterfallen und im Übereifer beginnen, uns selbst zu feiern, könnte jeder von uns all dies gleich jetzt und sofort tun. Am Leib Jesu natürlich! Jesus zu lieben ist so einfach und so handfest, wenn man begriffen hat, dass der Leib Jesu ja hier ist und es sich jederzeit gefallen lässt, geliebt zu werden!

Eins ist sicher: Auch Jesus liebt es, wenn er geliebt wird!

Natürlich muss man dazu verbindlich zu einer Gemeinde gehören. Das wussten wir zwar schon immer, dass ein rechter Christ nicht solo durchs Leben geht, sondern „seine“ Gemeinde hat. Aber jetzt wissen wir auch, warum wir es gewusst haben: Weil es natürlich kompletter Unsinn ist, mit Jesus leben zu wollen und gleichzeitig seinem Leib nicht anzugehören. Oder knapper formuliert: Es ist Unsinn, ohne Jesus mit Jesus zu leben.

Wo immer Sie Christen treffen, die sich hier selbst amputiert haben, machen Sie diese auf ihre Glaubensschizophrenie aufmerksam. Wie soll Jesus so etwas segnen?

***

Natürlich ist die Erkenntnis des Leibes Jesu auch wichtig im Bereich Seelsorge und Gemeindeethik.

Ein Beispiel dazu: In einer Runde von erfahrenen Gemeindeleitern schilderte vor kurzem ein Pastor folgenden konkreten Fall in seiner Gemeinde aus dem Bereich „Zusammenleben ohne Ehe“:

Ein junges Pärchen hatte eine gemeinsame Wohnung bezogen und die Gemeinde daraufhin mit der Stellungnahme konfrontiert, dass sie weder kirchlich getraut noch auf dem Standesamt gewesen wären, sich aber durch das Zusammenziehen in die gemeinsame Wohnung ab sofort als *verhei-*

ratet" betrachten würden. Die Gemeinde möge das bitteschön auch tun, und es gäbe ja auch eine ihres Erachtens biblische Begründung dazu: Auch bei Adam und Eva wäre nach 1. Mose 4,1 die Ehe dadurch in Kraft getreten, dass sie sich *„erkannt"* hätten. Genau so hätten sie jetzt auch *„erkannt"* und dadurch „geheiratet", aber eben ohne irgendein öffentliches Heirats-Ritual, weder ein kirchliches noch ein standesamtlich-staatliches.

Eine recht gewagte Positionierung in einer pietistischen, evangelikalen Gemeinde, in der die Mehrheit der Mitglieder grundsätzlich das uneheliche Zusammenleben als *„wilde Ehe"* bezeichnen und ablehnen.

Wie soll die Gemeinde sich nun verhalten? Was soll man den beiden jungen Leuten sagen?

Die Verantwortlichen besprachen sich, und zwar so, wie zu erwarten war. Diskussionen zu solchen Themen laufen ja immer etwa nach demselben Muster ab, unter anderem deswegen, weil dazu jeder Gesprächsteilnehmer seine eigene individuelle Sicht mit unterschiedlichen Schwerpunkten und Gewichtungen mitbringt.

Es entwickelt sich dann jeweils ungefähr folgender Gesprächsverlauf: Als Einstieg stellt in der Regel der Pastor als seinen gewichtigen Schwerpunkt die Frage: *„Was sagt denn die Bibel dazu?"* Seine Ausführungen werden natürlich akzeptiert, aber umgehend ergänzt durch den Hinweis, dass dabei immer auch die Frage nach der *„Kulturrelevanz"* biblischer Aussagen mitberücksichtigt werden müsse; biblische Aussagen seien ja bekanntlich meistens auf einem bestimmten Hintergrund und in eine bestimmte Situation hinein gemacht worden. Dies wird – ebenfalls mit allgemeiner Zustimmung - ergänzt durch: *„Wir dürfen aber auf keinen Fall gesetzlich werden!"* Daraufhin folgt dann der Hinweis, dass biblische Richtigkeiten doch bitte unter dem übergeordneten Grundsatz *„Wie hätte Jesus in diesem Fall reagiert?"* interpretiert werden müssten, komplettiert mit dem an dieser Stelle üblichen *„Die Liebe muss aber über allem stehen!"*. Hierzu kann sich jetzt der Pragmatiker des Hinweises nicht enthalten, dass man in alledem aber bitte die bisherige Prägung der Gemeinde zu dieser Frage nicht übergehen dürfe: *„Wie denkt die Gemeinde darüber?"* Es schließt sich die Erörterung über mögliche Folgeschäden an: *„Bedeutet eine klare Positio-*

nierung eher Schaden oder Gewinn für die Gemeinde?", mit dem Hinweis, dass natürlich eine Gemeindespaltung deswegen keinesfalls riskiert werden dürfe. Denn das wäre ja wiederum unverantwortlich gegenüber ganz vielen treuen Gemeindegliedern und deswegen sei zu fragen: *„Was hilft der Gemeinde und bringt sie weiter?"* Diese Fragestellung wiederum veranlasst dann den Gemeinde-Seelsorger zum Hinweis, dass dies nicht nur im Hinblick auf die Gemeinde zu fragen sei, sondern auch gleichzeitig wieder mit Blick auf das Pärchen: *„Was hilft den diesen beiden und bringt sie weiter?"*, woran sich dann aber die Grundsatzfrage entzündet: *„Muss die Gemeinde sich überhaupt dazu positionieren?"*, gefolgt vom Austausch, wie detailliert denn eine Festlegung sein müsse oder ob nicht vielleicht unterschiedliche Antworten, die den jeweiligen Gewissens- und Reifezustand der Gemeindeglieder berücksichtigen, möglich wären, ja sogar ein gebotener *„Akt der Rücksichtnahme"* darstellen könnte. Nun schaltet sich auch der Ökumeniker ein und erzählt von Erfahrungen anderer Gemeinde mit dieser Problematik und welche Lösungsansätze wo funktioniert hätten beziehungsweise fehlgeschlagen seien und weshalb.

Und so geht es dann immer munter weiter, an alten und neuen Argumenten mangelt es nicht. Und selbst wenn die Gesprächsrunde es schafft, durchgehend sachlich zu bleiben und anderslautende Meinungen jeweils wertschätzend zu tolerieren, beginnt sich doch langsam Resignation breit zu machen: *„Ist ja alles irgendwie richtig, aber es fühlt sich je länger je mehr wie ein „gordischer Knoten" an…"*

Die unterschiedlichen Ansichten sind ja tatsächlich in aller Regel nicht falsch. Aber wie sind die Argumente zu gewichten? Welche Argumente und Sichtweisen wiegen so schwer, dass man die Ethik, die Ausrichtung der Gemeinde darauf aufbauen kann, und was ist *„zwar auch richtig"*, darf aber im vorliegenden Fall getrost vernachlässigt werden?

Denn eins ist klar: Man kann eben nur <u>eine</u> Gemeinde sein. Und die vermeintlich elegante Lösung, aufgrund des Zündstoffs bei schwierigen Fragen einfach keine Stellung zu beziehen, sondern alles schweigend zu tolerieren, ist bekanntlich noch immer über kurz oder lang schief gegangen. Zudem haben uns ja weder Jesus noch die Apostel so etwas vorgemacht.

Also: Welche Stellung soll die Gemeinde beziehen? Welche Ethik soll verbindlich erklärt werden und mit welcher Begründung?

Und genau hier könnte nun das Wissen, dass Gemeinde eben der Leib Jesu ist, berücksichtigt werden. Mehr noch: Dies sollte unbedingt und als stark zu gewichtendes Argument berücksichtig werden!

Und zwar folgendermaßen: Ist es wirklich das Entscheidende, zu welcher Ethik sich die Gemeinde entschließen und welche Position die Gemeinde-leitung in dieser Sachfrage beziehen wird? Könnte es nicht stattdessen ent-scheidender sein, wie sich das Paar der Stellungname der Gemeinde – wie auch immer diese ausfällt - stellen wird? Denn wenn die Beiden sich der Gemeinde, dem „Leib Jesu" stellen, stellen sie sich Jesus!

Ich will hier nicht falsch verstanden werden: Natürlich ist es wichtig, dass die Gemeinde eine gute, klare und fundierte Stellung zur Sachfrage findet. Das wird gelingen, wenn sie eine reife und verantwortungsfähige Gemeindeleitung hat. Aber vermutlich gibt es eben nicht nur die eine, einzig richtige Antwort darauf. Die Nachbargemeinde kommt bei derselben Frage vielleicht zu einer anderen Antwort – und die haben auch intensiv und geistlich darüber gearbeitet! Trotzdem darf man sich selbstverständlich keinesfalls darum drücken, sich zu einer verantwortbaren Position und Stellungnahme in dieser seelsorgerlichen Frage durchzukämpfen.

Aber wenn das getan ist, was ist dann für Jesus gewichtiger: Ob die Gemeinde nun haargenau die „einzig richtige" Ethik und Theologie gefun-den hat oder ob sie als Leib Jesu agiert und ernst genommen wird? Was wird Jesus wohl eher segnen: Dass die Gemeinde (endlich) verstanden hat, was hier *„echt biblisch"* sei, oder dass er in dieser Gemeinde persönlich präsent sein darf?

Denn das Pärchen, dass seine etwas spezielle Ethik der Gemeinde über-stülpen will, steht ja nicht einer Gruppe von irgendwelchen netten From-men gegenüber, sondern Jesus! Darf dieser hier zum Zug kommen mit der Stellungnahme, die sein Leib nach bestem Wissen und Gewissen erarbeitet hat?

Daraus folgt: Der Umgang dieses Paares mit der Stellungname der Gemeinde ist entscheidend, und zwar wesentlich entscheidender als die Sachargumente und geistlichen Begründungen, die zu Problematik gefunden wurden! Denn über die vorgebrachten Argumente für oder gegen ihr Eheverständnis kann das Pärchen gegebenenfalls ewig weiter diskutieren und zu jedem Argument ein Gegenargument präsentieren. Genau das ist ja (leider) auch mit ziemlicher Sicherheit zu erwarten.

Das wird erst an dem Punkt beendet werden, wenn es um die Stellung der Beiden gegenüber dem konkret anwesenden Jesus geht. Genau da dürfte auch der Punkt sein, an dem sich entscheiden wird, ob Jesus segnen wird – oder eben nicht. Jesus segnet ja bekanntlich nicht nur dort, wo man glaubt, endlich haargenau seinen Willen entdeckt zu haben, sondern er segnet vor allem dort, wo man ihm persönlich vertraut. Das ist Jesus wichtig: Das persönliche Vertrauensverhältnis ihm gegenüber.

Es sei in dem Zusammenhang hier nur am Rande vermerkt, dass „Glaube" und „Vertrauen" im griechischen Urtext des Neuen Testaments dasselbe Wort ($\pi\iota\sigma\tau\iota\varsigma$) ist. „*Glauben* an Jesus" ist also immer dasselbe wie „Jesus *vertrauen*". Und dieses Vertrauen zu Jesus wird konkret im Vertrauensverhältnis seinem Leib gegenüber. Denn da ist er, Jesus, konkret.

Betreffend „Zusammenleben vor der Ehe" bin ich übrigens dankbar für Florian und Elsa. Diese beiden jungen Leute erschienen eines Tages in unserer Jugendgruppe, mit einem offenen Herzen für Jesus. Sie vertrauten ihm gemeinsam ihr Leben an. Und sofort war die Diskussion unter den Jugendlichen entbrannt. Die beiden lebten nämlich zusammen, obwohl sie noch nicht verheiratet waren!

Florian und Elsa stellten sich unseren Anfragen; Florian zog umgehend aus der gemeinsamen Wohnung mit Elsa aus und wieder in sein altes Zimmer bei seinen Eltern ein, heiratete einige Woche später seine Elsa und zog am Hochzeitstag wieder bei ihr ein. So etwas gibt es auch, gottseidank!

Meines Wissens haben Florian und Elsa bis heute dadurch weder Schaden genommen noch es jemals bereut.

8. Anwendungsversuche

Eigentlich sollte dieses Kapitel „*Anwendungen*" heißen. Denn ich würde jetzt gerne loslegen mit vielen tollen und mutmachenden Berichten: Wie segensreich es sich auswirkt, wenn Christen verstehen, was Paulus mit „Leib Jesu" gemeint hat und welchen Unterschied es ausmacht, wenn Nachfolger die Sichtweise des Leibes Jesu so stark verinnerlicht haben, dass es zu ihrem alltäglichen Gemeindeverständnis geworden ist, mit dem sie jetzt ihre Ortsgemeinde nicht nur betrachten, sondern auch entsprechend behandeln.

Leider trifft aber „Anwendungsversuche" den Kern meiner folgenden Schilderungen wesentlich genauer. Es gibt nämlich nach meinem Erkenntnisstand noch keine Gemeinde, in der bereits eine größere Anzahl von Christen das Verständnis des Leibes Jesu aufgegriffen und mit der Umsetzung begonnen hätte. Auch keine meiner bisherigen Gemeinden. Klartext: Offensichtlich stehe ich (noch) ziemlich allein auf weiter Flur mit dieser theologischen Erkenntnis. Ich kann also lediglich davon berichten, was ich erlebe, wenn ich die Theologie des Liebes Jesu lehre, verkündige oder wenigstens zur Diskussion stelle und welche Irrwege sich im real gelebten Gemeindealltag offenbaren, weil die Lehre vom Leib Jesu den Gemeindegliedern unbekannt bleibt.

***

Einer meiner Freunde, ein theologisch gut geschulter Lektor der Landeskirche, antwortete mir auf meine Ausführungen, dass die Gemeinde tatsächlich Leib Jesu <u>ist</u>, sofort frei und offen, dass das doch übertrieben sei! Die Gemeinde „*stelle Jesus nur dar*" beziehungsweise sie „*stelle Jesu Leib dar*". Das könne deshalb nicht anders sein, weil nach Johannes Kapitel 12 und 13 Jesus ja persönlich in den Himmel gehe …

Ich habe daraufhin die beiden Kapitel im Johannes-Evangelium nochmals durchgelesen, kann aber nur vermuten, was er vielleicht gemeint haben könnte. In Johannes 13,1 wird Jesu Himmelfahrt tatsächlich erwähnt und bei einigen weiteren Jesus-Worten könnte man sie hineininterpretieren, aber was ich vor allem genau dort wieder gefunden habe, ist das klare Statement von Jesus:

„*Wahrlich, wahrlich, ich sage euch: Wer jemanden aufnimmt, den ich senden werde, der nimmt mich auf; wer aber mich aufnimmt, der nimmt den auf, der mich gesandt hat!*" (Johannes 13,20).

Ist das nur „*Darstellung*"?

Darstellung wäre, wenn Jesus etwa so formulieren würde: „*Wer jemanden aufnimmt, das ist dann so, wie wenn er mich persönlich aufnehmen würde!*" Da steht aber kein „*wie wenn*", kein Konjunktiv und auch sonst keinerlei Hinweis, dass es vergleichend gemeint sein könnte! Genauso wie bei Paulus! Kein Vergleich, kein Bild, keine Metapher.

Und damit eben auch keine „*Darstellung*". Eine „*Darstellung*" ist nun mal keine Realität, sondern nur ein Abbild davon.

Jesus sagt aber auch hier unmissverständlich: „*Das ist so!*"

Darf ich Jesus wörtlich nehmen? Darf ich der Bibel im überlieferten und bestens bezeugten Wortlaut vertrauen?

Wenn Jesus sagt „*So ist es!*", dann sollten wir nicht widersprechen. Dann ist Umdenken angesagt, nicht uminterpretieren!

Deshalb: „*Nein, Herr Kollege. Das steht anders in der Bibel! Sowohl bei Jesus wie auch bei den Aposteln! Und zwar gleich dutzendfach!*"

Richtig ist, dass wir natürlich <u>auch</u> Jesus darstellen. Unsere Präsenz als Christen soll auf Jesus hinweisen. Aber das allein ist eben viel zu wenig! Und dieses „*viel zu wenig*" schadet uns und dem christlichen Zeugnis enorm!

Sollte Jesus sich vielleicht mit „*viel-zu-wenig*-Nachfolgern" zufrieden-geben? Dass ein „*viel zu wenig*" an irgendeiner Stelle im Zusammenhang mit Gott oder Jesus reichen könnte oder ihnen irgendwie gerecht würde: Auf diese Idee kommt wohl keiner, der die Bibel ernst nimmt! „*Viel zu wenig*" ist immer zu wenig, auch im Glauben und in der Nachfolge!

Dass mein geschätzter Lektoren-Kollege den „Leib Jesu" nicht wörtlich verstehen kann, kommt allerdings nicht von ungefähr. Das Übergehen dieser biblischen Aussage ist nun mal gängige theologische Praxis, wie pro-blemlos nachweisbar ist: Ein kurzer Durchgang durch die fünf mir momen-tan zur Verfügung stehenden theologischen Kommentare zu den paulini-schen Bibelstellen mit dem Begriff „Leib Jesu" ergab folgendes:

Im ersten war Leib Jesu ein „*Vergleich*"; im zweiten eine „*Darstellung*"; im dritten ein „*Bild*". Im vierten wurde dann behauptet, bei Paulus wäre mit „*Leib*" die „*Universalgemeinde*" gemeint, was, wie in Kapitel 2 erörtert, theologischer Unsinn ist. Aber im fünften Kommentar, der „Wuppertaler Studienbibel", hat der Ausleger Werner de Boor offenbar mal genauer hingeschaut, was denn da wirklich in der Bibel steht. Und siehe da: Er bezeichnet tatsächlich den Leib Jesu als „*gegebene Wirklichkeit*" und schreibt zu 1. Korinther 12,27: „*Paulus liegt daran, den Korinthern zu sagen: alles dies, was ich euch jetzt am menschlichen Leib gezeigt habe, das ist wirklich da; ihr s e i d Leib Christi, ihr s e i d Glieder!*" (Wuppertaler Stu-dienbibel, Taschenbuch-Sonderausgabe 1983, S. 211 - inklusive Sperrschrift bei den beiden „*seid*"!).

Immerhin ein Ausleger!

Hingegen fand ich dann in den theologischen Lexika wieder dasselbe traurige Bild: In den vier Lexika zu neutestamentlichen Begriffen, die in meiner persönlichen Bibliothek stehen, ist „*Leib Jesu*" oder „*Leib Christi*" gerade mal in einem einzigen als separates Stichwort zu finden. Im ersten ist es lediglich unter „Abendmahl" mit aufgeführt und wird dort im 6. Unter-punkt mit drei Sätzen als „*besondere Akzentsetzung von Paulus*" abge-handelt; im zweiten gibt es zwar einen allgemeinen Artikel über „*Leib*", allerdings wird dort der „*Leib Jesu*" erst in den Unterpunkten d) und e) abgehandelt und zwar - wie leider zu erwarten - als „*paulinisches Bild*". Im dritten Lexikon, dem Standardwerk „Die Religion in Geschichte und Gegenwart", unter theologischen Insidern als „RGG" bekannt und immerhin rund sechstausend Seiten stark, gibt es ebenfalls keinen Artikel darüber. Mit Hilfe des Stichwortregisters findet man aber im Artikel *„Paulus"* ganz am Ende des Abschnitts „d)" einige Sätze über den *„Leib Jesu".* Und siehe da: Dieser wird dort zwar als *„antiker Organismusgedanke"* von Paulus bezeichnet, aber *„... für Paulus wesenhaft nicht einem Leib vergleichbar, sondern ist realiter Leib Christi!"* (RGG, 3. Auflage „UTB Große Reihe", J.C.B. Mohr, Tübingen, Band 5, S. 188; statt Unterstreichung ist dort das Wort *„ist"* durch Kursivschrift hervorgehoben).

Der Vollständigkeit halber sei noch erwähnt, dass in der RGG unter Stichwort „Taufe" nochmals der „Leib Jesu" mit einigen Sätzen als *„gnostischer Begriff"* abgehandelt wird (a.a.O. Band 6, S. 631). Das war's dann aber auf rund 6.000 Seiten.

Nur im vierten, im „Großen Bibellexikon", vom J.Brockhaus und Brunnen-Verlag 1988 gemeinsam herausgegeben, findet sich ein längerer Artikel über dem *„Leib Christi".* Allerdings wird gleich zu Beginn der *„Leib"*-Begriff im 1. Korintherbrief schon mal separiert, und zwar immer, wenn er im Zusammenhang mit dem Abendmahl genannt wird. Danach folgt die Grundaussage, dass *„Leib Jesu"* an allen anderen paulinischen Stellen lediglich ein *„Symbol für die Gemeinde beziehungsweise die Kirche"* sei. Und dann geht's los mit einer Vermutung, wie denn Paulus zur *„Redeweise von der Gemeinde als Leib"* gekommen sei, bei der *„die Deutung der grundlegenden Aussagen sehr umstritten"* wäre und *„nur unter einem gewissen Vorbehalt gesagt werden kann".* Wen wunderts, dass dann folgerichtig die *„weithin vertretene Gleichsetzung Christus = Leib Christi = Kirche unzulässig"* sei. Die paulinischen Aussagen dazu würden außerdem *„exegetische Schwierigkeiten"* bereiten, seien *„sinngemäß"* zu interpretieren oder auch vom *„stoischen Organismusgedanken entlehnt"* und der Leib Christi eine *„Interpretation des In-Christus-Seins",* welche ohnehin in den verschiedenen Paulus-Briefen jeweils unterschiedlich zu interpretieren wäre.

Es lohnt sich, den ganzen Artikel mal zu lesen. Nämlich als Anschauungsbeispiel, wie unglaublich umständlich und sinnentleerend man

Gottes Wort zerpflücken kann, bis ein an sich klarer Begriff selbst für mich als Theologen kaum mehr nachvollziehbar ist. So verliert man das Vertrauen in die Bibel und jegliche Lust am Bibellesen. Klar ist am Schluss eigentlich nur eines: Das, was Paulus deutlich und unmissverständlich mehr als ein dutzend Mal formuliert hat (nämlich *„die Gemeinde ist Jesu Leib"*), ist so keinesfalls zu verstehen, und was man von Paulus in der Bibel liest, ist ohnehin von diesem völlig anders gemeint als hingeschrieben. Wehe dem, der in simpler Schlichtheit seines Gemüts davon ausgeht, die Bibel sei so zu verstehen, wie sie geschrieben sei …

Und das im „Großen Bibellexikon", das ich sonst sehr schätze und das mir schon oft wertvolle Hintergrundinformationen geliefert hat!

Das ist also der Ertrag, wenn man sich anhand von Lexika oder von Bibelkommentaren über den *„Leib Jesu"* informieren möchte. In der Summe betrachtet ist dies wahrlich kein Thema unserer aktuellen Theologie! Entweder seit Jahrzehnten völlig unbeachtet, unreflektiert und zur absoluten Nebensächlichkeit degradiert, wie in den drei ersten Lexika, oder dann durch eine völlig übertriebene Exegese fast jeglichen Inhalts beraubt wie im „Großen Bibellexikon". Aber nirgendwo - außer bei Werner de Boor, aber auch dort nur kurz erwähnt - so zur Kenntnis genommen, wie es Paulus hingeschrieben hat!

Im Internet finden sich natürlich dann ebenfalls noch Artikel über *„Leib Jesu"* oder *„Leib Christi"*. Aber sobald sich Theologen daran versuchen, wird's zur *„Metapher"*, zum *„Realsymbol"* oder sogar *„mystisch"*, man sinniert dann über das *„Kongruenzverhältnis der Leiber"* oder ein *„affirmatives Verständnis von Körperlichkeit"*, möchte den Leib *„partizipationsontologisch"* verstanden haben oder als *„transkörperliche Pluralität der Vielen im Universalen"* und so weiter …

Hat irgendjemand Lust, das zu lesen? Selbst wenn: Zu verstehen ist es für Normaldenkende ohnehin nicht. Womöglich noch nicht mal für Hochstudierte.

Wenigstens habe ich dann bei Dietrich Bonhoeffer doch noch einige gute Gedanken dazu gefunden. In seinem Buch *„Nachfolge"* widmet er ein ganzes

Kapitel dem „*Leib Jesu*" und nimmt ihn insofern ernst, als dass er diesen – bibelgetreu – als reale Tatsache aufgreift und ihn der Gemeinde zuschreibt. Allerdings ist bei Bonhoeffer der Leib Jesu wieder der „universale Leib", weil er eben konsequent in der Kategorie „Kirche" denkt und argumentiert; „Gemeinde" ist für ihn immer gleichzeitig „Kirche". Und zu diesem „Leib Christi" kann man dann folgerichtig immer nur durch die kirchlichen Sakramente Taufe und Abendmahl gehören. Darin kann ich ihm freilich nicht folgen, ansonsten ist das Kapitel jedoch durchaus lesenswert.

Wenigstens Bonhoeffer. Immerhin!

Aber ansonsten: eine durchaus „*verlorene Theologie*"...

Kein Wunder, dass mein Lektoren-Kollege nie darüber ins Nachdenken kam. Woher hätte er auch die Anregung dazu erhalten sollen? Aus der Theologie sicher nicht, und wohl auch nicht aus seiner Gemeindearbeit vor Ort. Höchstens aus dem Studium der Bibel selbst, aber dabei müsste man eben genau hinschauen und es gleichzeitig schaffen, sich dabei von seinen lebenslang gewohnten und eingeübten Denkmustern zu lösen.

***

„Leib Jesu" ist uns verloren gegangen. Deshalb wiederholt sich in unseren Gemeinden immer wieder dasselbe wie damals, als Jesus seiner Heimatstadt Kapernaum einen Besuch abstattete. Das Verhaltensmuster der dortigen Bevölkerung gegenüber dem „real anwesenden Jesus" entspricht genau dem Verhaltensmuster unserer Gemeinden: „*Er kam in seine Vaterstadt, und seine Jünger folgten ihm nach. Und als der Sabbat kam, fing er an zu lehren in der Synagoge. Und viele, die zuhörten, verwunderten sich und sprachen: »Woher hat er dies? Und was ist das für eine Weisheit, die ihm gegeben ist? Und solche Taten geschehen durch seine Hände? Ist der nicht der Zimmermann, Marias Sohn und der Bruder des Jakobus und Joses und Judas und Simon? Sind nicht auch seine Schwestern hier bei uns?« Und sie ärgerten sich an ihm.*" (Markus 6,1-3).

Jesus ist also real anwesend, aber man ärgert sich an ihm. Warum ärgern sie sich? Man kennt ihn doch, er ist dort aufgewachsen, war dort zu Hause; er wäre eigentlich „einer von ihnen". Also genau wie heute in unseren Gemeinden; da ist Jesus ja auch „zu Hause", man kennt ihn, er gehört dazu.

Die Nazarener damals attestierten ihm sogar ohne Zögern, dass er tatsächlich überdurchschnittlich weise sei und sie wissen auch, dass er sogar zu „*mächtigen Taten*" fähig ist. Er ist beileibe kein „Irgendwer"!

Genau dasselbe behaupten wir auch von Jesus.

Aber die Nazarener ärgern sich trotzdem an ihm. Warum?

Ganz einfach: Sie sehen nur „Menschliches"! Sie gehen nicht davon aus, dass unter ihnen, real präsent, der Sohn Gottes ist, dass dieser in der Person Jesus wirklich und tatsächlich anwesend ist. Sie sehen nur den Zimmermannssohn einer stadtbekannten Familie.

Jesus ist also anwesend, real präsent, aber diese Anwesenheit bewirkt überhaupt nichts, solange die Nazarener ihn nur als Menschen vor Augen haben! Selbst das Wissen und Eingeständnis, dass er ganz offensichtlich etwas Besonderes sei – „*man sehe nur seine Weisheit und seine Taten*" - hilft ihnen nicht. Sie begreifen einfach nicht, dass Jesus, der Sohn Gottes, <u>tatsächlich</u> mitten unter ihnen ist! Real präsent!

Genau wie wir heute: Wir sehen die Gemeinde, wir sehen den „Leib Jesu" – aber wir sehen nicht die Präsenz Jesu! Wir gehen nicht davon aus, dass Jesus <u>tatsächlich</u> unter uns ist. Wir sehen, wenn wir den Leib Jesu sehen, nur Menschliches, nur (mehr oder weniger fromme) Menschen.

Jesu Urteil zu diesem mangelhaften Blick ist deprimierend: „*Jesus aber sprach zu ihnen:* »*Ein Prophet gilt nirgends weniger als in seinem Vaterland und bei seinen Verwandten und in seinem Hause*«*.*" (Markus 6,4*)*.

Da, wo Jesus am besten bekannt sein sollte, wo er eigentlich „*zu Hause*" wäre, da „*gilt er wenig*"! Und das hat Konsequenzen: „*Und er konnte dort nicht eine einzige Tat tun, außer dass er wenigen Kranken die Hände auflegte und sie heilte.*" (Markus 6,5).

Jesus ist nahezu wirkungslos, kann sich nicht entfalten, sich nicht als der Gesandte Gottes manifestieren, kaum sichtbaren und spürbaren Segen austeilen. Obwohl er da ist!

Dieses Nicht-Erkennen seiner Anwesenheit; dieser Blick, der nur Menschliches sieht, obwohl doch der Sohn Gottes höchstpersönlich anwesend ist: Das nennt Jesus sogar „Unglauben": „Und er wunderte sich über ihren Unglauben." (Markus 6,6).

Und es hat die Konsequenz, dass Jesus dann eben woanders wirkt: „Und er ging rings umher in die Dörfer und lehrte." (Markus 6,6).

Haben wir in diesem Verhalten unsere Gemeinden erkannt? Da, wo Jesus eigentlich „zu Hause" sein sollte, nämlich in seinem Leib, auch da „gilt er wenig". Er ist zwar da, real präsent, aber wir sehen Gottes Sohn nicht, sondern nur Menschen. Wir betrachten den Leib Jesu, aber sehen dabei lediglich die Versammlung unserer Gemeinde-Geschwister ...

Dasselbe Muster. Und dieselben Konsequenzen: Dann wirkt Jesus halt woanders, und wir müssen uns „Unglauben" nachsagen lassen. Von niemandem Geringerem als von Jesus selbst.

***

Jesus ist real präsent. Aber in der Praxis ist es ein langer und steiniger Weg, einer Gemeinde diesen Blick zu vermitteln und den Geschwistern dieses Selbstverständnis, dieses Bewusstsein ans Herz zu legen. Von solchen Erfahrungen wurde ich nicht verschont.

Immer und immer wieder hatte ich meiner eigenen Gemeinde das korrekte „Leib-Jesu-Verständnis" vorgekaut, in Seminaren gelehrt, in Predigten wiederholt, in Andachten eingeflochten und in Bibelgesprächen erläutert. Manche haben bloß noch säuerlich gegrinst, sobald ich das Stichwort „Leib Jesu" erwähnte.

Und dann saß ich eines Tages mit drei jungen Frauen gemütlich bei einer Tasse Kaffee zusammen. Alle drei schon seit Jahren aktive Mitarbeiterinnen in meiner Gemeinde. Unvermittelt erklärte mir jedoch eine davon frank und frei, dass sie sich momentan nicht allzu sehr motiviert fühle zur weiteren Mitarbeit. Und schob auch gleich ihre Begründung hinterher: Eigentlich würde sie ihre Gaben lieber direkt für Jesus einsetzen als immer nur für die Gemeinde, wie ich das dauernd einfordere. Die anderen Frauen nickten dazu, offenbar waren sie derselben Meinung wie ihre Sprecherin.

Nun, ich muss diesen Frauen zu Gute halten, dass sie möglicherweise etwas überfordert waren durch meinen zuweilen etwas herausfordernden Predigtstil. Für sie wäre Milch vermutlich angebrachter gewesen als feste Speise. Aber insgeheim hatte ich doch die Illusion, dass nach Jahren permanenten Herumreitens auf genau diesem einen Punkt, dem „Leib Jesu", doch wenigstens diesbezüglich der Groschen gefallen wäre. Leider eine Illusion, wie ich frustriert zur Kenntnis nehmen musste.

„Lieber für Jesus als für die Gemeinde..."! Gemeinde als Konkurrenz zu Jesus? Und das nach etlichen Jahren intensiver Lehre über dem „Leib Jesu"!

Da wurde mir zum ersten Mal so richtig unmissverständlich klar: Es dürfte ein langer und mühseliger Kampf werden, um diesen biblischen Gedanken in den Mitgliederköpfen unserer Gemeindegeschwister irgendwie zu verankern.

***

Eines Tages wurde ich nach einem Referat zum Thema „Leib Jesu" mit folgender Frage überrascht: *„Alles recht und gut, aber soll ich jetzt also höchstpersönlich Jesus sein?"*

„Nein", habe ich dem Frager geantwortet, *„natürlich nicht. Du bist nicht Jesus, sondern „nur" ein Glied an seinem Leib. Der Leib – also nicht du! - ist Jesus! Und das ist er auch ohne dich! Dass du ein Glied Jesu sein darfst, gibt dir zwar Würde, Bewusstsein und Verantwortung, letzteres sowohl dir selber gegenüber sowie auch gegenüber Deiner Umwelt, aber Jesus selbst bist Du natürlich nicht!"*

Es blieb nicht bei diesem Einzelfall. Inzwischen ist mir diese Frage schon öfters gestellt worden. Selbst wenn ich die ganze Leib-Jesu-Theologie in einem mehrstündigen Seminar ausführlich erklärt habe, haben mich danach Teilnehmer mit genau dieser oder zumindest einer ähnlich lautenden Aussage konfrontiert und damit ihre Skepsis an meinen Ausführungen ausdrücken wollen, meistens mit dem fromm gemeinten Zusatz: *„Ich bin doch viel zu unwürdig und unperfekt, um Jesus zu sein!"*

Warum immer wieder dieses Missverständnis? Ich betone doch permanent, dass die Gemeinschaft der Gemeinde, also das Kollektiv, „Jesus" beziehungsweise „sein Leib" sei, der Einzelne jedoch immer nur ein Glied oder ein „ausführendes Organ" an diesem Jesus-Leib, aber keinesfalls Jesus selber.

Das wäre ja ungefähr so, wie wenn die Türklinke an einem Porsche erklären würde, sie könne doch unmöglich ein Porsche sein, dazu sei sie doch viel zu unwürdig und wäre höchstens für einen ausrangierten VW gut genug. Dieser Türklinke würde man natürlich antworten, dass sie sich doch geehrt fühlen möge, dass man sie nun in die Tür eines echten Porsches eingebaut hätte und dass sie nicht deshalb wichtig sei, weil sie nun der Porsche wäre, sondern ihre Wichtigkeit bestünde darin, dass der Fahrer des Porsche sie immer mal wieder benutzt, um einsteigen zu können. Der Wert und damit auch die Würde und Ehre der Porsche-Türklinke besteht schlicht und ergreifend darin, dass sie immer mal wieder als „ausführendes Organ" an einem echten Porsche in Aktion treten darf, nämlich immer dann, wenn der Porschefahrer seinen Porsche auch tatsächlich fahren möchte und dann nicht mühsam über die Beifahrertüre einsteigen muss, sondern eine Fahrertür inklusive funktionierender Klinke nutzen kann. So dürfe sie, die werte Türklinke, nun als Teil des Porsche dienen, damit dieser sich fröhlich als edler Sportwagen in Aktion präsentieren könne. Und selbst wenn die Türklinke als solche tatsächlich noch immer aussehen sollte, wie wenn sie erst kürzlich vom Schrott-VW abmontiert und mit allem Flugrost behaftet in die Porschetür eingesetzt worden sei, so darf sie doch jetzt dem Porsche dienen und ist somit ein Teil von ihm.

Aber sie ist nicht der Porsche selbst!

Warum also kommt hartnäckig bei vielen frommen Christen immer wieder diese unsinnige Vermutung auf, dass sie jetzt irgendwie selbst Jesus sein müssten, wenn ich ihnen ihre Gliedschaft am Leib Jesu zu erklären versuche?

Es scheint mir auch bei diesem Thema wieder das sattsam bekannte und unausrottbare Fehlmuster in unserem Denken durchzubrechen, nämlich unsere unselige Sitte, alles Gehörte stets und ausschließlich auf uns selbst zu beziehen. Es ist diese penetrante Unart, die ihre Wurzeln im zeitgeistigen Egoismus, in unserer übertriebener Selbstbezogenheitskultur und im allgegenwärtigen Narzissmus hat. Viele Christen sind offensichtlich so sehr in die Gefangenschaft der permanenten Eigendrehung geraten, dass sie auch bei geistlichen Themen und im Vollzug der Jesus-Nachfolge konsequent und immer nur Bauchnabelschau betreiben und schlicht nicht mehr in der Lage sind, gemeinschaftsbezogen und im Kollektiv zu denken.

Anders kann ich mir diese unsinnige Rückfrage mit dem stets gleichen Muster „Soll *ich* nun ...?" nicht erklären. Trotzdem erschreckt mich diese Frage jedes Mal aufs Neue, weil sie immer wieder offenbart, wie stark das konsequent ichbezogene Denken auch im frommen Lager um sich greift.

***

Wir verbrachten als Gemeinde ein gemeinsames Wochenende in einem christlich geführten Freizeitheim. Der dortige Leiter hielt die Andachten und wusste nichts davon, dass ich der Gemeinde schon seit längerem immer wieder „Gemeinde als Leib Jesu" gepredigt und ans Herz gelegt hatte. Zu meiner stillen Freude stellte er aber einen ganzen Abend unter das Thema „Gemeindeverständnis" und ließ uns in zwei Gruppen über die Frage „Was ist das Besondere an deiner Gemeinde und was unterscheidet euch von irgendeinem anderen Verein?" nachdenken. Lange und ausgiebig, eine halbe Stunde lang. Unsere Antworten sollten wir notieren.

Meine Gruppe diskutierte also eine halbe Stunde lang darüber, was denn das Besondere an einer Gemeinde sei. Ich habe fröhlich mitdiskutiert, aber den Aspekt „*Gemeinde ist Leib Jesu!*", der doch das Alleinstellungsmerkmal gegenüber jedem weltlichen Verein schlechthin darstellt, habe ich nicht ins Spiel gebracht. Zu meinem Entsetzen auch niemand sonst! Eine halbe Stunde lang Austausch über das „Besondere" einer christlichen Gemeinde, aber von keinem Einzigen kam irgendein Hinweis auf den „*Leib Jesu*"!

Danach trafen wir uns mit der zweiten Gruppe und tauschten die Resultate aus. Und siehe da: Auch Gruppe zwei erwähnte mit keiner Silbe den „*Leib Jesu*". Auch nicht im anschließenden Plenumsgespräch, als die Ergebnisse aus den beiden Gruppen nochmals unter Leitung des Heimleiters ausführlich durchdiskutiert wurden.

Keines meiner Gemeindeglieder kam drauf. Einen ganzen Abend zum Thema „*Was ist das Besondere an meiner Gemeinde?*" lang nicht! Kein einziger von denen, die schon seit Längerem jedes Mal den Kopf schüttelten, wenn ich das wieder einmal mehr in einer Predigt oder in einer Andacht zu erwähnen wagte.

Bei der darauffolgenden Gemeindeleitungssitzung ein paar Tage später wurde dieser Abend als „besonders gut und ertragreich" gerühmt. Als ich meine geschätzten Mitleiter daraufhin ansprach, dass doch ein „*Leib-Jesu*" Hinweis bei dieser Themenstellung sehr passend gewesen wäre, kam die spontane und völlig logische Antwort: „*Stimmt – aber das ist uns gar nicht aufgefallen!*"

Ja, dachte ich, stimmt nachweislich: Auch euch Gemeindeleitern ist das weder aufgefallen noch eingefallen.

***

Ein Mitarbeiter mit Herz für die Gemeinde hat dann aber irgendwie kapiert und begonnen, sein neues Verständnis vom „*Leib Jesu*" in seinem Umgang mit der Gemeinde umzusetzen. Sichtbar und offensichtlich! Seine Beziehung zur Gemeinde wurde intensiver, herzlicher, befreiter. Und er begründete sein neues Verhältnis zur Gemeinde tatsächlich damit, dass er versuche, dadurch Jesus zu ehren, indem er seinen „Leib" ehre. Darüber habe ich mich sehr gefreut!

Als ich dann dieses neue Gemeindeverständnis meines Mitarbeiters bei passender Gelegenheit gegenüber einem anderen, ebenfalls leitenden Mitarbeiter erwähnte, erklärte mir dieser sofort und im Brustton tiefster Überzeugung, dass er den „Leib Jesu" selbstverständlich auch verstanden hätte. Und es schien mir, als würde in seinem Brustton auch noch ein leicht anklagender Ton mitschwingen, so etwa im Sinne von *„Pastor, du hättest doch längst merken müssen, dass ich dieses Thema selbstverständlich auch voll draufhabe, oder?"*

Ich habe also bei diesem leitenden Mitarbeiter nochmal genauer hingeschaut. Leider Fehlanzeige; im Umgang mit der Gemeinde war bei ihm keinerlei Veränderung feststellbar. Er war zwar in seiner Leitungsfunktion engagiert, aber wie er beispielsweise über die Gemeinde sprach, wie er sich bei gemeinsamen Anlässen verhielt oder seine spontanen Reaktionen, wenn ich bei ungehörigem Verhalten von Mitgliedern innerhalb der Gemeinde darauf hinwies, dass wir es dabei immerhin mit Jesus persönlich zu tun hätten, waren absolut eindeutig. Er hatte die „Leib-Jesu-Theologie" bestenfalls in irgendeiner dogmatischen Seiten-Ablage seines Gehirns abgespeichert. Und dort ruhte es sicher und wohlverwahrt und wurde allerhöchstens dann abgerufen, wenn jemand anderes das Thema mal auf Tapet brachte.

Die Entrüstung hingegen, als ich ihm dann ganz vorsichtig anzudeuten versuchte, dass er es vielleicht doch noch nicht ganz verstanden hätte mit dem „Leib Jesu", war absolut echt und unüberhörbar – diese nun kam wirklich von ganzem Herzen!

Ich habe an dieser Stelle innerlich irgendwie resigniert: Es scheint einfach nicht allen zugänglich zu sein, was tatsächlich im Wort Gottes steht, biblische Wahrheit hin oder her. Das war auch bei diesem Mitarbeiter meine traurige Schlussfolgerung. Mehr als das Eingeständnis, dass es so oder wenigstens so ähnlich wohl irgendwo in der Bibel tatsächlich drinstehe, ist solchen Christen nicht zu entlocken. Dass diese geistliche Wahrheit dann aber auch eine Auswirkung auf das Reden über die Gemeinde, auf den Umgang mit der Gemeinde oder auf das Handeln innerhalb der Gemeinde haben müsste, ist ein viel zu hoher Anspruch. Dieser Erwartung sollte man sich besser gar nicht erst hingeben. Gleichzeitig kann man aber mit solchen Mitchristen sehr engagiert über *„persönliche Heiligung"*, die Notwendigkeit von *„geistlichem Wachstum"* und die *„Umsetzung von biblischen Aussagen"* diskutieren!

Gerne auch stundenlang ...

***

Und dann kam diese Gemeinde-Mitgliederversammlung, in der eine Mitarbeiterin laut, deutlich und frustriert konstatierte: *„Aber für die Drecksarbeit in der Gemeinde bin ich gut genug!"* Schnell schob sie noch nach: *„Zumindest fühle ich mich so ..."*, da sie vermutlich selber erschrocken war über ihren Gefühlsausbruch. Die geäußerte Verletzung war ihr allerdings deutlich abzuspüren.

Anlass für ihren Frust war, dass man sie zur Mitarbeit in einem Team, das neu zusammengestellt wurde, nicht angefragt hatte. Auf die vorsichtige Rückfrage, ob sie denn gerne dabei gewesen wäre, gab sie dann zwar zu, dass sie ohnehin abgesagt hätte. Aber die Tatsache, dass sie nicht einmal angefragt wurde, wog schwer für sie.

Soweit nachvollziehbar. Manche Mitarbeiter sind an dieser Stelle etwas sensibel, und das muss man ihnen nicht zwangsläufig übelnehmen. Ich habe dann auch darauf verzichtet, ihr im Nachhinein zu erklären, dass sie für die Zielsetzung dieses Teams keine wirklich gute Ergänzung gewesen wäre, weil dafür bestimmte Gaben und Fähigkeiten nötig gewesen wären, die nicht die ihren waren. Sie hatte andere Gaben. Durchaus nicht etwa minderwertige, sondern einfach nur andere.

Was ich mich aber im Stillen - und sicherheitshalber danach zu Hause auch noch meine Ehefrau - gefragt habe: Was hat sie eigentlich mit *„Drecksarbeit"* gemeint?

Diese Mitarbeiterin war sehr wertvoll und immer vorbildlich für die Gemeinde engagiert: Sie machte Musik im Gottesdienst, kochte bei Gemeindeanlässen, übernahm Verwaltungsarbeiten und half tatkräftig beim Renovieren von Gemeindehausräumen mit. Sie war immer zur Stelle, wenn's was zu tun gab, und packte unkompliziert immer da mit an, wo es gerade am Nötigsten war. Oftmals auch im Hintergrund, so dass die Gemeinde es noch nicht einmal bemerkte. Ihre Mitarbeit war in der Summe durchaus überdurchschnittlich!

Aber „*Drecksarbeit*"?

Natürlich gab's immer auch mal was zu putzen, Geschirr zu spülen, Unkraut ausrupfen oder Jugendräume aufzuräumen, also nicht gerade die Arbeiten, mit denen man sich besonders auszeichnen konnte. Auch da war sie überdurchschnittlich oft treu mit dabei.

„*Drecksarbeit*"?

Mir war auch nicht aufgefallen, dass man sie für ihren vielfältigen Einsatz etwa zu wenig gelobt oder ihr nicht gedankt hätte. Als sie gemeinsam mit ihrem Mann etliche Abende lang Renovationsarbeiten in der Gemeinde durchführte, organisierte die Gemeinde spontan für die beiden eine Motivationsaktion: Jeden Abend, wenn die beiden „ihre" Baustelle betraten, fanden sie dort ein kleines Geschenk mit einem aufmunternden Gruß eines Gemeindegliedes vor. Die ganze Gemeinde machte fröhlich mit und bastelte originelle Geschenke für sie und ihren Mann!

„*Drecksarbeit*"?

Aber Halt! An dieser Stelle muss ich jetzt ein persönliches Outing einfügen: Als ich im Sommer desselben Jahres etliche Stunden damit verbrachte, auf dem Gemeinde-Vorplatz in mühsamer Handarbeit Unkraut aus den Ritzen der Pflastersteinen herauszupopeln, die Sonne dabei unbarmherzig vom Himmel stach und obendrein nach kurzer Zeit auch noch mein Rücken unmissverständlich signalisierte, dass er sich für die dazu notwendige Arbeitshaltung nicht prädestiniert fühle, hatte ich doch tatsächlich für eine kurzen Augenblick auch diesen „*Was ist das doch für eine Drecksarbeit!*"-Gedanken.

Aber automatisch setzte mein Hirn umgehend zwei Antithesen dagegen:

1. Der Gemeinde-Vorplatz sieht einfach einladender aus, wenn das Unkraut weg ist! Selbst wenn das weder ein Gemeindeglied noch ein erhoffter Gast bewusst wahrnehmen sollte: Ein sauberes Aussehen eines Vorplatzes wirkt bestimmt einladender als unkontrolliertes Grünkraut in jeder Pflasterritze. Sauberkeit und Ordnung generieren doch stets eine Wirkung, wenn auch vielleicht nur im Unterbewusstsein.

2. Wenn die Gemeinde Leib Jesu ist und das Gemeindehaus das erste ist, was unsere Gäste vom „real präsenten Jesus" wahrnehmen werden – und das sogar noch, bevor sie uns ansprechen oder das Gemeindehaus betreten – dann muss der Vorplatz ganz einfach einladend und freundlich aussehen. Freundlich und einladend wie Jesus! Denn sein Leib kann sich doch unmöglich anders präsentieren als Jesus! Und Jesus ist nun mal freundlich und einladend! Ergo mache ich also diese Vorplatzsäuberung, damit Jesus im richtigen Licht erscheint! Ich mache es für Jesus!

Und damit war dann auch mein Rücken, der immer noch meinte, mir was von „Drecksarbeit" einflüstern zu können, final zu Schweigen gebracht.

Meine Mitarbeiterin hingegen hatte offensichtlich diese korrigierende Sicht der geistlichen Realität nicht. „Drecksarbeit"-Empfinden statt „dem Leib Jesu dienen".

Mit fatalen seelsorgerlichen Folgen: Sie fühlte sich also jetzt verletzt, da sie nach ihrem Verständnis für ihre Mitarbeit nicht die ihr zustehende Anerkennung erntete. Denn hätte die Gemeinde ihren unermüdlichen Einsatz stärker gewürdigt, hätte man sie doch selbstverständlich als unverzichtbare Mitarbeiterin in dieses neue Gremium mit einbeziehen wollen. Man hätte sie zumindest mal dafür anfragen müssen! So ihre offensichtliche Schlussfolgerung.

Allerdings eine falsche Schlussfolgerung; Ursache und Wirkung wurden sozusagen auf den Kopf gestellt: Man hatte sie unter anderem für dieses Team nämlich genau deshalb nicht anfragen können, weil sie es bisher offensichtlich nicht geschafft hatte, das „Leib-Jesu-Verständnis" persönlich anzunehmen und umzusetzen!

De facto hatte es nämlich in ihrem überdurchschnittlichen Engagement für die Gemeinde in einer bestimmten Hinsicht immer ziemlich gehapert: Sie arbeitete oft mit seltsam unterdrückter Unlust, spürbar an ihrem häufig abweisenden und verhärmten Gesichtsausdruck oder an unwilligen sowie oft auch destruktiven Kommentaren, die ihr immer mal wieder rausrutschten. Es schien, wie wenn sie aus einem Zwang heraus für die Gemeinde arbeiten würde. Vermutlich aus dem Zwang heraus, dass man für die Gemeinde doch arbeiten müsse, und wenn nicht sie es mache, würde es ja gar keiner machen und die anderen sollten sich doch endlich mal ein Vorbild an ihr nehmen und sich ebenso für die Gemeinde einsetzen oder so ähnlich. Mitarbeit also unter Selbst-Zwang!

Woher ein solcher innerer Zwang kommt, ist dabei ein anderes, seelsorgerliches Problem und braucht hier nicht erörtert zu werden. Aber wenn sie den „Leib Jesu" verstanden und dieses Verständnis zu leben begonnen hätte, hätte sie vielleicht aus diesem zwanghaften „Teufelskreis" (darf hier wörtlich genommen werden!) ausbrechen können. Sie hätte mit ihrem vorbildlich hohen Engagement dann nicht mehr ihrem inneren Zwang, sondern Jesus dienen können. Vielleicht – aufgrund ihrer charakterlichen Veranlagung – immer noch eher wie eine Martha als wie eine Maria, aber immerhin!

Stattdessen fühlte sie sich also jetzt verletzt, weil man ihren vorbildlich hohen Einsatz für die Gemeinde nicht genügend gewürdigt hatte durch eine Anfrage für die neue Dienstgruppe. Sie war überzeugt, dass diejenigen, die dieses Team zusammenstellten, ihr hiermit eine Verletzung zugefügt hätten. Folglich war sie jetzt ein „Opfer"! Und folgerichtig hat sie umgehend ziemlich deutlich signalisiert, dass sie jetzt von den „Tätern" ein Schuldbekenntnis für die nicht erfolgte Mitarbeitsanfrage erwarte.

In Wahrheit hat sie sich diese Verletzung natürlich selber zugefügt, da sie sich leider aufgrund ihres fehlenden „Leib-Jesu-Verständnis" und ihrer daraus resultierenden Art der Mitarbeit selber für dieses Team disqualifiziert hatte. Denn dazu musste unabdingbar ein gesundes Gemeindeverständnis vorhanden sein, denn eines der Ziele dieser Gruppe sollte die Entwicklung ein besseren und gesunderen Gemeindeklimas und -bewusstseins sein. Dafür jedoch war sie, trotz überdurchschnittlichem Engagement, denkbar ungeeignet. Ihre aufopferungsvolle Gemeinde-Mitarbeit war für die Aufgaben- und Zielsetzung dieser Gruppe kein wesentliches und darum auch kein ausschlaggebendes Kriterium, ihre innere Einstellung zur Mitarbeit jedoch ein disqualifizierendes.

Aber nun mache man mal solche Zusammenhänge allen Gemeindegliedern klar! Die Nicht-Berücksichtigung dieser „verdienten Mitarbeiterin" und vor allem das dann laut und nachdrücklich geäußerte Unverständnis der Betroffenen hat natürlich umgehend bei etlichen weiteren Gemeindegliedern ebenfalls Verunsicherung und Unverständnis, wenn nicht sogar eine diffuse Art von „schlechtem Gewissen", ausgelöst. *„Wie konnte man eine solch verdiente Mitarbeiterin so übergehen und verletzen? Wer sind die Schuldigen? Wie kann man das jetzt wieder gut machen? Ist das nicht höchst ungeistlich? Kann und darf dieses Gremium, dieses neue Team, denn unter diesen Umständen überhaupt seine Arbeit aufnehmen?"* usw.

Die ganze Gemeinde verfiel sofort in den *„erhöhten-Gesprächsbedarf-und-gegenseitig-Vergeb'*-Modus", alles andere wurde zweitrangig, inklusive Missionsauftrag Jesu. So hatte jetzt also eine ganze Gemeinde darunter zu leiden, dass ein Gemeindeglied nicht verstanden hatte, dass die Gemeinde „Leib Jesu" ist und dies auch mit der Art ihres Engagements für die Gemeinde zu tun hat! Der ganze destruktive Rattenschwanz, der sich nun daraus entwickelte, wurde – wieder einmal mehr – zu einer eindrücklichen Demonstration der Tatsache, dass ein in dieser Hinsicht biblisches Gemeindeverständnis beileibe (ebenfalls wörtlich zu nehmen!) keine Privatangelegenheit des individuellen Christseins ist!

***

Eine andere Mitarbeiterin der Gemeinde, Mutter dreier Kleinkinder, kam sehr oft zu spät zum Gottesdienst. Selbst dann, wenn sie eine der Kinderstunden parallel zum Gottesdienst hätte leiten müssen, war sie immer wieder so spät dran, dass sie nicht mehr rechtzeitig und gut vorbereitet mit den Kindern starten konnte.

Es war offensichtlich, dass sie und auch ihr Mann es zumeist nicht schafften, sonntags die eigene Kinderschar rechtzeitig ausgehbereit hinzukriegen und ins Auto zu verladen. Von Seiten der Gemeinde war ein gewisses Verständnis dafür durchaus vorhanden, insbesondere von all denen, die selbst Kinder großgezogen hatten.

Dass es bei dieser Familie schon fast die Regel war, dass sie zu spät kamen und dabei immer auch noch den Gottesdienst störten, da der Haupteingang direkt in den Gottesdienstraum mündete – auch das wurde noch hingenommen.

Was aber wirklich störte, war der jeweilige Auftritt der jungen, überforderten Mutter: Verkniffener Gesichtsausdruck, bissige oder spitze Bemerkungen und gehetztes Benehmen strahlten eine Atmosphäre aus, bei der jederman schleunigst Deckung suchte.

Das ist natürlich menschlich und psychologisch alles nachvollziehbar. Wer Sonntagmorgens schon vor dem Gottesdienst familiären Stress hat, tut sich dann eben wesentlich schwerer, mit dem üblicherweise angesagten und allseits erwarteten Sonntagslächeln im Gottesdienst zu erscheinen.

Aber eigentlich geht es ja auch nicht um die schauspielerische Leistung, die gestresste Menschen beim Betreten des Gottesdienstraumes abliefern sollten. Sehr wohl ginge es aber um das Bewusstsein, dass es sich bei der Begegnung mit der Gemeinde um eine Begegnung mit Jesus höchstpersönlich handelt. Es wäre also zu fragen: *„Wie trete ich vor Jesus? Mit welcher Haltung, welcher Einstellung, welchem Bewusstsein?"*

Natürlich ist man seinen Stimmungen und Verstimmungen bis zu einem gewissen Grad etwas ausgeliefert. Wer schafft es schon, immer gut drauf zu sein? Aber wenn ich mit irgendwelchen hohen weltlichen Würdenträgern zusammentreffe, beispielsweise mit einem Präsidenten, einer royalen Hoheit oder einem Bundeskanzler, dann würde ich mir doch bestimmt eine angemessene Haltung auferlegen. Und schaffe das mit Sicherheit, selbst wenn ich kurz zuvor noch im Stress war!

Offensichtlich jedoch nicht, wenn man zu Jesus kommt. Da kann man dann dessen Leib wie ein Stück Dreck behandeln und seinen Frust an ihm auslassen ...

Das Bewusstsein, dass man es bei der Gemeinde mit dem Leib des Sohnes Gottes zu tun hat, also mit Jesus direkt, hätte dieser Frau helfen können. Vermutlich mehr als die jeweils gut gemeinten Ratschläge aus der Kategorie *„Komm jetzt mal etwas zur Ruhe!"* oder *„Nimm es doch gelassener!"* usw., die man ihr von Seiten der Gemeinde regelmäßig angedeihen ließ, natürlich jedes Mal ohne Wirkung oder gar Erfolg.

Ein Leib-Jesu-Verständnis hätte nicht nur dieser Frau, sondern einer ganzen Gemeinde wohltuendere Gottesdienst-Eröffnungen beschert!

***

Oder dieses Erlebnis: Hektik wenige Minuten vor Gottesdienstbeginn: Unsere Mitarbeiterin, die den Gottesdienst hätte moderieren sollen, ist nicht erschienen. Keiner kennt den von ihr geplanten Gottesdienstablauf, die Technik hat noch keine Informationen, nichts ist abgesprochen. Die fehlende Gottesdienstleiterin ist auch über Handy nicht erreichbar.

Ich teile also der Gemeinde mit, dass der Gottesdienst ein paar Minuten später beginnen wird, rufe die anwesenden Gemeindevorsteher zusammen und bespreche mit ihnen, wer was spontan übernehmen könnte.

Da erscheint sie plötzlich doch noch, gerade als wir, mit einigen Minuten Verspätung, unser „Notprogramm" starten wollen. Strahlend und lächelnd geht sie nach vorne, wendet sich an die Gemeinde und teilt dieser mit, dass ihr Mann sie halt noch aufgehalten hätte mit irgendwelchen wichtigen Büroarbeiten (sonntagmorgens!) und dass sie dann auch noch wegen Glatteisgefahr hätte vorsichtig fahren müssen. Und immer noch fröhlich lächelnd erklärte sie abschließend: *„So läuft das halt manchmal; ihr wisst ja selbst, wie das ist!"*

Keine Spur von Peinlichkeit; keinerlei Entschuldigung fürs zuspät kommen. Übrigens auch nicht nach dem Gottesdienst, als ich sie nochmals

– natürlich vorsichtig! – darauf ansprach. Sie verstand nicht, *„was ich denn wolle"*...

„Audienz beim König", wie wir den Gottesdienst ja richtigerweise auch manchmal bezeichnen, würde bei jedem windigen Provinzregenten mit Sicherheit würdevoller ablaufen, und ein verspäteter Zeremonienmeister wäre dort zumindest irgendwie peinlich, oder? Ganz zu schweigen davon, was dieser von seinem „König" zu hören kriegen würden...

Ob sie sich dann vielleicht zu Hause und im Stillen wenigstens bei Jesus entschuldigt hat für diesen Umgang mit seinem Leib? Ich fürchte eher, dass auch sie nicht wirklich erkannt hat, dass das kein guter Umgang mit der Gemeinde und schon gar nicht mit Jesus höchstpersönlich ist. Dass auch sie eben *„Gemeinde ist Leib Jesu"* nicht kapiert hat.

Also wieder einmal mehr: Jemand setzt ein gesundes, biblisches Gemeindeverständnis nicht um, und eine ganze Gemeinde badet es aus. Fehlendes „Leib-Jesu-Verständnis" ist eben weit mehr als nur ein kleines, individuelles Heiligungsmanko! Es hat Auswirkungen auf die ganze Gemeinde, und die Schädigung durch eine einzige solche Person, die das nicht begriffen hat, ist oftmals enorm ...

✳✳✳

Ich besuche mit meiner Frau den Sonntagsgottesdienst einer befreundeten freikirchlichen Gemeinde. Die Predigt hält eine Theologie-Studentin über die ersten 11 Verse aus Kapitel 3 des Kolosserbriefs. Sie hat sich für die Form einer Auslegungspredigt „Vers für Vers" entschieden. Die Predigt insgesamt ist gut, ihre Auslegungen schlüssig und nachvollziehbar und mit guten Denkanstößen angereichert. Mit einer Ausnahme jedoch: Wie sie zu den Versen 3 und 4 kommt, sieht sie sich einleitend zur Bemerkung *„Mit Vers drei und vier haben Ausleger immer Probleme!"* genötigt. Und tatsächlich kann sie der Gemeinde diese beiden Verse nicht erklären, sondern muss sich in vage Vermutungen, wie Paulus das möglicherweise gemeint hätte haben können, flüchten.

Schade! Und vor allem: unnötig! Denn hätte man sie in ihrem Theologie-studium bereits über die Lehre vom Leib Jesu aufgeklärt, hätte sie keinerlei Probleme mit diesem Statement von Paulus gehabt.

Die beiden Verse lauten nämlich wie folgt:

(3) *„Denn ihr seid gestorben, und euer Leben ist verborgen mit Christus in Gott. (4) Wenn aber Christus, euer Leben, offenbar wird, dann werdet ihr auch offenbar werden mit ihm in Herrlichkeit"* (Kolosser 3,3+4).

In der Tat: Ist man sich des Leibes Jesu nicht bewusst, dann ist Vers 3 schwierig und Vers 4 ziemlich sinnlos! Berücksichtigt man aber die Lehre vom Leib Jesu, dann ergibt sich das Verständnis völlig zwanglos und wie von selber:

- Mit dem *„offenbar werden"* von Christus in Vers 4 ist natürlich <u>nicht</u> die bevorstehende Wiederkunft („Parusie") von Jesus Christus gemeint, denn im gesamten 3. Kapitel des Kolosserbriefs geht es Paulus nirgend-wo um Zukünftiges, sondern er gibt durchgängig aktuelle Lebensanwei-sungen für Nachfolger. Folglich kann es beim *„offenbar werden"* von Christus nur um die Präsentation des Leibes Christi in der Welt gehen.

- Wenn der Leib Jesu (also eine Ortsgemeinde) aktiv wird und öffentlich in die Welt hineinwirkt, dann werden *„wir mit ihm offenbar werden"*. Logischerweise *„mit ihm"*, nämlich gleichzeitig und deckungsgleich, weil wir als Leib eine Einheit mit Jesus sind und als diese Einheit auftreten. Der Leib <u>ist</u> ja Jesus; tritt der Leib auf, tritt Jesus auf. Wie sonst sollte sich Jesus in unserer Zeit der Welt *„offenbaren"*? Er wird sicherlich nicht höchstpersönlich vom Himmel herabsteigen, weil das dann ja eine vor-weggenommene Parusie wäre, und Engel braucht er auch nicht zu sen-den, denn er ist ja selbst in der Welt anwesend – in Form seines Leibes. Wenn sich Christus in unserer Zeit dieser Welt offenbaren will, dann offenbart er sich vorwiegend in uns und mit uns, eben weil er sich als Leib offenbart.

- Dass unser *„Leben verborgen ist mit Christus"* (Vers 3) ist ebenfalls schlüssig, denn wir sind normalerweise für die Welt völlig irrelevant, eben *„gestorben"* und *„verborgen"*. Das Eigentliche, nämlich unser

Leben als Leib Christi, ist vor der Umwelt so lange „*verborgen*"; bis wir uns der Welt als Leib Christi offenbaren können. Solche Zeitpunkte, an denen Christus sich durch seinen Leib der Welt offenbaren will, bestimmt selbstverständlich stets das Haupt, und zwar völlig souverän.

- Wenn wir nun als Leib, also als Jesus, „*offenbart*" werden, indem wir so auftreten gegenüber der Welt, dass diese in und an uns Christus erkennt, dann werden wir immer „*mit ihm in Herrlichkeit*" (Vers 4) offenbart, denn Jesus selbst ist - erst recht seiner der Auferstehung - automatisch und jederzeit Herrlichkeit (griechisch „*doxa*", vergleiche dazu meine Ausführungen im 5. Kapitel „*Jesus besser verstehen*").

- Vers 3 ist in Vergangenheitsform geschrieben, weil das unser Normalzustand innerhalb der Welt beschreibt: Unsere Lebendigkeit in und als Christus ist für unsere Umwelt „*verborgen*". Der Vers 4 hingegen ist in Zukunftsform und als „wenn-dann"-Bedingung, also als Verheißung, formuliert: Immer dann, wenn sich Christus offenbaren will in dieser Welt, dann wird er sich seines Leibes bedienen und sich als Ortsgemeinde offenbaren: „.... *dann werdet ihr auch offenbar werden mit ihm*". Seine Offenbarung geschieht also mit und durch uns, und sie wird immer „*in Herrlichkeit*" geschehen, weil diese untrennbar zu Jesus gehört.

Also: Keinerlei Auslegungsprobleme mit Kolosser 3,3+4. Allerdings nur dann, wenn man den Leib Jesu verinnerlicht hat. Ansonsten schon.

Diese Beobachtung an der Predigt meiner jungen Kollegin hat mir einmal mehr verdeutlicht, dass es absolut sinnvoll ist, die Lehre vom Leib Jesu jederzeit präsent zu haben. Es gibt immer wieder Bibeltexte, die uns sonst verschlossen bleiben!

***

Gemeinde als „Leib Jesu": Erleben die Gäste unserer Ortsgemeinden diese als anwesender Jesus?

Das hat natürlich auch mit der Optik einer Gemeinde zu tun.

Dazu ein typisches Erlebnis: Ich war als Pastor neu eingestellt in der Gemeinde und erkundigte mich, woher denn der Polstersessel stamme, der breit und behäbig im Betreuungsraum für Kleinkinder stand. Ein wahrhaft schmucker Ohrensessel, allerdings reichlich in die Jahre gekommen. Auf der Sitzfläche lag eine Wolldecke. Ich hob sie an. Darunter war der Bezug aufgerissen, der Schaumstoff quoll. Ich sah mir den restlichen Bezug des Sessels an. Das Muster war ziemlich auffällig und großflächig bunt, aber bei genauerem Betrachten schienen mir nicht alle Buntflächen zum ursprünglichen Muster zu gehören. Einige davon sahen mir eher wie Flecken aus, insbesondere etliche unappetitlich gelbe in verschiedenen Variationen.

Ich erkundigte mich über die Herkunft dieses Sessels, der dort stand, wo die Kleinkinder spielen und die Eltern sich dazusetzen. Nun, der stünde schon lange da, erklärte man mir, aber man erinnere sich, dass damals jemand diesen wegwerfen wollte und man ihn gerettet hätte. Nochmaliges Nachfragen ergab: Er stand als Sperrmüll vor einem Haus ganz in der Nähe. Vor welchem Haus denn? Tja, das wäre ein Haus gewesen, in dem damals eine alte Frau gelebt hätte mit ganz, ganz vielen Katzen; so vielen Katzen, dass diese Frau deswegen richtiggehend stadtbekannt gewesen sei.

Danke. Nun wusste ich also, woher die gelblichen Flecken auf dem Stoff stammten und was für Krallen den Bezug auf der Sitzfläche aufgekratzt hatten. In diesem Sessel, der dort stand, wo Kleinkinder sich tummeln und deren Eltern im Sonntagsstaat eine bequeme Sitzgelegenheit vorfinden möchten, da bot die Gemeinde einen abgewrackten Sessel voller Katzenpisse aus dem Sperrmüll-Nachlass einer alten, möglicherweise auch noch inkontinenten, Frau an.

Das ist leider keine Einzelerfahrung. Als Pastor kommt man immer auch mal in andere Gemeinden, ich war sogar überdurchschnittlich oft als Gastprediger unterwegs. Und habe zuweilen gestaunt, wie sich Gemeinden mit dem Sperrmüll, den keiner mehr haben will, ausstatten. Nach dem Motto *„Kann ich bei mir zu Hause nicht mehr brauchen – aber für die Gemeinde tut's das Teil doch noch!"* wird fröhlich in die Gemeinderäume hinein entrümpelt. Manchmal gewinnt man regelrecht den Eindruck, die Gemeinde wurde genau an dem Tag mit Möbeln ausgestattet, als die ganz, ganz alte Oma verstarb ...

„Leib Jesu"?

Inzwischen, seit ich „Leib Jesu" verstanden habe, tut mir so etwas richtig weh. Wenn *„in die Gemeinde investieren"* dasselbe ist wie *„in Jesus investieren"*, dann hat das doch auch mit Aussehen, Präsentation und Ausstrahlung der Gemeinde zu tun!

Dass wir es uns – und unseren Gästen - schön machen in der Gemeinde, muss folglich ganz oben auf die Prioritätenliste. Selbstverständlich! Denn bei Jesus ist es schön, wie sollte das also bei seinem Leib anders sein? Selbstverständlich muss man sich bei Jesus rundherum wohl fühlten; selbstverständlich muss Gemeinde ein Wohlfühloase und ein „zu Hause" sein; selbstverständlich muss das ein Ort sein, der sich so einladend präsentiert, dass jedermann gerne und möglichst oft dort ist!

Und Gott wird es sich bestimmt nicht lumpen lassen, wenn wir seinen Sohn schon mal dadurch ehren, dass wir die Optik seines Leibes pflegen und schmücken!

Gemeinde als „Leib Jesu"? Dann gilt eben grundsätzlich, dass jede Investition in die Gemeinde sich lohnt. Weil es eine Investition in Gottes Sohn ist!

Und das hat selbstverständlich auch mit Möblierung zu tun. Zu Hause machen wir es uns so bequem und „heimelig" wie möglich – und wie machen wir es uns da, wo Jesus wohnt? Wo er, der Sohn Gottes, zu Hause ist?

Das Aussehen der Gemeinde drückt unsere Wertschätzung gegenüber Jesus aus!

Darf ich hier nochmal eine Linie ziehen hin zum alttestamtlichen Tempel? Dort hat bekanntlich Gott selbst gewohnt, und es überrascht uns doch keinesfalls, dass dieser Tempel kostspielig, ja luxuriös ausgestattet war! Der musste natürlich was hergeben punkto Ausstattung und Aussehen! Und als die Israeliten das mal vergaßen, hat Gott sie umgehend daran erinnert: *„Ist denn eure Zeit da, dass ihr in euren getäfelten Häusern wohnt, aber dies Haus* [der Tempel] *muss wüst stehen?"* (Haggai 1,4).

Naja, war doch logisch: Wo Gott wohnt, muss das auch ersichtlich sein! Ausstattung also nur vom Feinsten! Allerdings zwar nur mit weltlichen Mitteln, die der himmlischen Erhabenheit Gottes natürlich nie gänzlich gerecht werden können - aber immerhin! Wenn schon, dann aber nur das Beste. Selbstverständlich! Ist ja für Gott!

Man mag hier einwenden, dass es doch bei der Ausstattung des Tempels gar nicht um die erlesenen und wertvollen Ausstattungs-Materialien als solche ging, sondern um die dadurch ausgedrückte Wertschätzung und Hochachtung Gottes!

Stimmt! Genau erkannt! Dem ist nichts hinzuzufügen!

Und jetzt wohnt also Gottes Sohn in der Gemeinde, genauso wie damals Gott im Tempel. So muss man es analog doch ausdrücken, wenn Gemeinde tatsächlich der „Leib Jesu" ist, oder?

Brauch' ich das noch weiter auszuführen?

Aber dann vollmundig behaupten, Jesus zu lieben und dass er unser Leben bestimmen und leiten darf, dass wir ihm alles übergeben und anvertraut haben - das schon! Wo er aber dann konkret anwesend ist; da, wo ich meiner Liebe zu ihm tatsächlich konkret Ausdruck geben könnte, da lassen wir es aussehen wie beim Hempels unterm Sofa ...

Wertschätzung Jesu? Hochachtung vor Gottes Sohn? Ausdruck unserer Liebe zu ihm, dem König und Herrn?

Uns selber fällt's dann irgendwann nicht mehr auf; man gewöhnt sich auch an Sperrmüll. Voraussetzung: Dieser steht nicht bei uns zu Hause.

Aber was werden unsere Gäste und Besucher denken? *„Hier wohnt also Jesus!"* ganz bestimmt nicht! Hoffentlich nicht! Denn so ein Bild von Jesus gleich beim ersten Kontakt mit seinem Leib, also mit ihm persönlich, wäre schlicht verheerend!

Es geht uns hierzulande so gut wie noch nie. Zweitwagen, Eigenheim und dreimal jährlich Urlaub sind uns schlichte Selbstverständlichkeiten. Eine Mehrheit unserer Gemeindeglieder verdient unverhältnismäßig viel mehr, als sie wirklich zum Leben benötigen. Aber um den Wohnort Jesu zu verschönern, ist plötzlich jeder Euro zu viel. Selbst der Euro, den wir aus unserem Überfluss abzweigen könnten, ohne deswegen irgendeinen Verzicht auf uns nehmen zu müssen, wird noch dreimal umgedreht, bevor er in die Gemeindekasse wandern darf.

***

Bei einer solcherart mit reichlich Sperrmüll ausgestatteten Gemeinde habe ich dann mal etwas genauer hingeschaut, wie denn da so mit Geld umgegangen wird. Die Gemeinde war nicht allzu groß und gehörte zu denjenigen, die ihrem Pastor, den ich übrigens gut kannte, kein volles Gehalt angedeihen ließen. Der tat mir irgendwie leid, und nur schon deswegen hat's mich gereizt, gerade bei seiner Gemeinde mal das Finanzierungsgehabe anzuschauen.

Gemeinden, die nicht allzu viele Mitglieder haben und deshalb nicht gleichzeitig ihr Gemeindehaus sowie den Pastor vollumfänglich finanzieren können, gibt's im freikirchlichen Bereich viele. Die gängige Begründung für karges Pastorengehalt und unattraktives Gemeindehaus ist dann immer unisono: *„Wir haben eben nicht die finanziellen Mittel dazu!"* Der geneigte Zuhörer sieht sich die Größe der Gemeinde an und nickt diese Begründung sofort ab: *„Logo!"*

Allerdings haben wir dann bei dieser Gemeinde punkto Finanzierung folgendes festgestellt:

- Ein Viertel der Gemeindeglieder verdiente überdurchschnittlich gut, zum Beispiel auf dem Niveau von Schuldirektoren, Chefärzten usw.;
- rund 40% der Glieder waren Doppelverdiener, dagegen standen ca. ein Drittel „Geringverdiener" wie Rentner, Studenten oder Azubis;
- zwei Drittel der Gemeinde lebte im abbezahlten Eigenheim, weitere ca. 15% besaßen Eigentumswohnungen; wobei laut Kenntnisstand des Pastors bis auf eine Ausnahme auch diese bereits abbezahlt waren;
- rund 20% der Gemeindeglieder besaßen sogar mehrere eigene Häuser beziehungsweise Eigentumswohnungen;

202

- aus dem jährlichen Kassenbericht war ersichtlich, dass das Gemeindehaus fast vollständig abbezahlt war;
- das durchschnittliches Spendenaufkommen pro Mitglied dieser Gemeinde lag allerdings lediglich bei ziemlich genau 145 € monatlich;
- und die Gemeinde ließ sich ihre laufenden Kosten gleichzeitig noch von externen „Sponsoren" mitfinanzieren. Diese Spenden deckten fast 20% der laufenden Gemeindekosten. Die Spender waren mit der Begründung *„unsere Gemeinde ist ja zu klein um alles finanzieren zu können"* darum gebeten worden.

Der (unterbezahlte) Pastor ergänzte auf Anfrage, dass er in der gesamten Zeit seines Dienstes nie hätte feststellen können, dass auch nur ein einziges seiner Gemeindeglieder jemals zu Gunsten der Gemeinde finanziell auf irgendetwas verzichtet hätte. Klartext: Die Mitglieder dieser Gemeinde haben allesamt ausschließlich aus ihrem Überfluss etwas abgegeben. Und trotz zusätzlicher massiver Unterstützung von außen durch großzügige Spender reichte es aber *(„leider, leider, denn wir sind halt zu klein")* nur für Sperrmüll-Möblierung und einen pastoralen Hungerlohn.

Für wen genau reichte es nicht? Für den „Jesu Leib", also für den real anwesenden Christus, für dem Sohn Gottes, für den König. Für den reichte es nicht. Und für den Ausdruck und die Sichtbarmachung unserer Liebe zu ihm. Dafür reichte es nicht ...

Ist diese Gemeinde ein Einzelfall?

Vorsicht: Suggestivfrage!

Was war ich dankbar, dass ich in dieser Gemeinde nicht über das *„Scherflein der Witwe"* aus Lukas 21,2-4 predigen musste! Das Wort wäre mir im Hals steckengeblieben.

Nur der Vollständigkeit halber sei noch vermerkt, dass es in dieser Gemeinde natürlich doch jemanden gab, der nicht auf seinem Überfluss zurückgreifen konnte und durchaus auf Etliches – nicht nur auf sein Eigenheim - verzichten musste: Der Pastor mit seiner Familie. Inklusive der Auswirkungen auf seine spätere Rente, die im Gegensatz zu derjenigen seiner Gemeindeglieder sehr bescheiden ausfallen wird.

Was ist uns der „Leib Jesu" wert? Falls das Gemeindeverständnis als „sein Leib" wirklich Jesu Konzept sein sollte, mit dem er die Welt erreichen möchte: Was machen wir Nachfolger - um Himmels willen - daraus?

Um die Geschichte von vorhin mit dem „Katzensessel" noch abzuschließen: Es kostete mich mehrere Wochen, die Gemeinde nach und nach davon zu überzeugen, dass dieses urinverzierte Teil doch vielleicht entsorgt werden sollte. Ich habe mir dabei spitze Bemerkungen eingehandelt, und einige waren mir dann schon etwas gram, als ich ihren *doch so bequemen* Sessel endlich entfernen durfte. Das Gemeindeglied, das den Sperrmüllsessel damals höchstpersönlich „gerettet" hatte - übrigens die verdienstvolle Ehefrau eines Gemeindeleiters – grollt mir vermutlich bis heute.

***

Bei all diesen Beobachtungen und Erlebnissen innerhalb unserer Gemeinden wird eins offensichtlich: Es fällt uns „bibeltreuen" Christen extrem schwer zu begreifen, dass der „Leib Jesu" auf die einzelnen Ortsgemeinden gemünzt ist. Wir kriegen es fast nicht in unser Denken hinein und es kostet uns größte Anstrengung, es einigermaßen klar zu erfassen, geschweige denn es persönlich zu verinnerlichen oder es sogar zu einer geistlichen Selbstverständlichkeit werden zu lassen. Obwohl es absolut biblisch wäre!

Warum tun wir uns da so schwer?

Nun, wir sind diese Sichtweise nicht gewohnt. Noch einmal möchte ich nachfolgend reflektieren, warum es uns so schwerfällt, unser gewohntes Denken hier zu verlassen.

Unsere eingefleischte Gewöhnung ist, dass das Stichwort „Leib Jesu" reflexartig und unausweichlich immer bei uns die zwei bereits genannten und in unseren Köpfen fest verankerten Sichtweisen auslöst: Entweder interpretieren wir den „Leib Jesu" universell - oder als Gleichnis.

Mit der ersten Sichtweise, der „universellen" Interpretation, ist Folgendes gemeint: Sobald das Stichwort „Leib Jesu" fällt, denken wir sofort und automatisch an einen als „Kirche" bezeichneten Gemeindeverband oder an eine Denominationen verbindende Zusammenarbeit von Christen unterschiedlicher Prägung, beispielsweise in der kirchlichen Ökumene, in der ACK (Arbeitsgemeinschaft christlicher Kirchen) oder - im freikirchlichen Bereich – in der Evangelischen Allianz, wenn nicht sogar an die Gemeinschaft aller Christen weltweit, die jemals gelebt haben.

Wird also beispielsweise in einer christlichen Austauschrunde über die wünschenswerte Einheit unter Christen unterschiedlicher Gemeinden debattiert, dann wird als Begründung meistens als Erstes der Wunsch Jesu nach Einheit in seinem „Hohepriesterlichen Gebet" aus Johannes 17 zitiert. Danach folgt aber sogleich und ziemlich unvermeidlich immer auch der Hinweis auf den „Leib Jesu", der quasi als funktionale Grundlage für ein sinnvolles Zusammengehen unterschiedlicher christlicher Glaubensrichtungen oder Bekenntnisse keinesfalls außer Acht gelassen werden dürfe.

Dieses „universelle" Verständnis, gemäß dem der Leib Jesu eben einen Kirchenverband oder aber die „Universalgemeinde", also alle Christen zu allen Zeiten an allen Orten, bezeichnen soll, ist aber, wie schon im 2. Kapitel erörtert, ein falsches Verständnis. Allerdings sind wir uns dessen leider nicht bewusst. Es ist deshalb völlig sinnlos, innerhalb einer solchen Diskussion darauf hinweisen zu wollen, dass bei diesem Thema das Stichwort „Leib Jesu" unangebracht sei, weil es dadurch nämlich sinn- und zweckentfremdet werde; Paulus habe das doch nachweislich stets und ausschließlich auf einzelne Ortsgemeinden und nie auf einen Zusammenschluss oder gar eine Gesamtheit aller Christen aus mehreren Einzelgemeinden bezogen. Die über Einheit und gemeindeübergreifende Zusammenarbeit debattierende Runde wird sich mit Sicherheit auf eine solche Diskussion nicht einlassen. Das interessiert ganz einfach nicht.

So wünschenswert eine Einheit möglichst vieler Christen über Gemeinde- und Bekenntnisgrenzen hinweg auch sein mag: Mit dem „Leib Christi", wie ihn uns Paulus beschreibt, lässt sich eine Einheitsforderung dazu nicht begründen. Zwar scheint uns vordergründig eine solche Argumentation logisch und nachvollziehbar, sie ist aber leider nicht bibelkonform! Auch nicht, wenn uns diese unsachgemäße Sichtweise wieder und wieder und von durchaus namhaften Mitchristen proklamiert und eingetrichtert wird!

Wäre nämlich dieses universelle, also alle Gemeinden oder die ganze „Kirche" betreffende Verständnis tatsächlich eine zulässige Auslegung des Leibes Jesu, dann müssten wir uns die Frage stellen: Warum finden wir dann nirgendwo im Neuen Testament eine Formulierung wie *„ein Teil des Leibes Jesu"* oder *„ein Glied des Leibes"* für eine einzelne Ortsgemeinde?

Hätte Paulus oder irgendein anderer der Apostel nämlich „Leib Jesu" jemals universell verstanden, dann wäre logisch und zu erwarten, dass sie immer mal wieder bei diesem Thema hätten durchblicken lassen, dass der eigentliche Leib mehrere Gemeinden, wenn nicht sogar die Gesamtheit aller Christen, umfasst und somit die Einzelgemeinde nur als Teil oder als Einzelglied des Leibes zu verstehen sei. Aber genau das finden wir eben nirgends! Es gibt im gesamten Neuen Testament keine einzige Formulierung, mit der eine Einzelgemeinde als Teilglied irgendeines übergeordneten „Leibes" bezeichnet würde, so dass dadurch ein universelles, gemeindeübergreifendes Verständnis erkennbar würde. Weder bei Paulus noch bei irgendeinem anderen der neutestamentlichen Autoren!

Hingegen finden wir aber eben bei Paulus Formulierungen wie zum Beispiel an die Gemeinde in Korinth: *„Ihr aber seid der Leib Christi und jeder Einzelne ein Glied"* (1. Korinther 12,27) oder an die Gemeinde in Rom: *„So sind wir, die vielen, ein Leib in Christus, aber untereinander ist einer des andern Glied"* (Römer 12,5). So könnte Paulus doch niemals formulieren, wenn er eine universelle Sicht des Leibes Jesu im Hinterkopf hätte, also etwa die römische oder die korinthische Ortsgemeinde nur als „Teilglied" an Jesu weltweitem „Leib" ansehen würde!

Oder wir könnten auch fragen: Warum eigentlich schreibt Paulus an die Korinther (1. Korinther 12,27) und die Kolosser (Kolosser 3,15) nicht *„Wir sind der Leib Jesu!"*, sondern *„Ihr seid ..."*? Hätte Paulus ein universelles „Leib"- Verständnis, wäre doch dies die logische Formulierung. Er hat aber eben eine individuelle, separierte Gemeindesicht des „Leibes": jede Gemeinde ist für sich „ein Leib". Logisch also, dass er Formulierungen wählt, bei denen weder er selbst noch all die anderen Gemeinden mit einbezogen sind.

Exemplarisch deutlich wird dies auch, wenn Paulus die Korinther in seinem zweiten Brief in Kapitel 8 und 9 zur Geldsammlung für die verarmte Gemeinde in Jerusalem auffordert. Er lässt es dabei nicht bei einem kurzen Apell bewenden, sondern argumentiert außerordentlich ausführlich, nämlich volle zwei Kapitel lang, über den Sinn und den Segen dieses finanziellen Austauschs unter den Gemeinden. Da er dabei auch darauf hinweist, dass sich noch andere griechisch-mazedonische Gemeinden ebenfalls an dieser Sammlung beteiligen, handelt es sich also um eine Aktion unter mehreren Gemeinden.

Würde es sich bei diesem gemeindeübergreifenden Anlass nicht regelrecht aufdrängen, den „Leib Jesu" ins Spiel zu bringen, wenn er denn universell gedeutet werden könnte? Beispielsweise an der Stelle, wo Paulus den Sinn der Sammlung so verdeutlicht: *„... dass es zu einem Ausgleich komme. Jetzt helfe euer Überfluss ihrem Mangel ab, damit auch ihr Überfluss eurem Mangel abhelfe und so ein Ausgleich geschehe."* (2. Korinther 8,13+14). An dieser Stelle würde doch ein Hinweis auf den (universellen) „Leib Jesu" argumentativ bestens hinpassen, beispielsweise indem er sie an eine Passage aus seinem ersten Korintherbrief erinnert: *„... dass die Glieder in gleicher Weise füreinander sorgen, denn wenn ein Glied leidet, so leiden alle Glieder mit!"* (vgl. 1. Korinther 12,25+26). Stattdessen begründet Paulus diesen Ausgleich unter den Gemeinden aber mit einem Zitat aus dem 2. Buch Mose!

Müsste er nicht davon ausgehen, dass die vorwiegend heidnisch-griechischen Gemeindeglieder in Korinth sich eher an die ausführliche Beschreibung des „Leibes Jesu" aus dem Brief erinnern, den sie erst kürzlich von ihm erhalten haben, als an einen alten jüdischen Thora-Text?

Kurz zuvor weist Paulus sogar auf Jesus als Vorbild hin, an dem die Korinther bei ihrer Sammlung Maß nehmen sollen: *„Denn ihr kennt die Gnade unseres Herrn Jesus Christus: Obwohl er reich ist, wurde er doch arm um euretwillen, auf dass ihr durch seine Armut reich würdet"* (2. Korinther 8,9). Auch hier drängt es sich doch förmlich auf, den Jesu Leib zu erwähnen, falls man ihn universell versteht, und sei es nur durch einen kurzen Zusatz wie etwa *„Bedenkt doch, dass ihr Korinther ein Teil, ein Glied seines Leibes seid, und handelt deshalb ebenso!"* oder so ähnlich.

Macht Paulus aber nicht. Ausgerechnet den Korinthern, denen er den Leib Jesu in seinem ersten Brief derart ans Herz gelegt und ihnen diesen ausnahmsweise sogar noch als gleichnishafte Übertragung breit ausgelegt hat, ausgerechnet diesen Korinthern gegenüber sollte Paulus also mit keiner Silbe erwähnen, dass es hier erneut um diesen „Leib" von Jesus geht? Sollte Paulus zwischenzeitlich das Thema „Leib Jesu" vielleicht vergessen haben? Das wäre völlig absurd, gerade bei einem versierten Theologen wie Paulus.

Nein, die einzige Erklärung, warum Paulus den Leib Jesu im Zusammenhang mit der übergemeindlichen Geldsammlung nicht einmal ansatzweise andeutet, kann lediglich diese sein: Es gibt für ihn kein universelles, kein gemeindeübergreifendes Verständnis!

Mehr noch: Warum eigentlich finden wir in keiner Endzeitrede, in keiner Beschreibung des zukünftigen Himmelreichs und auch nicht im Buch der Offenbarung irgendeinen Hinweis auf den Leib Jesu, wenn die *„Sammlung aller Auserwählten"* (Matthäus 24,31) oder *„sein [Gottes] Volk"* vor dem himmlischen *„Thron"* (nach Offenbarung 21,3) geschildert wird?

Diese bevorstehende Versammlung aller Gläubigen im Himmel wird unter anderem beschreiben als *„Gäste beim Festmahl des Königs"* (Matthäus 22,1-14); als *„Bewohner des „Neuen Jerusalem"* (Offenbarung 21,2-4); als *„Braut des Lammes"* (Offenbarung 19,7 und 21,9); als *„Knechte mit dem Namen Jesu auf der Stirn"* (Offenbarung 22,3+4); als die *„Heiligen"*, die *„mit Gerechtigkeit bekleidet"* sind (Offenbarung 19,8) oder auch als *„Teilhaber am Baum des Lebens"* (Offenbarung 22,14) - aber nirgendwo in der Bibel als versammelter *„Leib Jesu"*!

Bei universeller Deutung des Leibes Jesu wäre jedoch bei der Auferstehung aller Gläubigen dieser „Leib" erstmalig komplett versammelt – und das wird mit keiner Silbe erwähnt? Warum nicht?

Weil es den „Leib Jesu" mit universalem, also ortsgemeindeübergreifendem Sinn schlicht nicht gibt!

Wir hingegen haben seit Jahrhunderten diese universelle Deutung verinnerlicht! Völlig zu Unrecht, denn diese Interpretation ist unzulässig, weil sie vollumfänglich unbiblisch ist!

***

Das andere Verständnis, das wir sofort und reflexartig mit dem Begriff „Leib Jesu" verbinden, ist dann die Sicht vom Leib Jesu als einem Gleichnis. Ausgehend von 1. Korinther 12 denken wir an die gegenseitige Ergänzung, die jeder einzelne Christ für die anderen „Geschwister" sein sollte und dass wir mit unseren gegenseitigen Gaben und Fähigkeiten einander zu dienen haben. Dies ist die bildhaft vergleichende Interpretation des Leibes Jesu, und die ist nicht etwa falsch, weil Paulus ja diesen Blickwinkel - wie im 2. Kapitel ausführlich betrachtet – in seinem ersten Korintherbrief, Kapitel 12, tatsächlich so entfaltet.

Allerdings ist „Leib Jesu" als Gleichnis im Sinne von „ihr sollt miteinander harmonieren wie die Glieder eines Leibes" nur ein Nebenaspekt der eigentlichen, hauptsächlichen Bedeutung. Darauf weist Paulus bei seinen Erläuterungen in 1. Korinther 12 sowohl einleitend (Vers 12+13) wie auch abschließend (Vers 27) ausdrücklich hin, wie wir ebenfalls bereits im 2. Kapitel gesehen haben. Das Bild der gegenseitigen Ergänzung unter Christen innerhalb einer Gemeinde ist für ihn nur eine mögliche Interpretationsvariante, eine nachdenkenswerte Variation des korrekten Verständnisses von „Leib Jesu", aber niemals die eigentliche, die konstituierende Bedeutung! Und das ist auch der Grund, warum Paulus diese gleichnishafte Sicht nur ein einziges Mal in allen seinen Briefen entfaltet.

Das heißt für uns: Wenn man die Hauptbedeutung von „Leib Jesu" verstanden und verinnerlicht hat, dann kann man - auf diesem Grundverständnis basierend - durchaus auch noch zusätzlich ein Gleichnis daraus ableiten, so wie Paulus das tut. Die theologische Leitlinie dazu lautet: *„Das Bewusstsein der grundsätzlichen Bedeutung eines linguistischen Terms* *muss immer Voraussetzung für eine geistlich und theologisch korrekte Erweiterung seiner Begrifflichkeit sein!"*

Wir sollten also den Leib Jesu als Gleichnis für unser Zusammenleben innerhalb unserer eigenen Gemeinde jeweils erst dann thematisieren, wenn wir verstanden haben, dass wir als Ortsgemeinde der Leib Jesu <u>sind</u>! Das ist die Grundlage und muss als generelles Verständnis in unserem Denken verankert sein. Erst dann kann man daraus auch ausnahmsweise einmal ein Gleichnis ableiten, wie Paulus das getan hat.

Leider haben wir es bislang genau umgekehrt gemacht: Wir haben die gleichnishafte Auslegung von Paulus als Grundlage genommen und daraus unsere eigene (unsachgemäße) Interpretation des „Leibes Jesu" abgeleitet. Möglicherweise aus zwei Gründen: Erstens ist die paulinische Auslegung als Gleichnis sehr anschaulich und eingängig, und zum Zweiten macht Paulus ja daraus eine längere Lehreinheit über 16 Verse hinweg, was dem Ganzen allein aufgrund seiner Ausführlichkeit schon ein gewisses Gewicht gibt.

Trotzdem haben wir damit das Pferd von hinten aufgezäumt! Wenn wir das Gleichnis als Grundlage nehmen und die Bedeutung des „Leibes Jesu" davon ableiten, haben wir das Fakt ignoriert und stattdessen den daraus entnommenen Vergleich zum Hauptgegenstand, zum Fundament, zur Verständnisvoraussetzung erhoben. Dann haben wir tatsächlich die Tomate mit dem roten Auto (vgl. Kapitel 2) verwechselt!

Außerdem sei noch einmal darauf hingewiesen, dass der gleichnishafte „Leib"-Vergleich in 1. Korinther 12 als Bild der gegenseitigen Ergänzung unter Christen zwingend auf ein Ortsgemeinde-Verständnis angelegt ist! Denn die darin dargestellten Vergleiche setzen einen direkten Umgang von untereinander fest verbundenen Gliedern voraus. Eine erweiterte Auslegung des Gleichnisses, beispielweise in Richtung „Universalgemeinde", verbietet sich somit auch aus diesem Grund.

***

Weil wir also beim Stichwort „Leib Jesu" immer diese beiden Deutungs-weisen, entweder die universelle oder aber die gleichnishafte, reflexartig und automatisch vor Augen haben, fällt es uns außerordentlich schwer, den Leib Jesu im biblischen Sinn zu interpretieren – und schon gar nicht „wie selbstverständlich"! Und warum interpretieren wir stets falsch? Weil wir es in unserem gesamten christlichen Werdegang nie biblisch korrekt gehört haben, nie so gelehrt wurden, es nie in diesen Zusammenhang gestellt betrachtet haben. Wir kennen ausschließlich die zwei unsachgemäßen und irreführenden Betrachtungsweisen von „Leib Jesu"! Denn die permanenten Wiederholungen dieser zwei Sichtweisen verfestigen unser Verständnis so lange, bis es zum unausrottbaren Vorverständnis, zur selbstverständlichen Vorstellung und Interpretation des Stichworts „Leib Jesu" wird. Dadurch sind wir blind für die wirkliche Bedeutung und nicht mehr in der Lage, anders über „Leib Jesu" zu denken. Es ist unsere fixe Gewöhnung und hat sich so massiv in unserem Denken verankert, dass es nicht nur absolut selbstverständlich, sondern auch unverrückbar geworden ist.

Niemand unterschätze die Beharrlichkeit eingefleischten Denkens!

Diese Beharrlichkeit eines falschen Verstehens zeigt sich in unserem Fall darin, dass sogar generationenübergreifend nie anders gedacht wurde! Offensichtlich haben auch unsere bibelkundigen Vorfahren nie wirklich darüber nachgedacht, was denn „Leib Jesu" wirklich bedeutet! Wie bereits zu Beginn dieses Kapitels dargestellt, wurde in unserer Kirchengeschichte offenbar nie anhand der Bibel die Intention von Paulus hierzu reflektiert und logischerweise dann auch nicht das dem zugrunde liegende Verständnis Jesu geklärt!

Das universelle Falschverständnis ist sogar vorreformatorisch und ur-katholisch, weil schon die Alte Kirche von je her den Begriff „Leib Jesu" oder „Christi Leib" für ihr Kirchenverständnis reklamierte: *„Unsere Kirche ist der Leib Jesu, ist Christi Leib!"* Aus dieser katholischen Fehlinterpretation haben sich bis heute auch nicht die evangelische und auch nicht die evangelikale Christenheit je befreien können.

Darum wird bereits seit Jahrhunderten immer in genau diesen beiden Kategorien – universell oder gleichnishaft – über den „Leib Jesu" gedacht, gepredigt und geschrieben, ohne dass irgendeinem unserer geistlichen Vorväter jemals aufgefallen wäre, dass es Dutzende von neutestamentlichen Bibelstellen gibt, die eigentlich ein anderes Verständnis, eine andere Interpretation zwingend voraussetzen. Folglich finden wir in unserer geistlichen Literatur, egal aus welcher kirchengeschichtlichen Epoche, nirgendwo eine klärende Darstellung der korrekten Bedeutung von „Leib Jesu".

Und logischerweise finden sich also auch heute noch unausweichlich in jedem Artikel oder Vortrag über das Thema „Einheit" unter Christen Falschaussagen wie beispielsweise *„Unsere Kirchen als Leib Jesu sollten doch … "* oder *„Die Einheit der Kirchen entspricht dem Leib Christi …"*! Dadurch wird immer wieder aufs Neue das irreführende Verständnis in unseren Köpfen weiter betoniert und prägt sich dermaßen penetrant ein, dass wir nicht mehr umdenken können!

Es bleibt die bittere Erkenntnis: So beharrlich und unausrottbar ist also eingefleischtes Denken! Und das betrifft leider auch schiefe christliche Denkkonstrukte und fehlerbehaftete biblische Interpretationen!

Wenn wir nun, quasi als ersten Schritt hin zu einem gesunden Gemeindeverständnis, den „Leib Jesu" biblisch korrekt und dem Neuen Testament entsprechend denken lernen wollen, dann müssen wir das mit vollem Bewusstsein und willentlich anpacken! Nur so ist es zu schaffen; das geht nicht „einfach mal so nebenher"; eingefleischtes Denken lässt sich nicht beiläufig und „mit links" überwinden!

Man muss eben konsequent „Neudenken" wollen! Paulus weiß sehr wohl, dass Umdenken ein Prozess ist, der nicht von alleine abläuft und den auch der Heilige Geist nicht mit Zwangsmitteln in uns durchsetzt. Deshalb mahnt er beispielsweise die Römer: *„Ändert Euch durch die Erneuerung Eures Sinnes!"* (Römer 12,2) und die Epheser gleich zweimal hintereinander: *„Prüft, was dem Herrn wohlgefällig ist!"* (Epheser 5,10) beziehungsweise *„Versteht, was der Wille des Herrn ist!"* (Epheser 5,17).

Und wo erkennen wir *„den Willen des Herrn"* und *„was ihm wohlgefällig ist"*? Natürlich durch die Bibel, seinem geoffenbarten Wort.

Genau auf diese Weise haben wir nun also mit der aus der Bibel neu gewonnenen Erkenntnis des „Leibes Jesu" umzugehen: Aufgrund von „*verstehen*" und „*erkennen*" unseren „*Sinn erneuern*". Das ist uns aufgetragen, das ist das, was wir zu tun haben. Aktiv und bewusst handelnd, denn „umdenken" geschieht auch im geistlichen Bereich und unter dem Heiligen Geist nie automatisch und „von alleine"! Auch Paulus weiß eben: Verändertes Denken muss willentlich angepackt und konsequent eingeübt werden!

Ich persönlich habe Jahre gebraucht, bis ich mein automatisches Vorverständnis überwinden konnte und die neue, korrekte Sicht des Begriffs „Leib Jesu" so verinnerlicht hatte, dass ich in der Lage war, sie automatisch denken zu können.

Aber es ist unerlässlich, dass wir hier umdenken! Es kann und darf nicht sein, dass wir auch in unserer Generation, wie in allen vorausgegangenen, ausschließlich die zwei fehlerhaften Interpretationen von „Leib Jesu" in unseren Köpfen weiterleben lassen und natürlich dann erneut wieder in die nächste Generation weitergeben. Das wäre äußerst fahrlässig und geistlich unverantwortlich, weil eben beide falschen Sichtweisen, sowohl die universelle wie die gleichnishafte, das eigentliche Verständnis des paulinischen Begriffs „Leib Jesu" blockieren!

Keine Frage: Wir haben es hier mit einem äußerst raffinierten Vorgehen des Teufels zu tun: Den „Leib Jesu" kann er aus unserem Bewusstsein nicht vertreiben, denn dazu steht dieser Begriff viel zu oft in der Bibel. Deshalb greift er in die Trickkiste und füllt den Begriff einfach mit falschem Inhalt: Wenn der „Leib Jesu" nicht mehr auf unsere Ortsgemeine angewendet wird, sondern nur noch universell interpretiert (und damit in ein rhetorisch-konjunktives Wunschland beziehungsweise in eine fernstehende Zukunft verbannt wird) oder als simples Gleichnis für etwas mehr gegenseitige Mitmenschlichkeit in unseren Köpfen umhergeistert, verliert er seine Aussage und Wirkkraft. Denn ein korrektes „Leib-Jesu"-Verständnis wäre wesentlich für unsere Sicht von Gemeinde, aus der dann ein sachgemäßer (geistlicher) Umgang mit ihr erwachsen könnte. Fehlendes Leib-Jesu-Verständnis hingegen hält unser Gemeindeverständnis auf kümmerlichem und untauglichem Niveau.

Klarer Punktsieg für den Teufel!

Und darum ernten wir laufend die Früchte dieses verqueren Denkens: Indem wir diesen Begriff permanent mit falschem Inhalt füllen und missverstehen, missverstehen wir gleichzeitig jedes Mal, was Ortsgemeinde eigentlich sein sollte! Wann immer wir der Formulierung „Leib Jesu" oder „Leib Christi" im Neuen Testament begegnen – also bei Dutzenden von Bibelstellen! – verstehen wir also nicht, was die Bibel hier meint und worum es eigentlich geht. Wir haben schlicht keine Ahnung, wovon der jeweilige Vers wirklich spricht!

Gleichzeitig ist das Grundverständnis des biblischen Begriffs „Leib Jesu" jedoch absolut relevant für sinnvoll gelebtes Christsein! Wenn die verbindliche Zugehörigkeit zu einer Ortsgemeinde unabdingbar für echte Nachfolge ist, dann muss der Nachfolger selbstverständlich auch kapieren, wozu er gehört!

Verstehen ist dabei der unabdingbare erste Schritt, der Einstieg, die Grundlage. Wir müssen unbedingt wieder ein korrektes Verständnis davon entwickeln, was unsere Gemeinde denn eigentlich sein sollte und was ihre Bedeutung ist. Denn nur eine klare Sicht, eine biblische Vorstellung davon, was unsere Gemeinde darstellt, kann hin zu einem erneuerten Umgang mit der Gemeinde führen.

Ohne klare Vorstellung kann man mit seiner Gemeinde nicht sinnvoll umgehen. Genauso wie man ohne eine klare Vorstellung, was eine Mikrowelle sein soll, mit dem schmucken Metallkasten nicht sinnvoll umgehen kann. Man wird ihn dann vielleicht als Hamsterkäfig benutzen! Und wenn dann landauf, landab sämtliche Menschen ihre Mikrowelle als Hamsterbehausung nutzten, dann wird auch keine Mikrowelle daraus, wenn alle im Brustton tiefster Überzeugung sich gegenseitig versichern, dass ihr Hamsterhäuschen aber eine „Mikrowelle" sei! Fakt ist stattdessen: Der Kasten hätte zwar das Potential, eine Mikrowelle zu sein, vor der Nutzung seiner wahren Fähigkeiten wird man sich aber gegenseitig warnen, nachdem die ersten Hamster schlechte Erfahrungen mit der probeweisen Nutzung der Geräteelektronik gemacht haben. So wird er allerorten trotz der Betitelung „Mikrowelle" stets ein Hamsterkäfig bleiben.

Ebenso „Gemeinde": Wenn wir nicht verstanden haben, was sie darstellt, können wir unsere Gemeinschaftsbemühungen voller Überzeugung „Gemeinde" nennen und werden trotzdem nie mehr sein als ein religiöser Sozialklub.

- Solange wir im Mikrowellengerät nur den Hamster aufbewahren, ist es einfach keine „Mikrowelle"! Punkt und Ende!
- Solange wir die Gemeinde nicht als „Leib Jesu" behandeln, ist es einfach keine" Gemeinde"! Punkt und Ende!

Ist das zu provokativ formuliert?

Ich fürchte: Nein! Wie eingangs bereits erwähnt, ist Jesus ganz offensichtlich andernorts tätig, aber nicht hierzulande: Viel zu viele unserer Gemeinden serbeln lustlos dahin, allerorten verheddern sich Gemeindeglieder laufend in interne Glaubenskämpfe und etliche unserer Gemeinden gehen schneller ein, als sie entstanden sind. Wir sind offensichtlich weit davon entfernt, das wahre Potential von „Gemeinde" auszuschöpfen! Wie sollten wir auch, wenn wir darin den „Leib Jesu" nicht erkannt und verstanden, geschweige denn ihn so verinnerlicht haben, dass wir ihn auch zu leben beginnen?

Zu verstehen, dass wir es beim Gebilde „Gemeinde" nicht mit irgendeiner sozialen Gemeinschaftsform zur Hätschelung religiöser Impulse zu tun haben, sondern mit Jesus persönlich, und dann - darauf basierend - mit der Gemeinde entsprechend bestimmungsgemäß umgehen: Darum geht es! Nur so kann das Gemeinschaftsprojekt „Gemeinde" sich biblisch entfalten, nur dann können wir Gemeinden bilden, wie sich Gott das vorgestellt hat und in denen er dann tatsächlich den „Leib seines Sohnes" wiedererkennt! Was vermutlich zur Folge haben dürfte, dass wir von Gottes Seite aus dann auch entsprechend behandelt - sprich „gesegnet" - würden!

Und bei uns selbst würde sich durch unser Verständnis der Gemeinde als „Jesu Leib" nach und nach auch die richtige Wertschätzung entwickeln, die wir als „Glieder am Leib Jesu" eigentlich unserer Gemeinde entgegenbringen sollten. Selbst wenn unsere eigene Gemeinde aktuell (noch) nicht unbedingt ein Vorzeigemodell darstellt, haben wir ohne korrektes Verständnis eine viel zu geringe Achtung von der Gemeinschaftsform, die sich Jesus für seine Jünger vorgestellt und uns als „seinen Leib" anbefohlen hat. Und diese geringe Wertschätzung prägt dann eben unseren Umgang mit der Gemeinde.*

* Unzählige Beispiele dazu schildere - ich aus eigenem Erleben - in meinem Buch *„Erbärmliche Gemeinden"*.

Die Höhe der notwendigen Wertschätzung lässt sich in diesem Fall sogar sehr exakt festlegen: Meine Ortsgemeinde muss mir genau gleich viel wert sein wie Jesus! Denn sie ist sein Leib!

Diese wertschätzende Sicht und Behandlung meiner Gemeinde ist unerlässlich und eine geistliche Notwendigkeit, denn sie ist bibelgemäß und entspricht dem Konzept Jesu sowie der Sicht Gottes. Erst wenn wir das erfassen; wenn wir also beginnen, unsere Gemeinde mit diesen Augen - mit Gottes Augen! - zu sehen, erst dann wird sich unser Verhältnis zur eigenen Gemeinde verändern. Und nur im Kontext und auf der Basis eines solchen Umgangs mit meiner Gemeinde kann authentisches Christsein gelebt und verkündigt werden.

Denn nur so entspricht es dem Plan Gottes und dem Willen Jesu, unseres Herrn.

9. Was nun?

Gemeinde ist Leib Jesu. Das heißt, wir müssen lernen, Jesus und Gemeinde immer in einem und demselben Blick zu sehen:

- Wenn ich die Gemeinde sehe, sehe ich Jesus!
- Wenn ich die Gemeinde erlebe, erlebe ich Jesus!
- Wenn ich die Gemeinde besuche, besuche ich Jesus!
- Wenn ich der Gemeinde diene, diene ich Jesus!
- Wenn ich die Gemeinde liebe, liebe ich Jesus!
- usw. ...

Unsere Gemeinde und Jesus ist immer gleichzeitig und als ein und dasselbe Objekt zu betrachten und zu behandeln! Und zwar erst mal egal, wie perfekt die Gemeinde ist; unabhängig davon, ob sich meine Gemeinde ganz toll oder eher bedürftig präsentiert!

Genau das wurde mir nämlich als Gegenargument immer ganz schnell entgegengehalten: *„Ich würde das ja gerne glauben, aber schau Dir mal meine Gemeinde an! Soll das für diesen unattraktiven, mangelhaften und schrägen Haufen wie meine Gemeinde etwa auch gelten? An dieser Gemeinde kann ich doch nie und nimmer Jesus sehen!"*

Und es ist nachvollziehbar: Unser wundervolles, verklärtes und über Jahrzehnte verinnerlichtes Bild vom perfekten, strahlenden und siegreichen Jesus voller Liebe, Barmherzigkeit und Gerechtigkeit soll mit dem müden, hoffnungslosen und abgekämpften Gemeindehäufchen, zu dem ich gehöre, in einem Blick gesehen werden, in einen Topf geworfen werden können?

Der bekannte christliche Motivationstrainer Nick Vujicic wurde aufgrund einer seltenen Fehlbildung ohne Arme und Beine geboren. Nur ein kleiner Fuß mit zwei Zehen ist am Ansatz des linken Oberschenkels vorhanden. Er hat also fast keine funktionsfähigen Gliedmaßen. Aber ist er deswegen keine Person? Hat der deswegen keinen Körper, keinen Leib?

Selbstverständlich doch. Er hat zwar keinen Leib mit vollzählig vorhandenen und problemlos funktionierenden Gliedmaßen. Aber ein Körper mit fehlenden, verkrüppelten oder nicht funktionsfähigen Gliedmaßen ist doch genauso ein Leib, oder?

Genauso verhält sich's mit meiner Gemeinde: Sollte sie, nur weil sie verkrüppelte, nicht funktionsfähige oder fehlende Glieder hat, etwa nicht ein „Leib" sein können? Sollte sie deshalb nicht „Leib Jesu" sein dürfen?

So schaue ich also auf den verkrüppelten Jesus-Leib, den meine Gemeinde darstellt, und weine innerlich: *„Jesus, wie ist Dein Leib entstellt!"* Und ich beginne zu ringen mit Fragen wie: *„Was kann ich, selbst verkrüppeltes Glied an diesem Leib, machen, damit ich wieder funktionsfähig werde und die mir eigentlich zugedachte Aufgabe wahrnehmen kann? Wie kann ich den anderen degenerierten Gliedmaßen helfen, sich wieder zu den »ausführenden Organen« zu entwickeln, zu denen sie eigentlich bestimmt wären? Und können wir das Wachstum von offensichtlich zu dürftig ausgebildeten Körperteilen unseres Leibes irgendwie fördern? Könnte eventuell sogar eine Operation gelingen, mit welcher komplett fehlende, aber dringend erforderliche Gliedmaßen an der richtigen Stelle wieder eingefügt werden?"*

Mit größter Selbstverständlichkeit bieten wir an uns selbst im medizinischen Bereich alle ärztliche Kunst auf, um ein Glied, welches nicht richtig funktioniert, wieder herzustellen. Dazu scheuen wir weder Kosten noch Zeit noch Mühen noch Therapien! Selbst Schmerzen nehmen wir vorübergehend dazu in Kauf. Hauptsache, das Glied ist bald wieder einsatzbereit und unser Körper wieder voll funktionsfähig!

Warum nicht auch im geistlichen Bereich? Warum nicht auch am Leib Jesu?

Die unselige Annahme, dass ein verkrüppelter Gemeinde-Leib deswegen vielleicht nicht „Leib Jesu" sein könnte, verwechselt schlicht Ursache mit Wirkung!

Warum ist denn meine Gemeinde so ganz anderes wie Jesus? Warum hat sie so viel weniger Ausstrahlung wie er, warum verbreitet sie nicht diese Wahrheit und Klarheit wie Jesus, warum geht so viel weniger segensreiche Wirkung von ihr aus als damals, vor zweitausend Jahren, bei „Jesus live"?

Es ist doch simpel einfach: Wie ich den Leib behandle, genau so präsentiert er sich. Wird dieser Leib wie ein König behandelt, dann beginnt er Königswürde auszustrahlen. Behandle ich ihn wie ein Stück Dreck, dann stinkt er zum Himmel. Die Glieder bestimmen! Und Veränderung müsste in ihren Köpfen beginnen. Erst wenn wir den Leib wie den König, wie Jesus selbst behandeln, dann erhält er seinen Glanz, seine Würde, seine Ausstrahlung!

Deshalb habe ich im Eingangsbereich einer meiner Gemeinde, direkt über der Türe zum Hauptsaal, durch die jeder eintreten muss, ein großes neonrotes Schild *„Willkommen bei Jesus!"* hingehängt. Damit jedes Gemeindeglied daran erinnert wird: Da drin, in diesem Gebäude, ist Jesus! Und zwar konkret, also real präsent! Bitte entsprechend benehmen und behandeln!

Gemeinde als Leib Jesu. Sie <u>ist</u> es. Das ist Gottes Sicht der Gemeinde. Punkt.

Haben wir das erkannt? Haben wir es verstanden?

Dieses Verständnis ist eben nicht in unser Belieben gestellt! Die Gemeinde als „Leib Jesu" zu betrachten ist keine „geistliche Option" und auch nicht nur „Jesu Wunsch". Es ist ein Fakt, eine Tatsache, eine Gegebenheit. Es ist die Wirklichkeit, die wir zu akzeptieren und mit der wir zu leben haben, weil es Gottes Wirklichkeit ist. So <u>ist</u> es!

Leben wir es?

Es muss zwingend Grundlage unseres Gemeindebewusstseins werden, auf dem dann der persönliche Umgang mit der Gemeinde und die Organisation dieses „Leibes" fußen; aufgrund dessen wir Schritte zur Pflege und zum

Gedeihen unserer Gemeinschaft einleiten, auf deren Basis wir missionarische oder diakonische Strategien entwerfen und mit dessen Verständnis wir uns der Welt präsentieren!

Als Nachfolger Jesu sind wir genau zu dieser Art der Gemeinschaft berufen: *„Denn Gott ist treu, durch den ihr berufen seid zur Gemeinschaft seines Sohnes Jesus Christus, unseres Herrn!"* (1. Korinther 1,9).

Diese *„Gemeinschaft seines Sohnes"* soll sich nicht lediglich im geistlichen Bereich vollziehen, sondern sie soll real werden, sie soll tatsächlich gelebt werden! Und sie wird ausgelebt am und im Leib Jesu. Nämlich dadurch, dass wir den Leib Jesu als Jesus behandeln! Weil er Jesus ist!

Genauso, wie das Bonhoeffer in seiner Schrift „Gemeinsames Leben" beschrieben hat: *„Sie erkennen ... aneinander den Christus, der im Leibe gegenwärtig ist, sie empfangen und begegnen einander, wie man dem Herrn begegnet, in Ehrfurcht, in Demut und Freude. Sie nehmen von einander den Segen als den Segen des Herrn Jesus Christus."* (Bonhoeffer, „Gemeinsames Leben", 21. Auflage 1986, S. 11+12).

Aus diesem Verständnis heraus, aus der verinnerlichten und dann angewandten Erkenntnis des Leibes Jesu, muss ein Nachfolger und Jünger Jesu leben. Denn die vielen neutestamentlichen Aufforderungen und Anweisungen, wie wir als Gemeinde miteinander umgehen und leben sollen, leiten sich eben direkt aus dem Verständnis des Leibes Jesu ab. Nicht nur bei den Worten von Jesus, sondern auch bei denen der Apostel! Wenn wir zum Leib Jesu berufen sind, dann haben wir auch zu leben wie der Leib Jesu! Das ist die Ausgangsbasis und der Hintergrund, auf dem Paulus und seine schreibenden Mitapostel in ihren Briefen alle konkreten Lebens- und Handlungsanweisungen an die Glieder dieses Leibes weitergeben.

Wir sollen Gemeinschaft mit Jesus, mit seinem Leib, untereinander leben. So wird *„Gemeinschaft mit dem Herrn Jesus"* konkret.

Alles andere läuft Gefahr, in selige Gefühlsduselei - und damit in Selbstbetrug! - auszuarten.

***

Nochmal der Blick in die weite Welt: Wo auf unserem Globus segnet denn Gott derzeit die Gemeinden? Wo manifestiert sich Jesus und seine Kraft durch Wachstum und sogar durch Heilungen und Wunder?

Bekanntlich nicht bei uns in Europa, nicht im „christlichen Abendland". Da herrscht die geistliche Degeneration, und wenn man mal eine Gemeinde findet, die tatsächlich wächst, dann meistens dank „Transfer-Christentum", also durch Nachfolger, die lediglich ihre Gemeinde auswechseln. Gemeindewachstum durch Bekehrungen findet man äußerst selten, und die immer wieder für unser Land prophezeiten „Erweckungen" lassen schon seit Generationen auf sich warten.

Was tun wir dagegen?

Nun, wir tun schon was. Wir suchen nach besseren „Methoden", indem wir unsere Gemeinde mit einer anderen, momentan gerade erfolgreichen Gemeinde, vergleichen. Und dann machen wir uns auf nach dem Motto *„Dort läufts, also lasst uns von denen abkupfern!"* und übernehmen deren Systeme und Strategien, voller Hoffnung, dass wir dann ebenso erfolgreich würden.

„Lasst uns erfolgreiche Methoden suchen, damit unsere Gemeinde ebenfalls erfolgreich werde!"

Wo steht das denn in der Bibel? Ist das wirklich der geistliche Weg zum Erfolg, oder haben wir das nicht vielmehr aus unserer hochgelobten freien Marktwirtschaft übernommen?

„Erfolgreiche" Gemeinden, wie wir sie in Afrika und Asien, in Südamerika oder Südkorea vorfinden, haben ein anderes Rezept: Dort steht einfach Jesus im Zentrum und wird gefeiert! In deren Zusammenkünften spielt die reale Anwesenheit Jesu eine zentrale Rolle. Sie wird ernst genommen! Sie feiern und erleben Jesus also da, wo er tatsächlich ist: In seiner Gemeinde!

Bezeichnend scheint mir zu sein, dass bei diesen Christen „Gemeinde" im Zentrum steht. Inwiefern sie „Leib Jesu" verstanden haben, ob sie in ihrer Gemeinde bewusst den Leib Jesu erkennen, bleibe mal dahingestellt. Wenn aber Christen „Gemeinde" ins Zentrum stellen, dann stellen sie automatisch den „Leib Jesu" ins Zentrum – selbst wenn sie das theologisch gar nicht reflektiert haben sollten.

Wir tun das nicht. Wir pflegen und hätscheln hierzulande stattdessen unser „Individual-Christentum der Ich-Bezogenheit", wie wir das weiter oben schon thematisiert haben: Jesus in meinem Herzen, Jesus in meinen Gedanken, Jesus in meiner Stillen Zeit. Ich und Jesus. Bei mir zu Hause, bestenfalls in meinem „stillen Kämmerlein", da suche ich die Jesus-Begegnung - wenn überhaupt. Und, ach ja, stimmt: Da gibt es auch noch die Gemeinde. Da geh ich dann auch noch hin, denn da erhalte ich ab und zu noch die eine oder andere Anregung zum Thema *„Ich und mein Jesus"*. Damit es etwas besser klappt, wenn ich Jesus bei meiner Bibellese zu verstehen versuche oder ihn um Erhörung meiner Gebetswünsche bitte.

„Ich und mein Jesus!" Das ist unser Höchstes, unser Wichtigstes, unsere Priorität. Und die Gemeinde flankiert bestenfalls diese meine persönliche Beziehung zu Jesus. De facto aber und bei näherem Hinsehen muss man feststellen: Die Gemeinde rangiert auf der Ebene des Kaninchenzüchterclubs, wenn nicht sogar des Faschingsvereins: Bei uns genauso wie bei denen ist die Gemeinschaft unter Gleichgesinnten sinnvoll und – wenn' s klappt – irgendwie erfreulich. Das war's dann aber auch schon, ansonsten: Kein Unterschied zwischen deren Vereinstreue und unserem gelebten Gemeindeverständnis.

Wir halten der Gemeinde durchaus die Treue, aber eigentlich lediglich aus drei Gründen:

1. Weil es der Pastor sagt und es irgendwo auch in der Bibel steht, man solle das tun;

2. Weil ich es seit Jahren so gewohnt bin und Freunde dort habe;

3. Weil ich zu wenig Zeit habe, um gleichzeitig bei den Kaninchenzüchtern, bei denen ich eigentlich fast lieber wäre, auch noch richtig mitzumachen.

Aber Jesus in der Gemeinde begegnen? *„Ja, vielleicht beim Abendmahl, einmal im Monat– da wird man zuweilen aufgefordert, jetzt Jesus doch irgendwie als „anwesend" zu fühlen. Und außerdem macht der Pastor öfters mal so Bemerkungen, dass man doch bitte seiner Sonntagspredigt* *zuhören solle, denn auch dadurch könne ja Jesus vielleicht mal zum Einen oder Anderen reden...".* Folglich hör ich dann also zu, denn eventuell hat Jesus beziehungsweise der Pastor ja tatsächlich noch einen Tipp, wie ich mein *„Jesus und ich"* noch etwas verbessern könnte.

Ist dies das biblische Verständnis vom Leib Jesu? Wohl kaum.

Möglicherweise haben die *„Charismatiker"* unter uns hier einen kleinen Vorsprung: Die feiern nämlich Jesus da, wo er ist. Nicht nur in ihrem Herzen, sondern auch in ihren Versammlungen. Sprich: Sonntags in ihren Gemeinden.

Und siehe da: Pfingstkirchen und charismatische Gottesdienste boomen. Sogar auch bei uns. Über die Ursachen, warum's bei denen „flutscht", haben sich schon ganz ausgefuchste Gemeindeanalytiker Gedanken gemacht, meist mit dem Ergebnis, dass eben deren Gottesdienstformen irgendwie ansprechender oder zumindest *„kulturrelevanter"* seien.

Hier wäre noch ein weiterer möglicher Grund: Es könnte auch an der geistlichen und gleichzeitig an der geographischen Dimension liegen: Jesus lässt sich gerne da feiern und erleben, wo er tatsächlich anwesend ist! Eben in der Gemeinde ...

Wäre auch eine Erklärung – und es wäre sogar genau diejenige Erklärung, welche uns die Bibel höchstselbst liefert.

***

Würde es wirklich einen Unterschied machen, wenn wir das als Gemeinde so leben würden?

Manchmal überkommt mich dazu eine Vision. Es ist die Vision unter dem Titel *„Menschen begegnen Jesus"*. Als damals Jesus auf der Welt war, sind ihm Menschen begegnet. Was haben sie bei Jesu erlebt?

- Wärme und Geborgenheit!

Da war diese Ausstrahlung von ihm, diese Offenheit, diese Herzlichkeit, diese Direktheit, die aber nie verletzend, sondern immer klärender und damit helfender Art war, und die sogar einen *„Jünger an seiner Brust"* (Johannes 21,20) zuließ!

- Annahme!

Da durfte einfach jeder kommen – gerade so wie er war, ohne Vorbedingung. Sogar Kinder waren stets willkommen, und die „Habenichtse" waren ihm irgendwie sogar fast die Willkommendsten!

- Heilung!

Immer wieder auch körperliche Heilungen, aber weitaus öfter seelische Heilungen, Heil für die Seele und Gemüt! Also genau da Heilungen, wo sie die Menschen auch damals existentiell und zutiefst benötigten. Selbst wenn sie sich dessen oft gar nicht bewusst waren.

- Lebensmut und Hoffnung!

Gerade die Gescheiterten, diejenige, die das Leben nicht mehr im Griff hatten, die Resignierten und von sich selbst Frustrierten: Die erhielten bei ihm eine neue Chance, nochmals zurück ins Leben zu finden!

- Berufung und Lebensperspektive!

Diejenigen, die keiner mehr wollte, die Abgemeldeten und Ausgegrenzten: Die hat er nicht nur zu sich gerufen, sondern ihnen einen Platz, eine Aufgabe, ein Lebensziel gegeben – in seiner unmittelbaren Nähe. Und sie durften bei ihm bleiben und konnten sich dort entfalten!

- Erkenntnis!

Es ging so viel unwiderstehliche Klarheit und Wahrheit von ihm aus, dass Menschen die Augen geöffnet wurden, buchstäblich *„über Gott und die Welt"* - und darüber hinaus sogar über sich selbst!

- Herausforderung!

Nicht Wischi-Waschi und Allgemeinplätze, nicht billige Vertröstung und Durchhalteparolen, keine Ethikvorlesungen und kein *„man sollte halt"*, sondern klare und umsetzbare Anweisungen zur persönlichen Veränderung: *„Dienen!" „Lieben!" „Vergeben!"* usw. Also nicht nur ansagen, was Sache wäre, sondern es sofort auf den Punkt bringen, was konkret angepackt werden muss und wie es umgesetzt werden kann. Und zwar gleich jetzt, auf der Stelle und ohne lange Wartebank. Einfach loslegen, einfach jetzt tun!

Das und noch viel mehr passierte damals! Bei all den Menschen, die Jesus begegneten.

Und heute? Was passiert, wenn sie dem heute real existierenden Jesus begegnen?

Selbstverständlich dasselbe! Sie erleben also: Wärme und Geborgenheit, Annahme und seelische, oftmals sogar auch körperliche, Heilung; sie erhalten Lebensmut und Hoffnung, Berufung und Lebensperspektive; sie gewinnen Erkenntnis und Klarheit und werden herausgefordert.

Selbstverständlich! Denn sie stehen nach wie vor direkt vor Jesus! Sie sind unmittelbar ja bei ihm! Sie sehen und spüren und erleben ihn, nehmen seine Aura, seine Atmosphäre, seine Ausstrahlung wahr! Damals wie heute: unwiderstehlich!

Stell Dir vor – und das ist jetzt die Vision - wie unwiderstehlich diese Gemeinde, dieser Leib Jesu sein muss; wie anziehend und ansteckend! Inklusive evangelistische Durchschlagskraft, einfach nur durch seine Existenz! Es wird sich wie ein Lauffeuer fortpflanzen: *„Da musst Du auch mal hin! Das musst du mal erleben - selbst erleben!"* Genauso wie damals, als die Menschen ebenfalls in Scharen zu diesem Jesus strömten. Freiwillig, ohne Flyer, Plakate oder Rundmails und auch nicht aus Höflichkeit nach der zehnten oder zwanzigsten nervigen Einladung.

„Die größte Herausforderung für Christen ist deshalb gegenwärtig nicht die Verweltlichung, sondern die desolate Situation in vielen Gemeinden selbst, die auf viele abstoßend wirkt!", soll der Evangelist Ulrich Parzany das mal auf einer Konferenz formuliert haben (IdeaSpektrum Nr. 20/2008, S. 9).

„Abstoßend" statt *„anziehend"* – das repräsentiert wahrlich nicht Jesus! Ist uns das egal? Haben wir uns mit der hausgemachten *„desolaten Gemeindesituation"* (Parzany) einfach abgefunden?

Es wäre höchste Zeit, den „Leib Jesu" wieder ernst zu nehmen! Jesus muss an seinem Leib zu *„sehen"* sein: *„Denn das ist der Wille meines Vaters,* *dass, <u>wer den Sohn sieht</u> und glaubt an ihn, das ewige Leben habe; und ich werde ihn auferwecken am Jüngsten Tage!"* (Johannes 6,40).

Warum sollte denn der Sohn nur im wenige Jahre dauernden Zeitfenster seines irdischen Wirkens *„zu sehen"* gewesen sein? Soll denn dieser Vers nur in dieser kurzen Zeitspanne gültig gewesen sein und danach nie mehr?

Gott will, dass man seinen Sohn *„sieht"*! Gott will das! Und dann verzichtet er zweitausend Jahre darauf, dass das möglich ist? Oder begnügt er sich vielleicht damit, dass das halt nur im „geistlich übertragenen Sinne" möglich ist, wenn jemand die Bibel liest oder eine gute Predigt hört und dabei mit seinem „geistigen Auge" Jesus *„sieht"*? Ist doch schwerlich vorstellbar, wenn Gott wirklich <u>will</u>, dass man seinen Sohn sieht! Gott will das, aber tut nichts dafür? Irgendwie schwer zu glauben - aber das muss ja auch keiner. Jesus ist ja <u>sichtbar</u> präsent!

In seinem Leib ...

Oder mal anders rum gedacht: Wenn das Gott so wichtig ist, dass man seinen Sohn weiterhin sieht, warum hat er dann seinen Sohn nicht einfach nach der Auferstehung auf der Erde gelassen? Jesus hätte doch mit seinem unsterblichen Auferstehungsleib ohne Weiteres zweitausend Jahre lang ununterbrochen Gutes tun und Gottes Reich verkündigen können, oder? Für jedermann weiterhin genauso sichtbar, weil präsent! Genauso wie in seinen Jahren vor Kreuz und Auferstehung.

Stattdessen hat Gott ihn in den Himmel geholt.

Aber nicht seine Präsenz!

Diese sollen nach Himmelfahrt seine Jünger wahrnehmen, indem sie sich zu Ortsgemeinden zusammenschließen, die jeweils den Leib Jesu bilden. So hat Jesus nicht nur eine Präsenz innerhalb der Welt, sondern ganz viele „Präsenzen" überall und über den ganzen Planeten verteilt. Dadurch kann man Jesus dann nicht nur an einem einzigen Ort wie zu Beginn der „Jesus-Mission" persönlich begegnen; Jesus ist dann nicht mehr leibhaftig nur entweder in Judäa, Galiläa oder Samaria erlebbar, sondern gleichzeitig überall auf der Welt anzutreffen!

Clever gemacht von Gott! Einfach super, diese Strategie!

Allerdings fällt es uns an dieser Stelle vielleicht etwas schwer, uns mehrere „Leiber Jesu" gleichzeitig vorzustellen. Denn wenn jede einzelne Ortsgemeinde ein „Leib Jesu" ist, dann hätte Jesus ja viele „Leiber". Kann man das verstehen?

Natürlich verwehrt sich unser griechisch-logisch geprägtes Denken erstmal dagegen. Wenn wir uns allerdings aufgrund dieser Denkschwierigkeit dem biblischen Verständnis des Leibes Jesu grundsätzlich verschließen, dann sollten wir uns fragen, warum wir gleichzeitig keinerlei Schwierigkeiten mit der Jungfrauengeburt, mit der Dreieinigkeitslehre, mit nicht verbrennenden Dornbüschen, mit menschenverschluckenden Walen, mit unversehrten Männern im Feuerofen und vielen, vielen weiteren, unseren Verstand bei weitem übersteigenden biblischen Darstellungen, haben!

Sobald wir aber erkennen, dass der „Leib Jesu" eine wirklich tolle Strategie Gottes ist, mit der in der Tat die Welt auf ganz anderem Niveau und mit wesentlich mehr Möglichkeiten authentischer und persönlicher Jesus-Begegnung evangelisiert werden kann, dann sollten wir uns wirklich nicht zu schade sein, diese kleine Denkschwierigkeit wegzustecken und zu tolerieren. Es gibt, wie wir doch längst wissen, bei Gott einiges, was unser beschränkter Verstand nicht vollumfänglich erfassen kann. Der „Leib Jesu" gehört dann eben auch dazu, und es ist, bei Licht betrachtet, auch keine allzu große Zumutung, auch hier unserem Herrn einfach vorbehaltlos zuzustimmen und seine göttlichen Gedanken, die nun mal des Öfteren unser menschliches Denken übersteigenden, zu akzeptieren.

Umso mehr für uns ja immerhin nachvollziehbar ist, was für eine clevere missionarische Strategie sich Gott da zurechtgelegt hat!

Aber was nützt diese tolle Strategie, wenn wir sie nicht aufgreifen?

Das Konzept des Leibes Christi, dargestellt durch jede einzelne Ortsgemeinde, ist heilsgeschichtlich absolut relevant. Unverzichtbar für die Weltgeschichte, die Gott durch seinen Sohn schreiben will!

Was denkt sich wohl Gott im Himmel, wenn seit Jahrhunderten (!) das Bodenpersonal seines Sohnes inklusive unserer Generation einfach nicht zur Kenntnis nimmt, was da in der Bibel über die Bedeutung der Ortsgemeinde klipp und klar drinsteht? Und was hält er wohl davon, wenn wir beispielsweise das sich permanent wiederholende Gemeindesterben in unserem Land achselzuckend zur Kenntnis nehmen und mit einem angedeuteten Bedauern im Knopfloch dann eben in die nächste Gemeinde mit erfolgversprechenderen Gottesdiensten pilgern, weil unsere bisherige Gemeinde leider, leider vor die Hunde gegangen ist?

Eine sterbende Gemeinde ist eben kein Verein, der sich überlebt hat und zum Auslaufmodell wird. Es ist auch keine Gemeinschaft, die sich mangels gegenseitigem Interesse oder zunehmend unterschiedlichen religiösen Weltanschauungen aufzulösen beginnt.

Eine sterbende Gemeinde ist ein sterbender Leib Jesu!

Da stirbt dann Jesus!

***

Wir müssen den „Leib Jesu" als geniale Heilsstrategie Gottes für die neutestamentlichen Zeitepoche wieder als unverzichtbare Komponente in unsere Christologie integrieren und umsetzen. Wir sind durch Gottes Wort unmissverständlich dazu aufgefordert und berufen. Wir müssen endlich wieder diese Gemeinden bilden, in denen die Anwesenheit Jesu weiterlebt.

Nur schon um unser selbst willen! Jesus bietet uns hier ein unglaublich kostbares Geschenk zur Umsetzung echten Glaubens an: Dadurch, dass er sich als „sein Leib" in der Ortsgemeinde real anwesend macht, wird unser Glaubensleben konkret erlebbar und auslebbar! Eine wunderbare Lebenshilfe, denn dadurch erhält „Christsein" konkrete Gestalt sowie sofortige und direkte Anwendungsmöglichkeiten! Was für eine Hilfe – und wie töricht, wenn wir diese durch stupide Bibelignoranz ausschlagen!

Wenn jede Ortsgemeinde eine Präsenz Jesu darstellt, dann verwirklicht sich das, was Jesus im „Hohepriesterlichen Gebet" mit seinem Vater abgesprochen hat. Nochmals zur Erinnerung: *„Ich bin nicht mehr in der Welt, sie aber sind in der Welt!"* (Johannes 17,11) und *„Wie du mich gesandt hast in die Welt, so sende ich sie auch in die Welt!"* (Johannes 17,18). Jesu

Nachfolger sind also nicht nur „anstelle", sondern eben „als" Jesus präsent, und diese Präsenz hat den Zweck, „... *damit die Welt glaube!*" (Johannes 17,21) und die Folge „... *und die Welt erkenne, dass du mich gesandt hast!*" (Johannes 17,23).

Dass Jesus in diesem Zusammenhang ganz stark und mehrfach die dazu notwendige Einheit der Jünger betont, macht deutlich, dass diese weiterführende Präsenz zwingend durch den Leib Jesu zu erfolgen hat. Denn die Glieder müssen natürlich zusammen harmonieren. Ein Leib, dessen Glieder nicht einheitlich zusammenwirken, gibt bekanntlich ein eher abschreckendes Bild ab; Jesus aber präsentierte sich schon damals nie abschreckend!

Dazu passt dann auch wieder der Sendungsbefehl, wie er uns ebenfalls im Johannesevangelium überliefert ist:

„*Wie mich der Vater gesandt hat, so sende ich euch!*" (Johannes 20,21).

Bitte bei diesem Sendungsauftrag nicht überlesen, dass die Formulierung Jesu ausdrücklich die Art und Weise seiner Sendung betont: „*Wie mich der Vater gesandt hat, so sende ich euch*", genauso hat er das ja auch schon in Johannes 17,18 formuliert.

Und noch einmal sei's gefragt: *Wie hat ihn der Vater gesandt?*

„*Leiblich*" hat er ihn gesandt!

Nicht etwa geistlich-philosophisch und auch nicht jenseitig-übernatürlich, sondern in einem irdischen Leib!

Hätte Gott ja nicht müssen. Er hätte uns seinen neutestamentlichen Willen direkt vom Himmel oder wie zu Zeiten des Alten Testaments durch besonders berufene Heilige und Propheten kundtun können, oder? Oder er hätte vielleicht einfach unsere Denk- und Weltanschauungskultur irgendwie zu seinen Gunsten direkt von oben oder über seinen Heiligen Geist in uns ummodeln können – zumindest in einigen von uns, die's dann den anderen weitersagen. Oder er hätte sich und sein Reich vielleicht via Blitz und Donner in periodischen Abständen weltweit vorstellen können, um dann, sobald wir endlich die Massenmedien erfunden haben, von naturgewaltlichen Aufmerksamkeitserregern in unsere weltweite Vernetzung umzusteigen. Ja, er hätte sogar Jesus höchstpersönlich in körperloser Geistgestalt senden können, vielleicht so als „himmlischer Geist" oder aber mit einer Art „Astralleib" wie ein Engel, und sein Erlösungsopfer hätte womöglich gar nicht in unserer realen Welt, sondern in der überweltlichen Himmelssphäre stattfinden können, oder … oder … oder …!

Gott hätte selbstverständlich viele Möglichkeiten zur Verfügung gehabt, den Menschen sein Reich nahe zu bringen, aber er hat nun mal genau diese eine gewählt: Die Anwesenheit seines Sohnes mitten unter uns. Durch Entsendung zu uns in einem irdischen Leib!

Übrigens hat genau das die Menschheit damals polarisiert: Die leibhaftige Anwesenheit von Gottes Sohn!

Auf der einen Seite die Gegner Jesu: Dieser real anwesende Jesus mit dem Anspruch, er sei die leiblich gewordene Präsenz Gottes auf der Erde, hat die Gegner auf die Palisaden gebracht. Hätten die Pharisäer und Schriftgelehrten denn auch so vehement und fanatisch reagiert, wenn sie es „nur" mit einer philosophischen Irrlehre, einem „falschen Geist" unter dem Volk zu tun gehabt hätten?

Und folgerichtig haben sie ihn dann auch leiblich beseitigt. Dieser Leib, also der verkörperte Jesus, musste weg! Der war im Weg! Der Leib, der Mensch Jesus: Da war halt etwas, nämlich ein „Jemand", der real angreifbar war, den man kreuzigen und dadurch „entsorgen" konnte. Darauf konzentrierte sich der Hass: Auf die leibliche Anwesenheit von Gottes Sohn!

Und umgekehrt die Jünger: Hätten diese jungen Männer und Frauen sich dieser neuen Lehre auch so konsequent angeschlossen, wenn Jesus in ihren Alltag nur als neue Philosophie, als geistliche Erneuerung, als Revolution ihres Gottesverständnisses oder in Form von umgepolten Gedanken, intensiven religiösen Gefühlen und einer Sehnsucht nach neuausgerichtetem Lebensstil eingebrochen wäre?

Diese Gedankenspiele sind jedoch letztendlich müßig, denn Gottes Strategie und Beschluss war nun mal, Jesus nicht „geistlich" zu senden, sondern „leiblich"!

Und genauso sendet uns Jesus jetzt auch! Wir sind also genauso wie er „leiblich" Gesandte!

„Wie mich der Vater gesandt hat, so sende ich euch." (Johannes 20,21). Jesus wurde leiblich gesandt, wir sind leiblich gesandt. Genauso. Sagt Jesus.

Das also ist Gottes Vorstellung von der Präsenz seines Sohnes, das ist Gottes Konzept für den Leib Jesu damals wie heute! Und er traut diesem in der Welt präsenten Leib – genauso wie damals - selbstverständlich zu, dass sich daran „Glaube" entzündet!

Warum sollte sich irgendetwas daran geändert haben? Präsenz Jesu ist Präsenz Jesu – egal ob vor oder nach Himmelfahrt. Wenn Gemeinde Leib Jesu ist, kann das gar nicht anderes sein! Die erste Jerusalemer Gemeinde, die es damals ziemlich perfekt „eins zu eins" umgesetzt hat, ist beredtes Zeugnis davon: Es funktioniert! Da hat sich am Leib Jesu auch Glauben entzündet, denn die Menschen sind an und in dieser Gemeinde Jesus begegnet, haben ihn als Gottes Sohn erkannt und sich in Scharen bekehrt!

Ja, es würde einen Unterschied machen, wenn auch wir als Gemeinde wieder Leib Jesu wären und leben würden. Einen gewaltigen Unterschied sogar!

Wollen wir den?

***

„Leib-Jesu-Gemeinden" würden mit Sicherheit unser lahmes „christliches Abendland" revolutionieren. Denn Jesus hat immer noch dieselbe Sprengkraft! Aber eben nur, wenn er anwesend ist! Wenn <u>wir</u> ihn anwesend sein lassen!

Am besten einfach anpacken. Da kann man nichts falsch machen, es ist ja biblisch so breit verankert, dass wir es nur schon deshalb endlich umsetzen sollten! Und auch, weil es so unsagbar peinlich ist, dass wir das bisher – kirchengeschichtlich sogar seit vielen Jahrhunderten! - einfach überlesen und ignoriert haben! Wir, die wir Bibelforschung auf höchstem Niveau betreiben und dazu sogar eigene Institute unterhalten!

Anpacken auch deshalb, weil es eben Gottes Konzept ist und seine Sicht von Gemeinde. Also Schluss mit dem selbstgenügsamen Gelabere, wir hätten seinen Sohn Jesus ja so lieb - stattdessen einfach mal anfangen, Jesus tatsächlich zu lieben!

„Was nennt ihr mich aber Herr, Herr, und tut nicht, was ich euch sage?" (Lukas 6,46)

Warum leben wir es nicht einfach?

Die Antwort ist simpel. So simpel, dass wir sie am liebsten nicht wahrhaben möchten.

Sie lautet: Ein solcherart „anwesender Jesus" ist uns zu mühsam!

Es ist doch so viel einfacher, eine fiktive, jenseitige und nicht greifbare Person zu lieben! Solange *„ich und mein Jesus"* nur in meinem Kopf und ab und zu in meinen Gefühlen beheimatet ist, nur mit Gedanken greifbar und mit Worten umschreibbar - solange bleibt „Glaube" natürlich wunderbar bequem und lässt sich individuell jederzeit angepasst steuern. So kann ich jederzeit nach Lust und Laune, nach Stimmungslage und Gutdünken etwas ernster oder etwas oberflächlicher „glauben"; da kann ich „Nachfolge" in jeder Lebenslage genau so portioniert einbauen, wie's' halt grad passt; für diesen Jesus kann ich mich nach Gutdünken einsetzen oder auch nicht, und wenn, dann genau so ausgewogen, dass meine Mitchristen mir nicht mangelnde Mitarbeit vorwerfen, sondern hin und wieder zu einem Lob genötigt werden, mir aber andererseits auch keinesfalls irgendwelchen Fanatismus oder übertriebenes Engagement unterschieben können.

Damit lebe ich ein Jesus-Verhältnis, das jeden unterschwellig vorhandenen Egoismus, Narzissmus oder sonstige Egozentrik problemlos überlebt, wenn nicht sogar noch unterstützt, und auf der Gegenseite Charakterschwächen wie Engherzigkeit, Habgier, Faulheit, Nachlässigkeit und so weiter nie zwingend in Frage stellt.

Ein „anwesender" Jesus hingegen würde mich zwingen, meine Einstellung und mein Verhalten, also mein ganzes Leben tatsächlich umzustellen! Eine Anwesenheit, die sich nicht nur in meinem Kopf vollzieht, würde zwangsläufig dazu führen, ihn tatsächlich zur „Nummer Eins" in meinem Lebensvollzug zu machen. Der anwesende Jesus würde schonungslos mir selbst und jedermann in meinem Umfeld aufzeigen, ob ich ihn tatsächlich zur obersten Priorität in meinem Leben gemacht habe, weil ich mich dann seiner realen Präsenz stellen müsste. Nachprüfbar! Nämlich daran, wie ich meine Liebe zu dieser anwesenden Person nun tatsächlich lebe, statt sie einfach nur zu behaupten!

Das ist uns natürlich viel zu mühsam! Dann doch lieber den Jesus, der jetzt voll und ganz im Himmel ist, dessen reale Anwesenheit hier in dieser Welt vor zweitausend Jahren abgeschlossen wurde, der also längst Historie ist und mir deshalb nur noch in der Bibel „*begegnet*". So ein Jesus ist wesentlich handlicher, weil genügend weit entfernt von meinem realen Leben. Der fiktive Jesus ist uns allemal lieber als ein realer.

Günstigerweise kommt uns dabei auch noch zupass, dass doch sämtliche Frommen hierzulande ebenso nach diesem Muster leben! Und was alle tun, kann doch nicht falsch sein, oder? Wenn alle das so sehen und leben: „*Warum sollte ausgerechnet ich … ???*"

Wie beruhigend!

Denn andernfalls würde die Anwesenheit Jesu mich ja zwingen, ihn tatsächlich ernst zu nehmen und genau das zu tun, was das Neue Testament durchgehend von einem Nachfolger erwartet, als da beispielsweise wären „*Buße tun*", „*umkehren*", „*den Sinn erneuern*", den „*alten Adam ablegen*", den „*Kampf des Glaubens aufnehmen*" usw., also tatsächlich einen völlig veränderten Lebensstil anzunehmen, in dem Jesus und seine Sache Priorität hat und in dem „Nachfolge" kompromisslos in Wort wie auch in Tat gelebt wird. Genauso wie es eigentlich in der Bibel steht und von einem Nachfolger Jesu erwartet wird! *

* Unsere hierzulande grassierende Unlust gegenüber konsequenter und jesusgemäßer Nachfolge habe ich in meinem Buch „Placebo-Glaube" analysiert und dargestellt.

Anders wäre mit dem präsenten Jesus nicht zu leben, anders könnte mit dem real anwesenden Jesus nicht umgegangen werden. Die damaligen Jünger Jesu konnten das auch nicht. Entweder richtig oder gar nicht. Das galt damals.

Heute nicht mehr?

So, und weil wir beim Thema „*Gemeinde ist Leib Jesu*" diesen Preis sofort ahnen; weil uns sofort dämmert, dass unser Nachfolge-Selbstbetrug – und darum handelt es sich de facto bei unserem ausschließlich fiktiven Präsenzverständnis Jesu – nicht mehr durchzuhalten wäre; weil wir ganz genau spüren, dass es unser geruhsam-fromm eingerichtetes Leben gehörig durcheinander bringe würde: Deshalb denken wir nicht im Traum daran, den Gedanken „*Gemeinde ist tatsächlich Leib Jesu!*" in uns zu bewegen, geschweige denn ihn mit anderen Christen ernsthaft zu erörtern oder gar eine Umsetzung in Erwägung zu ziehen. Der Preis wäre: Echtes Christsein, so wie es eigentlich von Jesus gemeint war und immer noch ist!

„*Echtes Christsein*"? Ach was, sei's drum: So echt, so konkret, so direkt umsetzbar wollen wir es dann doch nicht!

Deshalb wird sich die „Leib-Jesu-Theologie" in unseren Breitengraden nicht durchsetzen, weder gedanklich-theologisch als selbstverständlicher Bstandteil unserer Christologie und schon gar nicht im real existierenden Gemeindeleben an der Basis.

Nein, wir werden es nicht tun. Bibel hin oder her, Jesus hin oder her, Gottes Konzept hin oder her. Wir werden „*Gemeinde ist Leib Jesu*" nicht zu leben beginnen. Wir nicht.

Man beweise mir das Gegenteil!

Jesus würde es uns danken.

Anhang: Weitere Bibelstellen

Dieser Anhang ist für all diejenigen gedacht, die gerne weiterforschen und das bisher Gelesene vertiefen möchten.

Wir haben bis hierher bereits eine stattliche Anzahl von Bibelstellen untersucht, anhand derer wir die Lehre vom Leib Jesu erkennen und entfalten konnten. Die Summe all dieser Bibelstellen ergibt nicht nur, dass die Sicht von Gemeinde als „realpräsenter Leib Jesu" gesunder biblischer Lehre entspricht, sondern dass sie absolut unerlässlich ist für ein gesundes Gemeindeverständnis nach Gottes Plan.

Hier gehen wir jetzt noch einen Schritt weiter: Mit dem neu erarbeiteten Verständnis des Leibes Jesu gehen wir nochmals durch das Neue Testament. Diesmal allerdings nicht mehr, um die Leib-Jesu-Lehre daraus zu generieren, sondern wir wollen die biblischen Texte ganz explizit mit den Augen der „Leib-Jesu-Theologie" lesen und auf dem Hintergrund dieses neu gewonnenen Verständnisses interpretieren.

Unter diesem speziellen Blickwinkel habe ich nachfolgend alle neutestamentlichen Bibelstellen, die mir hierzu aufgefallen sind, notiert und kommentiert. Also nicht nur die paulinischen Briefe, bei denen die Lehre von Leib Jesu ja besonders ausgeprägt ist, sondern alle Texte der Apostel inklusive aller Aussagen von und über Jesus in den vier Evangelien. Sämtliche neutestamentlichen Texte habe ich also strikt nach deren Bedeutung untersucht, wenn man sie wie jemand liest, der die zu biblischen Zeiten neu entstehenden Gemeinden immer automatisch und selbstverständlich auch als Leib Jesu ansieht. Denn genau das war ja die Situation während der

Abfassung der Schriften des Neuen Testaments: Sämtliche Schreiber, also nicht nur Paulus, sondern alle schreibenden Apostel, hatten selbstverständlich das Bewusstsein für den Leib Jesu, denn die Lehre stammt ja, wie nachgewiesen, von Jesus höchstpersönlich. Und mit Ausnahme von Lukas haben alle Verfasser des Neuen Testaments Jesus absolut authentisch, weil persönlich, erlebt. Sie wussten also, was und wie Jesus dachte – auch betreffend des künftigen Gemeindekonzepts als „sein Leib". Folglich, so die logische Schlussfolgerung, müsste sich dieses Verständnis auch in den biblischen Texten, die sie geschrieben haben, laufend wiederfinden.

Um alle Texte bewusst unter dem Blickwinkel des Leibes Jesu zu lesen, war es mir eine Hilfe, mir das nebenstehende Bild einer Gemeinde, das ich vor Jahren in einer christlichen Publikation entdeckt habe, laufend vor Augen zu stellen. Man beachte, dass bei dieser bildhaften Darstellung des Leibes richtigerweise das Haupt fehlt!

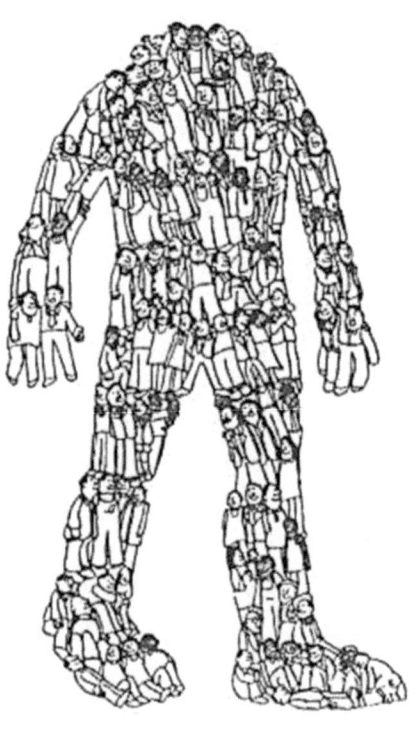

Bei den nachfolgenden Bibelstellen handelt es sich übrigens fast ausschließlich um Bibelverse, die ich in diesem Buch bis hierher nicht berücksichtigt und/oder erklärt habe. Selbstverständlich erhebt diese Auflistung aber keinen Anspruch auf Vollständigkeit. Satzteile, die sich explizit auf den Leib Jesu beziehen, habe ich zuweilen unterstrichen.

Wie schon bisher in meinem Buch liegt den Bibelzitaten die Luther-Übersetzung zu Grunde, entweder die von mir bevorzugte Übersetzung von 1984, teilweise aber auch – wenn besser verständlich – die neuere Übersetzung von 2017, wobei ich selbstverständlich sämtliche Verse auch anhand des griechischen Urtexts überprüft habe.

Bei der Betrachtung all dieser Bibelstellen mit dem Leib-Jesu-Verständnis hat sich mir oft ein ganz anderer, neuer Sinn erschlossen oder sich ein neues Auslegungsergebnis ergeben, ja zuweilen richtiggehend aufgedrängt. Bei manchen Bibelstellen wiederum habe ich festgestellt, dass sie eine Art „Doppelbedeutung" erhalten, sei es, dass sich durch den Leib Jesu eine zusätzliche Sinnvariante ergibt oder sogar die Vermutung gewagt werden darf, dass der Verfasser des Textes womöglich bewusst eine Doppelbedeutung implizieren wollte.

Allein schon die Fülle dieser zusätzlich zu den vielen bereits im Buch aufgezählten Bibelstellen zeigt noch einmal deutlich, wie relevant das Bewusstsein der Leib-Jesu-Theologie für ein gesundes Gemeindeverständnis ist!

Jesus / Evangelien

Grundsätzlich:

Natürlich hat es zu Lebzeiten Jesu die Gemeinde als „seinen Leib" noch nicht gegeben. Die erste Gemeinde in Jerusalem konstituierte sich ja erst ab Pfingsten, also nach seiner „Himmelfahrt". Aber wie im 3. Kapitel *„Die Quelle"* ausgeführt, hatte Jesus selbstverständlich jederzeit eine klare Vorstellung davon, in welcher Form sich die Jünger nach seiner Rückkehr in den Himmel organisieren werden. Und es ist selbstverständlich davon auszugehen, dass er sein Verständnis der zu gründenden Gemeinden als „seinen Leib" den Jüngern bereits während ihrer Ausbildung an seiner Seite ausdrücklich ans Herz gelegt hat – denn diese sollten die Gründungen ja nach seiner Himmelfahrt ausführen!

Außerdem wurden die Evangelien sowie die Apostelgeschichte ja erst verfasst, als die Ortsgemeinden als „Leib Jesu" längst existierten. Diese Lehre dürfte den vier Verfassern bekannt und geläufig gewesen sein, umso mehr ja drei davon, nämlich Matthäus, Markus und Johannes, in ihrer gemeinsamen Jüngerzeit mit Jesus zusammen diesen live darüber reden gehört hatten und dies mit Sicherheit einordnen konnten, als dann die ersten Gemeinden entstanden. Es ist also davon auszugehen, dass die Lehre vom „Leib" nicht nur in den von den Evangelisten aufgezeichneten Reden Jesu, sondern ebenso auch in den narrativen (erzählenden) Texten über Jesus aufscheinen kann.

Außerdem sollte man sich grundsätzlich bei allem, was die Evangelien uns über Jesu Handeln und Reden erzählen, immer bewusst machen, dass der Leib Jesu ja die Fortsetzung von Jesu Anwesenheit auf dieser Erde ist. Die Fragestellung beim Lesen von biblischen Berichten über Jesus lautet also stets: *Soll der Leib Jesu das, was Jesus hier sagt oder tut, auch genauso sagen und/oder genauso tun?*

Anders formuliert: Wir betonen gerne, dass der Gläubige Jesus immer ähnlicher werden sollte. Dies gilt doch aber genauso auch für den Leib Jesu, auch dieser muss natürlich Jesus möglichst ähnlich sein! Wenn nämlich der Leib Jesu dessen Präsenz in der Welt fortsetzt, dann ist alles, was Jesus zu Lebzeiten getan und gesagt hat, auch als Vorbildfunktion für den Leib Jesu zu verstehen: Dieser soll es möglichst genauso wie Jesus anpacken und dadurch dessen Mission unverfälscht weiterführen!

Synoptische Parallelstellen (also Bibelstellen, die sich auch in einem anderen Evangelium ähnlich oder gleichlautend finden) sind jeweils unter der Bibelstellenangabe in Klammern aufgeführt.

Matthäus 3,16+17
(Markus 1,10+11 / Lukas 3,21+22)

Und als Jesus getauft war, stieg er alsbald herauf aus dem Wasser. Und siehe, da tat sich ihm der Himmel auf, und er sah den Geist Gottes wie eine Taube herabfahren und über sich kommen. Und siehe, eine Stimme aus dem Himmel sprach: Dies ist mein lieber Sohn, an dem ich Wohlgefallen habe.

Der Heilige Geist kommt sichtbar für jeden Anwesenden *„wie eine Taube"* beziehungsweise – nach Lukas 3,22 - *in leiblicher Gestalt"*. Gleichzeitig hört jedermann diese übernatürliche Stimme Gottes, die die Messianität Jesu eindrücklich und öffentlich proklamiert.

Nur wenige Jahre später geschieht Vergleichbares: An Pfingsten kommt der Heilige Geist erneut, und zwar auf die Jünger; erneut ist er für alle sichtbar als *„Feuerzungen"* in Verbindung mit einem Sturm innerhalb des Versammlungsraums.

Sollten wir nicht davon ausgehen, dass sich an Pfingsten etliche der Anwesenden an die ähnliche Szene bei Jesu Taufe inklusive der messianischen Bestätigung durch Gottes höchstpersönliche Stimme erinnerten? Erneut kommt der Heilige Geist auf Jesus, und wieder kommt er auf seinen Leib: Bei Jesu Taufe auf/in seinen irdischen Leib, an Pfingsten auf/in seinen neutestamentlichen Leib, gebildet durch seine Glieder. Und wer sich bei diesem Pfingstgeschehen an die göttliche Stimme bei Jesu Taufe erinnert, der versteht automatisch: Auch die sichtbare Geistausgießung an Pfingsten ist öffentliche und göttliche Proklamation der Messianität Jesu: Dies ist der Messias – sein Leib!

Matthäus 4,1-11
(Lukas 4,1-13)

(1) Da wurde Jesus vom Geist in die Wüste geführt, damit er von dem Teufel versucht würde. (2) Und da er vierzig Tage und vierzig Nächte gefastet hatte, hungerte ihn. (3) Und der Versucher trat herzu und sprach zu ihm: Bist du Gottes Sohn, so sprich, dass diese Steine Brot werden. (4) Er aber antwortete und sprach: Es steht geschrieben [in 5. Mose 8,3]: **»Der Mensch lebt nicht vom Brot allein, sondern von einem jeden Wort, das aus dem Mund Gottes geht.« (5) Da führte ihn der Teufel mit sich in die heilige Stadt und stellte ihn auf die Zinne des Tempels (6) und sprach zu ihm: Bist du Gottes Sohn, so wirf dich hinab; denn es steht geschrieben** [in Psalm 91,11+12]: **»Er wird seinen Engeln für dich Befehl geben; und sie werden dich auf den Händen tragen, damit du deinen Fuß nicht an einen Stein stößt«. (7) Da sprach Jesus zu ihm: Wiederum steht auch geschrieben** [in 5. Mose 6,16]: **»Du sollst den Herrn, deinen Gott, nicht versuchen«. (8) Wiederum führte ihn der Teufel mit sich auf einen sehr hohen Berg und zeigte ihm alle Reiche der Welt und ihre Herrlichkeit (9) und sprach zu ihm: Das alles will ich dir geben, wenn du niederfällst und mich anbetest. (10) Da sprach Jesus zu ihm: Weg mit dir, Satan! Denn es steht geschrieben** [in 5. Mose 6,13]: **»Du sollst anbeten den Herrn, deinen Gott, und ihm allein dienen«. (11) Da verließ ihn der Teufel. Und siehe, da traten Engel herzu und dienten ihm.**

Die Versuchungsgeschichte Jesu wird in aller Regel immer personell übertragen und interpretiert: Werde auch ich als einzelner Gläubiger so oder ähnlich versucht und wie kann ich an Jesu Widerstand Vorbild nehmen?

Wir sollten uns aber im Klaren sein, dass der Teufel bestimmt nicht nur einzelne Gläubige aufs Korn nimmt, sondern auch den Leib Jesu! Allein schon deshalb, weil Jesus ja unter anderem auch leiblich (*„da hungerte ihn"*) versucht wurde. Der leiblich präsente Jesus in dieser Welt war Satan damals ein Dorn im Auge - und selbstverständlich auch heute noch!

Konkret wäre hier als beispielsweise zu fragen: Wie geht unsere Gemeinde als Leib Jesu mit Mangel (1. Versuchung / Verse 3+4) um? Wie geht unsere Gemeinde als Leib Jesu mit Ehre und Anerkennung (2. Versuchung / Verse 5-7) um? Und wie geht unsere Gemeinde als Leib Jesu mit Geld und Reichtum (3. Versuchung / Verse 8-10) um?

Wenn die Gemeinde auf diesen Gebieten den Versuchungen so vorbildlich wie Jesus widerstehen kann, darf möglicherweise auch sie dann die göttliche Bestätigung und Anerkennung aus Vers 11 erleben: *„Da traten Engel herzu und dienten ihm"* – nämlich wieder dem Leib Jesu, also unserer Gemeinde!

Matthäus 5-7: Bergpredigt

Mehr als die Hälfte der Bergpredigt formuliert Jesus in der Mehrzahl. Warum eigentlich?

Man muss dabei im Auge behalten, dass Jesus die Bergpredigt – im Unterschied zur in manchen Passagen ähnlich lautenden „Feldrede" in Lukas 6 - nicht an das „Volk" im Allgemeinen, sondern exklusiv an seine Jünger richtet. Nun hätte Jesus doch seine Jünger während der ganzen Rede in der *„du"*-Form ansprechen können, dies hätte sicherlich wesentlich persönlicher und direkter gewirkt als ein doch immer etwas verallgemeinerndes *„ihr"*. Hat Jesus in der Bergpredigt vielleicht bereits vorwiegend den zukünftigen Gemeinde-„Leib", den diese Jüngerschar da vor ihm demnächst bilden soll, im Kopf gehabt?

Es lohnt sich, einmal bewusst all diese in der Mehrzahl formulierten Bergpredigt-Aussagen Jesu (im nachfolgenden Text vorgerückt und grau hinterlegt) abzugrenzen von den Einzahl-Formulierungen (eingerückt) und erstere nicht als Anweisungen an die Adresse unseres persönlichen Glaubenslebens zu lesen, sondern an seinen Leib, also an die Gemeinde, gerichtet. Liest man nämlich einmal nur die eingerückten Einzahl- oder „du"-Texte der Bergpredigt, kann man unschwer feststellen, dass diese tatsächlich fast durchweg Anweisungen sind, die jeweils eine Einzelperson auszuführen hat, alle anderen wären dann an die Gemeinde, gerichtet.

Vorgerückt = Mehrzahl *(Adressat: Gemeinde/Leib)*
   Eingerückt = Einzahl   *(Adressat: einzelne Glieder)*

Matthäus 5

3 Selig sind, die da geistlich arm sind; denn ihrer ist das Himmelreich.
4 Selig sind, die da Leid tragen; denn sie sollen getröstet werden.
5 Selig sind die Sanftmütigen; denn sie werden das Erdreich besitzen.
6 Selig sind, die da hungert und dürstet nach der Gerechtigkeit; denn sie sollen satt werden.
7 Selig sind die Barmherzigen; denn sie werden Barmherzigkeit erlangen.
8 Selig sind, die reinen Herzens sind; denn sie werden Gott schauen.
9 Selig sind, die Frieden stiften; denn sie werden Gottes Kinder heißen.
10 Selig sind, die um der Gerechtigkeit willen verfolgt werden; denn ihrer ist das Himmelreich.
11 Selig seid ihr, wenn euch die Menschen um meinetwillen schmähen und verfolgen und allerlei Böses gegen euch reden und dabei lügen.
12 Seid fröhlich und jubelt; es wird euch im Himmel reichlich belohnt werden. Denn ebenso haben sie verfolgt die Propheten, die vor euch gewesen sind.

13 Ihr seid das Salz der Erde. Wenn nun das Salz nicht mehr salzt, womit soll man salzen? Es ist zu nichts mehr nütze, als dass man es wegschüttet und lässt es von den Leuten zertreten.
14 Ihr seid das Licht der Welt. Es kann die Stadt, die auf einem Berge liegt, nicht verborgen sein.
15 Man zündet auch nicht ein Licht an und setzt es unter einen Scheffel, sondern auf einen Leuchter; so leuchtet es allen, die im Hause sind.
16 So lasst euer Licht leuchten vor den Leuten, damit sie eure guten Werke sehen und euren Vater im Himmel preisen.

17 Ihr sollt nicht meinen, dass ich gekommen bin, das Gesetz oder die Propheten aufzulösen; ich bin nicht gekommen aufzulösen, sondern zu erfüllen.

18 Denn wahrlich, ich sage euch: Bis Himmel und Erde vergehen, wird nicht vergehen der kleinste Buchstabe noch ein Tüpfelchen vom Gesetz, bis es alles geschieht.

19 Wer nun eines von diesen kleinsten Geboten auflöst und lehrt die Leute so, der wird der Kleinste heißen im Himmelreich; wer es aber tut und lehrt, der wird groß heißen im Himmelreich.

20 Denn ich sage euch: Wenn eure Gerechtigkeit nicht besser ist als die der Schriftgelehrten und Pharisäer, so werdet ihr nicht in das Himmelreich kommen.

21 Ihr habt gehört, dass zu den Alten gesagt ist [2. Mose 20,13; 21,12]: »Du sollst nicht töten«; wer aber tötet, der soll des Gerichts schuldig sein.

22 Ich aber sage euch:

Wer mit seinem Bruder zürnt, der ist des Gerichts schuldig; wer aber zu seinem Bruder sagt: Du Nichtsnutz!, der ist des Hohen Rats schuldig; wer aber sagt: Du Narr!, der ist des höllischen Feuers schuldig.

23 Darum, wenn du deine Gabe auf dem Altar opferst und dort kommt dir in den Sinn, dass dein Bruder etwas gegen dich hat,

24 so lass dort vor dem Altar deine Gabe und geh zuerst hin und versöhne dich mit deinem Bruder, und dann komm und opfere deine Gabe.

25 Vertrage dich mit deinem Widersacher sogleich, solange du noch mit ihm auf dem Weg bist, auf dass dich der Widersacher nicht dem Richter überantworte und der Richter dem Gerichtsdiener und du ins Gefängnis geworfen werdest.

26 Wahrlich, ich sage dir: Du wirst nicht von dort herauskommen, bis du auch den letzten Heller bezahlt hast.

27 Ihr habt gehört, dass gesagt ist [2. Mose 20,14]: »Du sollst nicht ehebrechen.«

28 Ich aber sage euch:

Wer eine Frau ansieht, sie zu begehren, der hat schon mit ihr die Ehe gebrochen in seinem Herzen.

29 Wenn dich aber dein rechtes Auge verführt, so reiß es aus und wirf's von dir. Es ist besser für dich, dass eins deiner Glieder verderbe und nicht der ganze Leib in die Hölle geworfen werde.

30 Wenn dich deine rechte Hand verführt, so hau sie ab und wirf sie von dir. Es ist besser für dich, dass eins deiner Glieder verderbe und nicht der ganze Leib in die Hölle fahre.

31 Es ist auch gesagt [5. Mose 24,1]: »Wer sich von seiner Frau scheidet, der soll ihr einen Scheidebrief geben.«

32 Ich aber sage euch:

Wer sich von seiner Frau scheidet, es sei denn wegen Unzucht, der macht, dass sie die Ehe bricht; und wer eine Geschiedene heiratet, der bricht die Ehe.

33 Ihr habt weiter gehört, dass zu den Alten gesagt ist [3. Mose 19,12; 4. Mose 30,3]: »Du sollst keinen falschen Eid schwören und sollst dem Herrn deine Eide halten.«
34 Ich aber sage euch, dass ihr überhaupt nicht schwören sollt, weder bei dem Himmel, denn er ist Gottes Thron;
35 noch bei der Erde, denn sie ist der Schemel seiner Füße; noch bei Jerusalem, denn sie ist die Stadt des großen Königs.

36 Auch sollst du nicht bei deinem Haupt schwören; denn du vermagst nicht ein einziges Haar weiß oder schwarz zu machen.
37 Eure Rede aber sei: Ja, ja; nein, nein. Was darüber ist, das ist vom Bösen.

38 Ihr habt gehört, dass gesagt ist [2. Mose 21,24]: »Auge um Auge, Zahn um Zahn.«
39 Ich aber sage euch, dass ihr nicht widerstreben sollt dem Bösen, sondern:

Wenn dich jemand auf deine rechte Backe schlägt, dem biete die andere auch dar.
40 Und wenn jemand mit dir rechten will und dir deinen Rock nehmen, dem lass auch den Mantel.
41 Und wenn dich jemand eine Meile nötigt, so geh mit ihm zwei.
42 Gib dem, der dich bittet, und wende dich nicht ab von dem, der etwas von dir borgen will.

43 Ihr habt gehört, dass gesagt ist: »Du sollst deinen Nächsten lieben« [3. Mose 19,18] und deinen Feind hassen.
44 Ich aber sage euch: Liebt eure Feinde und bittet für die, die euch verfolgen,
45 auf dass ihr Kinder seid eures Vaters im Himmel. Denn er lässt seine Sonne aufgehen über Böse und Gute und lässt regnen über Gerechte und Ungerechte.
46 Denn wenn ihr liebt, die euch lieben, was werdet ihr für Lohn haben? Tun nicht dasselbe auch die Zöllner?
47 Und wenn ihr nur zu euren Brüdern freundlich seid, was tut ihr Besonderes? Tun nicht dasselbe auch die Heiden?
48 Darum sollt ihr vollkommen sein, wie euer himmlischer Vater vollkommen ist.

1 Habt aber acht, dass ihr eure Gerechtigkeit nicht übt vor den Leuten, um von ihnen gesehen zu werden; ihr habt sonst keinen Lohn bei eurem Vater im Himmel.

2 Wenn du nun Almosen gibst, sollst du es nicht vor dir ausposaunen, wie es die Heuchler tun in den Synagogen und auf den Gassen, damit sie von den Leuten gepriesen werden. Wahrlich, ich sage euch: Sie haben ihren Lohn schon gehabt.

3 Wenn du aber Almosen gibst, so lass deine linke Hand nicht wissen, was die rechte tut,

4 auf dass dein Almosen verborgen bleibe; und dein Vater, der in das Verborgene sieht, wird dir's vergelten.

5 Und wenn ihr betet, sollt ihr nicht sein wie die Heuchler, die gern in den Synagogen und an den Straßenecken stehen und beten, um sich vor den Leuten zu zeigen. Wahrlich, ich sage euch: Sie haben ihren Lohn schon gehabt.

6 Wenn du aber betest, so geh in dein Kämmerlein und schließ die Tür zu und bete zu deinem Vater, der im Verborgenen ist; und dein Vater, der in das Verborgene sieht, wird dir's vergelten.

7 Und wenn ihr betet, sollt ihr nicht viel plappern wie die Heiden; denn sie meinen, sie werden erhört, wenn sie viele Worte machen.

8 Darum sollt ihr ihnen nicht gleichen. Denn euer Vater weiß, was ihr bedürft, bevor ihr ihn bittet.

9 Darum sollt ihr so beten: Unser Vater im Himmel! Dein Name werde geheiligt.

10 Dein Reich komme. Dein Wille geschehe wie im Himmel so auf Erden.

11 Unser tägliches Brot gib uns heute.

12 Und vergib uns unsere Schuld, wie auch wir vergeben unsern Schuldigern.

13 Und führe uns nicht in Versuchung, sondern erlöse uns von dem Bösen. Denn dein ist das Reich und die Kraft und die Herrlichkeit in Ewigkeit. Amen.

14 Denn wenn ihr den Menschen ihre Verfehlungen vergebt, so wird euch euer himmlischer Vater auch vergeben.

15 Wenn ihr aber den Menschen nicht vergebt, so wird euch euer Vater eure Verfehlungen auch nicht vergeben.

16 Wenn ihr fastet, sollt ihr nicht sauer dreinsehen wie die Heuchler; denn sie verstellen ihr Gesicht, um sich vor den Leuten zu zeigen mit ihrem Fasten. Wahrlich, ich sage euch: Sie haben ihren Lohn schon gehabt.

17 Wenn du aber fastest, so salbe dein Haupt und wasche dein Gesicht,

18 damit du dich nicht vor den Leuten zeigst mit deinem Fasten, sondern vor deinem Vater, der im Verborgenen ist; und dein Vater, der in das Verborgene sieht, wird dir's vergelten.

19 Ihr sollt euch nicht Schätze sammeln auf Erden, wo Motten und Rost sie fressen und wo Diebe einbrechen und stehlen.

20 Sammelt euch aber Schätze im Himmel, wo weder Motten noch Rost sie fressen und wo Diebe nicht einbrechen und stehlen.

21 Denn wo dein Schatz ist, da ist auch dein Herz.

22 Das Auge ist das Licht des Leibes. Wenn dein Auge lauter ist, so wird dein ganzer Leib licht sein.

23 Wenn aber dein Auge böse ist, so wird dein ganzer Leib finster sein. Wenn nun das Licht, das in dir ist, Finsternis ist, wie groß wird dann die Finsternis sein!

24 Niemand kann zwei Herren dienen: Entweder er wird den einen hassen und den andern lieben, oder er wird an dem einen hängen und den andern verachten.

Ihr könnt nicht Gott dienen und dem Mammon.

25 Darum sage ich euch: Sorgt euch nicht um euer Leben, was ihr essen und trinken werdet; auch nicht um euren Leib, was ihr anziehen werdet. Ist nicht das Leben mehr als die Nahrung und der Leib mehr als die Kleidung?

26 Seht die Vögel unter dem Himmel an: Sie säen nicht, sie ernten nicht, sie sammeln nicht in die Scheunen; und euer himmlischer Vater ernährt sie doch. Seid ihr denn nicht viel kostbarer als sie?

27 Wer ist aber unter euch, der seiner Länge eine Elle zusetzen könnte, wie sehr er sich auch darum sorgt?

28 Und warum sorgt ihr euch um die Kleidung? Schaut die Lilien auf dem Feld an, wie sie wachsen: Sie arbeiten nicht, auch spinnen sie nicht.

29 Ich sage euch, dass auch Salomo in aller seiner Herrlichkeit nicht gekleidet gewesen ist wie eine von ihnen.

30 Wenn nun Gott das Gras auf dem Feld so kleidet, das doch heute steht und morgen in den Ofen geworfen wird: Sollte er das nicht viel mehr für euch tun, ihr Kleingläubigen?

31 Darum sollt ihr nicht sorgen und sagen: Was werden wir essen? Was werden wir trinken? Womit werden wir uns kleiden?

32 Nach dem allen trachten die Heiden. Denn euer himmlischer Vater weiß, dass ihr all dessen bedürft.

33 Trachtet zuerst nach dem Reich Gottes und nach seiner Gerechtigkeit, so wird euch das alles zufallen.

34 Darum sorgt nicht für morgen, denn der morgige Tag wird für das Seine sorgen. Es ist genug, dass jeder Tag seine eigene Plage hat.

Matthäus 7

1 Richtet nicht, damit ihr nicht gerichtet werdet.

2 Denn wie ihr richtet, werdet ihr gerichtet werden; und mit welchem Maß ihr messt, wird euch zugemessen werden.

3 Was siehst du aber den Splitter in deines Bruders Auge und nimmst nicht wahr den Balken in deinem Auge?

4 Oder wie kannst du sagen zu deinem Bruder: Halt, ich will dir den Splitter aus deinem Auge ziehen! – und siehe, ein Balken ist in deinem Auge?

5 Du Heuchler, zieh zuerst den Balken aus deinem Auge; danach kannst du sehen und den Splitter aus deines Bruders Auge ziehen.

6 Ihr sollt das Heilige nicht den Hunden geben, und eure Perlen sollt ihr nicht vor die Säue werfen, damit die sie nicht zertreten mit ihren Füßen und sich umwenden und euch zerreißen.

7 Bittet, so wird euch gegeben; suchet, so werdet ihr finden; klopfet an, so wird euch aufgetan.

8 Denn wer da bittet, der empfängt; und wer da sucht, der findet; und wer da anklopft, dem wird aufgetan.

9 Oder ist ein Mensch unter euch, der seinem Sohn, wenn er ihn bittet um Brot, einen Stein biete?

10 Oder der ihm, wenn er ihn bittet um einen Fisch, eine Schlange biete?

11 Wenn nun ihr, die ihr doch böse seid, dennoch euren Kindern gute Gaben zu geben wisst, wie viel mehr wird euer Vater im Himmel Gutes geben denen, die ihn bitten!

12 Alles nun, was ihr wollt, dass euch die Leute tun sollen, das tut ihr ihnen auch! Das ist das Gesetz und die Propheten.

13 Geht hinein durch die enge Pforte. Denn die Pforte ist weit und der Weg ist breit, der zur Verdammnis führt, und viele sind's, die auf ihm hineingehen.

14 Wie eng ist die Pforte und wie schmal der Weg, der zum Leben führt, und wenige sind's, die ihn finden!

15 Seht euch vor vor den falschen Propheten, die in Schafskleidern zu euch kommen, inwendig aber sind sie reißende Wölfe.

16 An ihren Früchten sollt ihr sie erkennen. Kann man denn Trauben lesen von den Dornen oder Feigen von den Disteln?

17 So bringt jeder gute Baum gute Früchte; aber ein fauler Baum bringt schlechte Früchte.

18 Ein guter Baum kann nicht schlechte Früchte bringen und ein fauler Baum kann nicht gute Früchte bringen.

19 Jeder Baum, der nicht gute Früchte bringt, wird abgehauen und ins Feuer geworfen.

20 Darum, an ihren Früchten sollt ihr sie erkennen.

21 Es werden nicht alle, die zu mir sagen: Herr, Herr!, in das Himmelreich kommen, sondern die den Willen tun meines Vaters im Himmel.

22 Es werden viele zu mir sagen an jenem Tage: Herr, Herr, haben wir nicht in deinem Namen geweissagt? Haben wir nicht in deinem Namen Dämonen ausgetrieben? Haben wir nicht in deinem Namen viele Machttaten getan?
23 Dann werde ich ihnen bekennen: Ich habe euch nie gekannt; weicht von mir, die ihr das Gesetz übertretet!

24 Darum, wer diese meine Rede hört und tut sie, der gleicht einem klugen Mann, der sein Haus auf Fels baute.
25 Als nun ein Platzregen fiel und die Wasser kamen und die Winde wehten und stießen an das Haus, fiel es doch nicht ein; denn es war auf Fels gegründet.
26 Und wer diese meine Rede hört und tut sie nicht, der gleicht einem törichten Mann, der sein Haus auf Sand baute.
27 Als nun ein Platzregen fiel und die Wasser kamen und die Winde wehten und stießen an das Haus, da fiel es ein und sein Fall war groß.

Wir stellen fest: Alle grau hinterlegten, vorgerückten Passagen der Bergpredigt als an die (demnächst zu gründenden) Gemeinden gerichtet zu interpretieren, ergibt nicht nur sehr oft einen neuen, erweiterten Sinn, sondern greift auch Jesu Intension dieser Rede viel genauer auf, wenn er wirklich den künftigen Leib Jesu bereits im Blick gehabt hat!

Auf das „Vater unser" innerhalb der Bergpredigt (**Matthäus 6,9-13**) sei hier noch besonders hingewiesen: Auch diese Gebetsvorlage hat Jesus komplett in der Mehrzahl formuliert, inklusive seine einleitende Vorrede dazu (Verse 5-8) sowie die das Thema abschließenden Verse 14 und 15. Alles Mehrzahl – mit einer einzigen Ausnahme: der Vers 6 über das „stille Kämmerlein". Das macht Sinn, denn wenn das Vater-Unser-Gebet von Jesus als Gemeinde-Gebet seines künftigen Leibes zu verstehen ist, dann macht einzig dieser Vers über das „stille Kämmerlein" keinen Sinn in einer Mehrzahl-Formulierung (wenn mehrere gleichzeitig im „Kämmerlein" sind, ist dieses wohl kaum mehr „still" und die Gebete darin nicht mehr „verborgen"!). Wir sollten auch hier davon ausgehen, dass Jesus nicht willkürlich zwischen Einzahl und Mehrzahl hin und her wechselt, sondern sich bewusst ist, wie er etwas sagt. Könnte also diese Mehrzahlformulierung darauf hindeuten, dass auch das „Vater unser" von Jesus in erster Linie als Gemeindegebet seines Leibes gedacht war? Dazu würde auch die Beobachtung passen, dass in der Jerusalemer Urgemeinde das gemeinsame Gebet des Leibes Jesu (beispielsweise das Gemeindegebet in Apostelgeschichte 4,23-31) einen wesentlich höheren Stellenwert hatte als heutzutage bei uns; man vergleiche gerne hierzu mal die zumeist äußerst spärlich besuchten Gebetsveranstaltungen in unseren heutigen Gemeinden und Kirchen!

Im Zusammenhang mit der Bergpredigt wäre auch dies noch nachdenkenswert: In dieser Rede – wie auch in der ähnlichen „Feldrede" in **Lukas 6,20-49** - gibt Jesus viele Lebens- und Verhaltensanweisungen weiter. Er selbst hat all diese Verhaltensregeln während seiner Erdenzeit selbstverständlich eingehalten und vorbildhaft vorgelebt (es lohnt sich, die Bergpredigt oder die Feldrede nur mal unter diesem Aspekt durchzulesen!). Wenn aber Jesus das, was er in seinen Reden als Verhaltensnormen vorgibt, selber vorgelebt hat, dann dürfte es für den Leib Jesu selbstverständlich sein, dass er das genauso vorbildlich lebt! Logische Konsequenz also: Auch die Anweisungen, die Jesus im Singular formuliert (im obigen Text also die eingerückten Zeilen) und die auf den ersten Blick Einzelpersonen zu gelten scheinen, sind dann vom Leib Jesu ebenfalls zu beherzigen!

Ein Beispiel dazu: Wenn Jesus feststellt *„Denn wo dein Schatz ist, da ist auch dein Herz!"* (Matthäus 6,21), dann ist dadurch selbstverständlich jeder einzelne von uns zu Prüfung seines Herzens aufgefordert. Aber die Feststellung gilt auch seinem Leib, der Gemeinde: Man konfrontiere diese Aussage Jesu einmal mit der Frage *„Worauf sind wir als Gemeinde stolz?"* Möglicherweise wird durch diese Feststellung Jesu umgehend entlarvt, wo das Herz unserer Gemeinde wirklich schlägt!

Matthäus 5,11

Selig seid ihr, wenn euch die Menschen <u>um meinetwillen</u> [Jesu willen] **schmähen und verfolgen und reden allerlei Übles gegen euch, wenn sie damit lügen.**

„Um Jesu willen" geschmäht, verfolgt oder verleumdet zu werden, würde vor allem dann konkret, wenn wir unsere Gemeinde dem „Leib Jesu" adäquat, also tatsächlich wie die konkrete Anwesenheit Jesu, behandeln würden. Dann wäre unser konkreter Umgang mit der Gemeinde (also mit Jesus!) nämlich derart öffentlich provokativ, dass sich viele unserer Zeit-

genossen daran stören würden! Behandeln wir hingegen unsere Gemeinde wie jeder x-beliebige Verein und pflegen nur innerlich ein „innige" Jesusbeziehung, werden wir natürlich nie *um Jesu willen* angegangen. Wir vermeiden somit zwar dann jegliche „Verfolgung", haben allerdings dadurch diese Seligpreisung Jesu zur Sinnlosigkeit verurteilt.

Matthäus 5,14

Ihr seid <u>das Licht</u> der Welt. Es kann die Stadt, die auf einem Berge liegt, nicht verborgen sein.

Warum sagt Jesus nicht *„Ihr seid <u>die Lichter</u> der Welt"*? Genauso wird das doch bei uns stets gepredigt, obwohl es so nicht dasteht! Und auch der daran anknüpfende Vergleich mit einer *„Stadt auf dem Berge"* lässt doch weniger an eine Einzelperson als vielmehr an ein Gemeinschaftsgebilde denken. *„Das Licht der Welt"* ist der Leib Jesu!

Matthäus 5,48

Darum sollt ihr vollkommen sein, wie euer Vater im Himmel vollkommen ist.

Vermutlich meint Jesus auch hier, dass wir als Gemeinschaft, also als sein Leib, vollkommen sein sollten. Immerhin spricht er ja in der Mehrzahl (*„ihr sollt"*), spricht also die Gemeinschaft der Jünger an. Er formuliert wohl bewusst nicht *„ein jeder von euch soll vollkommen sein"* oder so ähnlich; warum also legen wir es trotzdem so aus, obwohl es Jesus anders gesagt hat?

Außerdem spricht Jesus in den beiden vorangehenden Versen über das Verhalten der Zöllner untereinander und vergleicht dies mit dem Verhalten der Christen untereinander sowie über das interfamiliäre Verhalten von „heidnischen" Brüdern im Vergleich zum Verhalten von Gemeinde-Brüdern.

Diese vorangehenden Vergleiche mit der Zöllner-Gemeinschaft und den Familienbrüdern legen nahe, dass gemäß unserem Vers, der ja mit *„darum"* an das eben Gesagte anknüpft, nicht lediglich das Verhalten von Jesu Gliedern untereinander *„vollkommen"* sein sollte, sondern dass Jesus vor allem erwartet, dass sein Leib, die Gemeinde, sich auch nach außen hin *„vollkommen"* präsentiert! Also genau dergestalt, wie Jesus ja auch während seiner Leiblichkeit vor Kreuz und Auferstehung von jedermann als „voll-kommen" erlebt werden konnte.

Das hätte sogar wieder den Vorteil, dass wir nicht erneut beim Reflektieren dieser Anweisung Jesu umgehend unseren persönlichen Schuldkomplexen der Kategorie „Das schaffe ich doch niemals!" verfallen müssten!

Matthäus 6,22+23
(Lukas 11,34-36)

Das Auge ist das Licht des Leibes. Wenn dein Auge lauter ist, so wird dein ganzer Leib licht sein. Wenn aber dein Auge böse ist, so wird dein ganzer Leib finster sein. Wenn nun das Licht, das in dir ist, Finsternis ist, wie groß wird dann die Finsternis sein!

Dieses Bildwort Jesu, genauso wie die Parallelstelle im Lukasevangelium, „hängt etwas in der Luft", und zwar dergestalt, dass diese Aussagen mit den vorhergehenden wie auch mit den nachfolgenden Worten Jesu nur schwer in Verbindung gebracht werden können. Die Interpretation dieser zwei - beziehungsweise bei Lukas drei - Verse ist seit jeher nicht ganz einfach, die Auslegung darf aber demzufolge weitgehend ohne Einbezug des jeweiligen Kontextes gewagt werden. Es ist also anzunehmen, dass hier mit dem „Leib" der neutestamentliche Leib Jesu gemeint ist und dass das „Auge" ein Glied am Leib Jesu darstellt, entsprechend dem ehebrecherischen „Auge", das nach der Bergpredigt Jesu „ausgerissen" werden soll (Matthäus 5,28+29; vergleiche dazu auch meine Ausführungen im 5. Kapitel „Jesus besser verstehen").

Matthäus 10,1
(Markus 6,7 / Lukas 9,1)

Und er rief seine zwölf Jünger zu sich und gab ihnen Macht über die unreinen Geister, dass sie die austrieben und heilten alle Krankheiten und alle Gebrechen.

Bemerkenswert, dass Jesus hier alle zwölf gleichzeitig mit denselben übernatürlichen Gaben ausrüstete und nicht etwa individuell nur einzelne, wie wir das später bei der Zuteilung von Geistesgaben beobachten können.

Wenn hier die gesamte Gruppe gleichermaßen begabt wird, handelt es sich genau um die Gruppe, die später das Fundament des neuen Leibes Jesu bilden wird. Das könnte also damit zusammenhängen, dass dieser Leib Jesu demnächst als Gliedschaft insgesamt die Fähigkeiten Jesu erhalten soll. Dem genau entsprechend wurde dann ja auch die Ausgießung des Heiligen Geistes anfangs nie bei Einzelpersonen, sondern immer auf einen jeweils neu gegründeten „Leib Jesu" vollzogen (vergleiche dazu meine Ausführungen im 7. Kapitel „Konsequenzen").

Matthäus 10,16
(Lukas 10,3)

Siehe, ich sende euch <u>wie Schafe</u> mitten unter die Wölfe. Darum seid klug wie die Schlangen und ohne Falsch wie die Tauben.

Schafe sind Herdentiere und leben immer in der Gruppe. Der Vergleich zielt also auf eine Gruppe. Ist das Zufall oder ein Hinweis auf die zu bildenden Leib-Jesu-Gemeinden, die dann unter Umständen von „Wölfen" angegriffen werden?

Immerhin wäre zu Bedenken, dass Jesus durchaus einen anderen Vergleich – ohne das Herdentier Schaf - hätte formulieren können, beispielsweise „ich sende Euch wie Kaninchen unter die Füchse" oder so ähnlich. Das hätte dann sogar den Vorteil gebracht, dass dieses Beispiel nicht anderen „Schafs-Gleichnissen" Jesu in die Quere kommen könnte, beispielweise seinen „Ich bin der Hirte und ihr seid die Schafe"-Vergleichen in Johannes 10, mit denen man seine „Ich sende Euch mitten unter die Wölfe"-Aussage tunlichst nicht vermischen sollte!

Außerdem: Wenn Jesus im zweiten Teil des Verses mit „Schlangen" und „Tauben" weiterfährt, dann zitiert er vermutlich damals gängige Sprichwörter. Diese Schlangen und Tauben, die im Gegensatz zu Schafen Einzelgänger sind, zeigen aber auch, dass Jesus in der Wahl der Vergleichstiere flexibel ist und durchaus auch für den Vergleich in unserem Vers statt den Herden-Schafen eben ein Einzelgänger-Tier hätte auswählen können.

Matthäus 11,27

Alles ist mir übergeben von meinem Vater, und niemand kennt den Sohn als nur der Vater; und niemand kennt den Vater als nur der Sohn und <u>wem es der Sohn offenbaren will</u>.

Gotteserkenntnis dürfte vor allem beim oder im Leib Jesu entstehen, denn der ist ja Jesus, welcher *„den Vater kennt"*. Und Jesus wird Gotteserkenntnis ganz bestimmt in erster Linie seinen eigenen Leibesgliedern, den „ausführenden Organen" seines Willens, offenbaren! Offenbarungen sind also vorwiegend in der Gemeinde, seinem Leib, zu erwarten.

Matthäus 12,17-21

... damit erfüllt würde, was gesagt ist durch den Propheten Jesaja, der da spricht: »Siehe, das ist mein Knecht, den ich erwählt habe, mein Geliebter, an dem meine Seele Wohlgefallen hat; ich will meinen Geist auf ihn legen, und er soll den Völkern das Recht verkündigen. Er wird nicht streiten noch schreien, und man wird seine Stimme nicht hören auf den Gassen; das geknickte Rohr wird er nicht zerbrechen, und den glimmenden Docht wird er nicht auslöschen, bis er das Recht zum Sieg führt; und die Völker werden auf seinen Namen hoffen.«

Matthäus weist zu Recht darauf hin, dass sich dieses prophetische Wort aus Jesaja 42,1-4 auf Jesus bezieht und durch Jesus erfüllt wird. Die meisten Aussagen dieser Prophezeiung lassen sich allerdings auch auf den Leib Jesu übertragen, was einer gewissen Logik entspricht, da ja der Leib Jesu die Präsenz Jesu in der Welt weiterführt. Weshalb sollte durch die Himmelfahrt Jesu diese Prophezeiung aufgehoben sein?

Liest man die Prophezeiung aber unter dem Aspekt, dass sie auch für den Leib Jesu gilt, ergeben sich interessante Einsichten den Auftrag der Ortsgemeinden und dessen Umsetzung betreffend.

Matthäus 12,31+32

(Markus 3,28+29 / Lukas 12,10)

Darum sage ich euch: Alle Sünde und Lästerung wird den Menschen vergeben; aber die Lästerung gegen den Geist wird nicht vergeben. Und wer etwas redet gegen den Menschensohn, dem wird es vergeben; aber wer etwas redet gegen den Heiligen Geist, dem wird's nicht vergeben, weder in dieser noch in der künftigen Welt.

Eine Aussage Jesu, deren Interpretation selbst gestandenen Theologen und Bibelkennern bis heute immer wieder Schwierigkeiten bereitet. Kernpunkt des Problems: Warum wird Lästerung gegen Jesus milder eingestuft als Lästerung gegen den Heiligen Geist, obwohl nach Trinitätslehre beide deckungsgleich göttlich-heilig sind?

Von der Leib-Jesu-Theologie herkommend bietet sich folgende Auslegungsmöglichkeit an: Der Unterschied liegt nicht beim Objekt der Lästerung (Jesus bzw. Heiliger Geist), sondern bei denjenigen, die lästern.

Im Zeitalter der Gemeinde lästern vorwiegend Ungläubige gegen Jesus, sei es, dass sie gegen die Gemeinde als Leib Jesu lästern; sei es, dass sie gegen die Verkündigung der Gemeinde, die ja als zentrale Botschaft immer „*Jesus!*" zu proklamieren hat, lästern.

Gegen den Heiligen Geist können jedoch prinzipiell nur Gläubige lästern, denn nur die kennen den Heiligen Geist. Ungläubige kennen zwar oft auch Geister, aber das sind „irgendwelche" Geister, und deshalb ist der wahre Geist Gottes, der Heilige Geist, für sie eben auch nur „irgendein" Geist, den sie nicht wirklich einordnen, geschweige denn kennen können. Deren Lästerung gegen den Heiligen Geist ist deshalb lediglich törichte Unwissenheit.

Lästern aber Gläubige gegen den Heiligen Geist, so lästern Glieder des Leibes Jesu über ihren eigenen Geist, den Gott ihnen geschenkt hat! Da sie das wissentlich tun, ist das durchaus eine andere Kategorie als das Lästern Ungläubiger gegen einen Geist, den sie nicht kennen oder auch deren Lästern gegen Jesus, den sie ebenfalls nicht persönlich erkannt haben.

Matthäus 12,33
(Lukas 6,43+44)

Nehmt an, ein Baum ist gut, so wird auch seine Frucht gut sein; oder nehmt an, ein Baum ist faul, so wird auch seine Frucht faul sein. Denn an der Frucht erkennt man den Baum.

Das dürfte auch für den Leib Jesu zutreffen!

Matthäus 19,21+22
(Markus 10,21+22 / Lukas 18,22+23)

Jesus sprach zu ihm: Willst du vollkommen sein, so geh hin, verkaufe, was du hast, und gib's den Armen, so wirst du einen Schatz im Himmel haben; und komm und folge mir nach! Da der Jüngling das Wort hörte, ging er betrübt davon; denn er hatte viele Güter.

Auch diese Begebenheit mit dem „Reichen Jüngling" wird meistens so ausgelegt, dass Jesus den individuellen Reichtum dieses Mannes in Frage stellt und ihn von seiner vermeintlichen Sicherheit, die er im Reichtum zu haben glaubt, befreien möchte. Bei dieser Art der Auslegung kommt man allerdings immer in den Konflikt, dass Jesus gleichzeitig Reichtum bei anderen seiner Nachfolger nicht kritisiert, etwa bei den Frauen in **Lukas 8,2+3**, die Jesus dienten „*mit ihrer Habe*", was eindeutig wohlhabende Frauen voraussetzt.

Dieses Problem stellt sich nicht, wenn man davon ausgeht, dass Jesus so viel Weitblick hat, dass er schon jetzt die demnächst zu gründende Gemeinde in Jerusalem, also den ersten „Leib Jesu", im Blick hat. Wie hätte die umfassende Gemeinschaft seiner Glieder, die ja nach **Apostelgeschichte 2,44+45** und **4,32-37** ausdrücklich auch Gütergemeinschaft beinhaltete, mit einem schwerreichen Glied, eben beispielsweise mit diesem „Reichen Jüngling", in ihren Reihen funktionieren können? Selbst wenn dieser bereit gewesen wäre, dann seinen ganzen Reichtum mit allen zu teilen, wäre durchaus denkbar, dass dadurch die Jerusalemer Gemeinde plötzlich zu einer reichen, einer „begüterten" Gemeinde mutiert wäre, nach Lukas war der Jüngling nämlich „*sehr reich*". Eine wohlhabende und finanziell gut abgesicherte Gemeinde dürfte aber kaum Jesu Vorstellung entsprochen haben! Und hätte der Jüngling jedoch als Gemeinde-Glied seinen Reichtum nicht geteilt, dann hätte die erste Gemeinde nicht funktioniert! Genauso wie auch heute noch finanzschwache Gemeinden sich mit einem superreichen Mitglied in ihren Reihen zumeist mehr Schwierigkeiten als Segen einhandeln. Falls es aber trotzdem einmal klappt, dann ist zumindest eine so innige Gemeinschaft wie damals in Jerusalem in einer Gemeinde mit einerseits armen und andererseits sehr reichen Mitgliedern kaum herstellbar.

Auch hier wieder: Diese Reaktion Jesu individuell, also allein auf die Persönlichkeit des Jünglings bezogen, auszulegen, ist schwierig. Legt man dieselbe Geschichte aber auf dem Hintergrund des Leib-Jesu-Verständnisses aus, dann ergibt sich ein anderer, ja sogar ein logischer und schlüssiger Sinn. Ein erneuter Hinweis, dass wir offenbar grundsätzlich zu stark in Individualkategorien und zu wenig gemeinschaftsbezogen denken – dieses einseitige Denken korrigiert sich, wenn man sich des Leibes Jesu bewusst wird!

Und was ist mit den reichen Frauen von Lukas 8? Diese dienten mit ihrer Habe dem irdischen Jesus bereits während seiner Lebzeit, gaben also ihren Reichtum aus Liebe zu Jesus spontan hin, wie beispielsweise auch die Frau mit dem kostbaren Salböl in **Matthäus 26,7-9**. Und der sowohl als *„reich"* wie gleichzeitig trotzdem als *„Jünger"* bezeichnete Josef von Arimatäa durfte nach **Matthäus 27,57-60** ebenfalls Jesus dienen, indem er ihm sein Grab zur Verfügung stellte. Der Jerusalemer Gemeinde, die kurz darauf entstand, hat er dann allerdings wohl kaum angehört, aber er hat dieser Gemeinde, also dem Leib Jesu, möglicherweise mit seinen Beziehungen und seinem Einfluss „von außen" gedient und fällt damit in die Kategorie der *„Schafe zur Rechten"* beim Weltgericht Jesu in **Matthäus 25,31-46**, die Jesus dienten, ohne es zu merken (vergleiche zum „Weltgericht" auch meine Ausführungen im 3. Kapitel *„Die Quelle"*).

Matthäus 20,26+27

(Markus 10,43+44)

... wer unter euch groß sein will, der sei euer Diener; und wer unter euch der Erste sein will, der sei euer Knecht.

Diese Anweisung Jesu an seine Jünger gilt selbstverständlich für alle Glieder des Leibes, denn das ist grundsätzlich zu verstehen: Nur so funktioniert ein Körper; jedes einzelne Glied setzt seine Funktion und seine Fähigkeiten immer zum Wohl des ganzen Leibes ein!

Zu beachten ist zudem, dass Jesus das Zusammenbleiben seiner Jünger – auch nach seinem Weggang – offenbar schlicht voraussetzt, denn diese Anweisung endet ja bestimmt nicht mit Jesus Himmelfahrt! Es ist für Jesus schlicht undenkbar, dass nach seiner Rückkehr in den Himmel einer seiner Jünger sich absondern könnte und seines eigenen Weges geht, selbst wenn er sich dabei weiterhin als fromm und wie ein Nachfolger fühlen sollte! Die verbindliche Einordnung als Glied in seinen Leib ist eine Selbstverständlichkeit für jeden seiner Jünger!

Matthäus 21,21

(Markus 11,23)

Wahrlich, ich sage euch: Wenn ihr Glauben habt und nicht zweifelt, so werdet ihr solches nicht allein mit dem Feigenbaum tun, sondern, wenn ihr zu diesem Berge sagt: »Heb dich und wirf dich ins Meer!«, so wird's geschehen.

Diese Erklärung gab Jesus seinen Jüngern, nachdem er einen Feigenbaum, der keine Frucht brachte, auf der Stelle verdorren ließ. Der Vergleichspunkt zwischen dem Verdorrenlassen des Feigenbaums und dem Versetzen des Berges ist, dass beide Male Jesus höchstpersönlich der agierende Befehlsgeber ist: Beim Feigenbaum ist er persönlich in irdischer Gestalt anwesend, beim Berg ist er ebenso persönlich als sein Leib anwesend. Es ist also nicht der einzelne Gläubige aufgerufen, einem Feigenbaum oder einem Berg gegebenenfalls Befehl zu geben, sondern dies wäre eine Aufgabe des Leibes, also der Ortsgemeinde!

Auf den Punkt gebracht: <u>Jesus</u> gibt dem Feigenbaum Befehl, und es ist weiterhin (immer!) Jesus, der auch einem Berg Befehl geben kann.

Interessanterweise überliefert uns Markus in der Parallelstelle **Markus 11,23** diesen Ausspruch Jesu nicht in Pluralform, sondern im Singular: *„Wer zu diesem Berg spräche, und zweifelte nicht in seinem Herzen ..., so wird's ihm geschehen!"* Ist hier also doch der einzelne Gläubige gefragt, der dem Berg Befehl geben könnte? Wohl kaum, denn in seiner Einleitung zu diesem Statement, unmittelbar im Vers davor, macht Jesus deutlich, dass er auch hier seine Jünger als Gemeinschaft anspricht, denn er beginnt mit *„Habt Glauben an Gott!"*; und direkt nach unserem Vers spricht er erneut im Plural weiter: *„Und wenn ihr steht und betet, so ...".* Hier ist also eher davon auszugehen, dass Jesus die Einzahlform (Singular) aus stilistischen Gründen einsetzt, um seinen Jüngern zu verdeutlichen, dass bei solchen Aktionen jeder Einzelne von ihnen in Pflicht genommen wird. (Interessant ist übrigens, dass Luther hier, bei der Einzahl-Formulierung – im Gegensatz zur Mehrzahl-Stelle bei Matthäus – im Konjunktiv übersetzt, obwohl im Urtext dasselbe Wort für „sagen" beziehungsweise „sprechen" steht, und zwar beide Male im Konjunktiv. Hat Luther wohl etwas geahnt oder will er damit etwas verdeutlichen?) Außerdem ist Jesus auch theologisch nichts vorzuwerfen: Selbstverständlich könnte (Konjunktiv!) auch ein einzelner Nachfolger gegebenenfalls ein solches Wunder vollbringen, wenn Gott das so möchte (vergleiche zum *„Berg versetzen"* auch meine Ausführungen zu **Matthäus 17,20** im 5. Kapitel *„Jesus besser verstehen"*).

Matthäus 21,43

Darum sage ich euch: Das Reich Gottes wird von Euch genommen und einem Volk gegeben werden, das seine Früchte bringt.

Jesus sagt diese traurige Prophezeiung im Anschluss an das Gleichnis von den „bösen Weingärtnern", welches an die Adresse der Hohepriester, Ältesten und Pharisäer des Volks Israel gerichtet ist; von ihnen wird das Reich Gottes weggenommen. Mit dem *„Volk, das seine Früchte bringt"* sind eindeutig die künftigen Gemeinden, die sich ab Pfingsten bilden werden, gemeint; also der jeweilige Leib Jesu, den jede Ortsgemeinde bildet. Diesen soll das „Reich Gottes gegeben" werden.

Somit schließt sich der Kreis: Wo Leib Jesu ist, da ist Jesus. Und wo Jesus ist, da ist „Reich Gottes". Das war zu Lebzeiten Jesu so (er verkörperte bekanntlich das Reich Gottes) und das ist zu Zeiten des Leibes Jesu so (auch dieser verkörpert das Reich Gottes).

Matthäus 22,9-14

(9) **Geht hinaus auf die Straßen und ladet zur Hochzeit ein, wen ihr findet!** (10) **Und die Knechte gingen auf die Straßen hinaus und brachten zusammen, alle, die sie fanden, Böse und Gute; und der Hochzeitssaal war voll mit Gästen.** (11) **Da ging der König hinein zum Mahl, sich die Gäste anzusehen, und sah da einen Menschen, der hatte kein hochzeitliches Gewand an,** (12) **und sprach zu ihm: Freund, wie bist du hier hereingekommen und hast doch kein hochzeitliches Gewand an? Er aber verstummte.** (13) **Da sprach der König zu seinen Dienern: Bindet ihm Hände und Füße und werft ihn in die äußerste Finsternis! Da wird sein Heulen und Zähneklappern.** (14) **Denn viele sind berufen, aber wenige sind auserwählt.**

Dies ist der Schlussteil von Jesu Gleichnis über die „Königliche Hochzeit", bei der die eigentlich geladenen Gäste alle absagten, worauf der König seine Knechte anwies, andere Gäste einzuladen. Bis einschließlich Vers 10 ist das Gleichnis schlüssig und einfach zu verstehen. Rätsel gibt jedoch der Zusatz ab Vers 11 (der übrigens in der Parallelstelle bei Lukas fehlt) auf: Warum wird der Gast ohne „hochzeitliches Gewand" vom König höchstpersönlich hinausgeworfen – und gleich auch noch gebunden und an den schlimmsten Ort („äußerste Finsternis"!) verfrachtet?

Manche Ausleger beißen sich an diesem Zusatzgleichnis die Zähne aus. Das wäre allerdings nicht nötig, wenn man diese Verse mit der Kenntnis des Leibes Jesu interpretiert: Die Gäste am hochzeitlichen Festmahlstisch sind die Glieder des Leibes Jesu. Zu denen kommt der König hinein (Vers 11), um sie sich zu besehen (Vers 11). Das ist logisch und einfach zu übertragen:

natürlich schaut sich Gott an, wer den Leib seines Sohnes bildet! Es ist immerhin sein Sohn!

Dieser Leib seines Sohnes muss aber „rein" sein, weil Gott in seinem Umfeld bekanntlich nicht Unreines zulassen kann und schon gar nicht am Leib seines Sohnes! Wer sich also zum Leib Jesu hält und ein Glied daran zu sein vorgibt, obwohl er sich der Regel und Sitte innerhalb des Leibes verweigert (ohne „hochzeitliches Gewand" zu einem solchen Anlass zu erscheinen war damals unvorstellbar und eine Beleidigung des Gastgebers, da ein passendes Kleid zur unbedingt einzuhaltenden Sitte der damaligen Kultur gehörte), der passt nicht zum Leib! Zum Leib Jesu gehören zu wollen, aber gleichzeitig den König (Gott) zu beleidigen - das geht gar nicht! Folglich haben die „Knechte" auf Befehl des Königs umgehend „Gemeindezucht" zu üben, wobei der König (und nicht etwa die Knechte, die ja lediglich den Befehl auszuführen haben) beschließt, dass so jemand nicht nur ausgeschlossen, sondern aufs Härteste bestraft werden soll!

Dieser Zusatz ist erneut eine sehr ernste Warnung Jesu, seinen Leib absolut ernst zu nehmen. Diesbezüglich lässt Gott, sein Vater, keinesfalls mit sich spaßen, denn es handelt sich um den Leib seines einzigen Sohnes, der heilig ist!

Matthäus 24,23+24

Wenn dann jemand zu euch sagen wird: Siehe, hier ist der Christus!, oder: Da!, so sollt ihr's nicht glauben. Denn es werden falsche Christusse und falsche Propheten aufstehen und große Zeichen und Wunder tun, so dass sie, wenn es möglich wäre, auch die Auserwählten verführten.

Wahre Nachfolger Jesu wissen natürlich: Christus ist längst „hier" und „da", nämlich in seinem Leib. Wer das verstanden hat, der weiß, dass Christus im Zeitalter der Gemeinden folglich nicht auch noch als Einzelperson erscheinen wird, und zwar so lange, bis der wahre Christus selbst, dann aber als „Haupt", wiederkommt. Wenn aber Christus, das Haupt, wiederkommt, dann muss das niemand verkünden, denn jedermann auf der Welt wird das sehen und erkennen nach **Matthäus 24,27:** „Denn *wie der Blitz ausgeht vom Osten und leuchtet bis zum Westen, so wird auch das Kommen des Menschensohns sein"*, ergänzt durch **Matthäus 24,30**: *„Und dann wird erscheinen das Zeichen des Menschensohns am Himmel. Und dann werden wehklagen alle Stämme der Erde und werden sehen den Menschensohn kommen auf den Wolken des Himmels mit großer Kraft und Herrlichkeit".*

Verführbar durch *„falsche Christusse"* sind deshalb nur Scheinchristen beziehungsweise Christen, die sich des Leibes Jesu nicht bewusst sind.

Matthäus 24,45-51
(Lukas 12,42-46)

(45) **Wer ist nun der treue und kluge Knecht, den der Herr über sein Gesinde gesetzt hat, dass er ihnen zur rechten Zeit Speise gebe?** (46) **Selig ist der Knecht, den sein Herr, wenn er kommt, das tun sieht.** (47) **Wahrlich, ich sage euch: Er wird ihn über alle seine Güter setzen.** (48) **Wenn aber der böse Knecht in seinem Herzen sagt: Mein Herr kommt noch lange nicht,** (49) **und fängt an, seine Mitknechte zu schlagen, isst und trinkt mit den Betrunkenen,** (50) **dann wird der Herr dieses Knechts kommen an einem Tage, an dem er's nicht erwartet, und zu einer Stunde, die er nicht kennt,** (51) **und er wird ihn in Stücke hauen lassen und ihm seinen Platz geben bei den Heuchlern; da wird sein Heulen und Zähneklappern.**

Ist der Knecht in diesem Gleichnis auf Einzelpersonen zu übertragen? Naheliegender wäre, ihn auf die Ortsgemeinde, also den Leib Jesu, zu interpretieren. Denn der Knecht hat einen Auftrag auszuführen, der ihn über das *„Gesinde"* setzt und ihn Wohltaten austeilen lässt (Vers 45). Das passt besser zum Auftrag einer Gemeinde als zu einzelnen Christen! Die Gemeinde, die Jesus dann bei seiner Wiederkunft aktiv arbeitend antrifft, dessen Glieder werden im Himmel belohnt (V. 46+47) und dürfen dort teilweise sogar mitregieren (das entspricht **Offenbarung 20,6** und **22,5**), sie sind also durchaus *„über viele Güter gesetzt"* (Vers 47).

Der „*böse Knecht*" jedoch, der entgegen dem eindeutigen Willen seines Herrn Unrechtes getan und sich weltlichen Gelüsten und Unsitten hingegeben hat (Vers 49), der wird „*in Stücke gehauen*" – das heißt, die Glieder einer Ortsgemeinde, die Jesu Leib verachten, ihn in Wort und Tat unwürdig behandeln und der Lächerlichkeit preisgeben, werden voneinander getrennt und bestraft (Vers 51).

Matthäus 25,14+15
(Lukas 19,11-27)

Denn es ist wie mit einem Menschen, der außer Landes ging: Er rief seine Knechte und vertraute ihnen sein Vermögen an; dem einen gab er fünf Zentner Silber, dem andern zwei, dem dritten einen, jedem nach seiner Tüchtigkeit, und ging außer Landes.

Der Ausgang dieses Gleichnisses ist bekannt: Die ersten beide Knechte erwirtschaften das Doppelte des ihnen Anvertrauten und werden bei der Rückkehr des Herrn gelobt und belohnt, der dritte Knecht hingegen vergräbt sein Pfund und wird vom Herrn dafür nicht nur getadelt, sondern aufs Härteste bestraft.

Auch dieses Gleichnis lässt sich hervorragend auf den Leib Jesu interpretieren, sogar wesentlich besser als auf Einzelpersonen. Denn jeder der Knechte handelt als Einzelperson und unabhängig von den anderen – das passt besser auf Ortsgemeinden als auf einzelne Gemeindeglieder, denn deren Gaben sollten bekanntlich zusammenspielen und sich gegenseitig ergänzen. Auch die Unterschiedlichkeit der Gaben passt, denn jede Ortsgemeinde ist unterschiedlich zusammengestellt und muss sich in unterschiedlichen Umfeldern bewähren.

Der Sinn des Gleichnisses würde dann lauten: Selbstgenügsame Gemeinden, die - wie der dritte Knecht - nicht handeln, sondern auf der faulen Haut liegen, werden von Jesus bei seiner Wiederkunft nicht nur verworfen, sondern nach Vers 30 hart bestraft: „*Den unnützen Knecht werft in die Finsternis hinaus, da wird sein Heulen und Zähneklappern!*".

Ist es ein Zufall, dass das vorhergehende „Knechtsgleichnis" in **Matthäus 24,45-51** (siehe die Anmerkungen oben dazu) wörtlich mit der gleichen Bestrafung abschließt? Auch das ein Hinweis, dass beide Gleichnisse vermutlich auf den Leib Jesu zu interpretieren sind, umso mehr direkt nach diesen Gleichnissen, wenn Jesus ab Matthäus 25,31 über das „Weltgericht" zu sprechen beginnt, er dabei eindeutig den Umgang mit seinem Leib thematisiert (siehe dazu meine Ausführungen im 3. Kapitel „*Die Quelle*")!

Wenn aber dem ganzen Abschnitt ab Matthäus 24,45 bis zum Ende von Matthäus 25 durchgehend die Sichtweise des Leibes Jesu zugrunde liegt, dann dürfte wohl auch das dazwischen liegende Gleichnis von den fünf klugen und den fünf törichten Jungfrauen (**Matthäus 25,1-13**) von Leib Jesu handeln. Und auch das macht auslegerisch durchaus Sinn!

Markus 1,15
(Matthäus 4,17)

[Jesus] **sprach: Die Zeit ist erfüllt, und das Reich Gottes ist nahe herbeigekommen. Tut Buße und glaubt an das Evangelium!**

Die Nähe des Reiches Gottes ist in der Person Jesu begründet: Dadurch, dass er in die Welt kam, ist „*das Reich Gottes nahe herbeigekommen*". Aber am Himmelfahrtstag ist das Reich Gottes wegen der Rückkehr Jesu in den Himmel nicht wieder in weite Ferne gerückt! Da er als sein Leib weiterhin in der Welt präsent anwesend ist, ist seither der Leib Jesu Träger – und hoffentlich auch Vermittler! - des Reiches Gottes.

Markus 1,23+24
(Lukas 4,33+34)

Und alsbald war in ihrer Synagoge ein Mensch, besessen von einem unreinen Geist; der schrie: Was haben wir mit dir zu schaffen, Jesus von Nazareth? Bist du gekommen, uns zu vernichten? Ich weiß, wer du bist: der Heilige Gottes!

Von der jenseitigen, geistlichen Welt, zu der dieser „unreine Geist" gehört, wird Jesus offenbar sofort als Sohn Gottes erkannt; er weiß, wer Jesus ist. Dass Geister Jesus sofort erkennen, wird im Neuen Testament öfters geschildert, beispielsweise auch in **Matthäus 8,29**, in **Markus 3,11** und **5,7**, oder in **Lukas 4,41**: Immer wieder wird Jesus bei einer Begegnung augenblicklich als Gottes Sohn identifiziert.

Es ist deshalb davon auszugehen, dass auch heutige „unreine Geister" (z.B. zeitgeistbegründete, destruktive, menschenverachtende, zerstörerische oder dem entsprechend ähnliche „Geister") sich genauso an der Anwesenheit des Gottessohnes, die sich derzeit in Leib Jesu manifestiert, Anstoß nehmen und sich gegen ihn wenden. Aufbegehren und Attacken gegen den Leib Jesu sind also bei jeder Konfrontation mit Geistern zu erwarten.

Umkehrschluss: Fehlen solche Anfeindungen bei einer Ortsgemeinde komplett, dann ist durchaus die selbstkritische Frage zu stellen, ob diese Gemeinde den Leib Jesu noch so adäquat verkörpert, dass die Geister der jenseitigen Welt sich veranlasst sehen, daran Anstoß zu nehmen.

Markus 3,33-35
(Matthäus 12,48-50 / Lukas 8,20+21)

[Jesus] **sprach: Wer ist meine Mutter und meine Brüder? Und er sah ringsum auf die, die um ihn im Kreise saßen, und sprach: Siehe, das ist meine Mutter und das sind meine Brüder! Denn wer Gottes Willen tut, der ist mein Bruder und meine Schwester und meine Mutter.**

Beim Vergleich mit seiner Familie greift Jesus ein Bild auf, dessen Aussage mit derjenigen von seinem Leib im Wesentlichen deckungsgleich ist. Beide Male geht es im Kern darum, dass eine untrennbare Einheit mit ihm errichtet wird: Sowohl wenn seine Jünger seine neue familiäre Verwandtschaft bilden wie genauso auch, wenn sie seinen neuen Leib bilden.

Markus 6,30

(Lukas 9,10)

Und die Apostel kamen bei Jesus zusammen und verkündeten ihm alles, was sie getan und gelehrt hatten.

Zuvor waren die Apostel eine Zeit lang ohne ihren Herrn unterwegs, denn Jesus hatte sie nach **Markus 6,7** (*„Und er rief die Zwölf zu sich und fing an, sie auszusenden, je zwei und zwei"*) zur Verkündigung und zum Heilungsdienst ausgesandt. Darüber erstatten sie Jesus nun Bericht. Ein Vorgang, wie er weiterhin auch beim Leib Jesu üblich sein sollte (und zumeist auch ist): Jesus bzw. sein Leib senden aus, beispielsweise Missionare, und nach der Rückkehr geben diese Ausgesandten Bericht an Jesus bzw. an seinen Leib - also an die sendende Gemeinde.

Markus 9,18+19

(Matthäus 17,16+17 / Lukas 9,40+41)

Ich habe mit deinen Jüngern geredet, dass sie ihn [einen sprachlosen Geist] **austreiben sollen, und sie konnten's nicht. Er** [Jesus] **antwortete ihnen aber und sprach: O du ungläubiges Geschlecht, wie lange soll ich bei euch sein? Wie lange soll ich euch ertragen? Bringt ihn her zu mir!**

Die Jünger konnten diesen Geist nicht austreiben, sondern nur der anwesende Jesus höchstpersönlich. Bedeutung für den Leib Jesu: Nur der echte, authentische Leib Jesu (= anwesender Jesus höchstpersönlich) kann so etwas.

Folgerichtig erklärt Jesus nach erfolgreicher Geistaustreibung auf die Nachfrage der Jünger, warum sie ihn nicht austreiben konnten: *„Diese Art kann durch nichts ausfahren als durch Beten!"* (**Markus 9,29**). Damit will er klarstellen, dass dazu engste Anbindung des Leibes an das Haupt unerlässlich ist, denn genau das ist doch das Beten: Engste Verbindung zwischen Leib und Haupt.

Somit wird dann auch verständlich, warum Jesus offenbar selbst <u>nicht</u> gebetet hat - obwohl er ja genau das als Bedingung benannt hat! - und trotzdem erfolgreich den Geist austreiben konnte!

Markus 9,35
(Markus 10,43+44 / Matthäus 23,11 / Lukas 22,26)

Und er setzte sich und rief die Zwölf und sprach zu ihnen: Wenn jemand will der Erste sein, der soll der Letzte sein von allen und <u>aller Diener</u>.

„Aller Diener" zu sein bedeutet, seine Gaben, sein Können und sein Einsatz völlig dem Leib Jesu zur Verfügung zu stellen. Das hat oberste Priorität, denn nur so dient man Jesus, und nur so funktioniert Jesu Leib.

Die oftmals proklamierte „individuelle" Auslegung, wonach gemäß dieser Anweisung der Einzelne jeweils Einzelnen zu dienen habe, ist zu verwerfen, denn jeder, der tatsächlich versuchen sollte, „aller Diener" zu sein, wird sich innerhalb kürzester Zeit aufreiben. Das hat ja selbst Jesus zu seiner Erdenzeit nicht geschafft, vielmehr musste er sich immer mal wieder zurückziehen!

Gemeint sein kann hier also nur der Dienst am Leib, denn solches „dienen" dient allen Gliedern. Darüber hinaus ist diese Anweisung Jesu wieder eine klare Absage an jegliches „Einzelkämpfer"-Christsein.

Markus 9,42
(Matthäus 18,6 / Lukas 17,2)

Und wer <u>einen dieser Kleinen</u>, die an mich [Jesus] glauben, zum Abfall verführt, für den wäre es besser, dass ihm ein Mühlstein an den Hals gehängt und er ins Meer geworfen würde.

Mit „diesen Kleinen" sind die Glieder seines Leibes gemeint, denn das sind diejenigen, die glauben. Wer sind daran vergreift, vergreift sich an Jesus höchstpersönlich.

Die Wortwahl „ein Mühlstein an den Hals hängen" und „ins Meer werfen" lässt allerdings aufhorchen. Warum diese harschen Worte von

Jesus, die ja eine ausgesprochen brutale und unmenschliche Vollstreckung eines Todesurteils beschreiben?

Diese harte Formulierung macht deutlich, wie sehr Jesus das in Rage bringt, wenn jemand sich an einem Glied seines Leibes vergreift. Denn damit vergreift er sich gleichzeitig an etwas Heiligem, nämlich am „neutestamentlichen Tempel", wie ich im 5. Kapitel *„Jesus besser verstehen"* ausgeführt habe. Er misshandelt also etwas, was für Gott ausgesondert ist und Gott höchstpersönlich gehört – eben an Heiligem. Wer sich hier vergreift – und sei es nur durch Irreführung eines relativ unbedeutenden Gliedes (*„einer dieser Kleinen"*) -, der legt sich nicht nur mit Jesus, sondern mit Gott höchstpersönlich an!

Da wird Jesu sehr deutlich!

Markus 9,50
(Matthäus 5,13 / Lukas 14,34)

Das Salz ist gut; wenn aber das Salz nicht mehr salzt, womit wird man's würzen? <u>Habt Salz bei euch und habt Frieden untereinander</u>.

Hier verbindet Jesus seine „*Salz*"-Worte, die sich auch in der Bergpredigt des Matthäus und bei Lukas finden, mit der friedlichen Harmonie innerhalb des Leibes. Salz zu sein beziehungsweise Salz bei sich zu haben ist also ebenfalls nicht lediglich personenbezogen zu interpretieren (*„Jeder Christ sei Salz oder habe Salz!"*), sondern insbesondere als Charakteristikum und Wirkstoff der Ortsgemeinde insgesamt.

Markus 10,45
(Matthäus 20,28)

Denn auch der Menschensohn ist nicht gekommen, dass er sich dienen lasse, sondern <u>dass er diene</u> und sein Leben gebe als Lösegeld für viele.

Dieser dienende Charakter ist „typisch Jesus" und muss deshalb natürlich auch seinen Leib auszeichnen.

Markus 13,12+13

(Lukas 21,16+17)

Und es wird ein Bruder den andern dem Tod preisgeben und der Vater den Sohn, und die Kinder werden sich empören gegen die Eltern und werden sie töten helfen. Und ihr werdet gehasst sein von jedermann <u>um meines Namens willen</u>.

Der Leib Jesu wird *„um seines Namens willen"* genauso gehasst werden wie Jesu damals vor seiner Passion (*„Kreuzige ihn!"*). Dieser Hass hat Ausstrahlung bis mitten in die Familien hinein; der Vers 12 ist beispielhafte Detailbeschreibung einer Ausformung dieses *„gehasst sein von jedermann"*. Vergleiche dazu auch meine Anmerkungen zu **Johannes 14,13+14.**

Markus 14,21

(Matthäus 26,24 / Lukas 22,22)

Der Menschensohn geht zwar hin, wie von ihm geschrieben steht, weh aber dem Menschen, durch den der Menschensohn verraten wird! Es wäre für diesen Menschen besser, wenn er nie geboren wäre.

Ähnliches dürfte beim Leib Jesu gelten: Wehe dem, der dem Leib Jesu Schaden zufügt, vielleicht sogar den Untergang einer Gemeinde mutwillig oder bewusst verursacht! Wer sich am Leib Jesu vergreift, vergreift sich an Jesus selbst - wie damals Judas!

Markus 14,29+30

(Matthäus 26,33+34 / Lukas 22,33+34 / Johannes 13,38)

Petrus aber sagte zu ihm: Und wenn sie alle Ärgernis nehmen, so doch ich nicht! Und Jesus sprach zu ihm: Wahrlich, ich sage dir: Heute, in dieser Nacht, ehe der Hahn zweimal kräht, wirst du mich dreimal verleugnen.

Ähnlich wie Petrus damals sind auch heute noch manche völlig begeistert vom „Leib Jesu" und der festen Überzeugung, sie würden sich nie mehr von ihm trennen und durch dick und dünn zu ihrer Gemeinde stehen. Wenn dann aber tatsächlich Probleme auftreten, die Gemeinde unter Beschuss gerät und angefeindet wird, sind sie plötzlich nirgendwo mehr zu finden ...

Lukas 5,29

Und Levi richtete ihm [Jesus] **ein großes Mahl in seinem Haus, und viele Zöllner und andre saßen mit ihm zu Tisch.**

Aus lauter Freude über die Begegnung mit Jesus gibt Levi ihm spontan das, was er zu bieten hat: Ein großes und sicherlich kostspieliges Festmahl, zu dem er auch noch alle möglichen Freunde und Kollegen einlädt. Er ist ja vermögend – aber dazu reut ihn das Geld offenbar nicht. Er setzt es sofort dafür ein, Jesus eine Freude zu machen.

Entsprechendes könnte auch bei Leib Jesu geschehen: Menschen begegnen dort Jesus und sind nicht nur spontan begeistert von ihm, sondern setzen auch gleich und aus lauter Freude darüber, Jesus gefunden zu haben, das, was sie besitzen, für den real präsenten Jesus, also die Gemeinde, ein. Und zwar – wie Levi - nicht etwa im Verborgenen, sondern öffentlich vor und mit allen ihren Freunden.

Vergleichbares ist ja dann in der ersten Gemeinde in Jerusalem tatsächlich passiert, vergleiche dazu beispielsweise **Apostelgeschichte 4,32-35**! Es ist also absolut nicht ungewöhnlich, wenn eine echte Begegnung mit Jesus auch heute noch dasselbe auslöst wie damals bei Levi, dem reichen Zöllner.

Lukas 6,22+23

Selig seid ihr, wenn euch die Menschen hassen und euch ausstoßen und schmähen und verwerfen euren Namen als böse um des Menschensohnes willen. Freut euch an jenem Tage und springt vor Freude, denn siehe, euer Lohn ist groß im Himmel.

Der Vers 23 „*Freut euch ...*" kann durchaus auch als Grundlage für den „Lobpreis" in einer angefochtenen Gemeinde gelten. Denn die Seligpreisung von Vers 22 kann problemlos einer Gemeinde, die unter Druck steht, gelten. Das ist insofern naheliegend, weil sie ja Leib Jesu ist und deshalb – logischerweise - „*um des Menschensohns willen*" angefeindet wird.

Lukas 7,44-46
(Matthäus 26,6-13 / Markus 14,3-9)

Und er [Jesus] wandte sich zu der Frau und sprach zu Simon: Siehst du diese Frau? Ich bin in dein Haus gekommen; du hast mir kein Wasser für meine Füße gegeben; diese aber hat meine Füße mit Tränen genetzt und mit ihren Haaren getrocknet. Du hast mir keinen Kuss gegeben; diese aber hat, seit ich hereingekommen bin, nicht abgelassen, meine Füße zu küssen. Du hast mein Haupt nicht mit Öl gesalbt; sie aber hat meine Füße mit Salböl gesalbt.

Ergänzend zu den parallelen Erzählungen von Matthäus und Markus über die „Salbung der Sünderin" im Haus des Simon erzählt uns Lukas noch von einem interessanten Dialog zwischen Jesus und dem gastgebenden Pharisäer Simon. In diesem Gespräch stellt Jesus das Verhalten dieser sündigen Frau dem Verhalten des gläubigen Simon gegenüber.

Wir haben schon im 5. Kapitel „*Jesus besser verstehen*" anhand der Parallelstelle **Matthäus 26,6-13** gesehen, dass Jesus es nicht nur zulässt, sondern es gutheißt, wenn man ihn – so wie diese Frau es tat - mit konkreten Liebestaten verwöhnt, und zwar auch dann, wenn solche Liebeserweise emotionalen Gemütsregungen ihm gegenüber entspringen. Und wir haben außerdem erkannt, dass solche Liebestaten nicht nur damals dem Leib Jesu angetan werden dürfen und sollten.

Hier, bei dieser Ansprache Jesu an Simon, die sich wie erwähnt nur bei Lukas findet, ist zusätzlich noch anschaulich dargestellt, wie sich Jesus den Umgang mit seinem Leib vorstellt. Simon hat gegenüber dem Leib seines Gastgebers ja eigentlich nichts wirklich „falsch" gemacht. Aber er hat vieles unterlassen, was er hätte tun können und auch sollen, wenn er Jesus wirklich ins Herz geschlossen hätte.

Wie gehen wir mit Jesu Leib um? Haben wir Jesus wirklich in unser Herz geschlossen? Dann müssten konkrete Taten – entsprechend denen dieser Frau - das auch ausdrücken! Jesus nur eingeladen zu haben wie der (durchaus „gläubige"!) Simon, sich einfach nur damit zu begnügen, dass Jesus leiblich da und in unserer/meiner Nähe ist, ist offensichtlich zu wenig! Jesu Gegenwart – auch in „Leib"-Form! - müsste uns mehr wert sein!

Lukas 8,1-3

Und es begab sich danach, dass er von Stadt zu Stadt und von Dorf zu Dorf zog und predigte und verkündigte das Evangelium vom Reich Gottes; und die Zwölf waren mit ihm, dazu etliche Frauen, die er gesund gemacht hatte von bösen Geistern und Krankheiten, nämlich Maria, genannt Magdalena, von der sieben Dämonen ausgefahren waren, und <u>Johanna, die Frau des Chuza, eines Verwalters des Herodes</u>, und Susanna und viele andere, die ihnen dienten mit ihrer Habe.

Interessant zu wissen, dass eine dieser Frauen, die mit Jesus umherzogen, verheiratet war; sogar mit einem ziemlich hochrangigen und offensichtlich bekannten Mann. Was hat wohl Chuza, der Ehemann, davon gehalten, dass seine Johanna nicht an seiner Seite, sondern mit Jesus tage- und wochenlang unterwegs war? Und wie wird die Öffentlichkeit wahrgenommen haben, wie diese Frau sich verhält?

Dies ist offenbar ein typisches Beispiel dafür, dass Jesus tatsächlich absolut wichtig genommen werden will, wichtiger als hochrangige Repräsentationspflichten, wichtiger als die Familie und sogar wichtiger als der Ehepartner. Offensichtlich hat Johanna konsequent umgesetzt, was Jesus beispielsweise nach Matthäus 19,29 sagte: *„Wer Häuser oder Brüder oder Schwestern oder Vater oder Mutter oder Kinder oder Äcker verlässt um meines Namens willen, der wird's hundertfach empfangen und das ewige Leben ererben."*

Jesus meint, was er sagt. Jesus, seiner Sache und seinem Leib (!) zu dienen – denn genau das haben die Frauen um Jesus, dem damaligen kulturbedingten Rollenverständnis folgend, de facto ja getan: Sie haben für seine leiblichen Bedürfnisse gesorgt! – hat mehr als nur einen hohen Stellenwert, wenn Jesus extra darauf hinweist, dass dies mit ewigem Leben belohnt wird!

Lukas 9,41
(Matthäus 17,17 / Markus 9,19)

Da antwortete Jesus und sprach: O du ungläubiges und verkehrtes Geschlecht, wie lange soll ich bei euch sein und euch erdulden?

Diese rhetorische Frage wird auch zu unserer Frage, denn als Leib ist Jesus vielerorts noch immer mitten unter dem *„ungläubigen und verkehrten Geschlecht"*!

Lukas 9,49+50

Da antwortete Johannes und sprach: Meister, wir sahen einen, der trieb Dämonen aus in deinem Namen; und wir wehrten ihm, denn er folgt dir nicht nach mit uns. Und Jesus sprach zu ihm: Wehret ihm nicht! Denn wer nicht gegen euch ist, der ist für euch.

Die Formulierung von Jesu Antwort erstaunt. Warum sagt Jesus hier nicht *„wer nicht gegen uns ist..."* (so in Markus 9,40) oder *„wer nicht gegen mich ist"*? Vielleicht soll mit diesem *„euch"* ausgedrückt werden, dass Jesus seine Jünger bereits als diejenigen sieht, die in Zukunft seinen Leib bilden werden; sie sollen sich auch als sein Leib genau so verhalten.

Lukas 10,9-11
(Matthäus 10,7)

... und heilt die Kranken, die dort sind, und sagt ihnen: <u>Das Reich Gottes ist nahe zu euch gekommen</u>! Wenn ihr aber in eine Stadt kommt und sie euch nicht aufnehmen, so geht hinaus auf ihre Straßen und sprecht: Auch den Staub aus eurer Stadt, der

sich an unsre Füße gehängt hat, schütteln wir ab auf euch. Doch sollt ihr wissen: <u>Das Reich Gottes ist nahe herbeigekommen</u>.

Durch die Anwesenheit der bevollmächtigten Jünger, die Jesus hier als Wanderprediger aussendet, ist das Reich Gottes für deren Zuhörer nahe herbeigekommen. Wieviel mehr ist das Reich Gottes den Menschen nahe durch die permanente Präsenz des Leibes Jesu in der jeweiligen Ortsgemeinde!

Lukas 11,23
(Matthäus 12,30)

Wer nicht <u>mit mir</u> ist, der ist gegen mich; und wer nicht <u>mit mir</u> sammelt, der zerstreut.

Das gilt natürlich auch für den Leib Jesu, insbesondere der zweite Teil: Wenn sich Christen nicht als Glieder in den Leib einfügen lassen, sondern solo agieren wollen, dann ordnen sie sich nicht Jesu Missionskonzept unter.

Lukas 12,4

Ich sage aber euch, meinen Freunden: Fürchtet euch nicht vor denen, die <u>den Leib</u> töten und danach nichts mehr tun können.

Hier kann sowohl der Leib einer Einzelperson wie auch der Leib Jesu gemeint sein.

Lukas 12,11+12
(Matthäus 10,17-20)

Wenn sie euch aber führen werden in die Synagogen und vor die Machthaber und die Obrigkeiten, so sorgt nicht, wie oder womit ihr euch verantworten oder was ihr sagen sollt; denn der Heilige Geist wird euch in derselben Stunde lehren, was ihr sagen sollt.

Dieser Vers wird in aller Regel personal interpretiert: *„Wem so etwas passiert …"* Interessant ist aber, dass Jesus hier plötzlich wieder in der Mehrzahl formuliert *(„Wenn sie euch aber…"),* nachdem er in den Versen 8 bis 10 von einzelnen Personen *(„Wer mich bekennt…")* gesprochen hat. Hat dies eine Bedeutung? Vielleicht die, dass sich die Prophezeiung der Verse 11+12 dann erstmalig in Apostelgeschichte 4,1-22 erfüllte. Dort wurden Petrus und Johannes vor den Hohen Rat zitiert und mussten vor diesem Rechenschaft ablegen. Die beiden waren jedoch zu diesem Zeitpunkt bereits weniger Einzelpersonen, sondern vielmehr offizielle Repräsentanten des Jerusalemer Leibes Jesu. Die Verse 11+12 dürfte Jesus also durchaus schon im Hinblick auf seinen zukünftigen Leib ausgesprochen haben.

Lukas 14,26-27+33

Wenn jemand zu mir kommt und hasst nicht seinen Vater, Mutter, Frau, Kinder, Brüder, Schwestern, dazu auch sein eigenes Leben, der kann nicht mein Jünger sein. Wer nicht sein Kreuz trägt und mir nachfolgt, der kann nicht mein Jünger sein. So auch jeder unter euch: Wer sich nicht lossagt von allem, was er hat, der kann nicht mein Jünger sein.

Leibesglieder agieren und leben ausschließlich für den Leib, zu dem sie gehören. Das Handeln eines Gliedes kann immer nur seinem Leib dienen; so kann beispielweise eine Hand nie Tätigkeiten eines anderen Leibes ausführen oder ein Auge für einen anderen Leib sehen. Wer sich dem Leib Jesu anschließt, handelt also exklusiv und durchgehend für diesen Leib. Daraus ergibt sich logischerweise die radikale Ausschließlichkeit dieser Aussagen Jesu.

Lukas 16,13

(Matthäus 6,24)

Kein Knecht kann zwei Herren dienen: Entweder er wird den einen hassen und den andern lieben, oder er wird an dem einen hängen und den andern verachten. Ihr könnt nicht Gott dienen und dem Mammon.

Das passt genauso auf den Leib und seine Glieder: Jedes Glied kann ausschließlich einem Haupt dienen, nämlich demjenigen seines eigenen Leibes.

Lukas 17,9+10

Dankt er [der Herr dieses Knechts] **etwa dem Knecht, dass er getan hat, was befohlen war? So auch ihr! Wenn ihr alles getan habt, was euch befohlen ist, so sprecht: Wir sind unnütze Knechte; wir haben getan, was wir zu tun schuldig waren.**

Genau so selbstverständlich wie Knechte ihrem Herrn dienen, so selbstverständlich dienen Leibesglieder ihrem Haupt. Sie arbeiten so lange, bis das Haupt ihnen eine Pause zuspricht.

Lukas 18,29+30
(Matthäus 19,29 / Markus 10,29+30)

Wahrlich, ich sage euch: Es ist niemand, der Haus oder Frau oder Brüder oder Eltern oder Kinder verlässt um des Reiches Gottes willen, der es nicht vielfach wieder empfange in dieser Zeit und in der kommenden Welt das ewige Leben.

Wo sonst wäre so etwas *„zu empfangen in dieser Zeit"* als bei der Ortsgemeinde, also beim Leib Jesu? Jesus sagt hier nichts anderes, als: Wenn ihr euer Umfeld (*„Haus"*) und eure Familien wegen mir verlasst, erhaltet ihr vom Leib Jesu, eurem neuen Umfeld, nicht nur vollständigen, sondern gleich *„vielfachen"* Ersatz für eure Sozialbezüge; in den Parallelstellen bei Matthäus und Markus bezeichnet er den Ersatz gar als *„hundertfach"*! So hoch ist also die Glieder-Gemeinschaft des Leibes Jesu einzuschätzen! So sollte Gemeinde sein, das ist offensichtlich Jesu Vorstellung und gleichzeitig auch Gottes Sicht, denn dieser sieht ja, nochmal sei's wiederholt, in einer Ortsgemeinde nicht einen Zweckverein, sondern seinen Sohn Jesus selbst in Gestalt seines Leibes!

Oder anders ausgedrückt: Diese Verheißung Jesu kann schlichtweg nur der Gemeinde gelten, denn ein solch hoher Anspruch kann ausschließlich Jesus selbst verwirklichen. Und das macht er mit Sicherheit nicht im „luftleeren Raum", sondern an seinem eigenen Leib!

Lukas 22,19

Das tut zu meinem Gedächtnis!

Diese Anordnung Jesu zu Umgang mit dem von ihm eingesetzten Abendmahl (von Paulus auch in 1. Korinther 11,25 wortgetreu zitiert) wird von uns üblicherweise als Aufforderung zum (dankbaren) Rückblick auf die Passion Jesu und sein Opfer am Kreuz interpretiert.

Der hier im Urtext stehende griechische Begriff bedeutet wörtlich „Erinnern": *„Das tut zur Erinnerung an mich!"* Anders als das Wort *„Gedächtnis"* beinhaltet das Wort *„Erinnerung"* nicht so sehr den alleinigen Blick in die Vergangenheit, sondern impliziert, dieses Vergangene zugleich auch in die Gegenwart zu holen, also sozusagen durch erneutes Präsentmachen zu aktualisieren. Das wird von Jesus durchaus auch so gemeint gewesen sein: Wir mögen uns doch beim Abendmahl wieder in Erinnerung rufen, dass zwar sein alter, menschlicher Leib damals geopfert wurde, er aber jetzt in Form seines „neuen" Leibes, nämlich des Gemeinde-Leibes, aktuell gegenwärtig ist!

Es dürfte ja auch kein Zufall sein, dass das Abendmahl stets im Kreise der Gemeinde gefeiert werden soll – also genau dort, wo sich Jesu Leib gerade wieder einmal konstituiert (Vergleiche dazu auch meine Erläuterungen zum Abendmahlsverständnis im 4. Kapitel *„Realpräsenz Jesu"*).

Lukas 22,28-30

Ihr aber seid's, die ihr ausgeharrt habt bei mir [Jesus] **in meinen Anfechtungen. Und wie mir mein Vater das Reich bestimmt hat, so bestimme ich für euch, dass ihr essen und trinken sollt an meinem Tisch in meinem Reich und sitzen auf Thronen und richten die zwölf Stämme Israels.**

Jesu Jünger werden belohnt dafür, dass sie bei Jesus geblieben sind, auch als andere sich enttäuscht von Jesus abgewandt haben (wie z.B. **in Johannes 6,66+67**) oder wenn Jesus angefeindet wurde. Inwiefern kann das Ausharren dieser Jünger bei Jesus auch Vorbild für unser Leben sein? Doch sicherlich darin, dass auch wir bei Jesus, also bei seinem Ortsgemeinde-Leib, ausharren, auch wenn andere diesen enttäuscht verlassen oder wenn Jesu Leib angefeindet wird.

Lukas 22,35-37

(35) Und er [Jesus] sprach zu ihnen: Als ich euch ausgesandt habe ohne Geldbeutel, ohne Tasche und ohne Schuhe, habt ihr je Mangel gehabt? Sie sprachen: Nein, keinen. (36) Da sprach er zu ihnen: Aber nun, wer einen Geldbeutel hat, der nehme ihn, desgleichen auch eine Tasche, und wer's nicht hat, verkaufe seinen Mantel und kaufe ein Schwert. (37) Denn ich sage euch: Es muss das an mir vollendet werden, was geschrieben steht (in Jesaja 53,12): **»Er ist zu den Übeltätern gerechnet worden.« Denn was von mir geschrieben ist, das wird vollendet.**

Gilt Vers 37 auch für den Leib Jesu? Davon muss ausgegangen werden, denn der Vers 36 kann wohl kaum nur auf die Passion Jesus bezogen werden, weil er dann nur für die kommende Nacht und den darauf-folgenden Tag gültig wäre, außerdem hatten die Jünger unmittelbar vor Gethsemane auch gar keine Zeit mehr, einen Mantel zu veräußern und dafür ein Schwert zu besorgen.

Folglich gilt auch für die Zeit des Leibes Jesu: Geld, Tasche und Schwert nehmen, denn der Leib Jesu wird zu den Übeltätern gerechnet werden und die entsprechende „*Vollendung*" wird auch an ihm vollstreckt werden. Die Prophezeiung von Jesaja erfüllt sich auch am Leib.

Lukas 24,31

Da wurden ihre Augen geöffnet, und sie erkannten ihn.

Genau dasselbe wie hier den sogenannten „Emmausjüngern" sollte uns auch passieren: Dass uns endlich die Augen geöffnet werden und wir nicht einfach in unserer Gemeinde nur eine nette und fromme „Wegbegleiter-Gemeinschaft" sehen, sondern den real anwesenden Jesus in Form seines Leibes!

Auch den Emmausjüngern ist er in leiblicher Form erschienen und war längst bei ihnen, ehe sie ihn dann endlich erkannten. Und wie diese Jünger sollten auch wir ihn aufgrund der Schrift erkennen. „*Brannte nicht unser Herz in uns, als er mit uns redete auf dem Weg und uns die Schrift öffnete?*"

(Vers 32) fragten sich die Jünger erstaunt. Wann erkennen auch unsere („*brennenden*"?) Herzen den Leib Jesu? Und wann endlich packt uns das Erstaunen, dass wir Jesus so lange nicht erkannt haben, weil unser Schriftverständnis diesbezüglich so mangelhaft war?

Johannes 1,4

In ihm war das Leben, und das Leben war das Licht der Menschen.

Wenn das Leben „*in ihm*" war und ist, dann ist das Leben auch weiterhin „*in ihm*". Also auch im Leib Jesu, denn genau dort ist „*in ihm*"!

Vergleiche dazu auch meine Ausführungen zu **Römer 6,11**.

Johannes 1,7

Der kam zum Zeugnis, damit er von dem Licht zeuge, auf dass alle durch ihn glaubten.

Mit „*durch ihn*" ist Jesus gemeint. Nicht nur der damals lebende Jesus, sondern auch der heute noch in der Welt weilende Jesus - sein Leib! Genau da, durch Jesu Leib, entsteht also Glauben!

Johannes 1,13

... die nicht aus menschlichem Geblüt noch aus dem Willen des Fleisches noch aus dem Willen eines Mannes, sondern aus Gott geboren sind.

„*Aus Gott geboren*" ist eine Formulierung, die völlige Identifikation mit dem Göttlichen ausdrückt – also genau das, was ebenso auch den Leib Jesu kennzeichnet!

Johannes 2,23

Als er aber in Jerusalem war beim Passafest, glaubten viele an seinen Namen, <u>da sie die Zeichen sahen</u>, die er tat.

Die Wunder, die Jesus tat, tat er immer in seiner Leiblichkeit. Warum sollte das nach seiner Himmelfahrt plötzlich anders sein? Folglich wäre also zu erwarten, dass Wunder in der Regel dort geschehen, wo Jesus tatsächlich leiblich anwesend ist, also in/bei der Gemeinde. Insbesondere wären Wunder dort wesentlich eher zu erhoffen und zu erbitten als bei irgendwelchen frommen Wunderheilern oder bei unabhängig agierenden Mitchristen mit einer „Heilungsgabe".

Johannes 3,30

Er muss wachsen, ich aber muss abnehmen.

Wäre diese Grundhaltung, die Johannes vorbildlich demonstriert, nicht auch übertragbar auf unsere Gesinnung gegenüber dem Leib Jesu? Das würde dann in etwa bedeuten: Der Leib Jesu muss wachsen, ich als Einzelchrist aber muss durchaus nicht im Vordergrund stehen und meine persönliche Wichtigkeit darf zunehmend unwichtig werden.

Johannes 4,34

Jesus spricht zu ihnen: Meine Speise ist die, dass ich tue den Willen dessen, der mich gesandt hat, und vollende sein Werk.

Ist das nicht auch weiterhin der Auftrag des Leibes Jesu? Jeder Körper braucht Speise, deshalb sollte doch auch dies die *„Leibspeise"* meiner Gemeinde sein: Gottes Willen umsetzen und seine Werke vollbringen!

Vergleiche dazu auch die Auslegung Jesu in den direkt darauffolgenden Versen 35-38, in denen Jesus sie zum Ernten auffordert: Jesus verbindet seinen Grundauftrag der Werksvollendung übergangslos mit der zukünftigen Hauptaufgabe seiner Jünger. Und diese (evangelistische) Aufgabe haben sie natürlich als sein Leib auszuführen; diese Aufgabe ist *„der Wille dessen tun"* und *„sein Werk vollenden"*!

Johannes 5,36

Eben **diese Werke, die ich tue**, zeugen von mir, dass mich der Vater gesandt hat!

Wenn Jesus dies als Erkennungsmerkmal seines göttlichen Wesens angibt, dann sollte dieses „Echtheitszertifikat" sicherlich auch seinen Leib auszeichnen. Es ist also durchaus nicht egal, was eine Gemeinde ausstrahlt und bewirkt!

Johannes 6,37

Alles, was mir der Vater gibt, das **kommt zu mir**; und wer **zu mir kommt**, den werde ich nicht hinausstoßen.

Zu wem ist also zu kommen? Zum real anwesenden Jesus!

Johannes 6,53-57

Wahrlich, wahrlich, ich sage euch: Wenn ihr nicht esst das Fleisch des Menschensohns und trinkt sein Blut, so habt ihr kein Leben in euch. Wer mein Fleisch isst und mein Blut trinkt, der hat das ewige Leben, und ich werde ihn am Jüngsten Tage auferwecken. Denn mein Fleisch ist die wahre Speise, und mein Blut ist der wahre Trank. Wer mein Fleisch isst und trinkt mein Blut, der **bleibt in mir und ich in ihm**. Wie mich gesandt hat der lebendige Vater und ich lebe um des Vaters willen, so wird auch, wer mich isst, leben um meinetwillen.

Diese hier durch das „*ihn essen*" und „*ihn trinken*" ausgedrückte unmittelbare Identifikation mit Jesus entspricht genau der konsequenten Hingabe an seinen Leib!

Johannes 6,66-68

Von da an wandten sich viele seiner Jünger ab und gingen hinfort nicht mehr mit ihm. Da sprach Jesus zu den Zwölfen: Wollt ihr auch weggehen? Da antwortete ihm Simon Petrus: Herr, wohin sollen wir gehen?

Leben direkt bei und mit Jesus, in seiner unmittelbaren Gegenwart, war damals die einzige Möglichkeit echter Jesus-Nachfolge. Christsein „auf Distanz zu Jesus" war keine Option. Das gilt weiterhin, also auch für unseren Bezug zum Leib Jesu, seiner jetzigen unmittelbaren Gegenwart.

Johannes 8,23

Ihr seid von dieser Welt, <u>ich bin nicht von dieser Welt</u>.

Wenn Jesus hier darauf hinweist, dass er zwar damals real präsent in der Welt anwesend sei, aber trotzdem nicht „innerweltlichen" Ursprungs, dann gilt das auch für seinen Leib heute: Auch dieser ist zwar real präsent in der Welt, aber trotzdem ebenfalls nicht innerweltlich definierbar! Man vergleiche dazu auch **Johannes 15,19**.

Johannes 8,26

Was ich [Jesus] von ihm [Gott] gehört habe, das rede ich zu der Welt.

Diesem Grundsatz Jesu sollte sicherlich auch sein Leib weiterhin verpflichtet sein, genauso wie den beiden ähnlich lautenden Statements Jesu in den direkt darauffolgenden Versen **Johannes 8,28**: *„Wie mich der Vater gelehrt hat, so rede ich!"* und **Johannes 8,29**: *„Denn ich tue allezeit, was ihm [Gott] gefällt!"*

Johannes 8,29

Und der mich [Jesus] gesandt hat, ist mit mir. Er [Gott] lässt mich nicht allein; denn <u>ich tue allezeit, was ihm gefällt</u>.

Das ist auch die Grundlage und Voraussetzung der Gottesgegenwart im Leib Jesu.

Johannes 9,4

<u>Wir</u> müssen die Werke dessen wirken, der mich gesandt hat, solange es Tag ist; es kommt die Nacht, da niemand wirken kann.

Warum eigentlich sagt Jesus hier *„wir"* statt *„ich"*? Es kann davon ausgegangen werden, dass dieses *„wir"* nicht nur für die damaligen Jünger an seiner Seite galt, denn diese „*wirkten*" ja relativ selten; vielmehr sahen sie fast jedes Mal nur zu, wenn ihr Herr und Meister „*wirkte*". Das „*wir*" umfasst folglich auch alle Jünger nach Jesu Rückkehr in den Himmel – also die Glieder seines Leibes.

Johannes 10,9

Ich bin die Tür; wenn jemand <u>durch mich</u> hineingeht, wird er selig werden und wird ein- und ausgehen und Weide finden!

„*Ein- und ausgehen und Weide finden*": Was für eine wunderbare Beschreibung des Gemeindelebens einer Leib-Jesu-Gemeinde!

Grundsätzlich sollte hier auch einmal überlegt werden, inwiefern die weiteren sogenannten „*Ich-bin*-Worte" Jesu auf seinen Leib übertragbar sind: **Johannes 6,35**: *Ich bin das Brot des Lebens*; **Johannes 8,12**: *Ich bin das Licht der Welt*; **Johannes 10,7**: *Ich bin die Tür zu den Schafen*; **Johannes 10,11**: *Ich bin der gute Hirte*; **Johannes 14,6**: *Ich bin der Weg und die Wahrheit und das Leben*; **Johannes 15,1**: *Ich bin der wahre Weinstock*.

Weil der Leib die Gegenwart Jesus eben nicht nur symbolisch repräsentiert, sondern <u>ist</u>, müssen logischerweise diese bildhaften Selbstdefinitionen Jesu auch auf seinen Leib zutreffen.

Johannes 12,3-6
(Matthäus 26,6-9 / Markus 14,3-5)

(3) Da nahm Maria ein Pfund Salböl von unverfälschter, kostbarer Narde und salbte die Füße Jesu und trocknete mit ihrem Haar seine Füße; das Haus aber wurde erfüllt vom Duft des Öls. (4) Da sprach einer seiner Jünger, Judas Iskariot, der ihn hernach verriet: (5) Warum wurde dieses Öl nicht für dreihundert Silbergroschen verkauft und das Geld den Armen gegeben? (6) Das sagte er aber nicht, weil ihm an den Armen lag, sondern er war ein Dieb; er hatte den Geldbeutel und nahm an sich, was gegeben wurde.

Ein typischer Vorgang im Umgang mit dem Leib Jesu: Maria verwöhnt den Leib und wird postwendend dafür von einem scheinheiligen „Mitglied", dem es an aufrechter Gesinnung mangelt (Vers 6), kritisiert, und zwar mit einem pseudofrommen Hinweis (Vers 5); Almosen an Arme zu geben war bekanntlich in der jüdischen Religion eine wichtige ethische Pflichtübung, die auch Jesus beherzigte, vergleiche dazu **Johannes 13,29**.

Johannes 12,32

Und ich, wenn ich erhöht werde von der Erde, so will ich <u>alle zu mir ziehen</u>!

Man kann das natürlich so auslegen, dass das *„zu mir ziehen"* endzeitlich zu verstehen sei, dass Jesus hier also von der Entrückung der Gläubigen am Ende der Zeiten spricht. Oder, zweite Auslegungsvariante: Er spricht vom Kreuz und das *„zu mir ziehen"* bezeichnet geistliches Geschehen, das eben erst ab dem Kreuz (seiner *„Erhöhung"*) geschehen wird, weil ab dann die Sünde nicht mehr zwischen (gläubigem) Mensch und Jesus steht.

Am naheliegendsten ist aber auch hier die Auslegung, die die Existenz des Leibes Jesu mitberücksichtigt: Nach der *„Erhöhung"* Jesu am Kreuz wird heilsgeschichtlich mindestens zweitausend Jahre lang das Gemeinde-Zeitalter anbrechen, und Jesus wird in dieser Heilsepoche seine Nachfolger in seinem Leib hinein *„ziehen"*.

Johannes 12,34

Da antwortete ihm das Volk: Wir haben aus dem Gesetz gehört, dass der Christus <u>in Ewigkeit bleibt</u>; wieso sagst du dann: Der Menschensohn muss erhöht werden?

Ohne den Leib Jesu würde Christus nicht *„bleiben"*, sondern es würde eine mindestens 2.000 Jahre andauernde Lücke in der Christus-Anwesenheit entstehen!

Johannes 12,35+36

Da sprach Jesus zu ihnen: Es ist das Licht noch eine kleine Zeit bei euch. Wandelt, solange ihr das Licht habt, dass euch die

Finsternis nicht überfalle. Wer in der Finsternis wandelt, der weiß nicht, wo er hingeht. Glaubt an das Licht, solange ihr's habt, auf dass ihr des Lichtes Kinder werdet. Das redete Jesus und ging weg und verbarg sich vor ihnen.

Wie lange ist noch „Licht" und ab wann beginnt die von Jesus angekündigte „Finsternis"? Jesus sagt dies zu einem interessanten Zeitpunkt, nämlich unmittelbar vor der Kreuzigung. Und kurz darauf geht er zurück in den Himmel. Ist etwa ab dann schon „Finsternis"? Nein, denn sein Leib ist noch hier, „Licht" ist also weiterhin da.

Sollte Jesus nämlich tatsächlich gemeint haben, nur durch seinen Präsenz während seiner aktuellen Erdenzeit sei „Licht", dann wäre es höchst kontraproduktiv von ihm gewesen, sogleich nach dieser Ankündigung „wegzugehen" und „sich zu verbergen" (Vers 36)!

Johannes 12,45

Und wer mich sieht, der sieht den, der mich gesandt hat.

Das sollte auch beim Leib genauso funktionieren!

Johannes 13,8

Da sprach Petrus zu ihm: Nimmermehr sollst du mir die Füße waschen! Jesus antwortete ihm: Wenn ich dich nicht wasche, so hast du <u>kein Teil an mir</u>.

„Kein Teil an Jesus haben" ist eine auffallend ungewöhnliche Formulierung, solange man nicht verstanden hat, dass „Teilhabe an Jesus" dem „Glied an Jesu Leib sein" entspricht!

Johannes 13,31

Da Judas nun hinausgegangen war, spricht Jesus: Jetzt ist der Menschensohn verherrlicht, und Gott ist verherrlicht in ihm.

Warum konstatiert Jesus seine Verherrlichung erst jetzt, nachdem Judas gegangen ist? Weil jetzt nur noch das Haupt und die wahrhaften (zukünftigen) Glieder Christi anwesend sind und nichts bzw. keiner mehr die

Anwesenheit Gottes, die ja Grundlage aller Verherrlichung ist, stört oder verhindert.

Johannes 14,2+3

In meines Vaters Hause sind <u>viele Wohnungen</u>. Wenn's nicht so wäre, hätte ich dann zu euch gesagt: Ich gehe hin, euch <u>die Stätte</u> zu bereiten? Und wenn ich hingehe, euch <u>die Stätte</u> zu bereiten ...

Wieso wechselt Jesus hier von Mehrzahl „*viele Wohnungen*" (wörtlich „viele Aufenthaltsorte") in die Einzahl „*die Stätte*"? Wäre es nicht logischer, dass Jesus in der Mehrzahl fortfährt, also ungefähr so: „*Ich gehe hin, Euch dort <u>Wohnstätten</u> zu bereiten*"? Wenn es dort doch „*viele*" Wohnungen gibt, erhält dann nicht jeder Nachfolger „seine" Wohnung?

Aber Jesus denkt eben nicht individuell, sondern hat seinen Leib vor Augen: Die anwesenden Jünger werden demnächst als Jerusalemer Gemeinde seinen ersten Leib gründen, und für diesen „Leib" wird ein Ort, eine „*Stätte*" im Himmel vorbereitet.

Johannes 14,3

Und wenn ich hingehe, euch die Stätte zu bereiten, will ich wiederkommen und euch zu mir nehmen, auf dass auch ihr seid, wo ich bin.

Jesus spricht hier über die Vereinigung von Haupt und Leib.

Johannes 14,6

Jesus spricht zu ihm: Ich bin der Weg und die Wahrheit und das Leben; niemand kommt zum Vater denn <u>durch mich</u>.

Durchaus vorstellbar, dass Jesus auch das doppeldeutig gemeint hat: Nicht nur, dass der individuelle Mensch ausschließlich „*durch Jesus*" mit Gott ins Reine kommen kann, sondern auch, dass suchende Menschen nach seiner Himmelfahrt die Verbindung zum Vater exklusiv „*durch*" seinen weiterhin präsenten Leib finden können. Das betont natürlich die

Wichtigkeit des Leibes Jesu und die Notwendigkeit, dass wir, seine Nach-folger, das verstehen und umsetzen!

Johannes 14,9

Wer mich sieht, der sieht den Vater.

Das ist natürlich auch eine Aufgabe für den Leib Jesu: Gott, den Vater, „sichtbar" machen!

Johannes 14,10

Glaubst du nicht, dass ich im Vater bin und der Vater in mir? Die Worte, die ich zu euch rede, die rede ich nicht aus mir selbst. Der Vater aber, der in mir bleibt, der tut seine Werke.

Jesus und sein Vater sind so sehr im kompletten Einklang miteinander, dass sie im Prinzip eine Einheit darstellen. Selbstverständlich sollte auch das Verhältnis des Leibes Jesu zu Gott, dem Vater, genau dem entsprechen!

Johannes 14,13+14

Und was ihr bitten werdet <u>in meinem Namen</u>, das will ich tun, auf dass der Vater verherrlicht werde im Sohn. Was ihr mich bitten werdet <u>in meinem Namen</u>, das will ich tun.

Die Formulierung *„in meinem Namen"* wird von uns in der Regel automatisch mit dem Stichwort „Vollmacht" verbunden in dem Sinne, dass Jesus-Nachfolger eben „Bevollmächtigte" seien, die in seinem Namen handeln würden. Diese Interpretation leiten wir aus der heutzutage üblichen, aber weltlichen Bedeutung von „in jemandes Namen" ab, die immer dann (durch Stellvertretung) zur Anwendung kommt, wenn die eigentliche Person, um die es geht, nicht persönlich anwesend sein kann.

Dieser weltlichen Bedeutungsgebung steht jedoch die geistliche Bedeu-tung entgegen, die hier die eigentlich Zutreffende wäre: Der Leib ist real präsenter, anwesender Jesus, und die Glieder des Leibes werden zu Recht „Christen" genannt, sind also berechtigte Namensträger. Darum meint *„in meinem Namen"* eben nicht etwa simple Stellvertretung und auch nicht bevollmächtigte Stellvertretung, sondern das Handeln des präsenten, den

Christus-Namen rechtmäßig tragenden Leibes, da dieser Leib eben wirklich Christus <u>ist</u>!

Etwas „in Jesu Namen tun" ist folglich ziemlich deckungsgleich wie „etwas als Leib Jesu tun". Sich dies immer wieder ins Bewusstsein zu rufen brächte uns den Vorteil, dass dieser Ausdruck viel griffiger und verständlicher würde und uns gleichzeitig verdeutlicht, dass es bei „in Jesu Namen tun" darum geht, etwas gemeinsam statt als Einzelkämpfer anzupacken.

Dies gilt übrigens nicht nur bei diesen Bibelversen, sondern generell für alle *„in meinem [Jesu] Namen"*-Bibelworte, also beispielsweise auch bei **Johannes 15,16** und **Johannes 16,23+24+26** und vielen weiteren Bibelstellen mit dieser Formulierung.

Johannes 14,16+17

Und ich will den Vater bitten und er wird euch einen anderen Tröster geben, dass er bei euch sei in Ewigkeit: den Geist der Wahrheit, den die Welt nicht empfangen kann, denn sie sieht ihn nicht und kennt ihn nicht. Ihr kennt ihn, denn er bleibt bei euch und wird in euch sein.

Auch hier sollten wir wieder den Heiligen Geist nicht nur als „Individualgeist" verstehen, der jeweils auf einzelne Personen kommt (wie im Alten Testament üblich), sondern ihn als Gemeinschaftsgeist begreifen. Dann würden diese beiden Verse nämlich bedeuten, dass der Heilige Geist in den Leib Jesu kommt und sich von dort aus in die einzelnen Glieder ausbreitet! Für dieses Verständnis spräche auch, dass Jesus hier wieder in der Mehrzahl spricht. Das ist durchaus nicht selbstverständlich, denn wer die Verse **Johannes 14,23+24** dazu vergleicht, stellt fest, dass Jesus sehr wohl auch in der Einzahl sprechen kann, wenn er es für sinnvoll und notwendig erachtet. Und gleich darauf, in **Johannes 14,26**, wechselt er zum Thema „Heiliger Geist" wieder in die Mehrzahl! Sollten diese Tempuswechsel von Jesus keine Bedeutung haben?

Siehe zur Verleihung des Heiligen Geistes an den Leib Jesu auch meine Ausführungen im 7. Kapitel *„Konsequenzen."*

Johannes 14,18+19

Ich will euch nicht als Waisen zurücklassen; <u>ich komme zu Euch</u>. Es ist noch eine kleine Zeit, <u>dann wird mich die Welt nicht mehr sehen</u>. <u>Ihr aber sollt mich sehen</u>, denn ich lebe, und ihr sollt auch leben!

In den beiden vorangehenden Versen hat Jesus soeben den Heiligen Geist angekündigt, der *„in euch sein"* wird. Warum aber verheißt hier Jesus seinen Jüngern jetzt nochmal dieses *„ich komme zu euch"*? Wenn der Heilige Geist als Bestandteil der Trinität Gottes *„in uns"* ist, dann ist doch Jesus ebenfalls bereits *„in uns"*, oder?

Jesus weist hier nicht etwa zweimal mit unterschiedlichen Worten auf dasselbe hin, sondern redet von etwas Zusätzlichem: Nämlich von seinem „Leib", der Gemeinde. Jesus kommt nicht nur in innerlicher Art und Weise (durch den Heiligen Geist) zu uns, sondern auch noch in äußerer, sichtbarer Gestalt. Darum: *„Ihr aber sollt mich sehen"* (Vers 18)! Logisch, denn die Gemeinde ist etwas Sichtbares. Allerdings erkennt in der Gestalt der Gemeinde nur ein gläubiger Nachfolger Jesus (beziehungsweise seinen „Leib"), deshalb wird nach Vers 17 *„die Welt mich* [Jesus] *nicht mehr sehen"*.

Johannes 14,20

An jenem Tage werdet ihr erkennen, dass ich in meinem Vater bin und ihr in mir und ich in euch.

Auch dieses *„ihr in mir und ich in euch"* ist, wie in den vorausgehenden Versen, erneut wieder nicht etwa eine Doppelung, sondern lässt sich ganz einleuchtend erklären: *„Ihr in mir"* meint Jesu Leib und *„ich in euch"* bezieht sich auf den Heiligen Geist. Auch hier haben wir wieder eine Aussage Jesu, die sich durch das Verständnis des Leibes Jesu zwanglos und ohne „geistlichen Klimmzüge" verstehen lässt.

Johannes 15,14

Ihr seid meine Freunde, wenn ihr tut, <u>was ich euch gebiete</u>.

Das ist logisch, denn es kann nicht funktionieren, wenn die Glieder eines Leibes nicht zu 100% genau das tun, was das Haupt will. Der etwas hart klingende Ausdruck „*gebieten*" ist dabei genau angemessen, denn ein Kopf gibt keine Wünsche oder optionale Handlungsmöglichkeiten an seine „ausführenden Organe" weiter, sondern klare Anweisungen in Form von Befehlen.

Johannes 16,2+3

Es kommt aber die Zeit, dass, wer euch tötet, meinen wird, er tue Gott einen Dienst damit. Und das werden sie tun, weil sie weder meinen Vater <u>noch mich erkennen</u>.

Warum sagt Jesus hier nicht „*weil sie weder meinen Vater noch mich erkannt haben*"? Interessant, dass Jesus das in die Zukunft verlegt („*es kommt aber die Zeit*" und „*das werden sie tun*"), und dies gegen Ende seiner irdischen Anwesenheit. Schon in Bälde, nämlich nach seiner Himmelfahrt, wird von Jesus nur noch sein Leib anwesend sein. Und genau diesen seinen Leib muss Jesus hier gemeint haben, denn Stefanus war ja nach Apostelgeschichte 7 der erste der Nachfolger, an dem sich diese Prophezeiung Jesu erfüllte. Da war das Haupt bereits im Himmel und von Jesus gab es zu dem Zeitpunkt innerweltlich nur noch seinen Leib zu „*erkennen*".

Johannes 16,8-11

Und wenn er kommt, <u>wird er der Welt die Augen auftun</u> über die Sünde und über die Gerechtigkeit und über das Gericht; über die Sünde: dass sie nicht an mich glauben; über die Gerechtigkeit: dass ich zum Vater gehe und ihr mich hinfort nicht seht; über das Gericht: dass der Fürst dieser Welt gerichtet ist.

Wie kann der Heilige Geist, von dem Jesus hier redet, der Welt die Augen öffnen (wörtlich: „*die Welt überführen/zurechtweisen*")? Nach unserer gängigen Theologie des Neuen Testaments kommt der Geist doch ausschließlich in jesusgläubige Christen hinein. Aber hier soll er ja nicht den Christen, sondern ausdrücklich „*der Welt*" und denen, die „*nicht an ihn glauben*", die Augen auftun! Wie das? Das kann eigentlich nur durch die

Präsenz des Leibes Jesu, also durch den anwesenden Jesus, geschehen, durch den der Heilige Geist „*die Welt*" über Sünde, Gerechtigkeit und Gericht Gottes aufklärt.

Man vergleiche hier zum Stichwort „Heiliger Geist" auch meine Anmerkungen zu **Johannes 14,16+17.**

Johannes 16,13

Wenn aber jener kommt, der Geist der Wahrheit, wird er euch in alle Wahrheit führen. Denn er wird nicht aus sich selber reden; sondern was er hören wird, das wird er reden, und was zukünftig ist, wird er euch verkündigen.

Tröstlich, dass unser Haupt seine Glieder nicht nur Befehle umsetzen lässt, sondern ihnen auch Hintergründe enthüllt.

Johannes 16,22

Auch ihr habt nun Traurigkeit; aber ich will euch wiedersehen, und euer Herz soll sich freuen, und eure Freude soll niemand von euch nehmen.

Die Freude, von der Jesus hier spricht, verbindet er mit einem Wiedersehen. Es kann damit eigentlich nur die Auferstehungsfreude der Jünger beim österlichen Wiedersehen gemeint sein, wie auch die direkt vorhergehenden Verse belegen. Und diese Freude soll bleiben? Auch nach Himmelfahrt? Wenn Jesus da zurück in den Himmel geht, wird dann die Wiedersehensfreude nicht gegenstandslos werden?

Natürlich nicht, denn das Haupt und seine Glieder sind spätestens ab Pfingsten so eng verbunden, dass Jesus keinesfalls als „abwesend" empfunden werden kann.

Johannes 16,33

Dies habe ich mit euch geredet, damit ihr in mir Frieden habt. In der Welt habt ihr Angst; aber seid getrost, ich habe die Welt überwunden.

Weil der bekannte und oft zitierte zweite Teil dieses Verses im direkten Zusammenhang mit dem „*in mir*" des Leibes im ersten Versteil steht, gewinnt dieses Trostwort Jesu eine wesentlich tiefere Bedeutung!

Johannes 17,1

Solches redete Jesus und hob seine Augen auf zum Himmel und sprach: Vater, die Stunde ist gekommen: <u>Verherrliche deinen Sohn, auf dass der Sohn dich verherrliche</u>.

Es ist davon auszugehen, dass Jesus diese gegenseitige Verherrlichung grundsätzlich meint. Somit gilt das auch für seinen Leib, also die heutige Gemeinde.

Die Bedeutung der „*Verherrlichung*" für den Leib Jesu habe ich bereits im 5. Kapitel „*Jesus besser verstehen*" erläutert, siehe dort.

Johannes 17,2+6+9

Denn du hast ihm [Jesus, dem Sohn] Macht gegeben über alle Menschen, damit er das Leben gebe allen, <u>die du</u> [Gott, der Vater] <u>ihm gegeben hast</u>.

Ich [Jesus] habe deinen Namen den Menschen offenbart, <u>die du</u> [Gott] <u>mir aus der Welt gegeben hast</u>. Sie waren dein, und <u>du hast sie mir gegeben</u>, und sie haben dein Wort bewahrt.

Nicht für die Welt bitte ich [Jesus], sondern für <u>die, die du</u> [Gott] <u>mir gegeben hast</u>, denn sie sind dein.

Jesus führt die Nachfolger Gott, dem Vater, zu und dieser fügt sie als Glieder in den Leib seines Sohnes ein.

Johannes 17,19

Ich heilige <u>mich selbst für sie</u>, auf dass auch sie geheiligt seien in der Wahrheit.

Heiligt sich das Haupt, dann ist gleichzeitig auch der dazugehörige Leib geheiligt. Jesus lässt sich nicht trennen!

Johannes 17,26

Und ich habe ihnen deinen Namen kundgetan und werde ihn kundtun, damit die Liebe, mit der du mich liebst, in ihnen sei und <u>ich in ihnen</u>.

Hier ausnahmsweise mal umgekehrt: *„ich in ihnen"* anstelle von *„sie in mir"*, wie Jesus das sonst formuliert. Es signalisiert aber auch so herum das völlige Einssein von Leib und Haupt, und es ist sogar nachvollziehbar, warum Jesus das hier anders herum formuliert: Er knüpft ja an seine Aussage zur Liebe an, die (ebenfalls) in uns sei.

Johannes 20,17

Ich [Jesus] fahre auf zu <u>meinem Vater und eurem Vater</u>, zu <u>meinem Gott und eurem Gott</u>.

Jesus identifiziert sich betreffend seiner Gottesbeziehung komplett mit seinen Jüngern, was logisch ist, denn als Glieder seines Leibes werden sie aus Gottes Sicht ab diesem Zeitpunkt nicht mehr von seinem Sohn trennbar sein.

Johannes 20,31

... damit ihr glaubt, dass Jesus der Christus ist, der Sohn Gottes, und damit ihr durch den Glauben <u>das Leben habt in seinem Namen</u>.

Bereits bei den Versen **Johannes 14,13+14** haben wir festgestellt, dass *„in meinem Namen"* wesentlich mehr als nur „bevollmächtige Stellvertretung Jesu" heißt, nämlich das Handeln des präsenten und den Christus-Namen deshalb rechtmäßig tragenden Leibes Jesu. Somit bedeutet hier *„das Leben haben"* im Namen Jesu, dass die lebensspendende Verbindung zu Jesus im ungetrennten Anschluss jedes einzelnen Gliedes an den Leib Jesu begründet ist.

Apostelgeschichte

Grundsätzlich:

Im ersten Teil der Apostelgeschichte liegt der Schwerpunkt der Erzählungen auf dem Ergehen der ersten Gemeinde – also des ersten „Leibes Jesu" - in Jerusalem; im zweiten Teil dann, ungefähr ab Kapitel 9, konzentriert sich Lukas, der Verfasser dieses Buches, auf die Reisen und die Erlebnisse des Apostels Paulus. Folglich ist nachvollziehbar, dass wir im zweiten Teil, bei den Reiseschilderungen von Paulus, nicht mehr so viele Hinweise auf den Leib Jesu finden wie im ersten Teil.

Apostelgeschichte 2,41

Die nun sein Wort annahmen, ließen sich taufen; und an diesem Tage wurden <u>hinzugefügt</u> etwa dreitausend Menschen.

„hinzugefügt" ist eine Formulierung, die ausgezeichnet zum Leib Jesu passt (siehe auch **Apostelgeschichte 2,47**)!

Apostelgeschichte 2,44+46

Alle aber, die gläubig geworden waren, waren beieinander und hatten <u>alle Dinge gemeinsam</u>.

Und sie waren täglich <u>einmütig</u> beieinander im Tempel ...

Diese *„Einmütigkeit"*, bei der sie zudem *„alle Dinge gemeinsam"* hatten und die auch in **Apostelgeschichte 4,32-37** nochmals eindrücklich geschildert wird, entspricht genau dem Verhalten eines Leibes. Offenbar war es das selbstverständliche Bewusstsein der Christen dieser ersten Gemeinde, den Leib Jesu darzustellen; deshalb konnten sie die umfassende Einheit eines Leibes in einer erstaunlichen Konsequenz umsetzten. Dieses Bewusstsein fehlt uns heute leider weitgehend.

Apostelgeschichte 3,6

Petrus aber sprach: Silber und Gold habe ich nicht; was ich aber habe, das gebe ich dir: <u>Im Namen Jesu Christi</u> von Nazareth steh auf und geh umher!

Zu *„Im Namen Jesu Christi"* vergleiche die Anmerkungen zu **Johannes 14,13+14.**

Apostelgeschichte 3,22+23

Mose hat gesagt (in 5. Mose 18,15+19): **»Einen Propheten wie mich wird euch der Herr, euer Gott, erwecken aus euren Brüdern; <u>den sollt ihr hören</u> in allem, was er zu euch sagen wird. Und es wird geschehen: Wer diesen Propheten nicht hören wird, der soll vertilgt werden aus dem Volk.«**

Gemäß dieser mosaischen Prophezeiung, die Petrus hier verkündigt, ist die Verkündigung durch den *„Propheten"* (damit ist Jesus gemeint) zu hören, und zwar sicherlich nicht nur bis zum Himmelfahrtstag Jesu, sondern auch danach: Sein Leib wird (und soll!) weiterhin verkündigen. In den folgenden Jahrzehnten wird dann die Verkündigung durch den Leib nach und nach noch durch die Verkündigung per Bibel ergänzt werden.

Apostelgeschichte 4,26+27

Die Könige der Erde treten zusammen, und die Fürsten versammeln sich <u>wider den Herrn und seinen Christus</u>. Wahrhaftig, sie haben sich versammelt in dieser Stadt <u>gegen deinen heiligen Knecht Jesus</u>, den du gesalbt hast...

Genau genommen haben sich die Obrigkeiten der Stadt Jerusalem, von denen hier in diesem Gemeinde-Gebet die Rede ist, *„gegen"* beziehungsweise *„wider"* den Leib Jesu versammelt.

Apostelgeschichte 5,12

Es geschahen aber viele Zeichen und Wunder im Volk durch die Hände der Apostel; und sie waren alle in der Halle Salomos einmütig beieinander.

Es dürfte wohl kein Zufall sein, dass hier *„Zeichen und Wunder"*, die ja stets Manifestationen der Gegenwart Gottes in Jesus sind, unmittelbar und im selben Vers mit dem Hinweis auf die einmütige Gemeinschaft des Leibes verbunden werden; umso mehr das Satzzeichen, das beispielsweise die Luther-Übersetzung in Form eines Semikolons vor dem *„und"* platziert, im Urtext fehlt.

Apostelgeschichte 5,16

Es kamen auch viele aus den Städten rings um Jerusalem und brachten Kranke und solche, die von unreinen Geistern geplagt waren; und <u>alle wurden geheilt</u>.

Wunder waren damals vor allem ein Beweis der Göttlichkeit Jesu und Heilungswunder waren (und sind auch heute noch!) eine Demonstration der heil- und heilsbringenden Anwesenheit des Gottessohnes. Wenn hier nun eine solch prägnante Häufung von Heilungswundern auftritt, müssen wir logischerweise von einer überaus umfassende Präsenz-Demonstration Jesu ausgehen.

Würden wir nun Jesu Präsenz in seinem Leib nicht kennen und verstehen, dann müssten wir – und auch die damaligen Jünger und ebenso die staunenden Jerusalemer Bürger – dazu äußerst irritiert fragen: *„Aber dieser Jesus ist doch soeben in den Himmel entschwunden – und jetzt, nachdem er weg ist, ereignen sich weiterhin solche Zeichen seiner Präsenz? Wie kann es sein, dass nach seinem Abschied von unserer Welt immer noch derart massive göttliche Manifestationen seiner Gegenwart unter uns geschehen?"*

Apostelgeschichte 8,21

Du hast weder <u>Anteil</u> noch Anrecht an dieser Sache; denn dein Herz ist nicht rechtschaffen vor Gott.

Eine interessante Formulierung, die Petrus hier in Gespräch mit dem Zauberer Simon in Samaria benutzt: *„Anteil haben"* oder *„Teil von etwas sein"* (wörtlich übersetzt) ist inhaltlich ziemlich deckungsgleich wie „Glied von jemand sein".

Apostelgeschichte 11, 22

Es kam aber die Kunde davon der Gemeinde zu Jerusalem zu Ohren ...

Erstaunlich, dass es bereits wieder eine Gemeinde in Jerusalem gab, nachdem ja erst kürzlich, nämlich nach der Steinigung von Stefanus, die Gemeindeglieder aufgrund einer *„großen Verfolgung"* (Apostelgeschichte 8,1) flüchten mussten und lediglich die Apostel in der Stadt zurückblieben. Die Gemeinde war damit faktisch aufgelöst.

Aber jetzt, nur kurz darauf, gibt es bereits wieder eine neue Gemeinde in derselben Stadt? Wäre nicht eigentlich zu erwarten gewesen, dass die Apostel erst mal etwas Zeit hätten verstreichen lassen und vielleicht nach einigen Jahren - und auch dann nur sehr, sehr vorsichtig - wieder mit Gemeindeaufbau begonnen hätten? Wäre das nicht das Gebot der Stunde gewesen, denn es war ja zu befürchten, dass auch die neue Gemeinde sofort wieder aufs Neue verfolgt werden würde?

Nicht, wenn man den Leib Jesu verstanden hat. Nicht Gemeinde sein zu wollen bedeutet ja, auf die Präsenz Jesu zu verzichten. Den Leib Jesu zu konstituieren ist deshalb unverzichtbar, auch bei Verfolgungsgefahr. Das war den Aposteln natürlich bewusst, denn sie waren ja allesamt bei Jesus in die Schule gegangen.

Apostelgeschichte 11,26

In Antiochia wurden die Jünger zuerst <u>Christen genannt</u>.

Möglich, dass man jedem Einzelnen der Jünger die Bezeichnung *„Christ"* gab. Ebenso gut aber auch möglich, dass man die Gesamtgemeinde (also den Leib) richtigerweise nach seinem Haupt, also nach *„Christus"*, benannt hat.

Apostelgeschichte 13,2

... da sprach der Heilige Geist: <u>Sondert mir aus</u> Barnabas und Saulus zu dem Werk, zu dem ich sie berufen habe.

Dass der Heilige Geist höchstpersönlich innerhalb der Gemeinde in Antiochia den Anstoß zur ersten Missionsreise von Paulus und Barnabas gab, ist sicher keine Überraschung (man vergleiche dazu meine Ausführungen zur Ausgießung des Heiligen Geistes im 7. Kapitel *„Konsequenzen"*). Die Wortwahl allerdings verwundert doch etwas: Warum wird hier von *„aussondern"* gesprochen? Wäre *„aussenden"* oder *„losschicken"* nicht naheliegender gewesen?

Nicht, wenn man das auf dem Hintergrund des Leibes Jesu betrachtet: Dass zwei Glieder den Leib Jesu verlassen sollen, ist eine Ausnahmesituation, denn üblicherweise stirbt ein Glied ab, wenn es vom Leib getrennt wird. Die Wortwahl *„aussondern"* beziehungsweise *„auswurzeln"* oder *„wegwurzeln"* (wörtlich übersetzt) trägt genau diesem Fakt Rechnung.

Danach kommt es in **Apostelgeschichte 13,4** aber doch noch zu einer *„Aussendung"*: *„Nachdem sie nun ausgesandt waren vom Heiligen Geist ..."*. Aber hier wird bereits der logische nächste Schritt beschreiben: Die von der Gemeinde erkannte „Aussonderung" hat die „Aussendung" zur Folge.

Bemerkenswert ist außerdem, dass der Heilige Geist hier nicht zu den betroffenen Einzelpersonen Paulus oder Barnabas spricht (wie beispielsweise zu Paulus in **Apostelgeschichte 20,23**, oder zu Barnabas, der laut **Apostelgeschichte 11,24** ausdrücklich *„voll Heiligen Geistes"* war), sondern zur ganzen Gemeinde. Das erstaunt natürlich nicht, denn es ist ja Jesus, dessen Missionsbefehl aufgeführt werden soll, und deshalb beauftragt Jesus auch höchstpersönlich durch seinen Leib.

Apostelgeschichte 20,22+23

Und nun siehe, durch den Geist gebunden, fahre ich nach Jerusalem und weiß nicht, was mir dort begegnen wird, nur dass der Heilige Geist mir <u>in allen Städten</u> bezeugt, dass Fesseln und Bedrängnisse auf mich warten.

Warum bezeugt der Heilige Geist dem Paulus „*in den Städten*"? Bezeugt der Heilige Geist etwa auf dem Lande nicht? Wäre es nicht sogar irgendwie logischer, wenn der Heilige Geist gerade nicht „*in den Städten*", in denen bekanntlich immer viel Trubel herrscht, zu einem Paulus sprechen würde, sondern vielmehr auf dem Lande, also dort, wo bei Stille und Einsamkeit die persönliche innere Ruhe, innerhalb dieser doch der Heilige Geist gerne zum Zuge kommt, viel eher gefunden werden kann?

Wenn aber der Heilige Geist bevorzugt dort aktiv wird, wo Jesus ist – also bei/durch seinen Leib – dann macht das Sinn! Denn dann bezeugt Heilige Geist durch Jesu Leib, und der ist zumeist in den Städten, weil sich die Ortsgemeinden dort befinden. Vergleiche dazu auch meine Ausführungen zur Geistausgießung an Pfingsten im 7. Kapitel „*Konsequenzen*".

Apostelgeschichte 20,28

So habt nun acht auf euch selbst und auf die ganze Herde, in der euch <u>der Heilige Geist eingesetzt hat</u> zu Bischöfen ...

Wenn man, wie im 7. Kapitel „*Konsequenzen*" meines Buches beschrieben, davon ausgeht, dass der Heilige Geist primär dem Leib Jesu verliehen wird, dann ergibt sich für heutige freikirchliche Gemeindeleitungswahlen eine interessante Parallele zur Einsetzung dieser Bischöfe in Ephesus: Wenn die Mitgliederversammlung einer Ortsgemeinde ihre Leitungspersonen wählt, dann hat der Leib Jesu gewählt. Und auf diesem Leib ruht eben der Heilige Geist. Folglich entspricht dann diese Wahl ebenfalls einer Einsetzung durch den Heiligen Geist, genauso wie damals in Ephesus.

In diesem Zusammenhang sei auch noch darauf hingewiesen, dass Jesus höchstpersönlich die allererste Gemeindeleitung bestimmte, nämlich durch die individuelle Auswahl seiner engsten Jünger, der „Apostel"! Warum sollte sich daran etwas ändern? Es sollte vielmehr weiterhin genauso verfahren werden: Der durch seinen „Leib" anwesende Jesus bestimmt selbst (durch eine sogenannte „Ältestenwahl" o.ä.) die Leiter der Gemeinde.

Deshalb ist eine Gemeindeleitungswahl auch nicht einfach ein simples demokratisches Verfahren, sondern eine höchst geistliche Angelegenheit!

Man ist gut beraten, unseren demokratiegewohnten Gemeinde-Wahlberechtigten diesen Hintergrund einer Leitungswahl vorab ans Herz zu legen!

Apostelgeschichte 26,18

So werden sie [die Heiden] **Vergebung der Sünden empfangen <u>und das Erbteil</u> samt denen, die geheiligt sind durch den Glauben an mich.**

Zu den biblisch-neutestamentlichen Begriffen „*erben*" oder „*Erbteil empfangen*" fallen uns immer sofort die „*Kinder Gottes*" ein, zu denen wir dank Jesus geworden sind. Diese „*Kinder*" dürfen bekanntlich bei Gott „*erben*".

Aber der Zusammenhang ist auch stimmig, wenn man dabei an den Leib Jesu denkt: Bei der endzeitlichen Vereinigung von Leib und Haupt wird Jesus, Gottes Sohn, sein „*Erbe*" antreten – und wir damit auch, weil wir untrennbar mit ihm vereint sind! Zu dieser Auslegung passt auch die Einzahl „*das Erbteil*": Ein einziger Sohn, nämlich Jesus inklusive sein Leib, tritt das Erbe an. Es muss also nicht aufgeteilt werden auf ganz viele „*Kinder Gottes*". Es ist davon auszugehen, dass Paulus genau so gedacht hat, als er König Agrippa und Statthalter Festus dies erklärte. Hätte er statt dem Leib Jesu die „*Kinder Gottes*" vor Augen gehabt, wäre naheliegender gewesen, den Satz mit „*miterben*" oder „*ebenso erbberechtigt sein wie ...*" zu formulieren, also beispielsweise so: „*So werden sie Vergebung der Sünden empfangen <u>und miterben</u> samt denen, die geheiligt sind...*"

Paulus

Römer 6,5

Denn wenn wir <u>mit ihm zusammengewachsen</u> sind, ihm gleich geworden in seinem Tod, so werden wir ihm auch in der Auferstehung gleich sein.

Insbesondere das *„Zusammenwachsen"*, aber auch das ergänzende *„gleich werden"*, sind Leibes-Begrifflichkeiten.

Römer 6,11

So auch ihr: Haltet euch für Menschen, die der Sünde gestorben sind und für Gott leben <u>in Christus Jesus</u>.

„In Christus Jesus" ist typische Leib-Jesu-Terminologie. Hier haben wir die erste dieser *„in"*-Formulierungen von Paulus, die wir in seinen Briefen danach über hundertzwanzig Mal (!) in dieser oder in vergleichbarer Form (z.B. *„in Jesus"*, *„in Christus"*, *„im Herrn"* oder *„in ihm"*) vorfinden. Hier eine summarische Auflistung all dieser Bibelstellen:

<u>Römer</u> 6,23 / 8,1 / 8,2 / 8,39 / 9,1 / 12,5 / 14,14 / 15,17 / 16,2 / 16,3 / 16,7 / 16,8 / 16,9 / 16,10 / 16,11 / 16,12 / 16,13 / 16,22 / 16,27

<u>1. Korinther</u> 1,2 / 1,4 / 1,30 / 3,1 / 4,10 / 4,15 / 4,17 / 7,22 / 7,39 / 9,1 / 9,2 / 11,11 / 15,18 / 15,22 / 15,31 / 15,58 / 16,19 / 16,24

<u>2. Korinther</u> 1,20 / 1,21 / 2,12 / 2,14 / 2,17 / 5,17 / 12,2 / 12,19 / 13,4 /

<u>Galater</u> 2,4 / 3,26 / 3,28 / 5,6 / 5,10 / 5,21

Epheser 1,1 / 1,4 / 1,7 / 1,11 / 1,13 / 2,5 / 2,6 / 2,7 / 2,10 / 2,13 / 2,21 / 3,6 / 3,9 / 3,21 / 4,1 / 4,17 / 4,21 / 4,32 / 5,8 / 6,1 / 6,10 / 6,21

Philipper 1,1 / 1,8 / 1,14 / 1,26 / 2,1 / 2,5 / 2,19 / 2,24 / 2,29 / 3,1 / 3,9 / 3,14 / 4,1 / 4,2 / 4,4 / 4,7 / 4,10 / 4,19 / 4,21

Kolosser 1,28 / 2,6 / 2,7 / 2,11 / 3,11 / 3,18 / 3,20 / 4,2 / 4,7 / 4,17

1. Thessalonicher 1,1 / 2,14 / 3,8 / 4,1 / 4,16 / 5,12 / 5,18

2. Thessalonicher 1,1 / 1,12 / 3,4 / 3,12

1. Timotheus 1,14

2. Timotheus 1,1 / 1,9 / 1,13 / 2,1 / 2,10 / 3,12

Philemon 1,8 / 1,16 / 1,20 / 1,23

Außerdem gibt es zusätzlich noch eine Reihe von paulinischen Bibelstellen mit der Formulierung „*mit Christus*"/"*mit Jesus*" oder „*durch Christus*"/"*durch Jesus*", die eine ähnliche Intension wie „*in Christus*"/"*in Jesus*" beinhalten (Vergleiche dazu auch meine Erläuterung im 6. Kapitel „*Die Apostel besser verstehen*").

Römer 7,4

Also seid auch ihr, meine Brüder, dem Gesetz getötet durch den Leib Christi, so dass ihr <u>einem andern angehört</u>, nämlich dem, der von den Toten auferweckt ist, damit wir Gott Frucht bringen.

„*Einem andern* (nämlich Jesus) *angehören*" heißt wörtlich im griechischen Urtext: „*zu eigen geworden sein*". Glieder sind immer Eigentum des Leibes, zu dem sie gehören.

Römer 8,30

Die er aber vorherbestimmt hat, die hat er auch berufen; die er aber berufen hat, die hat er auch gerecht gemacht; die er aber gerecht gemacht hat, <u>die hat er auch verherrlicht</u>.

Weil Jesus „*herrlich*" ist, ist logischerweise auch sein Leib „*herrlich*". Alles an Jesus ist „*herrlich*", auch seine Glieder! Und die Formulierung „*die hat er auch verherrlicht"* (Vergangenheit) macht klar, dass es sich hier nicht um einen in der Zukunft zu erwartenden Status handelt, sondern um etwas bereits Existierendes.

Römer 8,29

Denn die er ausersehen hat, die hat er auch vorherbestimmt, dass sie gleich sein sollten <u>dem Bild seines Sohnes</u>, damit dieser der Erstgeborene sei unter vielen Brüdern..

Paulus benutzt hier einen eigenartigen Ausdruck: Dem *„Bild"* Jesu gleich sein. Wie kann man Gottes Sohn *„abbilden"*? Ganz einfach: Als seinen „Leib"!

Römer 8,36

Wie geschrieben steht (in Psalm 44,23)**: »Um deinetwillen werden <u>wir</u> getötet den ganzen Tag; <u>wir</u> sind geachtet wie Schlachtschafe.«**

Das *„wir"* steht im Präsens, also kann nur der momentan anwesende Jesus gemeint sein. Dieser Jesus – also sein Leib - wird aktuell *„getötet"* und *„geachtet wie Schlachtschafe"*.

Römer 8,37

Aber in dem allen <u>überwinden wir</u> weit <u>durch den</u>, der uns geliebt hat.

„überwinden" heißt wörtlich im griechischen Urtext *„bei weitem siegen"*, und das können wir *„durch"* Jesus, und nicht etwa *„dank"* Jesus" oder *„mit Hilfe von"* Jesus oder *„wenn wir Jesus vertrauen"* oder so ähnlich, wodurch Paulus ja Jesus als ein „Gegenüber" dargestellt hätte. Ist Jesus aber als Leib präsent und wir Glieder an diesem Leib, dann ist Jesu eben kein „Gegenüber"!

Römer 8,39

Weder Hohes noch Tiefes noch irgendeine andere Kreatur kann uns scheiden von der Liebe Gottes, die <u>in Christus Jesus</u> ist, unserm Herrn.

Gottes Liebe ist *„in Christus Jesus"* und darum auch automatisch in uns, in Jesu Leib!

Römer 14,7+8

Denn unser keiner lebt sich selber, und keiner stirbt sich selber. Leben wir, so leben wir dem Herrn; sterben wir, so sterben wir dem Herrn. Darum: wir leben oder sterben, so <u>sind wir des Herrn</u>.

„Wir <u>sind</u> des Herrn", also nicht etwa *„leben oder sterben für den Herrn"* oder *„... durch die Gnade des Herrn"* oder *„... dank dem Herrn"* oder Ähnliches! *„Wir sind"* bezeichnet wesentlich mehr als nur eine Verbindung oder Beziehung zu Jesus!

Römer 15,5+6

Der Gott aber der Geduld und des Trostes gebe euch, dass ihr <u>einträchtig gesinnt seid</u> untereinander, <u>Christus Jesus gemäß</u>, damit ihr <u>einmütig</u> mit einem Munde Gott lobt, den Vater unseres Herrn Jesus Christus.

Übliche Auslegung dieser beiden Verse ist, dass sich das *„Christus Jesus gemäß"* auf unsere Gesinnung bezieht. Falls sich aber das *„Christus Jesus gemäß"* auf die Einträchtigkeit und Einmütigkeit bezieht, was grammatikalisch und im Sinnzusammenhang ohne weiteres möglich wäre, dann würde das Folgendes bedeuten: Jesus als solcher war selbstverständlich *„einmütig"* und *„einträchtig"*, denn er war ja zu Lebzeiten eine Einzelperson und konnte deshalb ausschließlich *„einträchtig"* sein. Dann wäre hier also mit *„Christus Jesus gemäß"* *„seinem Leib gemäß"* gemeint! Paulus würde somit also darauf hinweisen, dass der Einzelne sich in dem *„einträchtig gesinnten"* Gemeinde-Leib einzufügen habe, damit das gemeinsame Loben *„einmütig"* wird!

Die wörtliche Übersetzung aus dem Griechischen legt genau dieses Verständnis nahe: „*Gott ... möge euch geben, das Selbe zu denken untereinander gemäß Christus Jesus, damit ihr einmütig ... lobt ...*".

Römer 16,3-13

(3) Grüßt die Priska und den Aquila, meine Mitarbeiter in Christus Jesus, (4) die für mein Leben ihren Hals hingehalten haben, denen nicht allein ich danke, sondern alle Gemeinden der Heiden, (5) und die Gemeinde in ihrem Haus. Grüßt Epänetus, meinen Lieben, der aus der Provinz Asia der Erstling _für_ Christus ist. (6) Grüßt Maria, die viel für euch gearbeitet hat. (7) Grüßt den Andronikus und die Junia, meine Stammverwandten und Mitgefangenen, die berühmt sind unter den Aposteln und vor mir in Christus gewesen sind. (8) Grüßt Ampliatus, meinen Lieben im Herrn. (9) Grüßt Urbanus, unsern Mitarbeiter in Christus, und Stachys, meinen Lieben. (10) Grüßt Apelles, den Bewährten in Christus. Grüßt die aus dem Haus des Aristobul. (11) Grüßt Herodion, meinen Stammverwandten. Grüßt die aus dem Haus des Narzissus, die im Herrn sind. (12) Grüßt Tryphäna und Tryphosa, die im Herrn arbeiten. Grüßt meine liebe Persis, die viel gearbeitet hat im Herrn. (13) Grüßt Rufus, den Auserwählten im Herrn, und seine Mutter, die auch mir eine Mutter geworden ist.

Neunmal steht hier „*in Christus*" bzw. „*im Herrn*": In den Versen 3, 7, 8, 9, 10, 11, 12 (2x) und 13.

Es gibt allerdings eine bemerkenswerte Ausnahme: In Vers 5 wird ein gewisser Epänetus als „*Erstling _für_ Christus*" bezeichnet – also als „*Erstling*" einer Gemeinde, weil er der Anfang eines neu entstehenden Leibes Jesu in der Provinz Asia ist! Er konnte dort also noch gar nicht „*in Christus*" sein, es gab ja noch keine weiteren Glieder, die bereits einen Leib hätten bilden können!

Interessant auch die Beobachtung, dass Paulus kurz darauf, in Vers **Römer 16,16**, „*es grüßen euch alle Gemeinden Christi*" formuliert, und nicht etwa „*alle Gemeinden _in_ Christus*"! Warum wohl? Soeben hat er ja gleich neunmal die Formulierung „*in Christus*" benutzt, diese ist ihm also gerade sehr geläufig. Trotzdem wendet er sie hier nicht nochmals an. Aus einem einfachen Grund: Paulus formuliert auch hier ganz präzise, denn mehrere Ortsgemeinden wären ja auch mehrere „Leibe Jesu" und folglich passt also jetzt „*in Christus*" im Sinne von „im Gemeinde-Leib" nicht mehr!

Römer 16,27

Ihm, dem einzigen und weisen Gott, sei <u>durch Jesus Christus</u> Ehre in Ewigkeit! Amen.

„*Durch Jesus Christus*" bedeutet höchstwahrscheinlich „durch die Gemeinde", denn sonst wäre das eine ziemlich überflüssige Formulierung, da bekanntlich jeder Christ Gott, den Vater, ohne weiteres direkt ehren kann und darf! Dann bedeutet das also, dass Paulus hier nicht primär den einzelnen Christen, sondern vielmehr den Gemeinden den Auftrag erteilt, Gott zu ehren.

1. Korinther 1,9

Denn Gott ist treu, durch den ihr berufen seid <u>zur Gemeinschaft seines Sohnes</u> Jesus Christus, unseres Herrn.

Warum steht hier nicht „*Gemeinschaft <u>mit</u> seinem Sohn*"? In griechischen Urtext steht wörtlich: „*berufen in die Gemeinschaft seines Sohnes*". Das Wörtchen „*mit*" (griechisch „μετα") fehlt, stattdessen ist „*seines Sohnes*" direkt als Genitiv an „*Gemeinschaft*" angehängt. Diese Formulierung drückt also eindeutig eine direkte Anteilhabe, sozusagen eine Gleichstellung mit dem Sohn aus. Ein Beispiel zum Vergleich: Wenn ich zur „Gemeinschaft <u>mit</u> Piloten" gehöre, dann bin ich deshalb noch lange kein Pilot. Gehöre ich aber „zur Gemeinschaft <u>der</u> Piloten", dann bin ich ein Pilot!

1. Korinther 1,13

Wie? Ist Christus etwa <u>zerteilt</u>? Wurde denn Paulus für euch gekreuzigt? Oder seid ihr auf den Namen des Paulus getauft?

Christus „*zerteilt*"? Diese Wortwahl kann nur auf dem Leib-Verständnis basieren, denn Paulus thematisiert hier ja die Problematik von unterschiedlichen Gruppierungen innerhalb einer Einzelgemeinde!

1. Korinther 3,16+17

Wisst ihr nicht, dass ihr <u>Gottes Tempel seid</u> und der Geist Gottes in euch wohnt? Wenn jemand den Tempel Gottes zerstört, den wird Gott zerstören, denn der Tempel Gottes ist heilig; <u>der seid ihr</u>.

„*Gottes Tempel sein*" ist hier nicht individuell gemeint, sondern der „*Tempel*" bezeichnet den Leib Jesu; man beachte den vorhergehenden Vers **1. Korinther 3,9**: *„Ihr seid Gottes Ackerfeld und Gottes Bau*"!

1. Korinther 6,15

Wisst ihr nicht, dass eure Leiber Glieder Christi sind? Sollte ich nun die Glieder Christi nehmen und Hurenglieder daraus machen? Das sei ferne!

Selbstverständlich gehören auch unsere Körper, die hier mit „*Leiber*" gemeint sind, zum Leib Jesu, denn wir dienen ihm vollständig, also auch mit unserer Leiblichkeit! Insofern sind unsere Leibesglieder also auch Bestandteil des Leibes Jesu oder - wie Paulus es hier nennt - „*Glieder Christi*".

1. Korinther 8,12

Wenn ihr aber so sündigt an den Brüdern und verletzt ihr schwaches Gewissen, so sündigt ihr <u>an Christus</u>.

1. Korinther 15,58

Darum, meine lieben Brüder, seid fest, unerschütterlich und nehmt immer zu <u>in dem Werk des Herrn</u>, weil ihr wisst, dass eure Arbeit nicht vergeblich ist <u>in dem Herrn</u>.

Die Gemeinde ist das aktuelle *„Werk des Herrn"* und die Glieder des Gemeinde-Leibes sollen *„immer zunehmen"* (also wachsen), dann ist deren Arbeit nicht vergeblich und geschieht *„in dem Herrn"*.

---

2. Korinther 3,18

Nun aber schauen wir alle mit aufgedecktem Angesicht die Herrlichkeit des Herrn wie in einem Spiegel, und wir werden <u>verklärt in sein Bild</u> von einer Herrlichkeit zur anderen von dem Herrn, der der Geist ist.

„... verklärt in sein Bild ..." bezieht sich ebenfalls auf den Gemeinde-Leib Jesu, denn selbstverständlich hat der Leib ihn *„abzubilden"*. Unsere Gewohnheit, diese *„Abbildung"* individuell, also auf den je einzelnen Christen, zu interpretieren, ist einseitig, denn Paulus hat hier die Gemeinde im Blick: Er spricht einleitend von *„wir alle"* und außerdem erklärt er im Kontext diese *„aufgedeckte"* Herrlichkeits-Verklärung als Gegenstück zur *„verdeckten"* Herrlichkeitssicht des Volkes Israel. Das Pendant zum Volk Israel aber ist stets die Gemeinde, nicht einzelne Gläubige.

2. Korinther 4,14

Denn wir wissen, dass der, der den Herrn Jesus auferweckt hat, wird uns auch auferwecken <u>mit Jesus</u> und wird uns vor sich stellen samt euch.

Warum dieser Zusatz *„mit Jesus"*? Da das im Futur formuliert ist, wäre es völlig unlogisch, wenn es den Leib Jesu nicht gäbe, denn Jesus ist längst (nämlich seit Ostern) *„auferweckt"*! Und es steht hier ja wieder einmal mehr nicht etwa „*dank* Jesus" und auch nicht „*wie damals* Jesus", was uns sofort einleuchten würde, sondern ausdrücklich „*mit* Jesus", und zwar auch im griechischen Urtext!

2. Korinther 5,15

Und er ist darum für alle gestorben, damit, die da leben, hinfort nicht sich selbst leben, sondern dem, der für sie gestorben ist und auferweckt wurde.

„*Nicht sich selbst, sondern Jesus leben*" bedeutet doch, nicht für den eigenen Leib und auch nicht für die eigene persönliche Frömmigkeit zu leben, sondern für Jesu Leib!

2. Korinther 5,17

Darum: Ist jemand <u>in Christus</u>, so ist er eine neue Kreatur; das Alte ist vergangen, siehe, Neues ist geworden.

Wenn die neue Kreatur „*in Christus*" (und nicht etwa „*dank* Christus" oder „*wegen* Christus") ist, dann ist die neue Kreatürlichkeit also nicht Folge unseres individuellen Christseins, sondern Folge unserer Zugehörigkeit zum Leib Jesu! Dies ist wieder eine weitere deutliche Absage an jegliche Versuche, ein von der Gemeinde unabhängiges Christsein leben zu wollen.

Vergleich dazu auch den darauffolgenden Vers **2. Korinther 5,18**: „*das Amt* (wörtlich: „*der diakonische Dienst*") *ist <u>uns</u> gegeben*"!

2. Korinther 5,20

So sind <u>wir</u> nun Botschafter an Christi statt, denn Gott ermahnt <u>durch uns</u>; so bitten <u>wir</u> nun an Christi statt: Lasst euch versöhnen mit Gott!

Auch wenn hier durch das „*an Christi statt*" der Leib verbal vom Haupt unterschieden wird, beachte man die Mehrzahl-Formulierung durch das „*wir*" und das „*durch uns*"! Diese Mehrzahl ist durchaus nicht selbstverständlich, denn Paulus benutzt kurz davor, in **2. Korinther 5,17**, die Einzahl: "*Ist jemand in Christus, so...*".

2. Korinther 6,16

Was hat der Tempel Gottes gemein mit den Götzen? <u>Wir aber sind der Tempel</u> des lebendigen Gottes; wie denn Gott sprach (vgl. 3. Mose 26,11-12 und Hesekiel 37,27): »Ich will <u>unter ihnen wohnen und wandeln</u> und will ihr Gott sein, und sie sollen mein Volk sein.«

Wie schon im 5. Kapitel *„Jesus besser verstehen"* dargelegt, ist *„Tempel"* zwar ein anderer Vergleich, allerdings mit demselben Gehalt und derselben Zielrichtung wie der Leib Jesu. Dass Gott *„unter ihnen* (also unter uns) *wohnen und wandeln"* wird, ist mit dem Leib-Jesu-Verständnis problemlos zu verstehen! Umso mehr mit *„unter ihnen wohnen und wandeln"* sicher nicht nur die paar Jahre zwischen Geburt und Himmelfahrt Jesu gemeint sind; auch der alttestamentliche Tempel war bekanntlich auf „dauerhaft sichtbar und anwesend" angelegt!

Grundsätzlich zum Galaterbrief:

Interessant zu beobachten, dass Paulus in diesem Brief – im Gegensatz zu fast allen anderen seiner „Gemeindebriefe" - den *„Leib Jesu"* kein einziges Mal wörtlich erwähnt. Der Grund liegt auf der Hand: Der Galaterbrief richtet sich nicht an eine einzelne Gemeinde, sondern gleich an mehrere Gemeinden der Landschaft Galatiens. Thematisch würde es sich auch in diesem Brief mehrmals durchaus anbieten, mit dem „Leib Jesu" zu argumentieren, aber Paulus hat bei „Leib Jesu" eben konsequent immer eine Einzelgemeinde im Blick und nie einen Gemeindeverband. Sinngemäß jedoch steckt trotzdem in manchen Formulierungen des Galaterbriefs das Leib-Jesu-Verständnis.

Galater 2,20

Ich lebe, doch nun nicht ich, sondern <u>Christus lebt in mir.</u>

Jesus lebt nicht nur durch den Heiligen Geist in mir, sondern auch dadurch, dass ich Glied seines Leibes bin!

Galater 3,13+14

Christus aber hat <u>uns</u> erlöst von dem Fluch des Gesetzes, da er zum Fluch wurde für <u>uns</u>; denn es steht geschrieben (in 5. Mose 21,23): **»Verflucht ist jeder, der am Holz hängt«, <u>damit</u> der Segen Abrahams unter die Heiden komme <u>durch Christus Jesus</u>.**

Christus hat „*uns* (Mehrzahl!) *erlöst*". Wozu? Damit „*Segen unter die Heiden komme*", und zwar „*durch Christus*", also durch seine Glieder, die „*Erlösten*". Würde dieser Segen durch den himmlischen Jesus jedem einzelnen Heiden direkt von oben herab gespendet werden, hätte er dazu nicht „*uns erlösen*" und zu seinem Leib zusammenstellen müssen.

Galater 3,26

Denn ihr seid alle durch den Glauben Gottes Kinder <u>in Christus Jesus</u>.

Dieser Zusatz „*in Christus Jesus*" wäre auch hier wieder absolut verzichtbar. Mehr noch: Wenn es den Leib nicht Jesu gäbe, würde er schlicht keinen Sinn ergeben.

Galater 3,27

Denn ihr alle, die ihr auf Christus getauft seid, habt <u>Christus angezogen</u>.

Christus angezogen" bedeutet, dass die Glieder ein Kleid überziehen. Da klingt ganz deutlich „Leib Jesu" an, denn ein Kleid bedeckt in der Regel nicht nur ein einzelnes Glied, sondern zumeist einen ganzen Leib. Aus diesem Grund - weil Paulus wieder in „Leib Jesu"-Kategorien denkt - ist der Vers auch in Mehrzahl formuliert: „*Denn ihr alle...*". Wäre der Vers individuell gemeint, also auf Einzelpersonen gemünzt, hätte Paululs mit „*Jeder von Euch, der auf Christus getauft ist, hat Christus angezogen...*" oder so ähnlich formuliert. Paulus macht aber auch hier eine Aussage über jeweilige Gesamtgemeinden.

Zudem harmoniert der Vers absolut nahtlos mit dem vorangehenden Vers **Galater 3,26**, der ebenfalls *„ihr alle"* sowie zudem noch das „Leib Jesu" anzeigende *„in Christus"* enthält; genauso wie auch mit dem nachfolgenden Vers **Galater 3,28**, in dem Paulus nochmals, diesmal sogar mit einem das Gemeindeverständnis betonenden *„allesamt"* wiederholt: *„... denn ihr* (Mehrzahl, weil Gemeinde) *seid allesamt einer in* (nicht *„durch"* oder *„dank"* - wegen „Leib Jesu"-Verständnis) *Christus!"*.

Galater 3,29

<u>Gehört ihr aber Christus an</u>, so seid ihr ja Abrahams Nachkommen und nach der Verheißung Erben.

Schon durch das in der Luther-Übersetzung gewählte Verb *„angehören"* wird deutlich, dass mehr gemeint sein muss als *„ihm gehören"* im Sinne eines bloßen Besitzverhältnisses. Und genau das drückt auch der griechische Urtext aus, denn dort heißt es wörtlich *„Ihr aber* (seid) *Christi"* (Genitiv).

Vergleiche dazu auch **Galater 5,24**: *„Die aber Christus Jesus angehören, die ..."* Auch dort steht im Urtext wörtlich und unter Verwendung des Genitivs: *„Die aber in Christi* (sind), *die ..."*

Galater 4,19

Meine Kinder, die ich abermals unter Wehen gebäre, bis <u>Christus in euch Gestalt gewinne!</u>

Man beachte: Steht wieder mal in der Mehrzahl! Und eine *„Gestalt"* ist selbstverständlich eben eine Gestalt – also ein konkreter Leib!

Galater 5,9

Ein wenig Sauerteig durchsäuert den ganzen Teig.

„Sauerteig": Wer genau wird davon *„durchsäuert"*? Vermutlich doch der Leib, und nicht etwa Einzelperson, denn Paulus spricht in diesem Absatz durchgehend die ganzen galatischen Gemeinden an. Man vergleiche dazu die vielen Einzahl-Formulierungen im nächsten Kapitel, in **Galater 6,1-8**: Da spricht Paulus mit verschiedenen Formulierungen (z.B. *„einer"*, *„ein jeder"* *„jemand"*) explizit einzelne Christen an. Der Sauerteig-Vergleich ist

also von Paulus bewusst nicht individuell gemeint in dem Sinne, dass eine Einzelsünde („*Sauerteig*") den ganzen Einzelchristen („*ganzer Teig*") vergiften beziehungsweise „*durchsäuern*" würde.

Beachtenswert ist auch noch, dass bei diesem Bild der Teig genauso eine untrennbare Einheit ist wie ein Leib.

Galater 6,15

Denn es gilt weder Beschneidung noch Unbeschnittensein, sondern die neue Schöpfung.

Wörtlich nach Urtext: „*eine neue Schöpfung*". Der neutestamentliche Leib Jesu ist tatsächlich eine für diese Welt völlig neue Kreation, eine noch nie dagewesene Neuschöpfung Gottes.

Genauso formuliert es Paulus auch in **2. Korinther 5,17**: „*Darum: Ist jemand in Christus, so ist er eine neue Kreatur*". Weil eben „*in Christus*" stets vom Leib Jesu spricht, wie wir inzwischen wissen. Ein Glied dieser „*neuen Kreatur*" Leib Jesu wird man also durch Einfügung in denselben.

Epheser 1,15-23

(15) Darum, nachdem auch ich gehört habe von dem Glauben bei euch an den Herrn Jesus und von eurer Liebe zu allen Heiligen, (16) höre ich nicht auf, zu danken für euch, und gedenke euer in meinem Gebet, (17) dass der Gott unseres Herrn Jesus Christus, der Vater der Herrlichkeit, euch gebe den Geist der Weisheit und der Offenbarung, ihn zu erkennen. (18) Und er gebe euch erleuchtete Augen des Herzens, damit ihr erkennt, zu welcher Hoffnung ihr von ihm berufen seid, wie reich die Herrlichkeit seines Erbes für die Heiligen ist (19) und wie überschwänglich groß seine Kraft in uns ist, die wir glauben, weil die Macht seiner Stärke bei uns wirksam wurde. (20) Mit ihr hat er an Christus gewirkt, als er ihn von den Toten auferweckt hat und eingesetzt

zu seiner Rechten im Himmel (21) über alle Reiche, Gewalt, Macht, Herrschaft und jeden Namen, der angerufen wird, nicht allein in dieser Welt, sondern auch in der zukünftigen. (22) Und alles hat er unter seine Füße getan und hat ihn gesetzt der Gemeinde zum Haupt über alles, (23) welche sein Leib ist, nämlich die Fülle dessen, der alles in allem erfüllt.

Dieser ganze Abschnitt entfaltet sich ganz neu, wenn man ihn mit Leib-Jesu-Augen statt durch unsere gewohnte „Individualismus-Brille" liest! Und das sollte man unbedingt tun, denn erstens formuliert Paulus wieder konsequent in Mehrzahl – es geht also um die gesamte Gemeinde, nicht um den Einzelnen -, und zweitens weist er am Schluss ja noch explizit auf den Leib Jesu hin!

Man beachte im Besonderen:

- Vers 15: „*Glaube*" und „*Liebe*" funktioniert bei den Ephesern bereits, aber jetzt muss noch Erkenntnis wachsen (Vers 17+18), unter anderem auch die Erkenntnis unseres „Leibwesens", ausgedrückt insbesondere in Vers 19 durch die Formulierungen „*seine Kraft in uns*" und „*die Macht seiner Stärke*"; beides ist bereits Wirklichkeit im Leib Jesu geworden, weil diese Macht „*bei uns wirksam wurde*", denn wir sind ja diejenigen, die „*glauben*".

- Vers 18: Der erste Teil des Verses ist ein Zukunftswunsch („*er gebe euch ...*"), danach folgen Fakten, die bereits im Leib Jesu angelegt und somit gegenwärtig sind: „*Herrlichkeit*", „*Kraft*", „*Macht seiner Stärke*", wie er abschließend nochmal extra betont: „*... bei uns wirksam wurde*" (Vers 19) und „*... in* (!) *Christus gewirkt hat*" (Vers 20).

- Vers 23: Jesus „*erfüllt*" seinen Leib, also uns als Gemeinde, und zwar komplett, nämlich „*alles in allem*"!

Epheser 2,5+6

[Gott hat] **auch uns, die wir tot waren in den Sünden, <u>mit Christus</u> lebendig gemacht – aus Gnade seid ihr gerettet –; und er**

hat uns <u>mit auferweckt</u> und <u>mit eingesetzt</u> im Himmel <u>in Christus Jesus</u>.

Beachtenswert ist hier nicht nur, dass in einem einzigen Vers dreimal „*mit Christus*" und zusätzlich noch einmal „*in Christus*" zu finden ist, sondern auch, dass die ganze Aussage in der Vergangenheit formuliert ist: Nicht nur, dass Gott uns „*in*" bzw. „*mit*" Christus bereits „*lebendig*" gemacht sowie „*auferweckt*" hat, sondern dass wir zudem noch bereits „*im Himmel eingesetzt*" sind! Zumindest letzteres müsste doch als in Zukunft liegend formuliert sein – es sei denn, man liest den Vers mit Leib-Jesu-Augen!

Epheser 2,7

... damit er in den kommenden Zeiten erzeige den überschwänglichen Reichtum seiner Gnade durch seine Güte gegen uns <u>in Christus Jesus</u>.

Wie erzeigt Gott seinen Gnadenreichtum in den „*kommenden Zeiten*" (also in der gegenwärtigen Zeitpoche zwischen Himmelfahrt und zweitem Wiederkommen Jesu)? Gott zeigt es durch seine „*Güte gegen uns in Christus Jesus*", also durch seinen gütigen Umgang mit der (jeweils örtlichen) Gemeinde, dem Leib seines Sohnes.

Epheser 2,10

Denn wir sind <u>sein Werk</u>, geschaffen <u>in Christus Jesus</u> zu guten Werken, die Gott zuvor bereitet hat, dass wir darin wandeln sollen.

Wir sind nicht „*seine Werke*", sondern „*sein Werk*" (Einzahl!), weil wir sein Leib sind! Sind wir aber „im Leib" (also Glied einer Ortsgemeinde), dann wandelt jeder von uns als „Glied Jesu" natürlich in den guten Werken Jesu!

Epheser 2,15+16

Er hat das Gesetz, das in Gebote gefasst war, abgetan, damit er <u>in sich selber</u> aus den zweien <u>einen</u> neuen Menschen schaffe und Frieden mache und die beiden versöhne mit Gott in <u>einem</u> Leib

durch das Kreuz, indem er die Feindschaft tötete durch sich selbst.

Paulus redet hier von der Zusammenführung von jüdischen und heidnischen Christen, die dann gemeinsam innerhalb eines Gemeinde-Leibes „Glieder" sind.

Epheser 3,10

... damit jetzt kund werde die mannigfaltige Weisheit Gottes den Mächten und Gewalten im Himmel <u>durch die Gemeinde</u>.

Gemeinde muss also – vom Himmel aus betrachtet - wesentlich mehr darstellen als nur eine rein innerweltliche Zweckgemeinschaft von und für Christen! Das ist deshalb der Fall, weil die unsichtbare Welt immer dann, wenn sie eine Gemeinde in den Blick nimmt, den Leib Jesu sieht!

Epheser 4,13+14

... bis <u>wir alle hingelangen zur Einheit</u> des Glaubens und der Erkenntnis des Sohnes Gottes, zum <u>vollendeten Menschen</u>, zum vollen Maß der Fülle Christi, damit wir nicht mehr unmündig seien und uns von jedem Wind einer Lehre bewegen und umhertreiben lassen durch das trügerische Spiel der Menschen, mit dem sie uns arglistig verführen.

Nicht nur die Formulierung *„bis wir alle hingelangen zur Einheit ..."* und der Hinweis auf den *„vollendeten Menschen"* (Einzahl!) weist bei diesen Versen darauf hin, dass hier der Leib Christi gemeint sein muss, sondern auch die Beobachtung, dass unmittelbar im vorangehenden Vers **Epheser 4,12** Paulus explizit vom *„Leib Christi"* spricht und in den direkt nachfolgenden Versen **Epheser 4,15-16** vom *„Haupt Christi, von dem aus der ganze Leib zusammengefügt ist"*.

Epheser 4,24

... und zieht <u>den neuen Menschen</u> an, der nach Gott geschaffen ist in wahrer Gerechtigkeit und Heiligkeit.

Das „anziehen" dieses „neuen Menschen" sollte sowohl persönlich wie auch gesamtgemeindlich interpretiert werden! Sicherlich soll jeder einzelne Christ sich gemäß dem vorangehenden Vers 23 „im Geist und Sinn erneuern" und so ein „nach Gott geschaffener neuer Mensch" werden. Der „neue Mensch" kann aber auch den Leib Jesu bezeichnen, denn auch dieser ist ein „nach Gott geschaffener neuer Mensch". Paulus hatte hier bestimmt beides im Blick: Sowohl den einzelnen Christen wie auch Jesu Gemeinde-Leib, denn von letzterem ausgehend entwickelt er ja seine Gedanken über den alten und neuen Menschen (vgl. **Epheser 4,15+16**) und direkt danach, in **Epheser 4,25**, sind erneut die „Glieder" des Leibes Jesu sein Thema.

Epheser 4,32

Seid aber untereinander freundlich und herzlich und vergebt einer dem andern, wie auch Gott euch vergeben hat <u>in Christus</u>.

Warum schreibt Paulus hier „in" Christus und nicht „durch Christus"? Benutzt er vielleicht lediglich eine Floskel ohne tiefsinnigen Hintergrund? Wohl kaum, denn Paulus wählt seine Worte stets mit Bedacht!

In diesem Vers beschreibt Paulus das Verhalten der Gemeindeglieder untereinander. Er hat dabei einmal mehr den Leib Jesu vor Augen, denn die Anweisungen an die Glieder, die er in diesem Abschnitt vorlegt, begründet er ja im einleitenden Vers 25 mit „... weil wir untereinander Glieder sind". Als Leibes-Glieder Jesu aber sind wir „in" Christus, denn wir agieren untereinander ja innerhalb seines Leibes. Folglich kann er auch die Vergebung, die Gott gewährt, als „in Christus" bezeichnen, was auch theologisch Sinn macht, weil Gott seine Kinder, denen er Vergebung zukommen lässt, als Glieder des Leibes seines Sohnes ansieht.

Philipper 1,11

... erfüllt mit Frucht der Gerechtigkeit <u>durch Jesus Christus</u> zur Ehre und zum Lobe Gottes.

„erfüllt mit Frucht durch Jesus" und nicht *„von Jesus"*; Jesus ist also nicht etwa unser „Gegenüber"!

Philipper 2,5

Seid so unter euch gesinnt, wie es <u>der Gemeinschaft in Christus Jesus</u> entspricht.

Der Vers heißt wörtlich im Urtext: *„Dies denkt bei/unter Euch, welches auch in Christus Jesus"*, und unmittelbar davor stehen etliche Verse, die alle das Zusammenspiel von Gemeinde-Gliedern beschreiben. Ein weiterer Beleg dafür, dass das von Paulus verwendete *„in"* (*in Christus*, *in Jesus* ...) immer wieder auf den Leib hinweist!

Philipper 2,21:

Denn sie suchen alle das Ihre, nicht das, <u>was Jesu Christi ist</u>.

Interessante Formulierung: *„das, was Jesus Christi ist"*! Zu erwarten wäre eigentlich eher *„das, was Jesus wichtig wäre"* oder *„das, was seinem Willen entspricht"* oder so ähnlich. Aber Paulus schreibt mit dem Bewusstsein, dass wir ja jederzeit Bestandteil des Leibes Jesu sind – darum macht diese „direkte" Formulierung Sinn!

Dass wir dies in aller Regel erst mal unsachgemäß interpretieren, entspringt genau unser Problem: Wir denken zu egoistisch und zu egozentrisch statt gemeinschaftsbezogen, wie es dem Leib Jesu entsprechen würde!

Philipper 3,10

Ihn [Jesus] möchte ich <u>erkennen</u> und die Kraft seiner Auferstehung und die Gemeinschaft seiner Leiden und so seinem Tode gleich gestaltet werden.

Ist hier *„erkennen"* im alttestamentlich-hebräischen Sinn gemeint? Das ist durchaus zu vermuten, denn die Theologie des Paulus fußt auf dem Alten Testament, dem damaligen „Wort Gottes". Dort bedeutet *„erkennen"* jedoch oftmals nicht nur den rein rationalen Akt kognitiver Wahrnehmung wie heute im deutschen Sprachgebrauch, sondern beschreibt eine umfassende Vereinigung von zwei Personen, das *„Eins werden"* von zwei Individuen.

Vergleiche dazu etwa **1. Mose 4,1**: *„Und Adam <u>erkannte</u> seine Frau Eva und sie ward schwanger ...".*

Dass dies hier gemeint sein dürfte, ergibt sich aus dem Rest des Verses, wenn Paulus nicht nur Jesus als solchen, sondern gleichzeitig auch noch seine Auferstehungskraft und seine Leidensgemeinschaft *„erkennen"* möchte und durch diesen Erkennungsakt sogar dem gekreuzigten Jesus *„gleichgestaltet"* sein will. Es muss hier unzweifelhaft wesentlich mehr gemeint sein mit *„erkennen"* als nur verstandesmäßiges Aufnehmen; es geht wohl tatsächlich um besagtes *„Eins werden"* im Sinne einer Verschmelzung mit Jesus – und das ist in der Form des „Einswerdens mit seinem Leib" konkret lebbar!

Philipper 3,16

Nur, was wir schon erreicht haben, <u>darin</u> lasst uns leben.

Wer es *„schon erreicht"* hat, sein Christsein so *„vollkommen gesinnt"* zu leben, wie Paulus es in **Philipper 3,15** und den weiteren direkt vorhergehenden Versen beschreibt, der gehört mit Sicherheit zum Leib Jesu – und soll folglich auch *„darin"* leben.

Philipper 3,21

... der <u>unsern geringen Leib</u> verwandeln wird, dass er gleich werde seinem verherrlichten Leibe nach der Kraft, mit der er sich alle Dinge untertan machen kann.

Warum steht hier eigentlich nicht *„unsere nichtigen Leiber"*, also Mehrzahl, sondern Einzahl? Wäre das nicht sinnvoller?

Paulus meint hier wohl, dass der Gemeinde-Leib aus seiner (weltlichen) *„Geringheit"* heraus zu seiner (himmlischen) *„Verherrlichung"* gelangen soll. Dann wäre vermutlich auch *„unser Bürgerrecht"*, dass er davor in Vers **Philipper 3,20** anspricht, das Bürgerrecht des Gemeinde-Leibes!

Philipper 4,4

Freuet euch in dem Herrn allewege, und abermals sage ich: Freuet euch!

Allermeist wird dieser Vers so ausgelegt, als stünde hier „*Freuet euch am Herrn*". Das steht aber nicht hier! Weil Paulus das wohl mit Absicht nicht so formuliert hat, ist der Vers tatsächlich <u>nicht</u> die Aufforderung, dass jeder einzelne von uns sich „*am*" Herrn freuen sollen! Vielmehr meint er, dass die Gemeinde als Leib Jesus zur gemeinsamen Freude aufgerufen ist – oder vielleicht sogar, dass jeder von uns sich am Leib Jesu erfreuen soll!

Philipper 4,13

Ich vermag alles <u>durch den</u>, der mich mächtig macht.

Hier steht nicht etwa „*dank dem*" oder so ähnlich. Warum wohl nicht? Weil vermutlich auch hier das „Leib-Jesu-Verständnis" zugrunde liegt, wäre zu bedenken, welchen Anteil meine Gemeinde an meinem „*Vermögen*", das „*mich mächtig macht*", hat!

Philipper 4,19

Mein Gott aber wird all eurem Mangel abhelfen nach seinem Reichtum in Herrlichkeit <u>in Christus Jesus</u>.

Wer genau ist „*in Christus Jesus*": der Reichtum oder die Philipper?

Wenn die Philipper „*in Christus*" sind, dann sind sie in seinem Leib. Das meint ja „*in Christus*". Wenn aber der Reichtum „*in Christus*" ist, dann erhalten die Philipper diesen Reichtum durch den Leib Jesu, denn da ist er ja dann drin. Egal also, auf was sich dieses „*in Christus Jesus*" bezieht – es hat auf jeden Fall mit dem Leib Christi zu tun!

Sofort und völlig zwanglos versteht man den Vers auch, wenn man einfach nur die Frage stellt: „Wo genau, an welchem Ort, hilft Gott diesem Mangel ab?" Antwort: „*In Christus Jesus*" – also im Gemeinde-Leib!

Kolosser 1,6

Wie in aller Welt, so bringt es [das Wort] **auch bei euch Frucht und wächst von dem Tag an, da ihr von der Gnade Gottes gehört und sie erkannt habt <u>in der Wahrheit</u>.**

Bedeutet *„in der Wahrheit"* vielleicht „in Jesus" und damit auch „in seinem Leib"? Jesus ist bekanntlich nach **Johannes 14,6** *„die Wahrheit"*!

Kolosser 1,13

Er hat uns errettet aus der Macht der Finsternis und hat uns <u>versetzt in das Reich seines geliebten Sohnes</u>.

Ist *„versetzt ins Reich seines Sohnes"* ein anderes Bild für unsere Zugehörigkeit zum Leib? Wir sind dem *„Reich Jesu"* zu Lebzeiten nie näher als in seinem eigenen Leib!

Kolosser 1,21+22

Auch euch ... hat er [Jesus] **nun versöhnt durch den Tod seines sterblichen Leibes ...**

Mit dem Begriff *„sterblicher Leib"* (wörtlich *„Leib des Fleisches"*) betont Paulus, dass er hier vom weltlichen Leib Jesu spricht, im Gegensatz zum Leib Jesu, der zuvor (**Kolosser 1,18**) sowie danach (**Kolosser 1,24**) sein Thema ist.

Kolosser 1,27

Denen wollte Gott kundtun, was der herrliche Reichtum dieses Geheimnisses unter den Völkern ist, nämlich <u>Christus in euch</u>, die Hoffnung der Herrlichkeit.

„Christus in Euch" ist selbstverständlich ein *„Geheimnis"*, worauf Paulus dann in **Kolosser 2,2** nochmals hinweist: *„... auf dass ihre Herzen gestärkt und verbunden werden ... zu erkennen <u>das Geheimnis Gottes, das Christus ist</u>"*; wobei auch bei diesem Vers nochmals darauf hingewiesen sei, dass *„erkennen"* weit mehr umfasst als nur intellektuelles Erfassen (vgl. dazu meine Anmerkungen zu **Philipper 3,10**)!

Kolosser 2,2+3

... **damit ihre Herzen** [die der Christen der Gemeinden Laodizea und Kolossä] **gestärkt und zusammengefügt werden in der Liebe und zu allem Reichtum an Gewissheit und Verständnis, zu erkennen das Geheimnis Gottes, das Christus ist, <u>in welchem</u> verborgen liegen alle Schätze der Weisheit und der Erkenntnis.**

Wichtig ist Paulus, dass sowohl *„die Herzen gestärkt"* wie auch *„zusammengefügt"* werden: Ersteres betont die persönliche/individuelle Beziehung zu Jesus, zweiteres die gemeinsame Jesusbeziehung als sein „Leib". Wozu dies? *„Zu allem Reichtum an Gewissheit und Verständnis..."* sowie *„zu erkennen das Geheimnis Gottes ..."*. Um volle Klarheit des Glaubens zu gewinnen und um das Geheimnis Gottes zu erkennen, reicht also der persönliche/individuelle Glaube nicht aus, sondern es braucht zwingend auch die Positionierung „im Leib", also die feste Zuordnung zu einer Gemeinde. Denn nur dort ist das Geheimnis Gottes erkennbar: Weil Christus dieses Geheimnis ist (Vers 2), sind *„in ihm verborgen alle Schätze ..."* (Vers 3). Diese sind also auch nur dort, im Leib Jesu, zu entdecken!

Kolosser 2, 11-13

(11) <u>In ihm</u> seid ihr auch beschnitten worden mit einer Beschneidung, die nicht mit Händen geschieht, durch Ablegen des sterblichen [wörtlich *„fleischlichen"*] **Leibes, in der Beschneidung durch Christus. (12) <u>Mit ihm</u> seid ihr begraben worden in der Taufe; <u>mit ihm</u> seid ihr auch auferweckt durch den Glauben aus der Kraft Gottes, der ihn auferweckt hat von den Toten. (13) Und Gott hat euch <u>mit ihm</u> lebendig gemacht, die ihr tot wart ...**

Man beachte in diesen drei Versen die exakten sprachlichen Formulierungen von Paulus: Zuerst, in Vers 11, schreibt er *„in ihm"*, danach dreimal *„mit ihm"*. Das ist absolut logisch, denn *„beschnitten worden"* sind wir als Bestandteile des Leibes Jesu. Beschnitten wird ja immer ein existenter Leib! Begraben, auferweckt und lebendig gemacht worden, wie in den Versen 12 und 13 beschreiben, sind wir allerdings zuvor, und zwar bevor wir dem Leib angehörten! In den Leib Jesu werden eben nur auferweckte und lebendig gewordene Glieder eingefügt! Deshalb schreib Paulus in den Versen 12 und 13 also folgerichtig nicht „*in ihm*", sondern „*mit ihm*"!

Außerdem sei noch auf das „*Ablegen des sterblichen Leibes*" in Vers 11 hingewiesen. Auch das passt punktgenau ins Verständnis des Leibes Jesu: Die Glieder legen natürlich ihre bisherige Sterblichkeit ab, denn sie sollen ja am Leib Jesu auf ewig lebendig, agil und aktiv sein!

Kolosser 2,15

Er [Christus] **hat die Mächte und Gewalten ihrer Macht entkleidet und sie öffentlich zur Schau gestellt und über sie triumphiert in Christus.**

Dieser Zusatz „*in Christus*" am Ende des Satzes macht ohne das Leib-Jesu-Verständnis absolut keinen Sinn, denn dann würde diese Formulierung ja bedeuten, dass Jesus das „in sich selbst" (?) getan hätte!

Allerdings ist dann die Frage zu stellen, wann und wo die „*Mächte und Gewalten öffentlich zur Schau gestellt*" werden und „*über sie triumphiert*" wird. Paulus sagt: „*In Christus!*". Wenn das aber der Ort ist, dann kann aktuell nur der Leib Jesu damit gemeint sein: Die jeweilige Ortsgemeinde hat deren Wirkungslosigkeit öffentlich darzustellen, ja sogar über sie „*zu triumphieren*"! Und tatsächlich führt Paulus genau das dann auch in den darauf folgenden Versen 16-23 detailliert aus: Die Gemeinde als „Leib Jesu", deren Glieder nach Vers 20 „*mit Christus den Mächten der Welt gestorben*" sind, hat diese Demonstration der Wirkungslosigkeit aller „jesusfremden" Mächte „*öffentlich*" und „*triumphal*" abzubilden!

Kolosser 2,20

Wenn ihr nun <u>mit Christus</u> den Elementen der Welt gestorben seid, was lasst ihr euch dann Satzungen auferlegen, als lebtet ihr noch in der Welt?

Wie schon in den Erklärungen zu **Römer 6,11** und **2. Korinther 4,14** dargelegt, bezeichnet die Formulierung „*mit Christus*" des Öfteren eine so enge Verbundenheit mit Christus, dass man solche Verse wie diesen oder auch die gleich nachfolgend aufgeführten Verse **Kolosser 3,1-4** nur durch das Verständnis des Leibes Jesu vollumfassend interpretieren kann: *„Seid ihr nun __mit Christus__ auferweckt, so sucht, was droben ist, wo Christus ist, sitzend zur Rechten Gottes. Trachtet nach dem, was droben ist, nicht nach dem, was auf Erden ist. Denn ihr seid gestorben, und euer Leben ist verborgen __mit Christus__ in Gott. Wenn aber Christus, euer Leben, offenbar wird, dann werdet ihr auch offenbar werden __mit ihm__ in Herrlichkeit.“*

Kolosser 3,5

So tötet nun die Glieder, die auf Erden sind: Unzucht, Unreinheit, schändliche Leidenschaft, böse Begierde und die Habsucht, die Götzendienst ist.

Ein recht seltsamer Ausdruck: *„die Glieder töten“.* Sinnvoller wäre an dieser Stelle doch wohl „Gelüste“ oder „Triebe“ töten oder so ähnlich. Aber „Glieder“? Der Zusatz *„die auf Erden sind“* lässt auf irdische gesinnte Glieder schließen. Spielt hier Paulus unter Zuhilfenahme dieses Ausdrucks möglicherweise mit beabsichtigter Doppelbedeutung auch auf „Gemeinde-Glieder“ an? Darauf würde auch der nachfolgende Vers 7 deuten: *„In dem allen seid auch ihr einst gewandelt, als ihr noch darin lebtet“,* denn hier sind jetzt eindeutig die einzelnen Gemeinde-Glieder gemeint.

Kolosser 3,9+10

Belügt einander nicht; denn ihr habt den alten Menschen mit seinen Werken ausgezogen und den neuen angezogen, der erneuert wird zur Erkenntnis nach dem Ebenbild dessen, der ihn geschaffen hat.

„Alter“ und *„neuer Mensch“* sind hier wieder ein Bild mit derselben Bedeutung wie der Leib Jesu! Der *„neue Mensch“,* der angezogen wird, steht für den Leib Jesu.

Kolosser 3,11

Da ist nicht mehr Grieche oder Jude, Beschnittener oder Unbeschnittener, Nichtgrieche, Skythe, Sklave, Freier, sondern __alles und in allen Christus__.

Am Ende dieses Verses hat Paulus beide Sichtweisen des „in Christus" unmittelbar zusammengestellt: Sowohl „*alles* (in) *Christus*" (= wir sind Christi Leib) wie auch „*in allen Christus*" (durch den Heiligen Geist).

Kolosser 3,15

Und der Friede Christi, zu dem ihr <u>berufen seid in einem Leibe</u>, regiere in euren Herzen; und seid dankbar.

Wir sind „*berufen in einem Leib*". Das bezieht sich vermutlich nicht nur auf den „*Frieden Christi*", sondern genauso auf die die vorhergehenden Verse **Kolosser 3,12-14**: „*So zieht nun an als die Auserwählten Gottes, als die Heiligen und Geliebten, herzliches Erbarmen, Freundlichkeit, Demut, Sanftmut, Geduld; und ertrage einer den andern und vergebt euch untereinander, wenn jemand Klage hat gegen den andern; wie der Herr euch vergeben hat, so vergebt auch ihr! Über alles aber zieht an die Liebe, die da ist das Band der Vollkommenheit.*"

Diese Verse erhalten erst ihr volle Aussagestärke, wenn man sie nicht nur mit den Augen eines frommen Einzelkämpfers liest, sondern vom zusammenfassenden Schlussgedanken der „*Berufung in einem Leibe*" ausgehend interpretiert: Genau so soll es zugehen in der Gemeinde, dem Leib Jesu!

Kolosser 4,5

Verhaltet euch weise gegenüber denen, <u>die draußen sind</u>, und kauft die Zeit aus.

Wovon sind diese „*draußen*"? Hier sind offensichtlich diejenigen Menschen gemeint, die „außerhalb des Leibes Christi" sind! Paulus kann hier so formulieren, weil er davon ausgehen kann, dass die Kolosser nach der Lektüre des bisherigen Briefs die Leib-Jesu-Theologie längst verinnerlicht haben und (korrekterweise) immer automatisch mitdenken.

1. Thessalonicher 1,1

Paulus und Silvanus und Timotheus an die Gemeinde der Thessalonicher <u>in Gott</u>, dem Vater, <u>und dem Herrn Jesus Christus</u>: Gnade sei mit euch und Friede!

„in Gott und dem Herrn Jesus Christus" – hier ist auch Gott mit einbezogen, genauso wie auch in **1.Thessalonicher 2,2**!

1. Thessalonicher 4,14

Denn wenn wir glauben, dass Jesus gestorben und auferstanden ist, so wird Gott auch die, die da entschlafen sind, <u>durch Jesus mit ihm einherführen</u>.

Jesus und die (entschlafenen) Glieder seines Leibes sind eins, deshalb wird sie Gott auch als Einheit *„einherführen"*!

1. Thessalonicher 4,17

Danach werden wir, die wir leben und übrig bleiben, zugleich <u>mit ihnen entrückt werden</u> auf den Wolken, <u>dem Herrn entgegen</u> in die Luft. Und so werden wir beim Herrn sein allezeit.

„entrückt werden … dem Herrn entgegen" schildert die Vereinigung von Leib und Haupt; vergleiche dazu auch **Matthäus 24,31**: *„Und er wird seine Engel senden mit hellen Posaunen, und sie werden seine Auserwählten sammeln von den vier Winden, von einem Ende des Himmels bis zum andern."*

1. Thessalonicher 5,10

… der für uns gestorben ist, damit, ob wir wachen oder schlafen, wir <u>zugleich mit ihm</u> [Jesus] <u>leben</u>.

1. Thessalonicher 5,18

Seid dankbar in allen Dingen; denn das ist der Wille Gottes <u>in Christus Jesus</u> für euch.

Auch hier wieder: Ist *„Wille Gottes <u>in</u> Christus Jesus an Euch"* nicht auf den ersten Blick irgendwie umständlich formuliert? Wäre *„Wille Gottes <u>für</u> Euch"* nicht naheliegender gewesen?

Nein. Nicht, wenn man verstanden hat, dass Paulus den Leib Christi ernst nimmt!

2. Thessalonicher 2,14

... wozu er euch auch berufen hat durch unser Evangelium, damit ihr <u>die Herrlichkeit unseres Herrn Jesus Christus erlangt</u>.

Diese Herrlichkeit „in ihm" erlangen wir nicht erst im Himmel, sondern schon auf Erden; der Satz ist ja nicht im Futur, also für irgendwelche noch kommenden Zeiten, formuliert!

1. Timotheus 2,7

Dazu bin ich eingesetzt als Prediger und Apostel – ich sage die Wahrheit und lüge nicht –, als Lehrer der Heiden im Glauben und <u>in der Wahrheit</u>.

„In der Wahrheit" bedeutet hier auch „in Christus", der ja nach **Johannes 14,6** *„die Wahrheit"* ist (vergleiche dazu auch die Anmerkung zu **Kolosser 1,6**.

„Glauben" und *„Wahrheit"* beschreiben in diesem Statement von Paulus nicht die Objekte seiner Lehre, sondern den Status des Lehrers: Paulus lehrt als einer, der selbst ein „Glaubender" ist und sich *„in der Wahrheit"* befindet.

1. Timotheus 3,7

Er muss aber auch einen guten Ruf haben bei denen, <u>die draußen sind</u>, damit er nicht geschmäht werde und sich nicht fange in der Schlinge des Teufels.

Wenn es Menschen gibt, *„die draußen sind"*, muss es logischerweise auch solche geben, die „drinnen" sind. Wo „drinnen"? Vermutlich doch „in Christus" bzw. in seinem Leib.

1. Timotheus 3,15

Wenn ich aber erst später komme, sollst du wissen, wie man sich verhalten soll <u>im Hause Gottes</u>, welches ist die Gemeinde des lebendigen Gottes, <u>ein Pfeiler</u> und eine <u>Grundfeste der Wahrheit</u>.

Die Gemeinde als *„Pfeiler"* und *„Grundfeste der Wahrheit"*, bei der man sich *„im Hause Gottes"* befindet: andere Bilder mit gleichem Inhalt wie der Leib Jesu.

1. Timotheus 4,6

Wenn du die Brüder dies lehrst, so <u>wirst du ein guter Diener Christi Jesu sein</u>, genährt durch die Worte des Glaubens und der guten Lehre, der du gefolgt bist.

Der Auftrag von Timotheus war, der Gemeinde „zu dienen". Dies ist aber gleichbedeutend wie „Jesus dienen", denn die Gemeinde ist ja sein Leib! Auch Timotheus kann und soll - wie sein Lehrmeister Paulus - selbstverständlich nicht „zwei Herren dienen" (vergleiche dazu meine Ausführungen im 2. Kapitel *„Die verlorene Theologie"*).

1. Timotheus 5,11+12

Jüngere Witwen aber weise ab; denn wenn sie ihrer Begierde nachgeben <u>Christus zuwider</u>, so wollen sie heiraten. Sie stehen dann unter dem Urteil, dass sie die erste <u>Treue gebrochen</u> haben.

Dass Witwen erneut heiraten, ist ja weder ungeistlich noch per se zu verurteilen. Was bedeutet dann aber hier das *„Christus zuwider"*? Heißt das womöglich, dass diese Witwen sich bei einer Neuvermählung gegen die Interessen der Gemeinde, also dem Leib Jesu, verhalten? Dann würde der „Treuebruch"-Vorwurf in Vers 12 bedeuten, dass sie damit die Treue gegenüber dem Leib Jesu nicht bewahren.

Zum Weiterdenken: Das griechische Wort (πιστις), das Luther hier mit „Treue" übersetzt, ist dasselbe Wort, das durchgehend im Neuen Testament auch für „Glaube" oder „Vertrauen" steht! Man darf also guten Gewissens auch übersetzen mit „dass sie den ersten Glauben / das erste Vertrauen verworfen haben".

---

2. Timotheus 2,11+12

Das ist gewisslich wahr: Sind wir <u>mit gestorben</u>, so werden wir <u>mit leben</u>; dulden wir, so werden wir <u>mit herrschen</u>; verleugnen wir, so wird er uns auch verleugnen.

Dreimal „mit": Paulus setzt uns mit Jesus in eins!

2. Timotheus 2,13

Sind wir untreu, so bleibt er [Jesus] treu; denn er kann <u>sich selbst</u> nicht verleugnen.

Ist mit „sich selbst" womöglich sein eigener (Gemeinde-)Leib gemeint?

2. Timotheus 4,1+8

So ermahne ich dich inständig vor Gott und Christus Jesus, der richten wird die Lebenden und die Toten, und <u>bei seiner Erscheinung</u> und seinem Reich ...

Hinfort liegt für mich bereit die Krone der Gerechtigkeit, die mir der Herr, der gerechte Richter, an jenem Tag geben wird, nicht aber mir allein, <u>sondern auch allen, die seine Erscheinung lieb haben</u>.

Ist „*bei seiner Erscheinung*" in Vers 1 evtl. nicht sein erstes oder zweites Kommen auf die Erde, sondern die aktuell sichtbare Anwesenheit Jesu im Leib (derzeit „*erscheint*" er uns in dieser Form) gemeint?

Diese griechische Bedeutung des Wortes „*Erscheinung*" bestätigt auch das Wörterbuch zum Neuen Testament von Bauer/Aland (6. Auflage 1988, S. 615): „*als relig. t.t. ist es das Sichtbarwerden des verborgenen Gottes, sei es, dass sie persönlich erscheint oder durch irgend ein Machtzeichen von ihrem Dasein Kunde gibt*". Das „*Dasein, das Kunde gibt*" (und das im Prinzip dann auch wieder ein "*persönliches Erscheinen*" darstellt) wäre dann der präsente Leib Jesu.

Im griechischen Text ist außerdem das „*richten*" durch das Wort „μελλοντος" ausdrücklich ins Futur gesetzt, die beiden folgenden Satzteile über das „*Erscheinen*" und das „*Reich*" sind jedoch mit einem „*und*" („και") davon abgesetzt und stehen somit nicht im Futur, sondern sind Gegenwart!

Vergleiche auch Vers 8: „*... sondern auch allen, die seine Erscheinung liebhaben*": Wäre hier nicht seine präsente Erscheinung als Leib gemeint, dann beträfe das nur diejenigen, die Jesus zu seinen Lebzeiten persönlich begegnet sind. Hätte Paulus dies gemeint, könnte er hier aber nicht im Präsens („*die seine Erscheinung liebhaben*") formulieren: Er spricht also eindeutig von denen, die seine jetzige Erscheinung liebhaben!

Titus 2,14

... der sich selbst für uns gegeben hat, damit er uns erlöste von aller Ungerechtigkeit und reinigte sich selbst ein Volk zum Eigentum, das eifrig wäre zu guten Werken.

Mit seinem Leib hat Jesus jetzt schon sein „gereinigtes Eigentumsvolk".

Philemon 6

… dass dein Glaube, den wir miteinander haben, kräftig werde in <u>Erkenntnis</u> all des Guten, das wir haben, <u>in Christus</u>.

Zu „*Erkenntnis*" siehe meine Anmerkungen zu **Philipper 3,10**.

Petrus, Johannes, Jakobus

Grundsätzlich:

Paulus ist derjenige, der in seinen Briefen die Lehre von Leib Jesu explizit ausgeführt hat. Wie aber schon in der Einleitung zu diesem Anhang erwähnt, hatte nicht nur er eine klare Sicht vom Leib Jesu, sondern auch die anderen Jesus-Jünger, weil Jesus sicherlich schon zu seiner Erdenzeit seine engsten Nachfolger, auch die neutestamentlichen Autoren Petrus, Johannes und Jakobus, über die zukünftige Ausgestaltung der Ortsgemeinden als sein Leib in Kenntnis gesetzt hatte. Auch diesen war also bei der Abfassung ihrer Briefe das Konzept des Leibes Jesu geläufig und im Hintergrund ihrer Gedanken und Ausführungen jederzeit präsent.

1. Petrus 1,15

Wie der, der euch berufen hat, heilig ist, sollt auch ihr heilig sein in eurem ganzen Wandel.

Petrus macht darauf aufmerksam, dass natürlich auch Jesu Leib heilig ist, wenn Jesus heilig ist. Dem haben seine Glieder in ihrem Denken und Verhalten zu entsprechen!

1. Petrus 2,5

Und auch ihr als lebendige Steine erbaut euch zum geistlichen Hause und zur heiligen Priesterschaft, zu opfern geistliche Opfer, die Gott wohlgefällig sind <u>durch Jesus Christus</u>.

Wir „*opfern*" also „*durch Jesus Christus*" (!), wobei „*durch Jesus Christus*" einmal mehr wieder ein Zusatz ist, der nicht notwendigerweise hier stehen müsste.

1. Petrus 3,8

Endlich aber seid <u>allesamt gleich gesinnt</u>, mitleidig, brüderlich, barmherzig, demütig.

„*Allesamt gleich gesinnt*" sein ist eigentlich völlig logisch für Glieder desselben Leibes.

1. Petrus 3,16

Habt ein gutes Gewissen, damit die, die euch verleumden, zuschanden werden, wenn sie euren guten Wandel <u>in Christus</u> schmähen.

Der „*gute Wandel in Christus*" ist weniger an Einzelpersonen, sondern primär an die gesamte Gemeinde, also den Leib, gerichtet, denn der Satz steht ja im Plural.

1. Petrus 4,1

Weil nun Christus im Fleisch gelitten hat, so wappnet euch auch <u>mit demselben Sinn</u>; denn wer im Fleisch gelitten hat, der hat Ruhe vor der Sünde.

Der Leib ist selbstverständlich desselben Sinnes wie das Haupt.

1. Petrus 4,13

... sondern freut euch, dass ihr <u>mit Christus</u> leidet, damit ihr auch durch die Offenbarung seiner Herrlichkeit Freude und Wonne haben mögt.

Wörtlich: „*dass ihr teilhabt an Christi Leiden*". Gemeint ist weniger, dass wir leiden „wie damals Christus", sondern vielmehr, dass in der leidenden Gemeinde Christus selber leidet, denn sie ist ja sein Leib!

1. Petrus 4,14

Selig seid ihr, wenn ihr geschmäht werdet <u>um des Namens Christi willen</u>, denn der Geist, der ein Geist der Herrlichkeit und Gottes ist, ruht auf euch.

Die Schmähungen treffen uns nicht nur, weil wir uns „Christen" nennen, sondern vor allem, weil wir sein Leib sind! Zu *„Namen Christi"* vergleiche meine Anmerkungen zu **Johannes 14,13+14.**

1. Petrus 4,16

Leidet er aber <u>als ein Christ</u>, so schäme er sich nicht. Er ehre aber Gott in einem solchen Fall.

„als ein Christ" - warum wählt hier Petrus die Namensnennung Christi und nicht etwa die Formulierung *„leiden als ein Jünger"* oder *„leiden als ein Nachfolger"*, was eigentlich zu erwarten wäre?

1. Petrus 5,1

Die Ältesten unter euch ermahne ich, der Mitälteste und Zeuge der Leiden Christi, der <u>ich auch teilhabe</u> an der Herrlichkeit, <u>die offenbart werden soll.</u>

Da es um die *„Herrlichkeit"* Jesu geht, kann man als Glied seines Leibes natürlich daran *„teilhaben".*

Interessant ist hier, dass so gut wie alle deutschen Bibelausgaben das *„offenbar werden"* dieser Herrlichkeit in die Zukunft verlegen und deshalb als Futur übersetzen. Der griechische Urtext verlang dies nämlich gar nicht, sondern sagt wörtlich, dass diese Herrlichkeit gerade „im Begriffe steht" oder „eben dabei sei", sich zu offenbaren. Sie hat also aktuell bereits begonnen, sich zu offenbaren; der Startpunkt dazu befindet sich nicht etwa irgendwann in ferner Zukunft!

Dass alle Übersetzer trotzdem die Zukunftsform an dieser Stelle wählen, scheint mir wieder dem theologischen Vorverständnis geschuldet, welches aus der seit Jahrhunderten unterschlagenen biblischen Lehre des „Leibes Jesu" resultiert. Denn ohne den „Leib Jesu" wäre Jesu Herrlichkeit tatsächlich in der Gegenwart noch nicht präsent. Dass diese jedoch dank dem Leib jetzt gerade dabei ist, sich mehr und mehr (durch die Ortsgemeinden) zu offenbaren, ist ein wunderbarer Fingerzeig von Petrus an die Adresse von Ältesten und Leitern einer Gemeinde!

1. Petrus 5,10

Der Gott aller Gnade aber, der euch berufen hat zu seiner ewigen Herrlichkeit <u>in Christus</u>, der wird euch, die ihr eine kleine Zeit leidet, aufrichten, stärken, kräftigen, gründen.

1. Petrus 5,14

Grüßt euch untereinander mit dem Kuss der Liebe. Friede sei mit euch allen, die ihr <u>in Christus</u> seid!

2. Petrus 1,3

Alles, was zum Leben und zur Frömmigkeit dient, hat uns seine göttliche Kraft geschenkt durch die <u>Erkenntnis</u> dessen, der uns berufen hat durch seine Herrlichkeit und Kraft.

Der Begriff „*Erkenntnis*" ist vermutlich wieder im alttestamentlichen Sinn zu verstehen (vgl. meine Anmerkungen zu **Philipper 3,10**). Ansonsten würde nämlich hier nicht „*Erkenntnis*", sondern „Verständnis" stehen; und – Hand aufs Herz – genauso lesen wir das doch eigentlich (unbewusst!) immer, oder?

2. Petrus 1,4

Durch sie sind uns die kostbaren und allergrößten Verheißungen geschenkt, damit ihr durch sie <u>Anteil bekommt an der göttlichen Natur</u>, wenn ihr der Vergänglichkeit entflieht, die durch Begierde in der Welt ist.

2. Petrus 1,8

Denn wenn dies alles reichlich bei euch ist, wird's euch nicht faul und unfruchtbar sein lassen in der <u>Erkenntnis</u> unseres Herrn Jesus Christus.

Nochmal „*Erkenntnis*", analog zu **2. Petrus 1,3,** und genauso auch in **2. Petrus 2,20:** „*Denn wenn sie durch die <u>Erkenntnis</u> des Herrn und Heilands Jesus Christus entflohen sind dem Schmutz der Welt ...*" sowie auch in **2. Petrus 3,18:** „*Wachset aber in der Gnade und <u>Erkenntnis</u> unseres Herrn und Heilands Jesus Christus.*"

1. Johannes

Grundsätzlich: Johannes beschreibt in seinem ersten Brief vor allem unsere individuelle, persönliche Beziehung zu Gott, dem Vater. Aber auch dabei ist ihm das Bewusstsein des Leibes Jesu stets präsent. Das äußert sich in seinem Brief dadurch, dass immer wieder deutlich wird, wie Gott uns Christen („seine *Kinder*") selbstverständlich als Teil des Leibes seines Sohnes Jesus sieht und behandelt!

In etlichen der nachfolgenden Bibelstellen finden wir wieder den Ausdruck „*in Jesus*" oder „*in ihm*"; auch Johannes benutzt diese Formulierung genauso wie Paulus sehr häufig. Vergleiche dazu auch meine Ausführungen zu **Römer 6,11.**

1. Johannes 2,5

Wer aber sein Wort hält, in dem ist wahrlich die Liebe Gottes vollkommen. Daran erkennen wir, dass wir <u>in ihm</u> sind.

1. Johannes 2,6

Wer sagt, dass er <u>in ihm</u> bleibt, der soll so leben, wie er gelebt hat.

1. Johannes 2,8

Und doch schreibe ich euch ein neues Gebot, das wahr ist <u>in ihm und in euch</u>; denn die Finsternis vergeht und das wahre Licht scheint schon.

„In ihm" und *„in euch"* versteht Johannes durchaus als deckungsgleich, denn das griechische *„και"*, hier mit *„und"* übersetzt, ist stets verbindend gemeint und nicht etwa – wie im Deutschen möglich – einen Zusatz markierend im Sinne von *„und außerdem auch noch"*. Das passt, denn beim Leib Jesu ist ja beides in Übereinstimmung.

Mehr noch: *„και"* kann auch eine Folgerung, die sich aus dem Erstgenannten ergibt, bezeichnen, deshalb dürfte man auch mit *„in ihm, folglich auch in euch"* übersetzen, oder es kann „explikativ" (das Vorausgehende erklärend) verstanden werden: *„in ihm und deshalb auch in euch"*. Jede dieser Übersetzungsvarianten passt korrekt zum Leib Jesu!

1. Johannes 2,9+10

Wer sagt, er <u>sei im Licht</u>, und hasst seinen Bruder, der ist noch in der Finsternis. Wer seinen Bruder liebt, der <u>bleibt im Licht</u>, und durch ihn kommt niemand zu Fall.

„Im Licht sein" und *„im Licht bleiben"* ist ein Vergleich mit ähnlicher Zielrichtung wie „im Leib sein", also ein Glied des Leibes zu sein.

1. Johannes 2,24

Was ihr gehört habt von Anfang an, das bleibe in euch. Wenn in euch bleibt, was ihr von Anfang an gehört habt, so werdet ihr auch <u>im Sohn und im Vater</u> bleiben.

1. Johannes 2,27+28

Und wie sie [die Salbung durch Jesus] **euch gelehrt hat, so bleibt <u>in ihm</u>. Und nun, Kinder, bleibt <u>in ihm</u>, ...**

1. Johannes 3,1+2+10

Seht, welch eine Liebe hat uns der Vater erwiesen, dass wir <u>Gottes Kinder</u> heißen sollen – und wir sind es auch! Darum erkennt uns die Welt nicht; denn sie hat ihn nicht erkannt. Meine Lieben, wir sind schon <u>Gottes Kinder</u>; es ist aber noch nicht offenbar geworden, was wir sein werden.

Daran wird offenbar, welche die <u>Kinder Gottes</u> und welche die Kinder des Teufels sind.

Dreimal „*Gottes Kinder*": ein anderes Fakt mit vergleichbarem Inhalt wie der Leib Jesu. Die Betonung bei „*Gottes Kinder*" liegt auf der engen Beziehung zu Gott, genauso wie der Leib Jesu in engster Beziehung zum Haupt Jesus steht.

1. Johannes 3,5+6

Und ihr wisst, dass er erschienen ist, damit er die Sünden wegnehme, und <u>in ihm</u> [Jesus] ist keine Sünde. Wer <u>in ihm</u> bleibt, der sündigt nicht.

1. Johannes 3, 6

Wer sündigt, der hat ihn [Jesus]nicht gesehen und nicht erkannt.

... der hat also nicht erfasst, dass an einer Leib-Jesu-Ortsgemeinde Jesus erkennbar, weil real präsent, ist.

1. Johannes 3,7

Kinder, lasst euch von niemandem verführen! Wer die Gerechtigkeit tut, der <u>ist gerecht, wie auch jener</u> [Jesus] gerecht ist.

1. Johannes 3,19

Daran erkennen wir, dass wir <u>aus der Wahrheit</u> sind, und können vor ihm unser Herz überzeugen.

Jesus ist die „*Wahrheit*" nach **Johannes 14,6.**

1. Johannes 3,24

Und wer seine Gebote hält, der bleibt in Gott und Gott in ihm. Und daran erkennen wir, dass er in uns bleibt: an dem Geist, den er uns gegeben hat.

„*Bleiben in Gott*": wie Jesus mit seinem Leib „*in Gott*" bleibt!

1. Johannes 4,6

Wir sind von Gott, und wer Gott erkennt, der hört uns.

Genauso wie Jesus „*sind wir von Gott*", denn wir sind Jesu Leib.

1. Johannes 4,9

Darin ist erschienen die Liebe Gottes unter uns, dass Gott seinen eingeborenen Sohn gesandt hat in die Welt, damit wir durch ihn leben sollen.

Auch hier steht nicht „*dank ihm*"!

1. Johannes 4,12

Niemand hat Gott jemals gesehen. Wenn wir uns untereinander lieben, so bleibt Gott in uns, und seine Liebe ist in uns vollkommen.

Weil wir Teil des Leibes seines Sohnes sind, „*bleibt Gott in uns*", und dass Gottes Liebe zu seinem Sohn (inklusive dessen Leib) „*vollkommen*" ist, ist eine Selbstverständlichkeit. Das „*untereinander lieben*" (= Jesu „neues" Gebot gemäß **Johannes 13,34** und **15,12**) konstituiert also den „Leib Jesu".

1. Johannes 4,13

Daran erkennen wir, dass wir in ihm bleiben und er in uns, dass er uns von seinem Geist gegeben hat.

1. Johannes 4,15

Wer nun bekennt, dass Jesus Gottes Sohn ist, in dem bleibt Gott und er in Gott.

1. Johannes 4,16

Und wir haben erkannt und geglaubt die Liebe, die Gott zu uns hat: Gott ist Liebe; und wer in der Liebe bleibt, <u>der bleibt in Gott und Gott in ihm</u>.

1. Johannes 5,11

Und das ist das Zeugnis, dass uns Gott das ewige Leben gegeben hat, und dieses Leben ist <u>in seinem Sohn</u>.

Leben kommt nicht „durch" seinen Sohn, sondern es ist „*in*" ihm, nämlich „*in*" seinem Leib!

1. Johannes 5,12

Wer <u>den Sohn hat</u>, der hat das Leben; wer den Sohn Gottes nicht hat, der hat das Leben nicht.

1. Johannes 5,20

Wir wissen aber, dass der Sohn Gottes gekommen ist und uns Einsicht gegeben hat, damit wir den Wahrhaftigen erkennen. Und wir sind <u>in dem Wahrhaftigen</u>, <u>in seinem Sohn Jesus Christus</u>. Dieser ist der wahrhaftige Gott und das ewige Leben.

2. Johannes

...

Jakobus

Grundsätzlich: Der Brief ist kein Gemeindebrief, sondern die Anweisungen von Jakobus sind fast alle auf Einzelchristen ausgerichtet. Dementsprechend finden wir darin nicht allzu viele Bezüge zum Leib Christi.

Jakobus 2,17

So ist auch der Glaube, wenn er nicht Werke hat, tot in sich selber.

Das ist logisch, denn Glieder sind ja „ausführende Organe" am Leib, also aktiv und tätig. Tote Glieder, die nur dranhängen, sind nicht nur überflüssig und lästig, sondern behindern den Leib.

Jakobus 3,2+3

Wer sich aber im Wort nicht verfehlt, der ist ein vollkommener Mensch und kann auch <u>den ganzen Leib</u> im Zaum halten. Wenn wir den Pferden den Zaum ins Maul legen, damit sie uns gehorchen, so lenken wir <u>ihren ganzen Leib</u>.

Die Rede ist von Lehrern: „*Nicht jeder von Euch ... soll Lehrer werden*" (Vers 1) sowie von der Zunge, also deren „Lehrinstrument". Wo aber lehrt ein Lehrer? Da Jakobus hier unzweifelhaft Christen mit der Gabe der Lehre meint, lehrt ein solcher Lehrer die Gemeinde. Somit darf der zweimal genannte „*ganze Leib*" ohne weiteres auch auf den Leib Jesu interpretiert werden.

Jakobus 3,17

Aber **die Weisheit von oben her** ist zuerst lauter, dann friedfertig, gütig, lässt sich etwas sagen, ist reich an Barmherzigkeit und guten Früchten, unparteiisch, ohne Heuchelei.

Hier ist die *„Weisheit"* des Hauptes (welches sich sowohl naturgemäß meist *„oben"* befindet, und zwar auch Jesus betreffend, nämlich *„oben"* im Himmel) gemeint, welche die Glieder übernehmen sollen. Die anschließende Aufzählung der positiven Charakterausprägungen können durchaus auf die erwünschten Stärken einer Gemeinde bezogen werden! Allerdings handelt es dabei wohl lediglich um eine alternative Auslegungsmöglichkeit, denn der ganze Abschnitt ab Vers 13 (*„Wer ist weise oder klug unter euch?"*) ist primär an Einzelchristen und deren charakterliches Verhalten adressiert.

Jakobus 5,14+15

Ist jemand unter euch krank, der rufe zu sich **die Ältesten der Gemeinde**, dass sie über ihm beten und ihn salben mit Öl in dem Namen des Herrn. Und das Gebet des Glaubens wird dem Kranken helfen, und der Herr wird ihn aufrichten; und wenn er Sünden getan hat, **wird ihm vergeben werden**.

„Der Herr" wird ihn deshalb *„aufrichten"*, weil er sich voller Vertrauen, nämlich mit einem *„Gebet des Vertrauens"*, an Jesus gewandt hat, und zwar nicht an den fernen Jesus im Himmel, sondern an den anwesenden Jesus, konkret an *„die Ältesten der Gemeinde"* in ihrer Funktion als dazu beauftragte Glieder des Leibes Jesu. Dass diese Ältesten ihm daraufhin auch die Sünden in der Vollmacht Jesus vergeben dürfen, ist nur folgerichtig, denn dazu sind die Glieder des Leibes ja nach **Johannes 20,23** beauftragt: *„Welchen ihr die Sünden erlasst, denen sind sie erlassen; welchen ihr sie behaltet, denen sind sie behalten."*

Hebräerbrief, Judasbrief

Hebräer 2,12+13

[Jesus] **spricht: »Ich will deinen Namen verkündigen meinen Brüdern und <u>mitten in der Gemeinde</u> dir lobsingen.«** (Psalm 22,23). **Und wiederum: »Ich will mein Vertrauen auf ihn setzen«** (Jesaja 8,17); **und wiederum: »Siehe, <u>hier bin ich</u> und die Kinder, die mir Gott gegeben hat«** (Jesaja 8,18).

Das erste alttestamentliche Zitat aus Psalm 22 bezieht sich an dieser Stelle auf das, was Jesus tun wird. Wenn also er, Jesus, gemäß dieser Verheißung *„mitten in der Gemeinde dir* (also Gott) *lobsingen"* wird: Wie anders könnte das in neutestamentlicher Zeit zu verstehen sein als auf Basis des Leibes Jesu, umso mehr bekanntlich jede Gemeinde ohnehin zum *„Lobsingen"* berufen ist?

Beim dritten Zitat aus Jesaja 8,18 *„siehe, hier bin ich ..."* (wörtlich: *„siehe, ich und die Kinder ..."*) gibt es natürlich Jesus *„zu sehen"*, und zwar immer, wenn man seine *„Kinder"* sieht – denn seine Kinder bilden ja Jesu Leib!

Hebräer 3,14

Denn wir haben <u>an Christus Anteil bekommen</u>, wenn wir die erste Gewissheit bis zum Ende festhalten.

Wörtlich: *„denn teilhaftig des Christus sind wir geworden ..."*.

Hebräer 5,13

Denn wem man noch Milch geben muss, der ist unerfahren in dem Wort der Gerechtigkeit, denn er ist ein kleines Kind.

Ist hier mit dem „kleinen Kind" (wörtlich „Unmündiger") wirklich ein einzelner Gläubiger gemeint, wie das meistens ausgelegt wird? Es spricht einiges dafür, dass damit die ganze Gemeinde, also der Leib Jesu, gemeint ist, denn gemäß dem vorangehenden Vers 12 wird hier die Gemeinschaft der Gläubigen angesprochen: „Und ihr, die ihr längst Lehrer sein solltet ...".

Hebräer 8,10+11

Denn das ist der Bund, den ich schließen will mit dem Haus Israel nach diesen Tagen, spricht der Herr: Ich will meine Gesetze in ihren Sinn geben, und in ihr Herz will ich sie schreiben und will ihr Gott sein, und sie sollen mein Volk sein. Und es wird niemand seinen Mitbürger lehren noch jemand seinen Bruder und sagen: Erkenne den Herrn! Denn sie alle, Klein und Groß, werden mich kennen.

Diese beiden Verse treffen doch (auch) auf den Leib Jesu zu; vor allem, weil im Vers 11 erneut auf das „erkennen" hingewiesen wird (vgl. dazu meine Anmerkung zu **Philipper 3,10**).

Hebräer 9,24

Denn Christus ist nicht eingegangen in das Heiligtum, das mit Händen gemacht und ein Abbild des wahren Heiligtums ist, sondern in den Himmel selbst, um jetzt zu erscheinen vor dem Angesicht Gottes für uns.

Unser „Haupt" ist bei Gott und tritt dort „für uns", seinen Leib, ein!

Hebräer 10,16+17

Denn nachdem er gesagt hat: »Das ist der Bund, den ich mit ihnen schließen will nach diesen Tagen«, spricht der Herr: »Ich will meine Gesetze in ihr Herz geben, und in ihren Sinn will ich sie schreiben, und ihrer Sünden und ihrer Missetaten will ich nicht mehr gedenken« (Zitate aus Jeremia 31,33-34).

Diese alttestamentlichen Prophezeiungen treffen nahtlos auch auf den Leib Jesu zu; Gott programmiert demzufolge das „Herz" und den „Sinn" des Leibes neu, denn dieser Leib sollte natürlich so beschaffen sein wie sein Sohn Jesus!

Hebräer 10,29

Eine wie viel härtere Strafe, meint ihr, wird der verdienen, der den Sohn Gottes mit Füßen tritt und das Blut des Bundes für unrein hält, durch das er doch geheiligt wurde, und den Geist der Gnade schmäht?

Trifft genau dort zu, wo der Leib Jesu, also die Gemeinde, „mit Füßen getreten" wird.

Hebräer 10,38

»Mein Gerechter aber wird aus Glauben leben. Wenn er aber zurückweicht, hat meine Seele kein Gefallen an ihm« (Zitat aus Habakuk 2,3-4).

Ein weiteres alttestamentliches Zitat, das perfekt für den Leib des Sohnes passt, denn mit „mein Gerechter" ist zweifellos Jesus gemeint.

Hebräer 12,1+2

Darum auch wir: Weil wir eine solche Wolke von Zeugen um uns haben, lasst uns ablegen alles, was uns beschwert, und die Sünde, die uns umstrickt. Lasst uns laufen mit Geduld in dem Kampf, der uns bestimmt ist, und aufsehen zu Jesus, dem Anfänger und Vollender des Glaubens.

Das passt auch für den Leib Jesu, insbesondere, wenn man der Luther-Übersetzung „aufsehen" folgt (wörtlich steht da eigentlich „hinsehen"), denn das „Haupt" ist natürlicherweise zumeist oberhalb des Leibes, so dass die Glieder zu ihm „aufsehen" müssen.

Grundsätzlich leiten aber diese Verse ein Kapitel ein, das man einmal komplett mit den Leib-Jesu-Verständnis durchlesen sollte. Man trifft dann beispielsweise auf so interessante Verse wie **Hebräer 12,12+13**: *„Darum stärkt die müden Hände und die wankenden Knie und tut sichere Schritte mit euren Füßen, dass nicht jemand strauchle wie ein Lahmer, sondern vielmehr gesund werde"* (hier wird doch eindeutig von einem Leib gesprochen!); oder auf **Hebräer 12,15**: *„Seht darauf, dass nicht jemand Gottes Gnade versäume; dass nicht etwa eine bittere Wurzel aufwachse und Unfrieden anrichte und viele durch sie verunreinigt werden"* (solche Wurzeln reißen doch jeweils ganze Gemeinden ins Unglück!). Und wenn in **Hebräer 12,25** gewarnt wird: *„Wieviel weniger werden wir entrinnen, wenn wir den abweisen, der vom Himmel redet!"*, dann ist mit demjenigen sicherlich das Haupt gemeint.

Hebräer 13,21

... und schaffe in uns, was ihm gefällt, <u>durch Jesus Christus</u>, welchem sei Ehre von Ewigkeit zu Ewigkeit!

Judas 25

Dem alleinigen Gott, unserm Heiland <u>durch unsern Herrn Jesus Christus</u>, sei Ehre und Majestät und Gewalt und Macht vor aller Zeit, <u>jetzt</u> und in alle Ewigkeit! Amen.

Wir sind momentan, also *„jetzt"*, sein Leib und durch diesen soll auch momentan dem alleinigen Gott *„Ehre, Majestät, Gewalt und Macht"* zukommen. Was für ein hoher Auftrag für den Leib!

Der Vers kann übrigens auch – grammatikalisch absolut korrekt - so übersetzt werden: *„Dem alleinigen Gott, unserm Heiland, <u>sei durch unseren Herrn Jesus Christus</u> Ehre und Majestät und Gewalt und Macht"*. Somit wird noch klarer verdeutlicht, durch wen Gott auch *„jetzt"* geehrt werden soll!

Offenbarung

Grundsätzlich: Im Buch der Offenbarung sieht Johannes die Gemeinden als „Gegenüber" Jesu (vgl. dazu die Verse 4-6 des ersten Kapitels). Vor allem in den sogenannten „Sendschreiben" in Kapitel 2 und 3 ist der wieder in den Himmel zurückgekehrte Jesus der Beurteiler und Richter der sieben aufgeführten Ortsgemeinden. Es fällt auf, dass diese Gemeinden jeweils in der Einzahl, also als einzelne „Körperschaften", angesprochen werden, was durchaus der Sicht vom Leib Jesu entspricht. In den darauffolgenden Kapiteln verschwimmt die Grenze zwischen Orts- und Universalgemeinde, da die Offenbarung ab Kapitel 4 schwerpunktmäßig die heilsgeschichtliche Zeitepoche schildert, in der die individuellen Ortsgemeinden in eine einzige Gemeinde, eben die sogenannte „Universalgemeinde", zusammengeführt werden.

Offenbarung 2,5

Denke nun daran, <u>wovon du abgefallen bist</u>, und tue Buße [wörtlich *„denke um"*] **und <u>tue die ersten Werke</u>!**

Die Formulierung *„abgefallen sein"* entspricht der Trennung des Leibes vom Haupt, und die Aufforderung *„Werke zu tun"* ist gleichbedeutend mit „Glieder-Aktivierung".

Offenbarung 2,19

Ich kenne deine Werke und deine Liebe und deinen Glauben und deinen Dienst und deine Geduld und weiß, dass du je länger je mehr tust.

Ein exemplarischer Vers aus den „Sendschreiben" mit Formulierungen, die automatisch an einen Körper beziehungsweise einen Leib denken lassen!

Offenbarung 3,1+2

Ich <u>kenne deine Werke</u>: Du hast den Namen, dass du lebst, und bist tot. <u>Werde wach</u> und stärke das andre, das schon sterben wollte, denn ich habe <u>deine Werke</u> nicht als vollkommen befunden vor meinem Gott.

„*Werke*" werden immer durch Glieder ausgeführt, und „*wachwerden*" ist ein typischer Vorgang für einen Leib.

Offenbarung 3,15

Ich kenne <u>deine Werke</u>, dass du weder kalt noch warm bist.

Ein weiterer Vers, der Aktivitäten von Leibes-Gliedern beschreibt.

Offenbarung 3,18

Ich rate dir, dass du Gold von mir kaufst, das im Feuer geläutert ist, damit du reich werdest, und weiße <u>Kleider, damit du sie anziehst</u> und die Schande deiner <u>Blöße</u> nicht offenbar werde, und Augensalbe, deine Augen zu salben, damit du sehen mögest.

Kleider bekleiden immer einen Leib und verdecken dessen Nacktheit („*Blöße*"). Diese Aufforderung setzt das Bewusstsein eines Leibes voraus.

Offenbarung 11,15

Nun gehört die Herrschaft über die Welt unserm Herrn und seinem Christus, und er wird regieren von Ewigkeit zu Ewigkeit.

Man kann durchaus davon ausgehen, dass in der Ewigkeit Christus inklusive seinem Leib regieren wird, dass also diejenigen, die schon zu Erdenzeiten seinen Leib gebildet haben und seine „ausführenden Glieder" waren, weiterhin „ausführend" tätig sein dürfen. Vergleiche dazu auch **Offenbarung 20,6**: *„Sie werden Priester Gottes und Christi sein und mit ihm regieren tausend Jahre"* sowie **Offenbarung 22,5**: *„Gott der Herr wird über ihnen [*„seinen Knechten"*] leuchten, und sie werden regieren von Ewigkeit zu Ewigkeit"*.

Offenbarung 14,13

Selig sind die Toten, die <u>in dem Herrn</u> sterben von nun an. Ja, der Geist spricht, dass sie ruhen von ihren Mühen; denn <u>ihre Werke</u> folgen ihnen nach.

„Ihre Werke" sind die Taten, die sie als „ausführende Organe" (Glieder) seines Leibes ausgeführt haben.

Offenbarung 20,4+6

Diese wurden lebendig und <u>regierten mit Christus</u> tausend Jahre.

Über diese hat der zweite Tod keine Macht; sondern sie werden Priester Gottes und Christi sein und <u>mit ihm regieren</u> tausend Jahre.

Dass die Bekehrten *„mit Christus regieren"*, ist im Prinzip nichts Neues, denn sie haben als Glieder seines Leibes bereits *„mit ihm"* agiert. Wenn nun in der Ewigkeit die Haupttätigkeit Jesu aus *„regieren"* besteht, sind sie auch bei dieser Umsetzung des Willens ihres Herrn weiterhin *„mit ihm"* tätig!

Offenbarung 20,12+13

Und die Toten wurden <u>gerichtet</u> nach dem, was in den Büchern geschrieben steht, <u>nach ihren Werken</u>. Und das Meer gab die Toten heraus, die darin waren, und der Tod und die Hölle gaben die Toten heraus, die darin waren; und sie wurden <u>gerichtet</u>, ein jeder <u>nach seinen Werken</u>.

Jesu „ausführende Organe" haben während ihrer Funktion als Glieder seines Leibes zu Lebzeiten (hoffentlich) seine - also Jesu - Werke getan, und danach werden sie nun auch „*gerichtet*"!

Offenbarung 22,3

Und der Thron Gottes und des Lammes wird in der Stadt sein, und seine Knechte werden ihm dienen.

Mit diesen „*Knechten*" dürften die bisherigen Leibes-Glieder seines Sohnes gemeint sein. Für diese ändert sich also nicht viel: Sie dienen Gott und seiner Sache weiterhin, wie sie das schon bisher als „ausführende Glieder" Jesu, der hier als „*Lamm*" bezeichnet wird, getan haben.

Vom selben Autor sind bisher erschienen:

Stefan Michaeli

Erbärmliche Gemeinden
Warum's nix wird in Deutschland
Ein Pastor packt aus

Die ungeistlichen Missstände in freikirchlichen Gemeinden sind ein weitgehendes Tabu.

Zunehmend quittieren dort Pastoren ihren Dienst. Nicht aus Unfähigkeit oder Desinteresse. Sie verschwinden frustriert von der Bildfläche, weil sie's nicht mehr aushalten. Was sie erlebt haben und was sie verzweifeln ließ,

behalten sie für sich.

Diejenigen Pastoren, die ebenfalls leiden, aber es noch aushalten, die behalten's ebenfalls für sich. Andernfalls riskieren sie ihren Job. Aber auch das sind inzwischen etliche.

Erfolgreiche Pastoren schreiben Bücher. Erfolglose nicht.

Hier schreibt mal einer dieser Abgekämpften, Frustrierten, Desillusionierten. Schonungslos, authentisch und ohne Blatt vor dem Mund. Er gibt all denen eine Stimme, die erlebt haben: *„Da stimmt was hinten und vorne nicht im frommen Lager!"*

Paperback | 316 Seiten
ISBN: 9 783 753 495 279

Erhältlich über seine homepage **www.stefanmichaeli.com**, beim „BoD"-Verlag **www.bod.de/buchshop** oder im Buchhandel. Auch als E-Book erhältlich!

Stefan Michaeli

Hundertachtzig Grad verkehrt
Zehn Grundsatzfehler in der Jesus-Nachfolge

Machen wir „Frommen" etwas falsch?

Es ist nicht zu übersehen: Das „christliche Abendland" hat abgewirtschaftet, wir hierzulande sind theologisch und geistlich nicht mehr tonangebend und Jesus ist längst in anderen Erdteilen wirksam, aber nicht mehr bei uns.

Woran liegt's? Liegt's an uns? Machen wir etwas falsch?

Ja, machen wir. Und zwar ohne es zu merken.

Der Autor benennt dazu zehn Bereiche, in denen wir Nachfolge grundsätzlich falsch anpacken. Und nimmt dabei kein Blatt vor den Mund. Darum ist dieses Buch nicht ausgewogen und wohltemperiert, sondern aufrüttelnd, wachmachend und provokativ.

Weil wir eine ungeschönte Bestandsaufnahme dringend brauchen.

Paperback | 264 Seiten
ISBN: 9 783 753 445 571

Erhältlich über seine homepage ***www.stefanmichaeli.com***,
beim „BoD"-Verlag ***www.bod.de/buchshop*** oder im Buchhandel.
Auch als E-Book erhältlich!

Stefan Michaeli

Jesus provoziert!
Predigten über den „ganzen" Jesus

Wir haben uns Jesus bequem gemacht und passend zurechtgelegt.

Ausgehend von unseren vermeintlichen oder tatsächlichen Lebensdefiziten haben wir uns einen Jesus zusammengebastelt, der unsere Bedürfnisse zu befriedigen, unsere Wünsche zu erfüllen und möglichst sämtliche unserer Probleme mit göttlicher Macht zu beheben hat. Ist das nicht sein Job? Schließlich ist er der „Erlöser" - also soll er uns bitteschön auch laufend „erlösen"... Und weil uns dazu auch immer gleich noch die eine oder andere passende Bibelstelle dazu einfällt, glauben wir, dies sei tatsächlich der „biblische" Jesus.

Aber: Jesus als König? Jesus, der regiert? Jesus, der einen Anspruch an uns haben könnte? Jesus, in dessen Dienst wir stehen? Davon bleibt in unserem Jesusverständnis reichlich wenig übrig.

Der biblische Jesus ist aber nicht einfach nur bequem. Oftmals sogar ganz und gar nicht. Ganz im Gegenteil. Er kann auch ganz anders. Er ist anders!

Wir müssen wieder den „ganzen" Jesus entdecken. Nur das ist der echte Jesus.

Und es gibt nur den.

Paperback | 374 Seiten
ISBN: 9 783 753 496 542

Erhältlich über seine homepage **www.stefanmichaeli.com**, beim „BoD"-Verlag **www.bod.de/buchshop** oder im Buchhandel. Auch als E-Book erhältlich!

Stefan Michaeli

Placebo-Glaube
Die evangelikale Mogelpackung

Wieviel Substanz hat der evangelikale Glauben heute noch?

Vollmundig behaupten wir, den „echten Jesus" zu haben, den „wahren Glauben" zur repräsentieren und somit „authentische Nachfolge" zu praktizieren.

In Wahrheit haben wir Jesus längst durch den evangelikalen Weichspüler gemangelt: Wir haben den Sendungsauftrag unseres Herrn durch permanente Pflege unserer Behaglichkeit ersetzt, wir verweigern unisono jegliche biblische Herausforderung und erwarten von Jesus ausschließlich individuelle Erquickung sowie Beseitigung unserer persönlichen Alltagsprobleme.

Und das Schlimmste: Da wir uns allesamt und gemeindeübergreifend dahin entwickelt haben, erkennen wir unsere Schieflage noch nicht einmal …

Was muten wir Jesus eigentlich zu?

Paperback | 306 Seiten
ISBN: 9 783 769 313 352

Erhältlich über seine homepage **www.stefanmichaeli.com**, beim „BoD"-Verlag **www.bod.de/buchshop** oder im Buchhandel. Auch als E-Book erhältlich!

Stefan Michaeli

Weihnachten, wie's im Buche steht
Wie uns die Bibel Weihnachten schildert

Was steht eigentlich in den biblischen Weihnachtsgeschichten, die uns Matthäus und Lukas überliefern?

Beide wollen uns zu Beginn ihres Evangeliums einen ersten Eindruck der Person Jesus vermitteln. Aber der ist uns weitgehend abhandengekommen.

Denn unsere Kultur hat die Weihnachtszeit auf ein Lichterfest mit Geschenksorgien und zusätzlichen Feiertagen reduziert, und auch für bekennende Christen besteht der Geburtstag ihres Erlösers im Wesentlichen nur noch aus besinnlich-emotionaler Krippenfigurenromantik.

Das entspricht mit Sicherheit nicht der Intension der ursprünglichen Weihnachtsberichte.

Also: Was steht denn nun tatsächlich über das Kommen des „Heilands" in der Bibel?

Paperback | 108 Seiten
ISBN: 9 783 757 819 323

Erhältlich über seine homepage **www.stefanmichaeli.com**, beim „BoD"-Verlag **www.bod.de/buchshop** oder im Buchhandel. Auch als E-Book erhältlich!

Stefan Michaeli

Nur die Bibel!
Das ist nicht zu glauben.

Wie vertrauenswürdig ist die Bibel? Worauf gründet die Annahme ihrer göttlichen Urheberschaft und Autorität?

Viele Christen "glauben" an die Bibel. Erstens, weil sie es so gelernt haben; zweitens, weil das ja alle Christen tun; und drittens, weil sie persönlich

oder gute Freunde schon mal die eine oder andere gute Erfahrungen mit "Vertrauen zu Bibel" gemacht haben. Das ist gängige christliche Praxis und wird als konstituierend für den christlichen Glauben angesehen.

Darüber hinaus gilt derzeit als unbestreitbare Maxime, dass man die göttliche Inspiration der Bibel "leider nicht beweisen" könne.

Aber: Wenn man Gottes Urheberschaft der Bibel mit unabhängigen und nachweisbaren Fakten oder sogar mit belastbaren historischen Tatsachen belegen könnte, dann wäre unsere fromme Behauptung, dass sie von Gott stamme, weit mehr als nur eine geistliche Hypothese, die die Christenheit unabdingbar zur Rückversicherung ihres Glaubens mühsam aufrechterhalten muss!

Paperback | 88 Seiten
ISBN: 9 783 758 313 400

Erhältlich über seine homepage ***www.stefanmichaeli.com***, beim „BoD"-Verlag ***www.bod.de/buchshop*** oder im Buchhandel. Auch als E-Book erhältlich!